ouverture inférieure manquante

Original en couleur

NF Z 43-120-8

TRAITÉ

DE LA

PROPRIÉTÉ INTELLECTUELLE

PAR

GUSTAVE HUARD

DOCTEUR EN DROIT, AVOCAT A LA COUR D'APPEL DE PARIS

TOME PREMIER

INTRODUCTION

PROPRIÉTÉ LITTÉRAIRE ET ARTISTIQUE

PARIS

MARCHAL ET BILLARD

ÉDITEURS LIBRAIRES DE LA COUR DE CASSATION

PLACE DAUPHINE, 27

1903

Tous droits réservés

TRAITÉ

DE LA

PROPRIÉTÉ INTELLECTUELLE

ANGERS. — IMPRIMERIE A. BURDIN ET C°, RUE GARNIER, 4.

TRAITÉ

DE LA

PROPRIÉTÉ INTELLECTUELLE

PAR

GUSTAVE HUARD

DOCTEUR EN DROIT, AVOCAT A LA COUR D'APPEL DE PARIS

TOME PREMIER

INTRODUCTION

PROPRIÉTÉ LITTÉRAIRE ET ARTISTIQUE

CHACUN LE SIEN

PARIS

MARCHAL ET BILLARD

ÉDITEURS LIBRAIRES DE LA COUR DE CASSATION

PLACE DAUPHINE 27

1903

PRÉFACE

Nous nous sommes proposé dans cet ouvrage d'exposer systématiquement la théorie de la propriété intellectuelle d'après la législation française ; d'apprécier cette législation ; de la comparer avec les lois étrangères

A nos yeux, la propriété intellectuelle comprend trois branches distinctes ; de là la division que nous avons adoptée : propriété littéraire et artistique, brevets d'invention, dessins et modèles industriels.

Ce livre n'est pas un répertoire. On n'y trouvera ni toutes les décisions de la jurisprudence, ni toutes les opinions des auteurs, mais seulement ce qu'il est essentiel de connaître tant au point de vue théorique qu'au point de vue pratique

Quant aux renseignements que nous donnons sur les lois étrangères, ils ne sauraient dispenser les praticiens de recourir aux textes eux-mêmes ; ils ont seulement pour objet d'éclairer les personnes qui se livrent à des études de législation comparée.

BIBLIOGRAPHIE

— · —

Acollas, *Propriété littéraire et artistique*, 1888, in-18.

Aubry et Rau, *Droit civil*, 4° édition, 1869, 8 vol. in-8

Berrauld, *Questions pratiques et doctrinales du Code Napoléon*, 1869, 2 vol. in-8.

Bignon, *La photographie devant la loi et la jurisprudence*, 1892, in-12.

Blanc (Etienne), *De la contrefaçon en tous genres* 4° édition, 1855, in-8.

Blanche, *Code pénal* 7 vol in-8

Bureau, *Le théâtre et sa législation*, 1898, in-8.

Calmels, *De la propriété et de la contrefaçon des œuvres de l'intelligence*, 1856, in-8.

Carnot, *Code pénal*, 2° édition, 1836, 2 vol. grand in-8.

Chauveau et Hélie, *Code pénal* 5° édition, 1872, 6 vol. in-8.

Coillet et Le Senne, *Étude sur la propriété des œuvres posthumes*, 1879, in-12.

Constant, *Code des théâtres*, 1876, in-12

Couhin, *Propriété industrielle, artistique et littéraire*, 3 vol. in-8.

Darras, *Droits des auteurs et des artistes dans les rapports internationaux*, 1887, in-8

Delalande, *Étude sur la propriété littéraire et artistique* 1880, in-8.

Demolombe, *Droit civil*, 31 vol. in-8.

Despagnet, *Droit international privé*, 2° édition, 1891, in-8.

Flin aux, *Essai sur les droits des auteurs étrangers en France*, 1879, in 8

Garraud, *Droit pénal* 5 vol in-8.

Gastambide, *Des contrefaçons en tous genres*, 1837, in-8

Huard (Adrien) et Mack *Répertoire de législation, de doctrine et de jurisprudence en matière de propriété littéraire et artistique* 2° édition, 1895, in-8

Huc, *Code civil*, 14 vol. in-8.

LACAN ET PAULMIER, *Législation et jurisprudence des théâtres*, 1853, 2 vol. in-8.

LARDEUR, *Du contrat d'édition en matière littéraire*, 1893, in-8.

LAURENT, *Droit civil*, 32 vol. in-8.

LE SENNE, *Code des théâtres*, 1878, in-12.

LYON-CAEN ET DELALAN, *Lois françaises et étrangères sur la propriété littéraire et artistique*, 1889, 2 vol. in-8.

LYON-CAEN ET RENAULT, *Droit commercial*, 2° édition, 8 vol. in-8.

MORILLOT, *De la protection accordée aux œuvres d'art dans l'Empire d'Allemagne*, 1878, in-8.

NION, *Droits civils des auteurs, artistes et inventeurs*, 1846, in-8.

PARDESSUS, *Droit commercial*, 5° édition, 6 vol. in-8.

POUILLET, *Propriété littéraire et artistique*, 2° édition, 1894, in-8.

RENDU ET DELORME, *Droit industriel*, 1855, in-8.

RAUTER, *Droit criminel*, 1836, 2 vol. in-8.

RENOUARD, *Droits d'auteurs*, 1838, 2 vol. in-8.

RUDELLE, *Des rapports juridiques entre les auteurs et les éditeurs*, 1898, in-8.

SAUVEL, *De la propriété artistique en photographie*, 1897, in-18.

SOLDAN, *L'Union internationale pour la protection des œuvres littéraires et artistiques*, 1888, in-8.

VIVIEN ET BLANC, *Législation des théâtres*, 1830, in-8.

WEISS, *Droit international privé*, 4 vol. in-8 (en cours de publication).

WORMS, *Étude sur la propriété littéraire*, 1878, 2 vol. in-18.

ABRÉVIATIONS

D. A. Répertoire alphabétique de Dalloz.
D. P Répertoire périodique de Dalloz.
Droit. Le Droit, journal judiciaire.
Gaz. Pal Gazette du Pa ais : 1º journal judiciaire; 2º recueil de ju-
risprudence reproduisant les déc sions parues dans le journal.
Gaz. Trib. Gazette des Tribunaux, journal judiciaire.
Loi. La Loi, journal judiciaire.
Sir. Répertoire de Sirey · 1º recueil des lois et arrêts de 1791 à
1830 en neuf volumes; 2º recueil périodique depuis 1831.

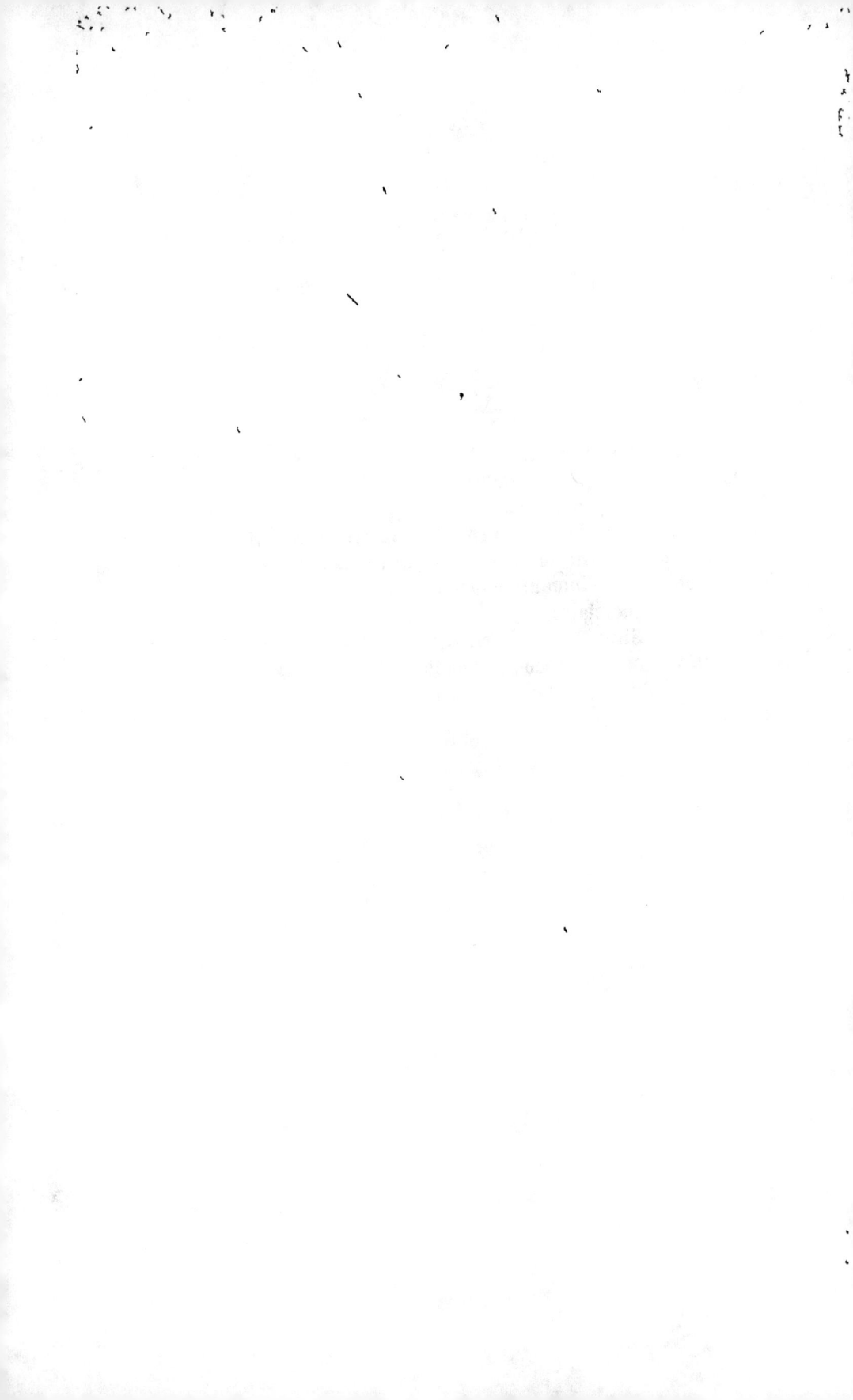

INTRODUCTION

DE L'ÉVOLUTION DU DROIT
EN MATIÈRE DE PROPRIÉTÉ INTELLECTUELLE

CHAPITRE PREMIER

Des origines jusqu'à la fin
du XVIII° siècle.

SOMMAIRE

1 Date récente à aquelle est apparue l idee de a propriété intellectuelle — **2** Causes de ce retard — **3** Essor des sciences et de l'indust'e à a fli du moyen-âge. — **4**. Apparition de l idée de propriété intellectuelle — **5**. Œuvres littéraires — **6** Œuvres dramatiques. — **7** Compositions musicales. — **8**. Œuvres artistiques. — **9**. Inventois — **10**. Art industriel. — **11** Pays étrangers. — **12**. Droit international. — **13** Résumé.

1 L'idée de la propriété intellectuelle n est apparue qu'à une date récente dans l'histoire de l'humanité Sans doute, aux époques ou la civilisation a brillé du plus vif éclat, on a senti qu'il était juste de récompenser les écrivains, les artistes et les inventeurs Mais la récompense qui leur fut attribuée ne reçut jamais la forme d un droit exclusif sur eu s œuvres ; ils durent se contenter des statues qu'on leur

1

élevait et des pensions que leur faisaient l'État et les grands (1).

2. D'où vient ce retard apporté à la manifestation d'un principe que tous les peuples tendent à accepter aujourd'hui ?

A. Il faut remarquer, en premier lieu que, pour assurer le respect de la propriété intellectuelle, l'intervention des pouvoirs publics est indispensable Les œuvres intellectuelles étant immatérielles par essence, elles ne sont point localisées dans l'espace Dès lors, par quels moyens en défendre la propriété ? Ce ne saurait être l'emploi de la force à titre préventif : les agressions dirigées contre un objet qui n'est situé nulle part échappent le plus souvent au propriétaire quelle que soit sa vigilance. Les seules mesures efficaces sont l'application d'une peine, l'obligation de réparer le préjudice causé la confiscation, celles, en un mot, que les législations modernes ont consacrées. Cela posé, il est bien clair que l'auteur d'une invention, d'un écrit, d'un tableau, réduit à ses propres ressources, lutterait vainement contre la contrefaçon ; car comment l'une ou l'autre de ces mesures serait-elle possible, si l'État ne prêtait son assistance à l'individu ?

L'intervention des pouvoirs publics étant une nécessité inéluctable, tant qu'ils ont été insuffisamment armés, aucun peuple n'a proclamé ni mis en pratique le principe de la propriété intellectuelle Cette observation concerne les sociétés primitives, ou, tandis que les lettres et les arts étaient à peine à leur aurore, il existait déjà des inventions remarquables qui auraient pu être appropriées.

Ajoutez qu'il ne suffit pas que les pouvoirs publics interviennent, il faut encore qu'ils interviennent dans les divers États tout à la fois. L'objet de la propriété intellectuelle n'étant pas localisé dans l'espace, il peut être porté atteinte a cette propriété au même moment en tout pays ; si donc la protection légale n'est pas partout assurée, quelle que soit la nationalité de l'au-

---

(1) V. Renouard, *Traité des droits d'auteurs*, t. Ier, 1re partie, chap. Ier, Caillemer, *La propriété littéraire a Athènes*, passim.

teur, la garantie du droit reste nécessairement incomplète. Or, pendant longtemps un obstacle s'est opposé à l'intervention collective des pouvoirs publics ; cet obstacle, c'est la défiance de l'étranger. En dehors de sa patrie, on ne reconnaissait à l'étranger aucun droit. Ce sentiment s'est atténué peu à peu ; aujourd'hui encore on ne saurait dire qu'il ait entièrement disparu.

B. En second lieu, si la propriété intellectuelle est de date récente, c'est que, jusqu'à l'époque moderne, le besoin s'en était peu fait sentir. Pareillement, l'appropriation des choses matérielles n'a jamais paru légitime qu'après que l'utilité en eût été bien démontrée ; on voit chez tous les peuples la propriété s'appliquer d'abord aux objets mobiliers, puis au sol, lorsque la culture succède à la récolte des productions spontanées.

Le besoin de la propriété intellectuelle s'est peu fait sentir jusqu'à l'époque moderne, parce que les honneurs et les récompenses pécuniaires décernés aux écrivains, aux artistes et aux inventeurs empêchait leur esprit de s'ouvrir à d'autres revendications ; parce qu'alors comme aujourd'hui il leur était souvent possible, sans négliger leurs travaux intellectuels, d'exercer en même temps un métier propre à assurer leur subsistance ; parce qu'on ignorait l'art de reproduire par des procédés mécaniques les œuvres littéraires et artistiques et que, par suite, les bénéfices que le législateur, en leur conférant un droit exclusif, aurait permis de réaliser aux écrivains et aux artistes, eussent été modiques , parce que les écrivains, les artistes et les inventeurs sont nécessairement les premiers à exploiter leurs œuvres, en sorte qu'au cas ou la loi ne protège pas leur propriété ils n'en jouissent pas moins d'un monopole de fait, sinon de droit, pendant un certain temps ; enfin, parce que tout ouvrage de l'esprit porte en soi-même sa récompense, plaisir d'inventer, espérance de la gloire.

C. Ces considérations ont leur prix ; mais il en est une dernière sur laquelle il convient, en particulier, d'insister.

Avant la fin du siècle dernier les écrivains, les artistes et les inventeurs n'étaient pas assez nombreux pour faire triompher leurs droits : voilà la raison principale pour laquelle la propriété intellectuelle a tant tardé à apparaître.

Même aux époques où l'art et la littérature brillèrent du plus vif éclat, les procédés mécaniques de reproduction n'existant pas encore, l'instruction et le goût étaient beaucoup moins répandus qu'aujourd'hui. La culture nécessaire pour produire une œuvre littéraire ou artistique se rencontrait seulement chez quelques esprits d'élite et il leur fallait s'adresser à un public restreint ; il ne pouvait donc y avoir abondance d'écrivains ni d'artistes.

Quant aux inventeurs, si leur nombre était peu considérable, cela tenait à la lenteur des progrès accomplis par la science. Lorsqu'un savant a fait dans son laboratoire une découverte, tout de suite des chercheurs aperçoivent la possibilité de l'appliquer à l'industrie. Trop souvent, hommes d'imagination plutôt que de sens pratique, ils ne savent pas réaliser le rêve qui les hante. Survient un simple praticien, qui met l'idée à profit, et voilà une invention de plus dont s'enrichit le trésor commun de l'humanité Mais pour que le praticien invente, il faut que le savant découvre ; l'industrie évolue en corrélation avec la science.

En dernière analyse, qu'il s'agisse des œuvres littéraires et artistiques ou des inventions, c'est la science qu'il faut rendre responsable du retard apporté à la reconnaissance du droit de l'auteur sur son œuvre. Si l'imprimerie, la gravure et la photographie avaient été connues plus tôt, si les découvertes de tout genre qui font la gloire de l'âge moderne avaient vu le jour à une époque antérieure, écrivains, artistes et inventeurs se seraient rapidement multipliés ; devant le flot montant de leurs revendications, toute barrière se fût abaissée, et, dès ce moment, justice leur eût été rendue.

3. A la fin du moyen âge, la science, dont les conquêtes avaient été jusque-là séparées par de longs intervalles, prit son essor pour ne plus s'arrêter. Du quinzième siècle au dix-huitième, le nombre des découvertes va croissant. Bacon formule en 1620 la théorie des sciences expérimentales.

L'industrie ne tarda pas à bénéficier des progrès accomplis par la science L'imprimerie, la gravure sur bois, la gravure au burin, l'eau-forte sont connues dès le quinzième siècle. Entre la Renaissance et la Révolution française, la fabrication est renouvelée dans un grand nombre de ses branches ; qu'il nous suffise de rappeler les travaux relatifs à la verrerie, à l'horlogerie, à l'art du potier. La même période voit éclore des inventions admirables qui ouvrent à l'activité humaine de nouveaux débouchés . le télescope, le microscope, le baromètre, le thermomètre, la machine à vapeur datent de cette époque.

4 Aussitôt que ce mouvement se dessine dans la science et dans l'industrie, l'idée de la propriété intellectuelle apparaît.

Comment en France elle prit naissance et se propagea, puis s'affirma pratiquement, il est difficile de l'établir avec toute la précision désirable, les efforts des érudits pour élucider ce problème n'ayant pas été couronnés d'un plein succès. Ce fut sans doute parmi les intéressés, écrivains, artistes et inventeurs, que naquit l'idée d'un droit exclusif Il leur parut inique que l'auteur d'une œuvre intellectuelle pût être dépouillé du fruit de son travail. Ce sentiment fut bientôt assez puissant pour s'imposer à tous. L'État lui-même le prit en considération Mais, pour assurer à l'auteur la garantie sans laquelle la reconnaissance de son droit eût été lettre morte, aucune loi nouvelle ne fut demandée ni promulguée ; on se borna, au début, à tirer parti des institutions existantes, quelle qu'en fût, à ce point de vue, l'insuffisance.

Le régime du monopole triomphait alors dans l'industrie. On sait que les artisans et les marchands formaient des corporations auxquelles était réservé le droit de s'adonner aux arts et métiers. Le roi accordait, en outre, des privilèges à

certaines personnes ou à des groupes d'industriels pour la
fabrication et la vente de tel ou tel article.

L'application de ce système pouvait être favorable aux
auteurs d'œuvres intellectuelles ou se tourner contre eux.
Entre le droit qu'ils revendiquaient et un monopole il n'y a
pas de différence de fait. Si chacun d'eux eût obtenu des pouvoirs publics la faculté d'exploiter seul son œuvre, la protection légale à laquelle ils prétendaient à juste titre leur eût été
assurée dès cette époque. Mais, dans beaucoup de cas, le monopole tomba en d'autres mains que celles de l'auteur, de
sorte que trop souvent le régime industriel fut pour les écrivains, les artistes et les inventeurs un instrument de spoliation.

Le privilège est la forme principale sous laquelle l'intervention de l'État se produisit en faveur de l'auteur. Il ne faut pas
s'en étonner. Qu'on se rappelle la doctrine des théoriciens du
pouvoir royal : « Du gouvernement, dit Bossuet, est né le droit
de propriété, et, en général, tout droit vient de l'autorité publique (1) ». Il était donc naturel que l'État examinât les titres
de ceux qui réclamaient sa protection et qu'il répondît à leurs
sollicitations par l'octroi de faveurs individuelles.

Les juristes paraissent s'être occupés rarement avant le dix-
neuvième siècle de ce droit que l'antiquité n'avait pas connu ;
les essais de théorie qu'ils ébauchèrent sont peu nombreux et
d'une importance médiocre. Peut-être ne connaissons-nous
pas tout ce qu'ils ont dit ou écrit à ce sujet ; ce qui est certain,
c'est qu'en cette matière ils se contentèrent en général d'appuyer de leur science les revendications des intéressés.

5. Les historiens font mention de nombreux privilèges
accordés à partir du règne de Louis XII, pour l'impression
des ouvrages littéraires. La plupart de ces privilèges, surtout
au début sont donnés, non aux auteurs, mais aux libraires-
éditeurs ou même à une personne quelconque que le roi
protège.

(1) Bossuet, *Politique tirée de l'Écriture sainte*, livre Ier, art. 3, prop. 4.

Les écrivains souffraient en outre du monopole en vertu duquel le droit d'impression et d'édition était réservé aux libraires-éditeurs. Leurs efforts pour obtenir la liberté de s'éditer eux-mêmes restèrent toujours infructueux.

Il faut noter, au seizième siècle, la théorie de la propriété littéraire esquissée en 1586 par l'avocat Marion . « L'auteur d'un livre, disait-il, en est du tout maître, et, comme tel, en peut librement disposer, même le posséder toujours sous sa main privée, ainsi qu'un esclave, ou l'émanciper, en lui concédant la liberté commune, et la lui accorder, ou pure et simple, sans y rien retenir, ou bien à la réservation, par une espèce de droit de patronage, qu'autre que lui ne pourra l'imprimer. Qui est, en effet, *un contrat exempt de nom propre*, et obligation de çà et de là, parce qu'il a sa cause également juste de chacun côté ; l'un ne voulant donner au public ce qui lui appartient en particulier, si, en récompense, le public ne lui donne cette prérogative . et ainsi au contraire (1) ». Plus de deux siècles s'écouleront avant que cette conception reparaisse. Il est singulier qu'un système aussi original ait été inventé de si bonne heure. D'ordinaire, quand un droit nouveau se révèle, les jurisconsultes sont portés à l'assimiler à quelqu'un des droits déjà existants et classés par la science

Au dix-sept ème siècle, on pourrait croire que la condition légale de l'homme de lettres va s'améliorer, le génie littéraire arrivant à son plus complet épanouissement. Il n'en est rien Les écrivains dont les ouvrages honorent le règne de Louis XIV vivent auprès des grands, dans leur antichambre et à leur table, et on lit avec peine les dédicaces qu'ils leur adressent pour obtenir faveurs et pensions. Ils semblent insensibles à ce qu'une telle situation offre d'humiliant Tirer profit de ses œuvres est sans doute permis, à leurs yeux, mais n'est point recommandable; un passage bien connu de Boileau en fait foi. Aussi ne voit-on pas que la cause de la propriété intellectuelle ait reçu

(1) Cité par Renouard, t. Ier, p. 113.

d'eux aucun secours; ils s'y montrèrent parfaitement indifférents.

Avec le dix-huitième siècle, d'autres tendances se manifestent dans le monde des lettres. Plus soucieux que leurs devanciers d'assurer leur indépendance, ceux qui font métier d'écrire songent davantage à leurs intérêts matériels. Le droit de l'auteur devient alors un sujet sur lequel on se plaît à disserter, et la lutte, pour en obtenir la reconnaissance légale, ne tarde pas à s'engager.

La philosophie du temps favorisait les revendications des intéressés en leur prêtant un point d'appui. La thèse absolutiste, suivant laquelle la volonté du prince est la seule source de nos droits, perdait chaque jour du terrain. L'école des physiocrates soutenait qu'il est des droits inhérents à la nature de l'homme, que la loi positive consacre, mais qu'elle ne crée pas. Fallait-il ranger la propriété intellectuelle parmi ces droits? Si l'on répondait affirmativement à cette question, l'iniquité de la législation en vigueur ne pouvait faire doute.

Comment le droit de l'auteur fut-il qualifié? Que pensa-t-on de sa nature et de ses caractères? Là-dessus, il y a unanimité à peu près complète au dix-huitième siècle. La plupart de ceux qui ne sont pas les adversaires des auteurs assimilent absolument la propriété littéraire à la propriété des choses matérielles. Il suffit, pour s'en convaincre, de lire les écrits consacrés à la défense de la propriété littéraire par d'Héricourt, Cochut, Linguet, d'autres encore (1).

Les écrivains, dans la campagne qu'ils avaient entreprise, furent combattus principalement par les libraires. Pour que la loi garantît leur propriété, il fallait une double réforme : d'abord, suppression du monopole des libraires; puis, suppression des privilèges, dont bénéficiaient les libraires de préférence aux auteurs, ou, à tout le moins, attribution des privi-

_____

(1) On trouvera la plupart de ces écrits dans le recueil de pièces et de documents publié par Laboulaye et Guiffrey sous ce titre : *La propriété littéraire au dix-huitième siècle.*

lèges aux seuls auteurs. La reconnaissance du droit de l'auteur sur son œuvre ne pouvait donc s'accomplir qu'au détriment des libraires, ce qui explique leur résistance.

En 1777 furent promulgués deux importants arrêts de règlement sur les privilèges et les contrefaçons. « Sa Majesté a reconnu, dit le préambule du premier de ces arrêts, que le privilège est une *grâce fondée en justice* et qui a pour objet, si elle est accordée à l'auteur, de récompenser son travail, si elle est accordée au libraire, de lui assurer le remboursement de ses avances et l'indemnité de ses frais; que cette différence dans les motifs qui déterminent les privileges en doit produire une dans leur durée que l'auteur a sans doute un droit plus assuré à une grâce plus étendue, tandis que le libraire ne peut se plaindre si la faveur qu'il obtient est proportionnée au montant de ses avances et à l'importance de son entreprise (1) ». En conséquence, la durée des privilèges est ainsi réglée : si le privilege est accordé à un libraire, celui-ci en jouira tant que durera la vie de l'auteur et, au minimum, pendant dix ans, si c'est à l'auteur lui-même que le privilège est concédé, l'auteur et ses héritiers en auront le bénéfice à perpétuité, pourvu qu'ils ne le rétrocedent a aucun libraire, auquel cas la durée du privilege sera, par le fait de la cession, réduite à celle de la vie de l'auteur.

Les arrêts de 1777 donnaient satisfaction aux auteurs sur un point important; ils leur reconnaissaient le droit de vendre eux-mêmes leurs ouvrages. Mais ils ne consacraient pas du tout le principe de la propriété littéraire. Le système des privilèges étant maintenu, il faut, comme par le passé, solliciter la protection légale; l'État, bien qu'il déclare que la protection légale est fondée en justice, conserve la faculté de l'accorder ou de la refuser à son gré. Par leur esprit comme par les règles qu'ils établissent, ces arrêts se rattachent à la théorie suivant laquelle tout droit vient du roi.

(1) Laboulaye et Guiffrey, *op. cit.*, p. 144.

Cette législation fut réformée et complétée sur des points de détail par des arrêts du 30 juillet 1778, du 16 avril 1785 et du 12 août 1785 (1).

Tel est, en ce qui regarde les écrivains, le dernier état du droit avant la Révolution.

6. Pour les auteurs dramatiques, les institutions en vigueur paraissent avoir, tout au moins à la fin de l'ancien régime, garanti leurs droits d'une façon assez efficace.

Les théâtres à Paris étaient peu nombreux et ne pouvaient être ouverts sans l'autorisation du Gouvernement. Les règlements ou, à leur défaut, les conventions d'usage attribuaient aux auteurs un tant pour cent sur la recette. Dans ces conditions les auteurs étaient assurés, en fait, de recevoir une rémunération généralement équitable (2).

7. La condition des compositeurs de musique, pour l'édition de leurs œuvres, ne différait guère de celle des écrivains Il faut noter un arrêt du 15 septembre 1786, d'après lequel un éditeur, qui veut publier une œuvre musicale, doit, pour obtenir un privilège, justifier qu'il est le cessionnaire de l'auteur (3). Les règlements de l'Académie nationale de musique déterminaient le montant des droits à payer aux auteurs d'opéras et de ballets Quant à l'exécution des ouvrages de musique dans des concerts, elle ne pouvait être pour les compositeurs une source de revenus ; les concerts publics, auxquels chacun a le droit d'assister en payant sa place, n'existaient pas avant la Révolution.

8. Les institutions de l'ancien régime ont été d'un plus grand secours aux peintres et aux sculpteurs qu'aux écrivains, aux auteurs dramatiques et aux musiciens En ce qui concerne les œuvres de peinture et de sculpture, le privilège est toujours la garantie du droit : c'est l'auteur seul qui en bénéficie La liberté du travail n'existe pas pour l'artiste; il faut qu'il soit

(1) Voir Renouard, t. Ier, p. 180 et suiv.
(2) Voir Renouard, t. Ier, 1re partie, chap tre IV,
(3) Renouard, t. 1o p 401

admis dans les corporations reconnues par la loi pour exercer son art. Mais le régime corporatif offre l'avantage d'être un obstacle à la contrefaçon : sous peine d'exclusion, il est en général interdit aux maîtres de reproduire les œuvres de ceux qui font partie du même groupe.

Les peintres et les sculpteurs formèrent à l'origine avec les fabricants de modèles industriels une seule corporation dite *Communauté des Peintres et Tailhères-Ymagiers*. En 1648 fut fondée l'*Académie royale de peinture et de sculpture* sur l'initiative de Lebrun, à ce moment, l'autre corporation, qui subsista jusqu'en 1776, prit le nom d'*Académie de Saint-Luc*. En dehors de ces deux groupes, quelques artistes furent autorisés par exception à travailler isolément.

Les privilèges étaient octroyés, aux dix-septième et dix-huitième siècles, non à tel peintre ou sculpteur en particulier, mais à tous les artistes appartenant à l'une des corporations existantes ou s'adonnant à un art déterminé. C'est ainsi qu'un arrêt du Conseil, en date du 21 juin 1676, réserve aux sculpteurs de l'Académie royale le droit de reproduire leurs œuvres, il convient d'en rapprocher une sentence de police du 11 juin 1706, d'une portée plus générale, qui règle les rapports des sculpteurs, quels qu'ils soient, avec les fondeurs, et détermine leurs droits et obligations réciproques. Puis un arrêt du 28 juin 1714 consacra le droit des peintres de l'Académie royale. Pour l'Académie de Saint-Luc, elle fut l'objet, en 1730, d'importants règlements, en vertu desquels défense fut faite aux maîtres qui en étaient membres de se contrefaire entre eux. Enfin, une déclaration du roi, donnée à Versailles le 15 mai 1777, reconnut encore une fois le droit de propriété artistique au profit de l'Académie royale. Tous ces privilèges étaient perpétuels.

Pour justifier la concession d'un droit exclusif, tantôt l'État invoquait l'intérêt public, tantôt il déclarait que l'artiste se rend digne par son travail d'une récompense pécuniaire ou qu'il faut le mettre à l'abri du plagiat.

La condition des graveurs était très différente de celle des peintres et sculpteurs. Comme les écrivains, ils obtenaient des privilèges individuels, soit pour toutes leurs œuvres, soit pour une seule.

Quant aux architectes, on ne s'occupa point de leurs droits avant la Révolution. La raison en est double : d'abord, à cette époque comme aujourd'hui, les œuvres originales n'étant pas très nombreuses en architecture, la question de savoir si l'auteur d'une œuvre architecturale peut revendiquer un droit de propriété, ne devait pas se poser fréquemment en pratique; puis les architectes dont les ouvrages présentaient un caractère artistique appartenaient pour la plupart à l'Académie d'architecture, créée par Colbert, et il est probable que les membres de cette Académie s'interdisaient entre eux la reproduction de leurs œuvres (1).

9. Le régime corporatif a été, jusqu'aux derniers jours de l'ancienne monarchie, absolument hostile aux inventeurs. Pour qu'il leur fût permis d'exploiter l'objet de leur découverte, il fallait qu'ils fissent partie de la corporation que cette découverte intéressait. C'est pourquoi, dans le préambule de l'édit de 1776, qui supprima momentanément les communautés d'arts et métiers, Turgot disait qu'elles « retardent le progrès des arts par les difficultés multipliées que rencontrent les inventeurs, auxquels les différentes communautés disputent le droit d'exécuter des découvertes qu'elles n'ont point faites ». Ajoutez que l'industrie était soumise à des règlements sévères et qu'une invention ne pouvait être mise en œuvre, lorsqu'elle y faisait échec. Aussi, beaucoup d'inventeurs, pour mettre à profit le fruit de leurs travaux, n'avaient d'autre ressource que de s'expatrier.

S'il n'était pas enchaîné par le régime corporatif et les règlements, l'auteur d'une découverte l'exploitait librement : mais il ne l'exploitait pas à titre exclusif. Il en partageait le bénéfice avec tous les membres de la communauté dont il faisait partie

---

(1) Voir Vaunois, *La condition et les droits d'auteur des artistes jusqu'à la Révolution*, pass m,

lui-même. Le seul moyen qu'il eût de garder le monopole de
son invention était de la tenir secrète ; or, il est souvent impossible d'exploiter une invention sans la dévoiler.

Les privilèges délivrés aux inventeurs, comme aux écrivains
et aux artistes, amélioraient leur situation. Ils ne constituaient,
d'ailleurs, qu'un remède insuffisant, parce que les inventions
n'étaient pas toutes l'objet d'un privilège et que parfois le privilège était accordé, non à l'inventeur, mais à une personne
quelconque, qui bénéficiait de la faveur royale.

A l'origine, les privilèges étaient perpétuels. Le Conseil du
roi les délivrait sous forme de lettres patentes que le Parlement
devait enregistrer ; les intéressés pouvaient y faire opposition
devant le Parlement. L'Académie des sciences était appelée
à donner son avis sur le privilège demandé. Une déclaration
du 25 décembre 1762 modifia ce système. D'après le préambule
de cette déclaration, les privilèges « ont pour objet de récompenser l'industrie des inventeurs ou d'exciter celle qui languis-
sait dans une concurrence sans émulation ». La durée du privilège est limitée à quinze années ; si le privilégié meurt avant
l'expiration de ce délai, ses ayants cause devront obtenir con-
firmation du privilège. Les concessionnaires, à moins qu'ils ne
justifient d'un empêchement légitime, perdent le droit qui leur
est octroyé, lorsqu'ils « ont inutilement tenté le succès » ou
« négligé l'usage et l'exercice » du privilège pendant une
année. Enfin, la déclaration, pour assurer la publicité du privilège, prescrit qu'il en sera envoyé copie « aux bailliages dans
le ressort desquels ils doivent avoir leur exécution ».

La France a donc eu, avant la Révolution, une législation
relative au droit des inventeurs ; législation rudimentaire et
incomplète, car la protection qu'elle organise dépendait du bon
plaisir du roi, mais où il est intéressant de constater l'existence
de plusieurs des dispositions qui se rencontrent dans des
lois plus modernes, examen préalable, durée limitée du droit,
déchéance pour défaut d'exploitation, publicité du monopole.

10. La condition des artistes industriels, aux dix-septième et dix-huitième siècles, offre beaucoup d'analogie avec celle des peintres et des sculpteurs. Ils étaient admis à faire partie de l'Académie de Saint-Luc et jouissaient des privilèges concédés à cette communauté En outre, tant à Paris que dans les provinces, les groupes qu'ils formaient étaient parfois protégés par des mesures d'un caractère local. A titre d'exemple, on peut citer la législation concernant la fabrique lyonnaise. La propriété des modèles d'étoffes en soie était consacrée à Lyon par des règlements du 25 octobre 1711, du 1er octobre 1737 et du 19 juin 1744 (1).

Vers la fin de l'ancien régime, on voit s'élabo er une legislation dont certaines dispositions sont reproduites dans le droit actuel. Un règlement du 21 avril 1766 subordonne la propriété des modèles des fondeurs à l'accomplissement d un dépôt, qui peut être fait sous pli cacheté, si le déposant le préfère; ce règlement est également applicable « aux orfèvres et sculpteurs qui ont le droit de faire des modèles » et « à tous particuliers qui voudront avoir une pièce unique » La communauté des graveurs, ciseleurs, damasquineurs, peintres en émail, sur bijoux d or et de cuivre eut, à partir de 1776, une disposition analogue dans ses statuts Enfin un arrêt du Conseil, en date du 14 juillet 1787, mérite une attention particulière. Il a trait aux dessins de soieries fabriquées dans toute la France. Le préambule, pour proscrire la contrefaçon, invoque l intérêt public, « d'accord avec les droits de la propriété ». Tandis que, d'après les textes précédemment cités, le privilège était perpétuel, l'arrêt du 14 juillet 1787 limite à quinze années la durée du droit en ce qui concerne les étoffes destinées aux ameublements et ornements d'églises, à six années en ce qui concerne toutes autres étoffes. Le modèle doit être enregistré sous forme d'esquisse ou d'échantillon avant la mise en vente; faute de quoi le fabricant perd la propriété de son modèle. C'est là un sys-

_____

(1) Voir Philipon, *Traité des dessins et modèles industriels , Notice historique sur la propriété des dessins de fabrique.* Il cite ces textes et d'autres moins importants

tôme de protection très complet, qui forme un tout logique-
ment enchaîné et paraît capable de répondre aux besoins de
la pratique (1).

11. Dans la plupart des pays d'Europe, l'idée de propriété
intellectuelle a pris naissance et s'est affermie vers le même
temps et par les mêmes moyens que chez nous; partout les
mêmes causes ont produit les mêmes effets. En Allemagne et en
Angleterre, notamment, la propriété intellectuelle du seizième
au dix-neuvième siècle, s'est imposée peu à peu à l'attention des
juristes et le législateur a dû s'en occuper. Le privilège, comme
en France, a été la première forme de la protection légale, les
écrivains, les artistes et les inventeurs ont rencontré dans le
régime corporatif, tantôt un moyen de protection, tantôt un
instrument de spoliation. L'Allemagne a devancé la France
sur le terrain spéculatif; au xviii° siècle, beaucoup de jurisconsultes et de philosophes allemands étudièrent la propriété
intellectuelle et proposèrent des théories qui devaient être reprises au siècle suivant. L'Angleterre a possédé avant nous une
législation sur les droits des inventeurs; dès 1623, l'industrie
anglaise avait obtenu une loi qui consacrait la propriété des
inventions.

12. Comment les législations résolvaient-elles les questions
de droit international en matière de propriété intellectuelle?
Il est certain que ni les institutions ni l'esprit public n'étaient
en général favorables aux étrangers. En France, l'extranéité
ne constituait pas un obstacle à la délivrance des privilèges
individuels; on peut citer, à titre d'exemple, le privilège qui
fut accordé à Rubens pour son tableau de *la Descente de croix*.
Mais, d'ordinaire, le roi, considérant que la concession d'un
droit exclusif était un moyen d'encourager les arts dans ses
États, en réservait le bénéfice à ses sujets. Les étrangers
n'étaient pas reçus dans les communautés d'arts et métiers; il
leur était donc impossible d'exploiter en France les œuvres

---

(1) Voi Vaunois, *Les dessins et modèles de fabrique*, chapitre 1er.

qu'ils mettaient au jour et ils ne profitaient point des privilèges généraux concédés aux corporations Il arriva parfois que
des artistes des pays voisins, principalement d'Italie, furent
appelés à la cour de France; en ce cas, ils étaient admis à
exercer leur art sur le territoire français.

13. En résumé, à la fin du dix-huitième siècle, la propriété
intellectuelle était un principe généralement reconnu au
point de vue théorique; mais la notion n'en était pas encore
élucidée. Pratiquement, les écrivains, les artistes et les inventeurs étaient insuffisamment protégés par une législation
incohérente et, le plus souvent, inefficace.

Il restait aux théoriciens à déterminer par une étude patiente
les éléments constitutifs du droit nouveau qui venait d'apparaître dans le monde, au législateur à garantir ce droit par
l'institution d'un régime approprié à sa nature.

CHAPITRE II

De la fin du xviiie siècle jusqu'à nos jours.

SOMMAIRE

14. Essor de la science depuis le dix-huitième siècle; ses conséquences. — **15.** Discussion du principe de la propriété intellectuelle. — **16.** Deux périodes dans l'histoire de la législation. — **17.** Lois sur la propriété littéraire et artistique. — **18.** Lois sur les brevets d'invention. — **19.** Lois sur les dessins et modèles industriels. — **20.** OEuvre de la jurisprudence. — **21.** Diverses théories de la propriété intellectuelle. — **22.** Évolution du droit à l'étranger. — **23.** La propriété intellectuelle au point de vue international. — **24.** Résumé.

14. Le fait capital qui domine notre époque, c'est l'essor de la science; on a pu dire qu'il y avait eu plus de découvertes de Bichat jusqu'à Pasteur que des origines du monde jusqu'à Bichat.

L'industrie, poussée par la science, a fait des progrès rapides et merveilleux Autrefois, les savants s'occupaient surtout de chercher le vrai; de nos jours, ils ont poursuivi tout à la fois le vrai et l'utile. Parmi les inventions qui ont renouvelé les méthodes de fabrication, il en est un assez grand nombre qui remontent à la seconde moitié du dix-huitième siècle; ces inventions ont été depuis perfectionnées et le siècle suivant en a vu beaucoup d'autres éclore.

En même temps, les arts et les lettres du cercle des raffinés, qui seuls en pratiquaient le culte, se sont répandus jusqu'aux classes inférieures. C'est là encore une conséquence, tout au

2

moins indirecte, du progrès scientifique. La science, en facili-
tant les transports, a permis à tous l'accès des établissements
d'instruction, des musées, des bibliothèques. Elle a accru l'ai-
sance générale et mis à la portée de toutes les bourses la
jouissance des chefs-d'œuvre littéraires et artistiques.

Dans ces conditions, le nombre des inventeurs, des écrivains
et des artistes s'est multiplié d'une façon extraordinaire. Étant
assez nombreux, ils ont été assez forts pour défendre leurs
intérêts et faire prévaloir leurs droits dans la plupart des États
de l'ancien et du nouveau monde.

15. En France, dès le début de la Révolution, le pouvoir
législatif, qui s'était donné pour tâche de réviser entièrement
les institutions traditionnelles, examina la question de savoir
comment il devait être répondu aux revendications des inventeurs, des écrivains et des artistes; sa réponse fut favorable. Il
ne paraît pas qu'à ce moment le principe de la propriété intellectuelle ait été sérieusement contesté, soit dans les assemblées
délibérantes, soit en dehors d'elles.

Plus tard, au cours du dix-neuvième siècle, la même question
fut agitée à maintes reprises. Jamais les adversaires de la propriété intellectuelle n'obtinrent de succès décisif et la lutte
semble être actuellement terminée.

Ce n'est pas à propos des droits des écrivains et des artistes
que la discussion a été le plus ardente. Ceux-là même qui
demandaient l'abolition des brevets d'invention se déclaraient
parfois partisans de la propriété littéraire et artistique (1).
Proudhon, dans son livre intitulé : *Des majorats littéraires,*
soutient que les œuvres d'art et de littérature ne sauraient être
appropriées, parce que l'art et la littérature ne sont pas choses
vénales; il reconnaît toutefois qu'il est juste d'accorder aux écrivains et aux artistes un monopole d'une durée limitée à titre

(1) Te le était l'opinion de Michel Chevalier. Voir les comptes rendus
des séances et travaux de l'Académie des sciences morales et politiques,
1863, t. XIII de la 4º série, p. 241.

de subvention (1). La production littéraire et artistique est trop importante en France pour que ceux qui en font métier aient eu à aucun moment à défendre contre de bien vives attaques les droits qu ils avaient conquis.

La propriété des inventions a couru, au contraire, quelques dangers ; les théoriciens et les industriels qui ont prétendu la remettre en question étaient assez nombreux et jouissaient d'un certain crédit. On peut attribuer l'hostilité qui s'est manifestée contre les brevets à une double cause : d'une part, la liberté de l'industrie, pıônée par beaucoup d'économistes, a été considérée comme un dogme incontestable au milieu du dix-neuvième siècle, et il a paru que le monopole de l'inventeur était contraire à cette liberté ; d'autre part, les inconvénients inhérents à l'institution des brevets ont frappé de plus en plus les esprits, à mesure que l'industrie se développait, et les intéressés en ont perdu de vue peu à peu les avantages.

Parmi les ennemis de la propriété des inventions, il faut placer au premier rang Michel Chevalier, tant à cause de l'éclat de son nom que de la persévérance avec laquelle il a demandé la suppression des brevets (2). Voici ses principaux arguments : 1° Le droit exclusif attribué au breveté est une entrave à l'industrie ; tant que le bievet reste en vigueur, aucun perfectionnement apporté à l'invention ne peut être exploité sans l'assentiment du breveté 2° L'institution des brevets paralyse le commerce d'exportation ; en effet, le breveté exige une prime des manufacturiers qui demandent à employer le procédé,

(1) Proudhon, *Des majorats littéraires*, p. 88 et suiv.
(2) Voir la dissertation dont ıl a donné lecture à l'Académie des sciences mora es et politıques et là discussion qui s'est élevée à cette occas on, dans les comptes rendus des séances et tıavaux de cette Académie, 1863, t. XIII de la 4° série, p. 235-286 ; voir également les leçons dans lesquelles ıl a traité le même sujet au Collège de France et qui ont été reproduites par l'*Économiste français*, 1877, t. II, p. 808 et suiv. ; 1878, t. Iᵉ¹, p. 8 et suiv. On peut consulter dans le même ordre d'idées : Malapert, *Des lois sur les brevets d invention dahs leurs rapports avec les progrès de l industrie.*

l'appareil qu'il a inventés ; ceux-ci, dont la fabrication est grevée par cette prime, ne sauraient lutter avec les industriels
établis dans les pays où l'inventeur n'est pas protégé. 3° Souvent des brevets sont pris pour des inventions chimériques par
des hommes sans scrupule, soit à titre de réclame, soit pour
effrayer leurs concurrents. 4° Il arrive qu'un rival de l'inventeur,
ayant su lui dérober son secret, ou l'un de ses employés,
trahissant sa confiance, prenne un brevet en fraude de ses
droits. 5° Lorsqu'il existe, au moment où le brevet est pris, des
lacunes dans l'invention, les concurrents du breveté s'attachent à combler ces lacunes, et, s'ils y parviennent, le breveté
devient leur tributaire. 6° La protection légale fait aux inventeurs plus de mal que de bien ; ils gaspillent le plus souvent
des sommes considérables pour prendre un brevet et exploiter
leur invention ; seul, le spéculateur, qui achète leur brevet,
fait fortune. Pour surexciter le zèle des inventeurs mieux
vaudrait accorder aux auteurs des plus belles découvertes
des récompenses individuelles. 7° Le monopole attribué aux
inventeurs n'est pas plus juste qu'utile ; car on ne peut jamais savoir si une invention est vraiment nouvelle et toute
invention est une œuvre collective, à laquelle ont contribué
par leurs recherches un grand nombre de savants et de praticiens.

Il faut répondre, sur le premier point, que, si les brevets
paraissent ralentir l'essor industriel, en fixant l'état de la
fabrication quant à l'objet auquel ils s'appliquent pendant un
certain temps, ils poussent un grand nombre d'hommes, par
l'appât d'un bénéfice pécuniaire, à s'occuper d'inventions, de
telle sorte qu'ils contribuent beaucoup plus au progrès économique qu'ils n'y mettent obstacle ; sur le second point, que
l'institution des brevets cessera de paralyser le commerce
d'exportation le jour où un brevet, quel que soit le lieu où il
soit pris, aura effet dans tous les pays à la fois ; sur le troisième
point, qu'il serait injuste et nuisible, parce que quelques
industriels en font un emploi frauduleux, d'abolir les brevets ;

sur le quatrième point, que l'inventeur spolié peut revendiquer le brevet pris pour son invention; sur le cinquième point, qu'il suffit, pour que l'équité soit respectée, qu'un certain délai à compter de la prise du brevet soit laissé à l'inventeur pour mettre au point son invention; sur le sixième point, que la protection légale, fût-elle inutile au point de vue du progrès industriel, il faudrait en défendre le principe parce qu'elle est juste, et que le système des récompenses individuelles aurait le g ave défaut d'asservir l'inventeur à l'autorité gouvernementale; sur le septième point, que, si la tâche du juge chargé d'apprécier la nouveauté d'un produit, d'un procédé, est délicate, il ne lui est pas impossible de l'accomplir avec succès dans la plupart des cas, et que l'auteur d'une invention, encore qu'il ait profité des travaux de ses devanciers, a bien seul le mérite de l'avoir le premier mise au jour.

16. Il convient de distinguer deux périodes dans l'histoire de la législation en matière de propriété intellectuelle, depuis le jour où cette propriété a reçu la consécration légale. Au temps de la Révolution et du premier Empi   e législateur par une série de dispositions éparses, sans plan préconçu, s'empresse de réglementer tant bien que mal tantôt les droits des écrivains et des artistes, tantôt ceux des inventeurs L'œuvre qui résulte de ce travail hâtif offre un caractère incomplet, fragmentaire; c'est une ébauche à laquelle font défaut l'ordre et l'harmonie. Puis, sous la plupart des gouvernements qui succèdent au premier Empire, le besoin d'une législation plus parfaite se fait sentir et l'on tente de réformer les lois existantes sans jamais d'ailleurs en poursuivre la refonte générale (1).

17. La propriété littéraire et artistique, pendant la première de ces deux périodes, a fait l objet de lois nombreuses. Sur le

(1) On t ouvera es pr ncipal x documents re atifs à cette histoire dans les ouvrages suivants : Couhi 1, *La propi iété industrielle, artistique et litté aire*, t. I°r; Worms, *Étude sur la propriété littéraire*, t. II; Renouard, *Traité des brevets d invention*; Huard et Pel etier, *Répertoire de législation et de jurisprudence en matiè e de bi evets d'invention*, Vau ois, *Dessins et modèles de fabrique.*

rapport de Le Chapelier fut votée d'abord la loi des 13-19 janvier 1791, relative au droit de représention des œuvres dramatiques et musicales, d'après laquelle ce droit dure pendant la vie de l'auteur et cinq ans après sa mort. Un projet de loi sur le droit d'édition, dont un rapport de Hell défendait les conclusions, fut présenté la même année et ne vint pas en discussion. Puis, la loi du 19 juillet 1793, qui est restée le texte fondamental sur la matière, régla les droits des auteurs d'écrits en tous genres, compositeurs de musique, peintres et dessinateurs Elle fut votée en pleine tourmente révolutionnaire, avec Lakanal pour rapporteur. Cette loi détermine les œuvres protégées, les attributs de la propriété, la durée du droit, qu'elle limite à la vie de l'auteur, plus dix ans après sa mort ; elle impose à l'auteur l'obligation d'effectuer le dépôt de deux exemplaires de son œuvre ; elle prononce la confiscation contre les contrefacteurs et fixe d'une façon invariable les dommages intérêts dus à l'auteur en cas de reproduction illicite Il faut citer, en outre, la loi du 1er septembre 1793, qui déclare applicable aux ouvrages dramatiques la loi du 19 juillet 1793 ; la loi du 25 prairial an III, qui charge les commissaires de police et, à leur défaut, les juges de paix, de la saisie des exemplaires contrefaits ; le décret du 1er germinal an XIII, qui confère aux propriétaires des ouvrages posthumes, sous certaines conditions, les mêmes droits qu'à l'auteur, et celui du 8 juin 1806, qui étend cette disposition aux œuvres dramatiques ; le décret d 1 5 février 1810, qui réglemente les sanctions de la propriété littéraire et artistique et garantit cette propriété à l'auteur et à sa veuve pendant leur vie, si les conventions matrimoniales de celle-ci lui en donnent le droit, et à leurs enfants pendant vingt ans, enfin, le Code pénal de 1810, dont les articles 425 à 429 définissent les atteintes portées aux droits des auteurs et prononcent des pénalités contre les délinquants.

Depuis la chute de Napoléon Ier, à diverses reprises des projets de loi sur la propriété littéraire et artistique ont été

mis à l'étude. Le premier fut élaboré par une commission
nommée en 1825 ; il ne vint pas en discussion devant le Parlement. La Monarchie de Juillet reprit l'œuvre commencée
sous la Restauration. Une commission, instituée en 1835, prépara un nouveau projet. Le Gouvernement en présenta un
autre en 1839 à la Chambre des pairs, où eut lieu une discussion brillante, mais sans résultat. Puis, la Chambre des députés fut saisie d'un projet en 1841 par le Gouvernement ; des
orateurs éminents se firent entendre comme à la Chambre des
pairs et ce projet eut le même sort que le précédent. En 1861,
la refonte des lois sur la propriété littéraire et artistique fut
encore préparée par une commission. Sous la troisième République, la Chambre des députés a voté en 1893 un projet qui
exemptait du paiement des droits d'auteur, en cas d'exécution
gratuite, les sociétés musicales populaires ; ce projet, qu'avait
précédé une proposition analogue présentée en 1888 par
M. Maurice Faure, est resté lettre morte. En outre, trois fois des
propositions de loi d'un caractère général ont été soumises au
Parlement · en 1879, un projet sur la propriété artistique émané
de l'initiative gouvernementale , en 1883, un projet, présenté
au Sénat par M. Bardoux, qui reproduit celui de 1879 : en
1886, un projet sur la propriété littéraire et artistique, présenté à la Chambre des députés par M. Philipon. Tant d'efforts
sont demeurés stériles.

A défaut d'une loi générale, le législateur a réussi à mettre
en vigueur des dispositions qui ont modifié sur quelques
points le système de protection établi sous la Révolution et le
premier Empire. Principalement la durée du droit a été successivement réformée par la loi du 3 août 1844, qui confère
aux veuves et aux enfants des auteurs d'ouvrages dramatiques
le droit d'en autoriser la représentation pendant vingt ans ;
par la loi du 8 avril 1854, suivant laquelle les veuves des
auteurs, des compositeurs et des artistes sont investies d'un
droit viager, tandis qu'aux mains des enfants le droit dure
trente ans à compter du décès de l'auteur ou de l'extinction

du droit de la veuve ; par la loi du 14 juillet 1866, qui porte à
cinquante ans après la mort de l'auteur la durée du droit, et
attribue, sous certaines réserves, au conjoint survivant pendant cette période la jouissance des droits dont l'auteur n'a
pas disposé par acte entre vifs ou par testament. Une loi du
6 mai 1841, relative aux douanes, exclut du transit les ouvrages contrefaits et décide qu'au cas où des présomptions de
contrefaçon seront élevées sur les livres présentés, l'admission
sera suspendue et qu'il en sera référé au Ministre de l'Intérieur.
Une loi du 16 mai 1866, qui fut la condition d'un traité conclu
entre la France et la Suisse pour la garantie de la propriété
intellectuelle, déclare licite la fabrication et la vente des
instruments de musique servant à reproduire mécaniquement
des airs du domaine privé. Le dépôt prescrit par la loi du
19 juillet 1793 a été réorganisé par la loi sur la presse du 29
juillet 1881. En vertu des décrets du 9 décembre 1857 et du 29 octobre 1887, toutes les dispositions relatives à la propriété littéraire
et artistique doivent être appliquées dans les colonies. Une
loi enfin du 11 mars 1902 vient de placer expressément sous
l'empire de la loi du 19 juillet 1793 les architectes et les statuaires.

18. La propriété des inventions fit l'ob et, dès le début de
la Révolution, d'une loi importante, votée sur le rapport de
Boufflers, qui porte la date du 7 janvier 1791. Aux termes de
cette loi, comme aujourd'hui, les brevets sont délivrés, sans
examen préalable, pour quinze ans au plus A la différence du
régime actuel, quiconque apporte le premier en France une
découverte étrangère jouit des mêmes avantages que s'il en
était l'inventeur, sous cette réserve que le brevet d'importation
ne peut durer plus longtemps que le brevet pris dans le pays
d'origine ; la description peut demeurer secrète, si le corps
législatif le décide par un décret ; le demandeur qui a engagé
témérairement des poursuites pour contrefaçon est passible
d'une amende ; une invention n'est pas nouvelle, lorsqu'elle a
été précédemment décrite dans des ouvrages publiés et imprimés; tout inventeur, qui, après avoir obtenu un brevet en

France, en prend un à l'étranger, est déclaré déchu de ses
droits. Une seconde loi, qui fut l'occasion d'un nouveau rapport de Boufflers, vint compléter la précédente ; c'est la loi du
25 mai 1791. On y trouve principalement des dispositions réglementaires sur la délivrance des brevets. Il résulte, en outre,
de cette loi que les changements de formes ou de proportions
sont exclus de la protection ; que l'action en contrefaçon est
de la compétence du juge de paix, qu'il est défendu au breveté, à peine de déchéance, de créer une société par actions
pour l'exploitation de son invention ; que la cession d'un
brevet doit être enregistrée et passée devant notaire. A ces
textes il faut joindre la loi du 20 septembre 1792, suivant
laquelle un brevet ne peut être délivré pour un plan de
finances ; l arrêté du 5 vendémiaire an IX, qui décide qu'au
bas de chaque expédition d'un brevet sera inscrite la déclaration suivante : « Le Gouvernement, en accordant un brevet
d'invention sans examen préalable, n'entend garantir en
aucune manière ni la priorité, ni le mérite, ni le succès d'une
invention » ; le décret du 25 novembre 1806, qui abroge la loi
du 25 mai 1791, en tant qu'elle interdisait d'exploiter les
brevets d'invention en constituant des sociétés par actions et
subordonne seulement ce mode d'exploitation à l'autorisation
gouvernementale ; le décret du 25 janvier 1807, aux termes
duquel la protection commence lorsque le certificat de demande est délivré par le Ministre de l'Intérieur, et la priorité
d'invention, au cas de contestation entre deux brevetés pour
le même objet, est acquise a celui qui le premier a fait le
dépôt de ses pièces. La Constitution de l'an III proclamait la
légitimité de la protection accordée aux inventeurs ; l'article 357 est ainsi conçu « La loi doit pourvoir à la récompense des inventeurs ou au maintien de la propriété exclusive
de leurs découvertes ou de leurs productions. » En l'an VI,
une commission prépara successivement deux projets de loi
sur les brevets ; le premier admettait l'examen préalable, le second revint au système antérieurement adopté.

Sous la Restauration, on s'occupa de nouveau de réformer la législation relative aux inventions. Au temps de Louis-Philippe, un projet de loi élaboré par une commission fut porté devant les Chambres et devint la loi du 5 juillet 1844, actuellement en vigueur. Avant le vote de cette loi fondamentale, le législateur, par un article de la loi du 25 mai 1838 sur les Justices de paix, avait conféré aux Tribunaux d'arrondissement le pouvoir de juger des actions en nullité ou en déchéance et des actions en contrefaçon. La loi du 5 juillet 1844, préparée avec soin, fit l'objet d'intéressants débats dans les deux assemblées législatives ; le rapporteur, devant la Chambre des pairs, fut M. de Barthélemy, et, devant la Chambre des députés, Philippe Dupin. Cette loi règle la matière des brevets d'invention au point de vue du droit civil, du droit pénal et de la procédure. Elle est trop étendue, et, d'ailleurs, trop connue, pour qu'il y ait lieu de l'analyser ici. Un arrêté du 21 octobre 1848 et des décrets du 5 juin 1850 et du 24 juin 1893 l'ont déclarée applicable dans les colonies. Après la loi du 5 juillet 1844, les principaux textes à mettre en lumière sont deux lois : l'une, du 31 mai 1856, qui permet au Gouvernement d'autoriser l'introduction des objets fabriqués à l'étranger, destinés à des expositions publiques ou à des essais autorisés par les pouvoirs publics ; l'autre, du 23 mai 1868, d'où il résulte que l'auteur d'une invention admise dans une exposition publique peut se faire délivrer un certificat qui lui assure, à de certaines conditions, les mêmes droits qu'un brevet, du jour de l'admission jusqu'à la fin du troisième mois à compter de la clôture de l'exposition. Au début du second Empire, une commission élabora un projet auquel il ne fut pas donné suite. Plus récemment, des réformes partielles ont été votées. Une loi du 9 juillet 1901 institue au Conservatoire des Arts et Métiers un Office national des brevets d'invention et des marques de fabrique ; à cette loi se rattache un arrêté du 3 septembre 1901, qui concerne les dessins annexés aux demandes de brevet. Une autre loi, qui porte la date du 7 avril 1902, permet d'ajourner pendant un an la délivrance du brevet ; elle est relative, en outre, à la publication des brevets et au paiement des annuités. Deux propositions sont encore soumises au Parlement ; l'une, qui a pour objet d'étendre les formalités applicables en cas de cession des brevets à l'apport en société ; l'autre, due à M. Laurens, qui offre un caractère plus général.

19. Il était douteux que la loi du 19 juillet 1793 s'appliquât aux dessins et modèles industriels. A la demande des fabricants lyonnais, une loi du 18 mars 1806, spéciale à la ville de Lyon, consacra la propriété de leurs dessins pour une, trois ou cinq années, ou à perpétuité, à la condition d'en effectuer le dépôt au Conseil des prud'hommes. Cette loi fut sanctionnée par les articles 425 à 429 du Code pénal.

Ce n'était là qu'un essai de législation ; il parut urgent d'étendre la portée des dispositions adoptées. Les articles 34 et 35 de la loi du 18 mars 1806 décidaient que des Conseils de prud'hommes pourraient être établis dans une ville quelconque avec les mêmes attributions que celui de Lyon ; cette disposition permit de généraliser la protection des œuvres d'art industriel Une ordonnance royale du 17 août 1825 déclara que le dépôt des dessins, pour les fabriques situées hors du ressort d'un Conseil de prud'hommes, serait reçu au greffe du Tribunal de commerce, ou à défaut de Tribunal de commerce, au greffe du Tribunal civil Depuis cette époque, l'activité législative a été médiocre en cette matière. Un décret du 5 juin 1861 a prescrit de faire aux secrétariats des Conseils de prud'hommes à Paris, le dépôt des dessins et modèles provenant des pays où la protection des productions de ce genre a été assurée par des conventions diplomatiques. La loi du 23 mai 1868, dont il a été parlé au paragraphe précédent, a organisé la protection provisoire des dessins admis aux expositions publiques. Plusieurs fois des efforts ont été faits pour compléter et améliorer cette législation. En 1845, un projet de réforme fut présenté à la Chambre des pairs.

Sous le second Empire, deux autres projets furent préparés, en 1856 et en 1869. M. Bozérian déposa en 1876 une proposition de loi, puis une seconde en 1877, devant le Sénat qui en délibéra ; la Chambre des députés renvoya le texte voté par le Sénat à une commission. M Philipon, quand il présenta à la Chambre des députés son projet sur la propriété littéraire et artistique, demanda qu'un régime uniforme fût appliqué aux œuvres d'art et aux dessins et modeles industriels. Enfin la loi du 11 mars 1902, dont nous avons déjà parlé, a assimilé les sculpteurs et dessinateurs d ornement aux auteurs protégés par la loi du 19 juillet 1793, et la question se pose alors de savoir si la législation spéciale à l'art industriel n'est pas implicitement abrogée.

20. L'insuffisance des lois laissait à la jurisprudence une tâche importante à accomplir ; les tribunaux ont comblé les lacunes de la législation.

En matière artistique et littéraire, le champ était vaste. La jurisprudence a défini les facultés inhérentes à la propriété des auteurs ; elle a déterminé l objet du droit, notamment à propos de l'architecture et de la photographie ; elle a résolu la question de savoir si cette propriété doit être classée parmi les meubles ou les immeubles. Le législateur avait, sauf en quelques points, omis de régler les modes d acquisition du droit ; les problèmes que soulèvent la collaboration, le contrat de publication, la mise en société des œuv es de littérature ou d'art, ont tour à tour été l'objet de décisions judiciaires. Les tribunaux ont fixé le caractère de la confiscation et les conséquences qu entraîne l'omission du dépôt.

Il semblait, en ce qui concerne les brevets d'invention, que l ampleur de la loi du 5 juillet 1844 et le soin avec lequel elle avait été faite eussent restreint singulièrement le domaine ou pourrait s'exercer la controverse juridique. Toutefois, la jurisprudence a dû édifier de toutes pièces la théorie de la possession antérieure, celle des revendications de brevet, celle enfin des licences d'exploitation. Elle a, de plus, élucidé un grand nombre de questions, sur lesquelles le législateur ne fournissait que des indications trop sommaires : par exemple, la distinction à faire entre l'usage industriel et l'usage domestique, la nouveauté, l'obligation d exploiter.

C'est surtout à l'égard des dessins et modèles industriels que la législation était restée rudimentaire. Il fallait principalement décider les conditions auxquelles la loi du 18 mars 1806 est applicable ; définir la nouveauté et le caractère du dépôt ; dire quelles sont les obligations du déposant; régler la procédure de l'action en contrefaçon. Voilà ce que la jurisprudence avait à faire et ce qu'elle a tenté.

Notre droit, en matière de propriété intellectuelle, est donc pour partie coutumier. Il s en faut, d ailleurs, que les tribunaux aient réussi à élaborer une doctrine invariable sur tous les points que le hasard des procès a soumis à leur examen, et, pour éviter des discussions sans cesse renaissantes, il serait désirable que le législateur intervînt.

21. On peut diviser en quatre groupes les théoriciens de la propriété intellectuelle en France depuis la fin du dix-huitième siècle.

A. Le groupe le plus important comprend ceux qui prétendent assimiler la propriété des œuvres de l'esprit à la propriété des choses matérielles. Cette doctrine, on l'a vu plus haut, était généralement admise avant 1789. Il était naturel qu'elle fût invoquée dans les assemblées révolutionnaires. Au cours du dix-neuvième siècle, chaque fois qu'un projet de loi fut mis en délibération, on la vit reparaître. Le législateur s'en inspira le plus souvent, toutefois, il s'abstint de propos délibéré de manifester une opinion touchant la nature du droit de l'auteur sur son œuvre dans la loi du 5 juillet 1844 et dans celle du 14 juillet 1866. D innombrables jurisconsultes et philosophes, par la plume ou par la parole, ont soutenu la même thèse, c'est ce que montre la lecture de leurs écrits et des discours prononcés dans les assemblées législatives, les commissions et les congrès (1).

(1) Dans la doctrine, l assimilation de a propriété intellectuelle à la

Les partisans de cette doctrine se divisent sur la question de savoir si le droit de l'auteur sur son œuvre doit être temporaire ou perpétuel. Ceux qui combattent la perpétuité disent que la propriété intellectuelle est une propriété *sui generis*. Au reste, il est universellement admis que l'inventeur ne saurait être protégé sans un titre qui lui soit délivré par les pouvoirs publics ; tout le monde reconnaît donc qu'à cet égard au moins la propriété intellectuelle est quelque chose de spécial.

Si la propriété des œuvres de l'esprit et celle des choses matérielles ne sauraient être soumises à un régime absolument identique, il est singulier qu'on veuille assimiler au second le premier de ces droits. A la vérité, le fondement sur lequel ils reposent est pareil : tout homme ayant le droit de vivre et d'être le propre artisan de sa destinée, le fruit de son travail doit lui être attribué. Mais il suffit que la propriété intellectuelle et la propriété des choses matérielles diffèrent quant à leur objet pour qu'il soit impossible de les considérer comme un seul et même droit. L'objet étant différent, il en résulte deux conséquences : 1º tandis que la propriété des choses matérielles est perpétuelle, parce qu'on ne saurait abolir la perpétuité sans tomber dans le communisme, le droit de l'écrivain, de l'artiste ou de l'inventeur doit être seulement temporaire ; 2º tandis que la propriété d'une chose matérielle n'est subordonnée à l'accomplissement d'aucune formalité, la délivrance d'un titre forme un des éléments qui constituent la propriété d'une invention, et il en est de même, selon l'opinion la plus accréditée, lorsqu'il s'agit d'un dessin ou modèle industriel. Les théoriciens qui défendent l'assimilation du droit de l'auteur sur son œuvre à la propriété des choses ma-

propriété des choses matérielles a été défendue notamment par Gastambide, *Traité des contrefaçons* p. 8, 77 et suiv. ; Pouillet, *Traité de la propriété littéraire et artistique*, Couhin, *La propriété industrielle, littéraire et artistique*, t. 1ᵉʳ, Introd., chap. IV.

térielles estiment que leur doctrine est plus propre à assurer le respect de ce droit que l'opinion contraire, c'est une erreur, car on ne saurait établir je ne sais quelle hiérarchie de nos droits, qui sont tous également inviolables. Qu'on emploie, conformément à l'usage, l'expression de propriété pour désigner le droit de l'auteur, cela n'offre aucun inconvénient ; mais il ne faut pas oublier que cette expression est alors prise dans son sens le plus large, la propriété au sens étroit étant le droit qui porte sur une chose matérielle

B. Une seconde doctrine a eu pour principal représentant Renouard. Avant lui elle avait été à peine ébauchée et ceux qui l'ont soutenue dans la suite n'y ont fait que des modifications sans importance. Renouard déclare que l'œuvre intellectuelle est inappropriable ; dès qu'elle est publiée, ainsi que Le Chapelier l'avait déjà montré, la jouissance en appartient à tous et il n'est pas au pouvoir de l'auteur de la ressaisir. On ne saurait donc parler de propriété intellectuelle. Mais il convient de reconnaître au profit des écrivains, des artistes et des inventeurs un droit exclusif de reproduction. Comment Renouard justifie-t-il ce droit ? Il dit qu' « un livre est la prestation d'un service envers la société » ; il invoque un contrat passé entre l'auteur et la société, celle-ci offrant sa protection et celui-là son œuvre à de certaines conditions ; c'est une conception que Marion, dès le seizième siècle, et Boufflers, rapporteur de la loi du 7 janvier 1791 sur les brevets d'invention avaient défendue précédemment. Quelle rémunération l'auteur recevra-t-il pour ce service qu'il a rendu ? L'attribution de récompenses individuelles, la liberté de reproduire l'œuvre moyennant le paiement d'une redevance engendreraient des contestations perpétuelles, car il serait nécessaire, dans chaque cas particulier, d'apprécier la valeur de l'œuvre littéraire ou artistique. Le seul moyen pratique de rémunérer l'auteur est de lui reconnaître un droit exclusif. Ce droit, Renouard le qualifie de privilège et le considère comme créé par la loi ; à la différence de la propriété des choses matérielles, c'est un droit civil, non un droit naturel (1).

Il faut rejeter sans hésitation cette théorie qui ne contient à peu près rien d'exact. L'œuvre intellectuelle n'est nullement inappropriable Sans doute, quand l'auteur la livre au public, il lui devient impossible, le plus souvent, d'en recouvrer la jouissance exclusive; mais il est le maître de mesurer la publicité donnée à sa pensée, et, partant, l'étendue de la jouissance qu'il accorde. Le droit dont est investi le propriétaire d'une chose matérielle n'est pas toujours absolument exclusif; par exemple, je ne puis interdire aux passants la vue de ma maison : s'ensuit-il que ma maison ne soit pas susceptible d'appropriation? Il est juste seulement de dire que, pour l'œuvre intellectuelle comme pour certaines choses matérielles, l'appropriation ne saurait être sans limite. Renouard a raison de reconnaître à l'auteur le droit de reproduire seul son œuvre. Mais le fondement sur lequel ce droit repose n'est point un contrat : l'auteur a le droit d'exploiter son œuvre, parce que toute valeur doit appartenir à qui l'a créée. Il suit de là que la propriété intellectuelle prend naissance sitôt que l'œuvre se manifeste sous une forme sensible, tandis que, dans le système de Renouard, on ne comprendrait pas qu'elle existât avant la publication Il est faux encore qu'on doive ranger le droit de l'auteur sous le nom de privilège, parmi les droits civils qui n'ont de fondement que dans la loi positive. Il n'y a pas lieu de diviser nos droits en droits civils et droits naturels. Tout droit, s'il est juste, dérive, non de la loi positive, mais des principes de l'équité; la loi est la sanction, non la source du droit.

(1) Cass. 25 juillet 1887; Sir. 1888. 1 17, D. P. 1888 1. 5; Pal. 1888. 325. Paris, 1ᵉʳ février 1900, Sir. 1900. 2. 121. Renouard, *Traité des brevets d'invention*, p. 9 et suiv , *Traité des droits d'auteur*, t. Iᵉʳ, p. 433 et suiv. *Droit industriel*, p 341 et suiv Bédarride, *Brevets d'invention*, t. Iᵉʳ, nᵒˢ 27 et suiv.; Morillot, *De la protection accordée aux œuvres d'art dans l'Empire d'Allemagne*, p. 95 et suiv Lyon-Caen, note, Sir. 1888. 1. 17.

C. D'après un système plus récent, l'œuvre intellectuelle se confond avec la personne de l'auteur; car une invention, un écrit, un ouvrage de peinture ou de sculpture, c'est la pensée d'un homme qui prend corps et se révèle. On en conclut que le droit dont l'auteur est investi n'est qu'une forme particulière de sa liberté personnelle (1).

Assurément l'œuvre est la pensée de l'auteur; mais dès qu'elle se manifeste dans une chose matérielle qui en est le signe, elle acquiert une individualité propre et se détache de lui comme le fruit qui tombe de la branche. Un contrefacteur qui s'en empare usurpe le bien de l'auteur, en quoi porte-t-il atteinte à la liberté de celui-ci? Il ne lui fait subir aucune contrainte physique ni morale. Une théorie de la propriété intellectuelle qui se fonde sur une prétendue identité du sujet et de l'objet méconnaît donc la nature des choses.

D. Il restait, au lieu de classer la propriété intellectuelle dans telle ou telle des catégories de droit consacrées par la tradition, à la considérer comme un droit nouveau, offrant des caractères propres. Telle est la thèse à laquelle quelques jurisconsultes ont donné dans ces derniers temps leur adhésion, se conformant à des exemples venus de l'étranger. M. Picard avait soutenu en Belgique, qu'à côté des droits personnels, des droits de créance et des droits réels il faut admettre l'existence d'une quatrième espèce de droits dont l'objet est immatériel : ce sont les droits intellectuels, parmi lesquels prend place la propriété des auteurs ainsi que le droit relatif aux marques et quelques autres droits (2). Chez nous, M. Weiss, puis M. Darras ont adopté la même opinion (3).

(1) Bertauld, *Questions doctrinales du Code Napoléon*, t. Iᵉʳ, nᵒˢ 259 et 261, Morillot, *De la personnalité de droit de publication qui appartient à un auteur vivant*, Revue critique, 1872-73, p. 35

(2) Picard, *Embryologie juridique*, Journal du droit international privé, 1883, p. 563.

(3) Weiss, *Traité de droit international privé*, t. II, p. 219 et suiv. Darras, *Du droit des auteurs et des artistes dans les rapports internationaux*, nᵒˢ 32 et 33. Cf. Saleilles, note; Sir. 1900, 2. 121.

3

Il y a dans cette doctrine une part de vérité et une part d'erreur. La propriété intellectuelle n'est ni une propriété au sens étroit du mot, ni un privilege concédé par le législateur, ni une forme particulière de notre liberté personnelle; il est donc vrai de dire qu'elle est un droit d'une nature spéciale. L'erreur consiste à classer sous une dénomination commune la propriété intellectuelle avec des droits différents, tels que le droit relatif aux marques. Si l'industriel, le commerçant ont le droit de s'approprier des signes qui les distinguent aux yeux de la clientèle, c'est parce que sans cette faculté ils ne sauraient exercer librement leur industrie; tout autre est le fondement de la propriété intellectuelle. La classification qu'on propose doit être rejetée, parce qu'elle engendrerait une confusion regrettable.

22. A l'étranger comme en France, la formation du droit a dépendu surtout du nombre des intéressés. Selon que les intéressés étaient plus ou moins nombreux, la propriété intellectuelle a été consacrée par la loi plus ou moins vite et d'une façon plus ou moins large.

Il est à remarquer, en outre, que certaines législations ont servi de modèle à d'autres La raison en est double. D'abord, quand il existe des affinités de race, de langue, de religion entre deux nations, elles sont portées à se faire de mutuels emprunts. Puis, vers le milieu du dix-neuvième siècle, les communications de peuple à peuple étant devenues plus fréquentes, l'étude des législations étrangères et l'échange des idées ont pris une importance croissante. Des congrès d'écrivains, d'artistes, d'inventeurs, auxquels les jurisconsultes apportaient le secours de leur science, ont été tenus dans les principales villes d'Europe. Il faut citer, pour la propriété littéraire et artistique, les congrès de Bruxelles (1858) d'Anvers (1861), de Paris (1878), et ceux qu'a organisés l'*Association littéraire et artistique internationale* depuis 1878; pour la propriété des inventions, les congrès de Vienne (1873) et de Paris (1878), puis ceux dont l'initiative a été prise par l'*Association internationale pour la protection de la propriété industrielle.* Tandis qu'auparavant on ignorait souvent dans un pays les règles adoptées et surtout les systèmes défendus dans un autre, l'élaboration du droit s'est faite en commun au profit de tous.

La législation française, très libérale, a été imitée par la Belgique, l'Italie, la Turquie, l'Espagne, le Portugal. La législation allemande, plus restrictive, a servi de modèle à l'Autriche, à la Hongrie, aux États scandinaves.

Les pays d'Europe n'ont pas tous, à l'heure actuelle, une législation sur la propriété intellectuelle. Il n'existe aucune loi sur les dessins et modèles industriels dans les États suivants : Espagne, Grèce, Roumanie, Bulgarie, Pays-Bas Danemark, Norvège. La Bulgarie, la Serbie n'ont légiféré ni sur la propriété littéraire et artistique, ni sur les brevets d'invention. La Turquie n'a pas de loi sur la propriété littéraire et artistique. En Hollande, les brevets d'invention ont été abolis en 1869 En Grèce, en Roumanie, la protection légale est insuffisante. En dehors de l'Europe, les législations des divers pays présentent des lacunes encore plus graves et plus nombreuses. C'est ainsi qu'il n'existe aucun texte concernant la propriété littéraire et artistique ou les brevets d'invention dans beaucoup d'États américains (1).

La campagne contre les brevets, que nous avons constatée en France, s'est produite vers la même époque à l'étranger ; elle a été menée avec ardeur en Belgique, en Angleterre, et a failli réussir en Allemagne, où l'industrie n'a fait de grands progrès qu'après 1870 (2)

---

(1) Il est impossible de donner, à cet égard, des renseignements exacts sous une forme concise. Voir pour la propriété littéraire et artistique, Lyon-Caen et Delalain, *Lois françaises et étrangères sur la propriété littéraire et artistique,* pour les brevets d'invention et les dessins et modèles industriels, le *Recueil général de la législation et des traités concernant la propriété industrielle,* publié par le Bureau international pour la protection de la propriété industrielle.

(2) Voir sur ce mouvement Rolin-Jacquemyns, *De quelques manifes-*

L'etude théorique de la propriété intellectuelle, au cours du dix-neuvième siècle, a été cultivée principalement chez les Allemands, les Belges, les Italiens, les Anglais, les Américains et les Espagnols. En Allemagne, l'assimilation de la propriété intellectuelle à la propriété des choses matérielles ne compte plus guère de défenseurs; quelques-uns voient dans la propriété intellectuelle l'exercice de notre liberté personnelle (1), d'autres enfin, parmi lesquels Watcher (2), et M. Kohler (3), considèrent le droit de l'auteur sur son œuvre comme un droit d'une nature spéciale En Belgique, cette dernière thèse, que défend M. Picard, tend à prédominer, tandis qu'il y a cinquante ans l'assimilation, même au point de vue de la durée, de la propriété intellectuelle à la propriété des choses matérielles était soutenue avec succès par Jobard (4) En Italie, la science évolue dans le même sens (5). En Angleterre, la propriété intellectuelle fut l'objet de discussions intéressantes à la fin du dix-huitième siecle, et, dès cette époque, on prétendit qu'elle constituait un monopole concédé par la loi positive, la jurisprudence a adopté ce système, contre lequel les partisans de l'assimilation de la propriété intellectuelle à la propriété des choses matérielles continuent à lutter (6). Aux États-Unis les mêmes doctrines sont en conflit. En Espagne, c'est la these de l'assimila-

tutions récentes de l'opinion publique en Europe au sujet des brevets d'invention; Revue de droit international, 1869, p. 600 et suiv

(1) Voir notamment Bluntschli, *Deutsches Privatrecht*, 3° édit, p 110 et suiv.

(2) Wächter, *Das Autorrecht nach dem gemeinen deutschen Recht*, p. 19

(3) Kohler, *Die Idee des geistigen Eigenthums*, passim.

(4) Jobard, *Création de la propriété intellectuelle, Nouvelle économie sociale ou monautopole*, passim.

(5) Voir Amar, *Dei diritti degli autori del opere dell' ingegno*, p. 7 et suiv.

(6) Voir Drone, *A treatise on the law of property in intellectual productions*, p. 2 et suiv.

tion des deux propriétés qui, de tout temps, a réuni le plus de
suffrages (1).

23. Si l'on considère la propriété intellectuelle au point de
vue international, il y a deux questions essentielles à examiner : 1° de quels droits les étrangers sont investis dans les divers pays ; 2° d'après quelle loi ces droits sont réglés.

A. En France, le législateur s'est en général montré favorable aux étrangers.

Ni la loi des 13-19 janvier 1791, ni celle du 19 juillet 1793
n'excluaient les auteurs étrangers de la protection légale; le
décret du 5 février 1810 et la loi du 3 août 1844 consacrèrent
expressément leurs droits. Mais, ce que la législation accordait
aux étrangers, elle le leur retirait par une voie détournée.
Jusqu'au milieu du dix-neuvième siècle, par interprétation de
l'article 426 du Code pénal, le bénéfice de la protection légale
a été refusé aux œuvres parues hors du territoire national;
et, comme le plus souvent ces œuvres sont celles des étrangers,
il était rare que les étrangers eussent des droits en France. Le
28 mars 1852, un décret étendit aux œuvres étrangères le
traitement applicable aux œuvres nationales ; c'est une date
importante dans l'histoire de la propriété intellectuelle. Toutefois, il est contestable que ce décret concerne les droits de représentation et d'exécution.

La loi du 7 janvier 1791 sur les brevets d'invention ne disait rien des étrangers; elle les admettait implicitement à
prendre des brevets comme les nationaux. La loi du 5 juillet
1844 leur reconnut ce droit en termes formels.

Lorsque la loi du 18 mars 1806 institua un régime spécialement applicable aux dessins et modèles industriels, il ne fut
pas dérogé à l'article 11 du Code civil ; en conséquence, si l'on
accepte l'interprétation que la jurisprudence donne de cet article, il faut dire que, la propriété des dessins et modèles étant
un droit naturel, elle appartenait aux étrangers sans condi-

(1) Voir Danvila y Col ado, *La propiedad intelectual*, p 71

tion. Depuis lors, sans qu'on puisse en saisir la raison, la règle a été changée, la loi du 26 novembre 1873 a décidé que les étrangers ne bénéficieraient de la protection légale qu'au cas où dans leur pays la législation ou les traités internationaux assureraient aux Français les mêmes garanties.

B. En dehors de France, on a témoigné d'un moindre empressement à garantir la propriété intellectuelle au profit des étrangers.

Il existe un mouvement dans les législations vers l'assimilation des étrangers aux nationaux ; mais ce mouvement est lent. Si cette assimilation prévaut aujourd'hui en matière de brevets, il n'en est pas de même en ce qui concerne les œuvres de littérature et d'art (1).

Pour réprimer la contrefaçon internationale, les divers États ont eu surtout recours à des conventions. C'est ainsi que la France a conclu avec les principaux pays d'Europe pour la garantie réciproque de la propriété littéraire et artistique, dès la première moitié du dix-neuvième siècle, de nombreux traités, dont plusieurs sont aujourd'hui caducs. Puis, deux Unions internationales ont été créées par des conventions, qui unifient sur certains points les législations et assurent la protection légale sur le territoire des États adhérents à tout sujet d'un de ces États. L'une de ces conventions, signée à Paris le 20 mars 1883, a pour objet principal les brevets d'invention et les dessins et modèles industriels; l'autre, qui concerne la propriété littéraire et artistique, a été passée à Berne le 9 septembre 1886

24 Tels sont les traits caractéristiques de l'évolution du droit en matière de propriété intellectuelle à l'époque moderne.

Le droit des écrivains, des artistes et des inventeurs a été reconnu dans la plupart des pays civilisés, quelques-uns sont restés en arrière. Au point de vue international, la cause de

_____

(1) Voir Darras, *Du droit des auteurs et des artistes dans les rapports internationaux*, 2º partie, chap I et II.

la propriété intellectuelle n'a pas partout triomphé. Il n'en est pas moins vrai que l'œuvre accomplie à cet égard depuis cent ans est importante.

La notion de la propriété intellectuelle et le régime applicable à cette propriété sont encore sujets à controverse. Peu à peu, les jurisconsultes se rallient à la thèse qui considère le droit de l'auteur sur son œuvre comme un droit d'une espèce particulière, mais l'accord est loin d'être fait. Quand on s'entendra sur la nature de la propriété intellectuelle, il deviendra moins malaisé de déterminer les dispositions qu'une bonne législation doit contenir en cette matière.

Il faut maintenant briser les dernières résistances, afin d'étendre la protection légale partout où un ouvrage de l'esprit peut être exploité, puis poursuivre l'étude de la propriété intellectuelle ; ce sera la tâche du siècle qui vient de s'ouvrir.

PROPRIÉTÉ LITTÉRAIRE ET ARTISTIQUE

LIVRE PREMIER

ÉLÉMENTS CONSTITUTIFS DE LA PROPRIÉTÉ LITTÉRAIRE ET ARTISTIQUE

CHAPITRE PREMIER

Fondement de la propriété littéraire et artistique

SOMMAIRE

25 Fondement de la propriété littéraire et artistique au point de vue théorique. — **26** Droit positif.

25. Tout homme a le droit et le devoir de vivre, et, pour vivre, il faut qu'il se procure par le travail des moyens d'existence ; car les productions spontanées de la nature ne satisfont pas suffisamment à ses besoins. C'est pourquoi il met en œuvre les forces naturelles et transforme la matière afin d'obtenir le pain dont il se nourrit, les tissus au moyen desquels il se protège contre les intempéries ; ces produits de son travail sont des *valeurs*, c'est-à-dire des objets utiles en même temps que des objets d'échange.

Comment, dans une société bien organisée doit être réglée

la distribution des valeurs produites? Il n'y a que deux systèmes possibles : ou l'État se chargera d'attribuer à chacun la
part qui lui revient, ou quiconque produira une valeur aura
seul le droit d'en jouir et d'en disposer. Le premier système
est défendu par les communistes de toutes les écoles , en supposant qu'il fût appliqué avec loyauté et discernement, il serait propre à assurer le respect de la justice distributive,
chacun recevant ce qui lui est dû eu égard à son mérite ; mais
il viole la liberté, car l'État ne saurait régler la distribution
des richesses sans présider en outre à leur production, en
sorte que tous les citoyens devraient accomplir telle ou telle
tâche qui leur serait assignée par les pouvoirs publics. Le second système, au contraire, ne porte à la liberté aucune atteinte ; il permet, en effet, aux citoyens de déterminer à leur gré
l'objet de leur activité. Il est vrai qu'en attribuant à chacun le
produit de son travail, il lèse parfois la justice distributive ;
mais l'assistance libre ou obligatoire peut, après coup, remé-
dier au mal. C'est donc le second système qu'il faut préférer.

Par application de ces principes, la production d'une
œuvre de littérature ou d'art confère à l'auteur de cette œuvre,
le droit exclusif d'en jouir et d'en disposer. L'œuvre littéraire
ou artistique est une valeur, car elle offre un plaisir ou un enseignement. En conséquence, elle est appropriable pour les
mêmes raisons et au même titre que toutes les autres valeurs.
Au surplus, tout droit étant limité par le droit d'autrui, le
droit d'appropriation qui appartient à l'auteur sur son œuvre
est restreint à certains égards ; c'est ce qu'on verra aux cha-
pitres suivants.

26. Les lois qui régissent en France la propriété littéraire
et artistique ne contredisent point la théorie qui vient d'être
développée. Dans les exposés de motifs, rapports ou discours
parlementaires qui concernent ces lois, on rencontre, sur le
fondement de la propriété littéraire ou artistique, des affirma-
tions diverses; mais il n'est pas permis de dire que le législateur ait pris expressément parti. Les règles qu'il a adoptées,

l'expression de *propriété* qu il a parfois employée n'impliquent
une adhésion formelle à aucun système spécial ; en particulier,
lorsque la loi du 14 uillet 1866 fut votée, il fut entendu que
les principes étaient réservés. Jamais non plus une décision
de jurisprudence n'a formule une solution de la question qui
nous occupe (1). Ni les magistrats pour rendre la justice, ni le
législateur pour faire une bonne loi, n'ont besoin, en effet, de
définir le fondement des droits qu'ils reconnaissent ; c'est a la
doctrine que cette tâche incombe.

(1) Voi les arrêts cités p. 92 ; i s se bornent à qualifier le droit des
écrivains et des artistes de monopole et de privi ège. Cf. Paris, 8 décembre 1853 ; Sir. 1854. 2. 109 ; D P. 1854. 2. 25.

CHAPITRE II

Facultés inhérentes à la propriété littéraire et artistique.

———

SOMMAIRE

27. Les textes. — **28.** Définition des facultés inhérentes à la propriété littéraire et artistique. — **29.** Instruments de musique mécaniques. — **30.** Restrictions à la propriété littéraire et artistique qui résultent d'un conflit entre cette propriété et d'autres droits. — **31.** Usufruit d'une œuvre de littérature ou d art. — **32.** Législations étrangères.

27. La plupart des facultés inhérentes à la propriété littéraire et artistique sont indiquées çà et là dans nos lois; mais nulle part le législateur ne les a énumérées d'une façon limitative D'après l'article 3 de la loi des 13-19 janvier 1791, les ouvrages dramatiques *ne pourront être représentés sur aucun théâtre public, dans toute l'étendue de la France, sans le consentement formel et par écrit des auteurs.* L'article 1er de la loi du 19 juillet 1793 confère aux auteurs *le droit exclusif de vendre, faire vendre, distribuer leurs ouvrages sur le territoire de la République, et d'en céder la propriété en tout ou partie.* Enfin, le droit d'édition et le droit d'empêcher l'introduction en France d'exemplaires contrefaits sont consacrés implicitement, le premier par l'article 425, le second par l'article 426 du Code pénal.

28. Parmi les facultés inhérentes à la propriété littéraire et artistique, il faut placer en première ligne les suivantes .

1o Le propriétaire d'une œuvre de littérature ou d'art a seul le droit d'en user, c'est-à-dire d'en tirer l'utilité qu'elle comporte, pour son instruction ou son agrément.

2° Le propriétaire d'une œuvre de littérature ou d'art a le droit de transférer à d'autres personnes, en tout ou partie, les facultés inhérentes à sa propriété ou l'exercice de ces facultés. C'est transférer sa propriété que de vendre ou échanger l'œuvre qui en est l'objet C'est transférer seulement l'exercice de sa propriété que d'en assurer la jouissance à autrui, comme font souvent les auteurs dans leurs contrats avec les éditeurs.

Publier une œuvre ou simplement la communiquer à un nombre limité de personnes, c'est encore transférer à autrui l'exercice de sa propriété. Celui auquel cette communication est faite participe à l'usage de l'œuvre ; il exerce donc en fait l'un des droits du propriétaire.

La publication d'une œuvre de littérature ou d'art revêt des formes très diverses. Elle peut s'effectuer par la mise en vente des exemplaires de l'œuvre, quelle qu'elle soit. Les autres modes de publication, qui varient suivant la nature de l'œuvre, sont la lecture ou récitation des œuvres littéraires, la représentation des ouvrages dramatiques, lyriques ou chorégraphiques, l'exposition des produits des arts du dessin (1), l'exécution des œuvres musicales (2). Les progrès de la science renouvellent ces modes divers : l'invention des instruments de musique mécaniques et celle du phonographe, par exemple, ont permis d'exécuter les œuvres des compositeurs par des procédés qu'on ne connaissait pas auparavant; au moyen du cinématographe on pourrait reproduire un ballet, une pantomime.

3° Le propriétaire d'une œuvre de littérature ou d'art a le droit de renoncer à sa propriété.

A côté de ces trois facultés essentielles, il en est d'autres qui sont la garantie des premières.

1° Le propriétaire d'une œuvre de littérature ou d'art à le

---

(1) Cf. Renouard, t. II, n° 44.
(2) Voir Labbé, note; Sir. 1883. 2. 49.

droit d'empêcher que d'autres personnes la détruisent. La destruction de l'œuvre s'opère par l'anéantissement des exemplaires qui en sont l'expression matérielle; en outre, pour qu'elle soit possible, il faut que personne ne soit capable de reproduire l'œuvre de mémoire. Si ce droit n'appartenait pas au propriétaire, l'exercice des facultés inhérentes à sa propriété pourrait être entravé(1).

2º Le propriétaire d'une œuvre de littérature ou d'art a seul le droit d'en fabriquer des exemplaires à la main ou par des moyens mécaniques. Ainsi le droit d'imprimer un livre ou même d'en faire la transcription manuscrite, de photographier, de graver, de copier un tableau est réservé à l'auteur de l'œuvre et à ses ayants cause. Ce qui justifie l'existence de ce droit, c'est qu'il eût été impossible d'assurer au propriétaire la jouissance de la valeur qui lui appartient, si la fabrication d'exemplaires destinés à porter atteinte à sa propriété n'avait pas été interdite.

Le droit de fabriquer des exemplaires de l'œuvre est habituellement appelé droit d'édition ou de reproduction; par droit de reproduction on entend aussi la propriété littéraire et artistique elle-même.

3º Le propriétaire d'une œuvre de littérature ou d'art a le droit de s'opposer à l'introduction en France d'exemplaires contrefaits. L'introduction d'exemplaires contrefaits ne saurait avoir d'autre objet que de porter atteinte à la propriété de l'œuvre reproduite par la mise en vente des exemplaires; c'est pourquoi il a paru nécessaire de mettre l'introducteur hors d'état de réaliser son dessein.

Toutes les facultés qui viennent d'être énumérées se groupent sous la dénomination commune de propriété littéraire et

---

(1) Le propriétaire de l'œuvre a lui-même le droit de la détruire; s'il en était autrement, le respect dû au secret de la vie privée ne serait pas observé. Ce droit ne reposant pas sur les principes exposés au chapitre premier, il ne faut pas le regarder comme une des facultés inhérentes à la propriété littéraire et artistique.

artistique, parce qu'il n'en est aucune qui ne découle, d'une façon directe ou indirecte, des principes posés au chapitre premier.

La propriété littéraire et artistique, considérée dans deux de ses éléments principaux, le droit d'usage et le droit de reproduction, est un droit exclusif, opposable à tous. A ce point de vue, on peut dire qu'elle s'analyse en un double pouvoir : pouvoir d'accomplir certains actes à l'occasion d'une œuvre de littérature ou d'art et pouvoir d'empêcher autrui d'accomplir les mêmes actes.

29. D'après la loi du 16 mai 1866, « la fabrication et la vente des instruments servant à reproduire mécaniquement des airs de musique qui sont du domaine privé ne constituent pas le fait de contrefaçon musicale prévu et puni par la loi du 19 juillet 1793, combinée avec les articles 425 et suivants du Code pénal ». Ce texte apporte une restriction à la propriété des œuvres musicales. Des décisions antérieures avaient considéré comme illicite la fabrication de planchettes, sur lesquelles des morceaux de musique étaient notés au moyen de chevilles destinées à en permettre l'exécution sur un piano mécanique (1) ; puis, celle de cylindres, faisant corps avec l'instrument mécanique, dont la surface était recouverte de pointes saillantes figurant les notes (2) ; enfin, l'introduction en France de ces cylindres (3). La loi du 16 mai 1866 fut présentée par le Gouvernement à l'occasion d'un traité de commerce avec la Suisse, où la fabrication des instruments de musique mécaniques a toujours été prospère (4) ; si l'on fait abstraction

(1) Paris, 16 décembre 1859 ; Pat. 1860. 230.

(2) Cass 13 février 1862 ; Sir. 1863. 1. 161 ; D P. 1863. 1. 202 ; Pat. 1863. 49.

(3) Paris, 28 novembre 1862 et 7 février 1863 , Pat. 1863. 61.

(4) Ce traité contenait la disposition suivante : « Le Gouvernement français s'engage à présenter au Corps législatif un projet de loi qui déclare que la reproduction de compositions musicales par le mécanisme de boîtes à musique ou d'autres instruments analogues ne constitue pas la contrefaçon d'une pareille composition ».

de ces circonstances particulières, il paraît difficile d'en justifier le principe.

Depuis cette époque, le mécanisme des instruments de musique automatiques a été amélioré : on emploie maintenant au lieu de planchettes et de cylindres, des bandes de carton perforé, dont les trous constituent la notation des airs de musique. Ces bandes sont d'un prix modique, elles se vendent séparément et se renouvellent avec facilité ; par suite, le préjudice causé aux auteurs et à leurs ayants droits est devenu plus considérable. Cependant, il a été jugé avec raison que la loi du 16 mai 1866 était applicable à ce nouveau système (1). Les bandes de carton perforé sont un des organes dont l'ensemble compose le mécanisme propre à exécuter automatiquement des morceaux de musique ; quand on les sépare des autres organes, elles ne sauraient servir à rien et le reste du mécanisme devient pareillement inutilisable. Si donc « la fabrication et la vente des instruments servant à reproduire mécaniquement des airs de musique qui sont du domaine privé ne constituent pas le fait de contrefaçon musicale », il n'y a rien d'illicite à fabriquer ou à vendre le carton perforé. Il serait vain d'objecter qu'en votant la loi les Chambres ne pouvaient avoir en vue d'autres instruments que ceux qu'on connaissait à ce moment. D'abord, il résulte des termes du texte précité qu'il s'applique à tout instrument de musique mécanique ; puis, l'invention du carton perforé a été signalée dans la discussion au Corps législatif (2). Il n'y aurait pas lieu

---

(1) Paris, 9 janvier 1895 ; Sir 1897. 2. 309 ; D. P 1895 2. 413 ; Pat. 1895. 195

(2) M. Achille Jubinal disait dans la séance du 4 juillet. « Certainement, s'il était dit que la loi n'est applicable qu'aux instruments à cylindre, qui constituent spécialement l'industrie suisse, et qui ne reproduisent qu'un certain nombre d'airs, personne n'y trouverait à redire ; mais vous posez un principe plus étendu et vous ne savez pas où vous allez, car, pendant que nous discutons ici, l'industrie marche toujours, et, minute à minute, le progrès est constant. Ainsi, je sais d'une ma-

d'admettre une solution différente si le propriétaire de l'œuvre reproduite avait adopté ce procédé d'édition à l'exclusion de tout autre (1); le principe posé par la loi n'autorise aucune distinction.

30 A côté de cette restriction qu'apporte à la propriété des auteurs la loi du 16 mai 1866, il en est d'autres qu'on peut diviser en deux groupes, parce qu'elles se rattachent à deux principes distincts

A *Quand un conflit s'élève entre la propriété littéraire et artistique et le respect dû au secret de la vie privée, c'est le respect dû au secret de la vie privée qui doit l'emporter.* Mieux vaut, en effet, sacrifier le droit du propriétaire, que d'admettre des mesures d'un caractère inquisitorial et vexatoire, qui seraient une entrave à la liberté.

Cette règle reçoit plusieurs applications.

1° La communication d'une œuvre littéraire ou artistique, par un mode qui permet à un grand nombre de personnes d'en prendre connaissance en même temps, n'est un droit exclusif pour le propriétaire de cette œuvre qu'autant qu'elle offre le caractère d'une publication. C'est ainsi qu'aux termes de la loi des 13-19 janvier 1791, « les ouvrages des auteurs vivants *ne pourront être représentés sur aucun théâtre public,* dans toute l'étendue de la France, sans le consentement formel et par écrit des auteurs » l'auteur seul a donc le droit de faire représenter publiquement son œuvre, tandis que la représentation privée en est permise à tous. Il y a publicité lorsque toute personne, que des conditions soient ou non stipulées par l'entreprise théâtrale, est appelée à assister à la représentation; si, à l'inverse, chacun des assistants reçoit une invitation personnelle, la représentation devient un fait d'ordre

n ère pertinente qu'à Ma seule il y a un fait grave qui se prépare; des planchettes, non en bois et en plomb, comme ce les dont on vous a parlé et qu'on vous a même montrées, se fabriquent. Il y a à un industriel qui est parvenu à en constituer une en papier ou d i no is en carton ».

(1) *Contra* Trib. Seine, 3 décembre 1900, Droit, 17 janvier 1901

privé (1). Il faut appliquer les mêmes principes à l'exécution des œuvres musicales (2), à l'exposition des œuvres d'art, à la lecture et à la récitation des œuvres littéraires.

La gratuité de la publication n'en effacerait pas le caractère illicite (3). On doit en dire autant du fait que la publication aurait eu lieu dans un esprit de bienfaisance. En ce cas comme dans l'autre, ni les textes ni les principes généraux du droit ne permettent d'apporter une restriction à la propriété littéraire et artistique (4).

2° La fabrication et la communication des exemplaires d'une œuvre littéraire ou artistique sont permises à tous, quand le principe du respect dû au secret de la vie privée l'exige.

Ainsi, chacun a le droit de reproduire à la main ou par un procédé mécanique un morceau de musique (5), un tableau, pour son instruction ou son plaisir, ou pour faire un cadeau à un ami (6).

(1) Cf. Paris, 4 novembre 1890; D. P. 1891. 2. 303; Pat. 1893. 82, Paris, 16 mars 1897, Pat. 1898. 316. Gastambide, n° 231. Blanc, p. 227 Renouard, t. II, n° 25. Lecan et Paulmier, t. II, n° 699. Rendu et Delorme, n° 872. Pouillet, n°s 807 et suiv. Delalande, p. 95 et suiv. Couhin, t. II, p. 566 et suiv.

(2) Cf. Cass. 16 décembre 1854; Sir. 1855. 1. 77; D. P. 1855 1. 44. Cass. 11 mai 1860; Sir. 1861. 1. 295; D. P. 1860. 1. 293; Cass. 7 août 1863; D. P. 1863. 1. 485; Pat. 1863 382. Cass. 22 janvier 1869; Sir. 1870. 1. 44, D. P. 1869. 1. 383; Pat. 1869 409. Nancy, 18 juin 1870; S. r. 1871. 2. 116, D. P. 1872. 2. 73; Pat. 1871-72. 342. Cass. 3 mars 1873; Sir. 1873. 1. 152; D. P. 1873, 1. 253; Pat. 1873. 174. Cass. 28 janvier 1881; Sir. 1881. 1. 333; D. P. 1881. 1. 329; Pat. 1881. 229. Cass. 1er avril 1882; Sir. 1882 1. 334; D. P. 1882. 1. 325; Pat. 1883 172.

(3) Cass. 28 janvier 1881, précité. Cass. 1er avril 1882, précité. Riom, 14 mai 1890; Sir. 1891. 2. 166; D. P. 1891. 2. 5. Besançon, 13 juin 1894, Sir. 1895. 2. 12. Cass. 15 mars 1901; Pat. 1901. 232. Cf Cass. 7 août 1863, précité. Cass. 22 janvier 1869, précité. Ces arrêts concernent des représentations ou exécutions gratuites.

(4) Blanc, p. 245. Renouard, t. II, n° 25 Pouillet, n° 810. Cf. Gastambide, n° 231.

(5) Trib. civ. Seine, 24 juin 1846; Blanc, p. 160.

(6) Gastambide, n° 64. Renouard, t. II, n° 19. Pouillet, n° 528.

Il a été jugé encore, dans cet ordre d'idées, qu'un chef d'école a le droit de rédiger et de distribuer à ses élèves des extraits d'ouvrages concernant les matières qui leur sont enseignées (1).

B. *Quand un conflit s'élève entre la propriété d'une œuvre littéraire ou artistique et la propriété des exemplaires de cette œuvre, c'est ce dernier droit qui doit l'emporter.*

Par exemple, celui qui achète un livre a le droit de le revendre, de le prêter, de le louer. Celui qui achète un tableau peut l'exposer publiquement et même le détruire, lorsque l'auteur le lui a vendu sans réserve. Par là, l'étendue du droit qu'a l'auteur de jouir seul de son œuvre, d'en transférer à d'autres la jouissance, d'empêcher que d'autres la détruisent se trouve restreinte. On ne saurait adopter une autre solution. Il faut, de toute nécessité, que l'un des deux droits en conflit cède le pas à l'autre. Or, s'il était interdit au propriétaire de l'exemplaire de disposer à son gré de la chose qui lui appartient, une telle restriction paraîtrait cent fois plus insupportable.

31. La propriété littéraire et artistique peut être démembrée, c'est ce qui a lieu, notamment, lorsque l'usufruit d'une œuvre de littérature ou d'art est séparé de la nue propriété.

L'usufruit d'une œuvre de littérature ou d'art s'acquiert par contrat, par testament, ou par l'effet de la loi. La loi du 14 juillet 1866 attribue au conjoint survivant un droit d'usufruit sur les œuvres de l'auteur prédécédé, le texte, il est vrai, qualifie le droit du conjoint survivant de droit « de simple jouissance », mais il résulte des travaux préparatoires qu'il s'agit d'un véritable usufruit (2).

(1) Cass. 29 janvier 1829; Si., 9. 1. 224, D. P. 1828. 2. 114, Cf. Nancy, 11 décembre 1890; D. P 1891. 2. 375, Pat. 1892. 193 *Contra* Gastambide, n° 71 Blanc, p. 168. Renouard, t. II, n° 19 Rendu et Delorme, n° 812. Pouillet n° 530.

(2) Voir principalement les rapports de M. Perras; Worms, t. II p. 264 et suiv. On lit dans le second rapport : « Une objection s'est pro-

L'usufruitier a le droit d'user de l'œuvre littéraire ou artistique et d'en transférer l'usage à d'autres personnes à titre gratuit ou à titre onéreux, il lui est permis de céder son droit à autrui. En conséquence, il peut traiter avec un éditeur, auquel il transmet, moyennant un prix, soit son droit, soit l'exercice de son droit. Le traité n'est valable que pour la durée de l'usufruit. Si, au moment où l'usufruit prend fin, l'éditeur a encore des exemplaires en magasin, doit-il être admis à les écouler? Les auteurs qui ont soutenu l'affirmative se sont bornés à énoncer cette opinion sans l'appuyer sur aucun motif (1).

On a prétendu que l'usufruitier n'avait que « la jouissance du capital produit par les éditions faites pendant sa vie »; ces éditions, a-t-on dit, « ne sont pas un fruit et il n'est pas usufruitier d'un bien incorporel appelé droit de reproduction » (2) Ainsi l'usufruitier percevrait seulement les intérêts du capital que forment les revenus de l'œuvre. A notre avis, l'objet du droit qui appartient à l'usufruitier ne consiste ni dans les revenus ni dans le droit de reproduction, mais bien dans l'œuvre, considérée comme une chose immatérielle, distincte des exemplaires. L'usufruitier, en vertu de son droit, perçoit les bénéfices qui peuvent être obtenus à l'occasion de la chose qui en est l'objet (3). Il est vrai que l'œuvre sur laquelle l'usu-

duite sur les mots de *simple jouissance*, employés pour caractériser ce droit de la femme. C'est l'expression dont se sert l'art. cle 543 du Code civil quand il dénomme 'usufruit par opposition avec la propriété et les services fonciers. Comme 'usufruit porte sur un droit spécial et dont la disposition doit être dégagée de toutes entraves dans 'intérêt même des auteurs, ces expressions ont paru préférables au Conseil d'État, et la Commission a partagé son avis Mais il ne peut exister aucun malentendu ni sur a nature, ni sur la durée de ce droit ». M. Perras, commentant ce passage à la tribune, ajoutait : « Ce sont des considérations fiscales et de forme, qui ont fait mettre les mots de simple jouissance à la place du mot usufruit » (Corps législatif, séance du 27 juin 1866).

(1) Renouard, t. II, n° 133. Pouillet, n° 197.
(2) Bertaud, t. Ier, n° 227
(3) Cf. Paris, 18 mai 1877, Droit, 12 juin 1877.

fruit est constitué peut tomber dans le domaine public, avant que la jou ssance en ait fait retour au nu propriéta're, en sorte que celui-ci n'aura jamais profité des avantages de la chose. Qu'importe? Les produits de la chose ne sauraient être confondus avec la chose (1). Pareillement la rente viagère est un droit temporaire, et, quand elle est grevée d usufruit, il peut arriver qu'elle expire avant l'usufruit; cependant, le législateur attribue à l'usufruitier la total'té des arrérages et le nu propriétaire ne reçoit rien (2).

Les obligations du nu propriétaire et de l'usufruitier, l'extinction de l'usufruit doivent être réglées suivant les dispositions du Code civil relatives à l'usufruit, quand ces dispositions paraissent applicables par analogie aux œuvres littéraires et artistiques On décide généralement, en s'appuyant sur la discussion de la loi du 14 juillet 1866 (3), que l'usufruitier, au cas où son droit lui est conféré par cette loi, est dispensé des formalités dont le Code civ l prescrit l'accomplissement, il n'est donc tenu ni de faire dresser un inventaire, ni de donner caution Doit il, ainsi qu'on l'a soutenu, s'abstenir de publier ou d autoriser la publication « dans des conditions telles, par exemple à un si grand nombre d'exemplaires, qu'il absorbe et détruise en quelque sorte la propr été elle même » (4)? Il est difficile de saisi comment en multipliant le nombre des exemplaires l'usufruitier épuiserait la valeur vénale de l'œuvre.

32 Les facultés inhérentes à la propriété des auteurs ne sont pas toutes reconnues par les lois étrangères

---

(1) Cf. Pou let, no 197

(2) Voir l'ut c e 598 d i Code civi .

(3) L' n des commissa res du gouvernement, M. Robert, a dit du droit reconnu au co joint suiv vant : ‹ Son dro t a b c e caractère d'un d oit d't sufruit *avec cette seule différence que le mot de jouissance employé par l'article évite certaines formalités génar ts, qui sont inhérentes a l usufruit.* » (Corps égislat f, séance du 4 ju n 1866). Acol as, p 75.

(4) Pour et, no 197.

1° Dans plusieurs pays, notamment en Allemagne, en Autriche, en Danemark, en Finlande et en Grande-Bretagne, si l'architecte a le droit exclusif d'éditer ses plans et dessins, la reproduction des édifices sur le terrain, par contre, est permise à tous Aucun des arguments invoqués pour défendre cette règle ne résiste à l'examen. On fait valoir surtout que l'œuvre de l'architecte, au point de vue artistique, est le plus souvent dépourvue d'originalité, et qu'en cas de contrefaçon il serait inadmissible de prononcer la confiscation de l'édifice contrefait. Ce qu'on allègue est exact; mais le défaut d'originalité qu'on reproche à la plupart des œuvres architecturales n'est pas une raison suffisante pour spolier les architectes qui ont su inventer quelque chose de nouveau, et, lorsque la confiscation est impossible, il existe d'autres moyens d'assurer le respect de la propriété artistique. On s'appuie encore sur la nécessité d'éviter les difficultés qui naîtront entre le propriétaire de l'édifice et l'architecte, soit à l'occasion du droit de reproduction que celui-ci voudra exercer, soit à l'occasion des modifications que celui-là voudra apporter à l'édifice. De tels conflits s'élèvent également entre les peintres et sculpteurs et les acquéreurs de leurs œuvres; il est juste de faire effort pour les prévenir, et l'on y parviendra en définissant clairement les droits de chacun, mais le remède qui consisterait à priver l'artiste de sa propriété serait pire que le mal lui-même (1).

2° La reproduction d'œuvres musicales sur les organes des instruments de musique mécaniques est considérée comme licite en Allemagne sous certaines restrictions, en Autriche, en Suisse, dans la Principauté de Monaco et en Tunisie. La loi autrichienne applique la même règle à l'usage public de ces instruments

3° La loi allemande permet l'exécution publique d'une œuvre musicale, pourvu qu'elle soit gratuite, ou qu'elle ait lieu dans une fête populaire, ou qu'elle soit organisée par des sociétés

(1) Voir le Droit d'auteur, 1895, p. 91 et suiv.

dont les membres avec leur famille sont seuls admis comme au-
diteurs, ou que les recettes soient destinées exclusivement à
une œuvre de bienfaisance et que les exécutants n'obtiennent
aucune rétribution Les lois de l'Espagne, de la Suisse, du
Mexique, de la Principauté de Monaco contiennent des restrictions analogues Parfois les œuvres dramatiques sont assimilées à cet égard aux œuvres musicales.

4o D'après la loi suisse, l'auteur doit inscrire sur sa pièce ou
sa composition musicale les conditions auxquelles il en permettra l'exécution ou la représentation ; faute de quoi, son
œuvre peut être librement représentée ou exécutée. De plus, il
n'est pas permis à l'auteur de demander plus de deux pour cent
du produit brut de la représentation ou exécution, et quand le
paiement de ce tantième est assuré, il n'a pas le droit de s'opposer à ce que son œuvre, si elle a été déjà publiée, soit exécutée ou représentée.

5o La législation italienne a adopté en ce qui concerne le
droit d'édition le système du *domaine public payant*. Le droit
d'édition appartient exclusivement à l'auteur pendant sa vie ;
si l'auteur meurt avant qu'il se soit écoulé quarante ans depuis la publication de l'œuvre, le droit d'édition continue au
profit de ses ayants cause jusqu'à l'expiration de ce délai. Ensuite s'ouvre une seconde période de quarante années pendant laquelle l'œuvre peut être reproduite et mise en vente
sans le consentement de celui qui en a la propriété, pourvu
qu'il lui soit payé une redevance de cinq pour cent sur le prix
fort qui doit être indiqué sur chaque exemplaire ; en outre, le
prix, ainsi que les autres conditions de la publication, doit
faire l'objet d'une déclaration écrite adressée au préfet et insérée ultérieurement dans un journal. Ce système est inférieur à celui que pratiquent les autres pays sous un double
rapport ; il est moins facile à saisir pour les intéressés et il
multiplie les formalités à remplir.

CHAPITRE III

Objet de la propriété littéraire et artistique

SOMMAIRE

33. Les textes. — **34** La protection légale s'applique-t-elle aux œuvres de sculpture et d'architecture, aux productions orales et aux photographies ? — **35** Art industriel. — **36** Principes. — **37.** La propriété littéraire et artistique a pour objet les œuvres de littérature ou d'art ; caractères qui distinguent ces œuvres. — **38** De la distinction à faire entre l'œuvre et la chose qui en est l'expression matérielle. — **39** Une œuvre de littérature ou d'art n'est appropriable qu'au cas et que dans la mesure où elle est nouvelle. — **40** Une œuvre de littérature ou d'art n'est appropriable qu'au cas et que dans la mesure où elle constitue une valeur. — **41** Restrictions à la propriété littéraire et artistique — **42.** Législations étrangères.

33. Trois articles de la loi du 19 juillet 1793 contiennent des énonciations relatives à l'objet de la propriété littéraire et artistique C'est d'abord l'article 1e, aux termes duquel *les auteurs d'écrits en tout genre, les compositeurs de musique, les peintres et dessinateurs qui feront graver des tableaux ou dessins,* jouiront de la protection légale Il faut y joindre l'article 3, qui prononce la confiscation des éditions contrefaites *au profit des auteurs, compositeurs, peintres ou dessinateurs ou autres* Enfin d'après l'article 7, *les héritiers de l'auteur d'un ouvrage de littérature ou de gravure, ou de toute autre production de l'esprit ou du génie qui appartient aux beaux-arts,* en auront la propriété pendant un certain délai

D'autre part, la loi du 11 mars 1902 a ajouté aux auteurs énumérés par l'article 1° de la loi du 19 juillet 1793 les architectes, les statuaires, les sculpteurs et dessinateurs d'ornements. On avait jadis contesté que la loi du 19 juillet 1793 fût applicable aux ouvrages de sculpture et d'architecture, ce nouveau texte empêche désormais toute controverse.

34. On a prétendu que les productions orales (1) et les photographies étaient exclues de la protection légale, parce que le législateur les avait passées sous silence. Il est vrai que l'article 1er de la loi du 19 juillet 1793 ne les nomme point. Mais l'article 3 parlant des « auteurs, compositeurs, peintres ou dessinateurs *ou autres* », ces derniers mots, permettent de considérer toute espèce d'œuvre littéraire ou artistique comme susceptible d'appropriation. De plus, l'article 7, des termes duquel il résulte que la protection est accordée à toute *production de l'esprit ou du génie qui appartient aux beaux-arts*, peut être invoqué pour les photographes.

Il a été jugé que la loi du 19 juillet 1793 protégeait les décors de théâtre et les scènes formant tableau (2), ce sont là encore des œuvres que la loi n'a pas expressément désignées.

35 La législation applicable à l'art industiel sera exposée dans la troisième partie de ce traité. Nous examinerons alors la question de savoir si la loi du 11 mars 1902 a ou n'a pas abrogé la loi du 18 mars 1806 et les conséquences qui résultent des deux systèmes.

36. Il est universellement reconnu que les textes, si on les appliquait à la lettre étendraient outre mesure le pouvoir d'appropriation qui doit appartenir aux auteurs. Une œuvre de littérature ou d'art n'est jamais appropriable qu'à de cer-

---

(1) *Contra* Paris, 27 août 1828; Gaz Trib. 28 août 1828 Paris, 30 juin 1836 Gaz Trib. 1e juillet 1836 Paris, 18 juin 1840, Sir. 1840 2 254, D. P. 1840 2. 187 Lyon, 17 juillet 1845, Sir 1845. 2. 469 D P, 1845, 2. 120. Trib Seine 9 décembre 1893, D P. 1894. 2 202, Pat. 1896. 11 Trib. Seine 30 juin 1894, Pat. 1895 91. Chauveau et Hélie t. VI, n° 2484. Gastambide, n° 21 Blanc, p 42, Renouard, t. II. n° 58. Rendu et Delorme, n° 747 Calmels, n° 99. Acollas, p 26, Couhin, t II, p 388 et s. v. Garraud t V, n° 517.

(2) Paris, 30 décembre 1898, D P. 1900 2 28, Pat 1899. 184

taines conditions et il arrive que d'autres droits, entrant en
conflit avec le droit de l'auteur, fassent échec à l'appropriation;
d'où il suit, tantôt que l'appropriation n'est pas intégrale,
tantôt même qu'elle disparaît tout à fait.

37. Il n'est pas douteux non plus que l'objet de la propriété
l ttéraire et artistique, consiste dans les œuvres de littérature et
d'art, à l'exclusion de toute autre production de l'esprit humain; cela résulte de l'ensemble des textes précités.

La propriété littéraire et artistique ne s'appliquant qu'aux
œuvres de littérature et d'art, il importe de mettre en lumière
les caractères qui distinguent ces œuvres, pour savoir quand
et dans quelle mesure un produit de l'activité humaine est
objet de propriété littéraire et artistique.

A. *Il n'y a pas d'œuvre littéraire ou artistique sans conception de l'esprit.*

Par suite, toutes les fois qu'on ne constate pas l'existence
d'une conception de l'esprit dans un produit de l'activité humaine, il faut dire qu'un droit de propriété littéraire et artistique n'a pu naître, faute d'objet; et c'est seulement dans la
mesure où il offre le caractère d'une conception de l'esprit
qu'un produit de l'activité humaine est objet de propriété littéraire et artistique.

Par exemple, la simple révision d'un texte, qui avait été al-
téré dans des éditions précédentes, n'engendre aucun droit de
propriété (1). L'œuvre révisée est une conception de l'esprit,
mais cette conception n'est pas le fait de l auteur de la révision. D'ailleurs, si ce dernier apporte des modifications
au texte original ou y joint des notes, ces notes et ces modifications sont objet de propriété littéraire (2); son œuvre, en ce
cas, ne consiste pas seulement à rechercher ce qu'un autre
a écrit, elle est, pour une part une conception de l esprit

De même, lorsqu'une personne recueille des chansons popu-

---

(1) Trib. Seine, 7 mars 1878 Gaz. Tr b 10 mars 1878
(2) Tr b. Seine, 5 août 1874; Pat 1875 250.

laires, son œuvre n'est une conception de l'esprit et, partant, n'est objet de propriété qu'autant qu'elle publie ces chansons dans un certain ordre et d'une certaine manière ou qu'elle y ajoute des notes et commentaires (1).

Le moulage d'un masque humain ou de tout autre objet, la reproduction d'une œuvre de sculpture par un procédé mécanique, la photographie sous toutes ses formes ne sont objet de propriété artistique qu'au cas et que dans la mesure où l'opérateur a conçu préalablement une idée de la chose qu'il veut reproduire et a pris certaines dispositions pour réaliser sa conception. De telles dispositions sont-elles possibles? On l'a nié. Il faut reconnaître cependant que le mouleur, selon qu'il emploie telle ou telle pâte et la met en œuvre de telle ou telle manière, obtient une image différente et exprime sa conception d'une façon à peu près exacte (2); que l'auteur d'une reproduction mécanique est maître jusqu'à un certain point du mécanisme qu'il utilise, et peut, en tous cas, faire après coup des corrections (3); que le photographe enfin peut placer son modèle dans la position qui lui paraît la meilleure, choisir le moment où le jour est le plus favorable, et retoucher au besoin son cliché, lorsqu'il le juge imparfait (4).

---

(1) Paris, 25 novembre 1865, Pat. 1866 183. Pouillet, n 70.

(2) *Contra* : Trib. Seine, 10 décembre 1834, Gaz. Trib 21 décembre 1834. Gastambide, n° 370. Renouard, t. II, n° 80. Cf. Blanc, p. 296, Rendu et Delorme, n° 913 Pataille, note, Pat. 1856. 197. Pouillet, n° 89. Acollas, p. 34.

(3) *Contra* Paris, 15 janvier 1862, Pat. 1862. 35 Cf. Paris 17 décembre 1847, Pat. 1862. 55. Paris, 1er septembre 1848 Pat. 1862. 60. Paris, 11 juin 1890; Pat. 1892. 244. Blanc, p 298 Rendu et Delorme, n° 913 Pouillet, n° 03 Acollas, p 35. Couhin t. II, p. 408.

(4) Paris, 10 avril 1862; Pat 1862 113. Bordeaux, 29 février 1864, Pat. 1864. 133 Paris, 29 avril 1864; Pat 1864 235 Paris 6 mai 1864 Pat. 1864 232. Trib. Seine, 26 avril 1894; S . 1895 2. 20, D. P. 1895 2 382, Pat. 1894. 331. Trib Seine, 30 avril 1896, Pat. 1897 137. Angers, 23 novembre 1896, Pat 1897. 131. Amiens, 6 mars 1901, Gaz Trib 13 novembre 1901. *Contra* : Calmels, n° 33. Cf Paris,

B. *Dans une œuvre littéraire ou artistique, l'auteur exprime les conceptions de son esprit par des combinaisons de signes qui sont elles-mêmes des conceptions.* Tantôt il se sert du langage écrit ou parlé, tantôt des lignes, des formes et des couleurs, tantôt des sons et des rythmes tantôt enfin du geste et du mouvement. Au premier cas, son œuvre est une œuvre littéraire; au second cas, elle appartient aux arts du dessin, au troisième cas, c'est une œuvre musicale; au quatrième cas, c'est une pantomime ou un ballet.

Il suit de là que la propriété littéraire et artistique ne saurait s'appliquer à une conception qui n'est pas exprimée par des signes. Le simple projet d'une œuvre de littérature ou d'art ne peut donc être revendiqué par celui qui l'a conçu Il a été jugé, par exemple, que l'idée de tirer une pantomime d'un certain roman (1), que celle d'étendre à la France entière la rédaction d'une chronique (2), que celle de donner dans un journal le résumé de certains renseignements (3) n'étaient pas susceptibles d'appropriation On doit en dire autant du lieu choisi pour servir de cadre à une œuvre dramatique (4), et d'une machine de théâtre, quand bien même la pièce pour laquelle on l'utilise serait de celles où la machinerie joue un rôle capital (5).

C *Une œuvre littéraire ou artistique a toujours pour fin de produire une impression esthétique ou d'instruire.*

En conséquence, les travaux d'un ingénieur ou d'un archi-

---

12 juin 1863 Pat 1863 225. Paris, 6 mai 1897, Pa 1897. 14ᵉ. Pou et, nᵒ 105. Sauvel,). 5 e suiv. Acollas, p 34 B geoi, p. 48 et s v Coll n t II, p. 416. Voir enco e de a S zeranne, *Le photographe et l artiste,* Revue des Deux Mondes. 1893, t 1ᵉʳ, p 856 et suiv

(1) Paris, 29 juillet 1857, Pat. 1857 286

(2) Ib. comm. Seine 13 octobre 1857, Pat 1858. 187.

(3) Paris, 30 juillet 1888; Pat 1889 117.

(4) Cf. Trib Seine, 1ᵉʳ août 1896; Pat 1897. 82.

(5) Contra Couhin, t. II, p 559 Cf Paris, 28 janvier 1860 Pat 1860. 66 Pouillet, nᵒ 109.

tecte, tels que le plan d'un canal (1), l'aménagement intérieur
d'un édifice, en tant qu'ils offrent un caractère purement uti-
litaire, ne sauraient être classés parmi les œuvres d'art, qui,
seules, sont objet de propriété artistique.

38 Il ne faut pas confondre l'œuvre avec la chose qui n'en
est que l'expression matérielle; le manuscrit d'un poème, par
exemple, n'est pas le poème. Cette distinction est d'une importance capitale. En effet, ce n'est pas la chose matérielle,
dans laquelle l'œuvre prend corps et se manifeste, c'est
l'œuvre considérée dans son individualité propre, qui fait l'objet de la propriété littéraire et artistique. La chose matérielle
est également appropriable; mais le droit dont il s'agit alors
n'est autre que la propriété réglée par le Code civil Le plus
souvent, la chose matérielle et l'œuvre appartiennent à des
personnes différentes; il suffit, pour qu'il en soit ainsi, qu'un
auteur vende son manuscrit ou le fasse éditer, l'acheteur du
manuscrit ou du volume n'acquérant aucun droit sur l'œuvre
elle-même

39. *Une œuvre de littérature ou d art n'est appropriable qu'au
cas et que dans la mesure où elle est nouvelle.*

En effet, lorsqu'une œuvre n'est pas nouvelle, de deux choses
l'une ou elle a été copiée volontairement sur une œuvre antérieure, ou le défaut de nouveauté provient d'une rencontre
fortuite Au premier cas, il ne saurait naître un droit de propriété, puisque, d'après ce qui a été dit au chapitre premier,
c'est seulement lorsqu'on a produit par son travail une œuvre
littéraire ou artistique qu'il est permis d'en revendiquer la
jouissance. Au second cas, si l'œuvre antérieure est appropriée,
le droit de celui qui en a la propriété fait obstacle à la naissance d'un droit rival qui porterait sur le même objet; de
plus, il serait impossible, dans la plupart des cas, d'établir
d'une façon certaine le caractère original de l'œuvre nouvelle.
Cette seconde raison suffit à faire écarter la reconnaissance

(1) Cf. Trib Lyon, 15 février 1896, Pat. 1898 55.

d'un droit exclusif, si l'œuvre antérieure est tombée dans le domaine public. Au surplus, telle est la complexité des œuvres de littérature ou d'art, qu'une rencontre fortuite entre écrivains ou artistes est chose rare, sinon impossible, et que seules des similitudes partielles, des analogies de détail peuvent s'expliquer de la sorte.

L'application de la règle ci-dessus énoncée donne lieu, quelle que soit la nature des œuvres envisagées, à des difficultés nombreuses. En pratique, ces difficultés s'élèvent d'ordinaire lorsque, dans un procès en contrefaçon, le défendeur allègue qu'il n'a pas porté atteinte au droit d'autrui.

A. Œuvres littéraires.

Les lettres missives offrent souvent un caractère original; rien ne s'oppose, en ce cas, à ce qu'elle soient l'objet d'un droit de propriété littéraire (1). Mais il est aussi des lettres, ou l'on remarque une telle banalité de fond et de forme, que, sans qu'il soit nécessaire de prouver que l'auteur a reproduit un écrit antérieur, on peut affirmer qu'il n'a rien inventé; telles sont, par exemple, les lettres d'affaires et de condoleances.

Les articles de journaux et de revues, comme toute œuvre littéraire, sont appropriables (2). Il faut faire exception pour

(1) Trib. Seine, 20 juin 1883; Pat. 1887. 108 Gastambide, n° 14 Bano, p. 78. Renouard, t. II, n° 114. Pouillet, n° 387. Labbé, note; Sir 1881. 1. 193. Legris, *Du secret des lettres missives*, p. 86 et suiv. Cf. Couhin, t. II, p. 514. Le droit de propriété littéraire n'est pas le seul qui soit à considérer à l'occasion des lettres missives. Il faut y joindre 1° la propriété de la lettre, envisagée comme un objet matériel ; 2° le droit qu'ont l'auteur et le destinataire de s'opposer à la publication en se fondant sur le principe du secret de la vie privée et dans la mesure où ce principe les y autorise; 3° les droits nés d'engagements exprès ou tacites qui sont pris à propos de l'envoi de la lettre, par exemple lorsqu' est entendu que le destinataire la restituera à l'auteur.

(2) Cass. 29 octobre 1830; Sir. 1831 1. 368. Paris, 25 novembre 1836; D. P. 1837. 2. 13. Rouen, 10 décembre 1839, Sir. 1840. 2. 76;

ceux qui n ont d'autre objet que de renseigner le public sur les évenements du jour et dont la forme est absolument banale. Il a été jugé, par exemple, que des dépêches télégraphiques qui contiennent des nouvelles politiques, scientifiques ou littéraires ne sont pas objet de propriété (1). On doit en d re autant des annonces légales (2) et des pronostics de courses (3).

Dans les chrestomathies ou recueils de morceaux empiuntés à divers écrivains (4), les catalogues d expositions et de musées (5) les almanachs (6), les agendas (7), les annuaires (8), les indicateurs des chemins de fer (9), les catalogues d'établissements industriels ou commerciaux (10), les livrets d'ou-

D. P. 1840. 2 56 Rouen, 13 décembre 1839, Sir. 1840. 2. 75; D. P. 1840. 2. 55. Par s, 25 juillet 1888, Pat. 1889. 70. Rennes, 5 janvier 1892; D. P. 1893. 2. 302; Pat 1892. 191. Par's, 16 novembre 1893; D. P. 1894. 2 17; Pat. 1895. 244 Pai s, 4 août 1808; Pat. 1899. 190. Gastamb de, n° 13. Blanc, p 74. Renouald, t II, n° 55. Pouillet, n°s 44 et 515. Delalande, p 29 Acollas, p. 24 Couhin, t. II p. 386.

(1) Cass. 8 août 1861; S r. 1862. 1. 523; D. P. 1862. 1. 136; Pat. 1861. 382.

(2) Trib. Se ne, 4 janv er 1865 ; Pat. 1865. 23.

(3) Tr b. Seine, 10 avril 1893 ; Gaz. Trib. 18 juillet 1893.

(4) Cass. 2 décembre 1814 ; S r. 4. 1. 636. Gastambide, n° 8. Renouaid, t. II, n° 48. Rendu et Delorme, n° 730. Calmels, n° 525. Pou l et, n° 22 Couh i t II, p. 378.

(5) Boideaux, 24 août 1863; Sir. 1864. 2. 194; D. P. 1864. 2. 77. Pat. 1863. 348 Paris, 5 mai 1882, Pat. 1883. 111. Pouillet, n° 24 Couhin, t. II, p. 380.

(6) Par s, 17 août 1861, Pat 1862. 399. Cass. 27 novembre 1869, S i 1870. 1. 228; D. P. 1870. 1. 186. Lyon, 24 mars 1870; Sh. 1871. 2. 34, D. P. 1870. 2. 209; Pat. 1873. 109. Pouillet, n° 27.

(7) Pais 2 mai 1857; Pat 1857. 201.

(8) Pai s, 2 av il 1896; S r. 1897. 2 246; D. P. 1898. 2 203; Pat. 1808 62. Pais, 18 mars 1897, Sir. 1897. 2. 264, D. P. 1897. 2. 224; Pat. 1899. 194.

(9) Nancy, 30 janv er 1894; Pat 1899. 196.

(10) Nancy, 18 avi l 1893; S r. 1893. 2. 255; D. P. 1893. 2. 418.

viiers, (1) les programmes de courses (2), les programmes de
théatres (3), les tableaux synoptiques (4), les plans et les cartes
géographiques (5), les tables des matières (6), les livres de
prières (7), lorsqu'une part d'invention peut être attribuée à
colui qui les publie cette part est en général minime, elle consiste principalement dans le choix et la disposition des éléments dont l'ouvrage est formé.

Il y a plus de nouveauté d'ordinaire dans des écrits tels que
des notices (8), des circulaires commerciales (9), des prospec-

(1) Colmar, 17 août 1858; D. P. 1859. 2 13; Pat. 1860. 399

(2) Cass. 14 janvier 1885; Sir. 1885. 1. 127;°D. P. 1885. 1. 285, Pat.
1890. 16).

(3) Nancy, 31 décembre 1887; Pat. 1890. 158

(4) Cass. 15 mai 1878; D. P 1879. 1. 20, Pat. 1880. 170. Pouillet,
n° 34.

(5) Paris, 1er septembre 1837; B anc, p 257 Paris, 5 mai 1877, S r.
1877. 2. 144; Pat 1877 122. Paris, 20 novembre 1883; Pat. 1885.
106 Pouillet, n° 37. Les plans et cartes sont considérés ici comme œuvres
littéraires, on verra plus oin qu'on tant que produits des arts du dessin
ils sont éga errent objets de propriété.

(6) Paris 4 juillet 1863; Pat. 1864. 295. Blanc, p. 74. Couhin, t. II,
p. 381

(7) Cass. 7 novembre 1894; D. P. 1895 1. 153 Pat. 1805 132.
Aux termes d'un décret du 7 germinal an XIII, « les livres d ég so,
les heures et pr ères ne pourront être imprimés ou réimprimés que d après
la permission donnée par es évêques diocésains » et toute contraventio 1
doit être poursuiv e « conformément à la lo du 19 juillet 1793 ». Il est
généra ement admis que le droit que ce décret reconnaît aux évêques
n'est pas un d oit de propriété litté aire, mais un droit de po ice. Pouillet,
n° 882 et suiv Couhin, t. II, p. 519 et suiv. Garraud, t V, n° 519.

(8) Rouen, 25 octobre 1842 (tarif des douanes, p1) é avec une ntro-
duction et des notes), S r 1843. 2. 85; D. P. 1843. 2. 82. Lyon,
15 mai 1867 (notce sur une médaille); Pat 1837 356. Par s, 5 août
1884 (somma res d'arrêts); D P 1803. 2. 177, Pat. 1884 304 T ib.
Seine, 7 mai 1896 (sommaires d arrêts), Pat 1898. 44. Gastanbide,
n° 12. Rendu et De orme, n° 740 Pou'l et, n° 32. Cou 1 n, t II, p 382.

(9) Tr b Seine, 24 juin 1890, Pat. 1892. 212. Pou let, n° 32. Couhin,
t. II, p. 383.

tus (1), des guides (2), des dictionnaires et encyclopédies (3) ; là, non seulement l'écrivain rassemble les matériaux qu'il se propose d'utiliser et les met en ordre, mais le style même dont il revêt sa pensée est son œuvre propre.

L'auteur d'un abrégé est propriétaire de l'œuvre qu'il a produite, il lui appartient de revendiquer tout ce qu'elle offre de nouveau, soit quant au choix et à la disposition des matériaux, soit quant au style (4).

Une traduction est une œuvre nouvelle par le choix des mots qu'emploie le traducteur, toutefois, si les expressions et les tours de phrase dont il se sert ont un caractère nécessaire, il n'en saurait être considéré comme l inventeur (5).

Si le sujet d'une œuvre d imagination, réduit à ses éléments essentiels, offre rarement une véritable nouveauté, il existe le plus souvent une part d'invention notable, au contraire, dans les personnages que l auteur met en scène, dans les incidents et les détails de l'affabulation qu'il imagine (6)

(1) Paris, 7 mai 1896, Pat. 1898. 47.

(2) Paris, 2 juillet 1829, B ann, p. 174. Pouillet, n° 24 Couhin, t. II, p. 381.

(3) Paris, 9 mars 1842; Blanc, p. 74. Cass 16 juillet 1853; Sir. 1853. 1, 545; D. P. 1853. 1. 309. Cass. 24 mai 1855, Sir 1855. 1 392; Pat. 1855. 1. 151. Paris, 30 décembre 1868; Pat. 1870. 21. Trib. Seine, 12 janvier 1893; D. P. 1893. 2. 177; Pat. 1893. 208. Trib. Seine, 1° juin 1805, Pat. 1898. 303. Blanc p. 74. Renouard, t. II, n° 15. Calmels, n° 85 Pouillet, n° 24. Couhin, t. II, p 380.

(4) Trib. Seine, 22 mars 1834; Blanc, p. 73. Gastambide, n° 6. Lacan et Paulmier, t. II, n° 645. Camels, n° 89. Pouillet, n° 31 Delalande, p 28. Garraud, t. V, n° 517. Couhin, t. II, p. 383.

(5) Cass. 23 juillet 1824, Sir. 7. 1. 503 Paris, 17 juillet 1862; Pat. 1862. 330. Vivien et B ann, n° 464 Gastambide, n° 5. B ann, p. 50. Renouard, t II, n° 50. Lacan et Paulmier, t. II, n° 642. Rendu et Delorme, n° 737. Calmels, n° 66 Pouillet, n°s 50 et 535. Delalande, p. 28. Garraud, t. V, n° 517. Couhin, t. II, p. 383.

(6) Paris, 20 février 1872, Sir. 1873 2. 273, D. P. 1872. 2. 173; Pat 1872 193. Trib. Seine, 16 mars 1882, Pat 1882. 300. Trib. Seine, 10 août 1883; Gaz. Trib. 11 août 1883. Pouillet, n° 538. Cf. Lacan et

B. *Produits des arts du dessin.*

Certains dessins, certains ouvrages plastiques n'offrent aucunement le caractère d'une conception nouvelle ; il en est ainsi, dans la plupart des cas, des dessins de figures géométriques.

La copie d'une œuvre d'art, effectuée par les mêmes procédés que l'original, est une œuvre nouvelle dans la mesure où elle diffère de l'original et des autres copies qui ont pu en être faites antérieurement (1). Ce n'est, d'ailleurs, rien inventer que de changer seulement les dimensions de l'œuvre reproduite (2).

Une gravure, exécutée d'après un tableau, est assimilable à une traduction. Elle peut constituer une œuvre nouvelle par l'idée personnelle que le graveur s'est faite de l'original et par les signes dont il s'est servi pour exprimer sa conception (3).

Il arrive parfois qu'un artiste fasse des emprunts non déguisés à des œuvres antérieures, qu'il se borne même à combiner d'une façon particulière des éléments pris de côté et d'autre ; il a le droit de revendiquer ce qui lui est propre, c'est-à-dire ce qu'il a ajouté aux œuvres antérieures (4) ou la simple combinaison dont il est l'auteur (5).

Paulmier, t. II, n° 648. Rendu et Delorme, n°s 754 et 815 Delalande, p. 30. Voir aussi Brunetière, *Histoire et littérature*, p 79 et suiv.

(1) Trib. Seine, 3 août 1836, Gastambide, n° 360. Bordeaux, 26 mai 1838, Sir. 1838. 2. 485. Paris, 27 janvier 1841 ; D A v° *Propr. litt. et art.*, n° 395. Poullet, n° 75.

(2) Cf. Poullet, n° 90.

(3) Paris, 21 mars 1865 ; Pat. 1865 250.

(4) Cass. 13 février 1857 ; Sir. 1857. 1. 289 , D. P. 1857. 1. 111 ; Pat. 1857. 33. Orléans, 1° avril 1857 , Pat 1857. 97. Paris, 13 février 1884 ; D P. 1884. 2. 232 , Pat. 1885. 7. Paris, 25 janvier 1887 D. P. 1887. 2. 132 , Pat. 1888. 186. Douai, 13 mai 1891 , D. P. 1892. 2 182 Paris, 21 décembre 1893 ; Pat. 1894. 69 Paris, 29 juillet 1898 , Pat. 1899. 88. Il s'agit dans ces arrêts des types traditionnels que l'art religieux a coutume de reproduire.

(5) Cass. 1er août 1850 ; D P 1850 3 393. Blanc, p. 295. Rendu et Delorme, n° 912. Poullet, n° 86

Un édifice est un objet usuel, dont l'utilité consiste à nous mettre à l'abri des intempéries et à cacher notre vie privée. Mais ce peut être en même temps un objet d'art; par la forme et la décoration qu'il donne à son œuvre, l'architecte cherche à contenter le sens esthétique. En tant qu'objet d'art, toute construction est susceptible d'appropriation, pourvu qu'elle soit nouvelle. La nouveauté est moindre, en général, dans les produits de l'architecture que dans ceux de la peinture ou de la sculpture. La liberté de l'architecte est limitée par les matériaux qu'il lui faut employer et par la destination usuelle de son œuvre; il lui est impossible de varier à son gré les lignes et les couleurs qu'il combine. De plus, toute construction entraînant de grands frais, il ne travaille guère que sur commande et doit obéir à sa clientèle, qui préfère, d'ordinaire, les modèles connus et traditionnels. Voilà pourquoi quand, à une certaine époque, un type de construction a été inventé qui satisfait au goût public, ce type s'impose à tous et laisse peu de place à l'originalité individuelle (1)

Des plans et des cartes géographiques, considérés comme produits des arts du dessin, peuvent être nouveaux par les signes graphiques et les couleurs dont l'auteur a fait emploi (2).

C. *Œuvres musicales et chorégraphiques.*

Souvent un musicien modifie une œuvre antérieure, y fait des additions, l'adapte à tel ou tel instrument. En pareil cas, ce qui lui appartient, c'est uniquement ce qu'il a inventé (3). On trouve dans la jurisprudence des applications de ce principe aux

---

(1) Cf. Renouard et Delorme, n° 928. Ca ne s. n° 47. Pouillet, n° 97. Acollas, p. 36. David de Penanrun, *Les architectes*, n° 825 Voir aussi Boutmy, *Philosophie de l'architecture*, passim.

(2) Pouillet, n° 85. Couhin, t. II, p. 402.

(3) Lacan et Paulmier, t. II n° 646 Pouillet, n° 66 et 68. Couhin, t. II, p. 508.

airs arrangés pour la danse (1), aux arrangements pour orchestres militaires (2), au remaniement d'une méthode de piano (3). Pareillement, l'auteur d'un ballet, qui combine des danses nationales pour créer un pas nouveau a le droit de revendiquer cette combinaison (4).

40. *Une œuvre de littérature ou d'art n'est appropriable qu'au cas et que dans la mesure où elle constitue une valeur.*

Ce principe est le corollaire de la théorie exposée au chapitre premier. Nous avons expliqué comment quiconque produit une valeur a le droit d'en jouir et d'en disposer. Pour que l'auteur d'une œuvre de littérature ou d'art puisse en revendiquer la propriété, il faut donc que son œuvre soit une valeur, et, pour autant qu'elle n'est pas une valeur, elle échappe nécessairement à l'appropriation.

Quelques mots, quelques coups de crayon, quelques notes de musique, encore que ce soient la des produits du travail littéraire ou artistique, ne constituent pas des valeurs, c'est-à-dire des objets utiles en même temps que des objets d'échange. Un alexandrin, par exemple, ne saurait être mis dans le commerce isolément. De telles œuvres ne sont donc pas objet de propriété littéraire et artistique.

Si d'un ouvrage, qui constitue certainement une valeur, on extrait un fragment plus ou moins étendu, il existe une limite à partir de laquelle l'œuvre ainsi réduite perd le caractère de valeur qui appartient à l'ensemble. Cette limite est difficile à déterminer. La question de savoir si tel fragment est ou n'est pas une valeur ne se résout aisément qu'au cas où l'étendue en est ou considérable ou tout à fait minime. Nul doute, par exemple, qu'en général n'importe quel chapitre d'un livre présente un intérêt suffisant pour être appropriable.

(1) Paris, 12 juillet 1855, S r. 1855. 2. 595; D. P. 1855 2. 256.
(2) Trib., Seine, 11 août 1857, Pat 1857. 455.
(3) Paris, 23 août 1844, D. P. 1845. 1. 130.
(4) Trib. Seine, 11 juillet 1862, Pat 1863. 234. Pouillet, n° 40. Couhin, t. II, p. 558.

Au contraire, pour qu'un simple titre soit objet de propriété littéraire, il faut qu'on ne le sépare pas de l'ouvrage avec lequel il fait corps; considéré isolément, il est sans valeur (1).

La valeur, au sens où nous prenons ce mot, ne doit pas être confondue avec le mérite de l'œuvre Un ouvrage de littérature ou d'art, quelque médiocre qu'il soit, est objet de propriété, quand il remplit les conditions requises (2). Si le législateur avait voulu tenir compte du mérite de l'œuvre, il eût adopté le système des récompenses individuelles

41. Le droit qu'a l'humanité, le droit qu'a la nation de vivre et de se développer s'opposent à certains égards à l'appropriation des œuvres de littérature ou d'art.

A. Tout d'abord, les idées générales et les faits réels contenus dans une œuvre littéraire ne sont pas appropriables (3).

---

(1) Paris, 25 février 1880; Pat. 1880 219. Gastambide, n° 195 Blanc, p. 372 et 381 Pouillet, n° 64, et *Traité des Marques de fabrique*, n° 631 Garraud, t. V, n° 517. Allart, *Traité de la Concurrence déloyale*, n° 139. *Contra*: Paris, 6 février 1832, Gaz. Trib. 7 février 1832. Pars, 8 octobre 1835, Blanc, p. 374. Orléans, 10 juillet 1854; D. P 1855, 2, 157. Meilin, *Questions de droit*, v° *Propr. litt*, § 1er, Renouard, t II, n° 56. Lacan et Paulmier, t II, n° 649. De alande, p 29. Acollas, p. 25.

Un titre peut, d ailleurs, être l'objet d un droit exclusif en tant qu'il sert à désigner l'ouvrage auquel i s'applique. Choisir le même titre ou un titre analogue pour un ouvrage de même espèce, de manière à engendrer une confusion, c'est commettre une faute envers les acheteurs qu'on trompe, c'est en commettre une autre envers l'auteur ou ses ayants cause à qui la fraude risque de porter préjudice Pour que le droit exclusif dont il s'agit ici prenne naissance, il faut que le titre soit nouveau et distinctif : nouveau, car si la même dénomination a été précédemment adoptée pour un autre écrit, u i d oit rival ne peut s'établir concurremment avec celui qui est déjà né; distinctif, car si le titre n'est pas propre à distinguer l'œuvre des écrits de même espèce le fait de l appliquer à diverses œuvres ne trompe personne Voir Pouillet, *Traité des marques de fabrique*, n° 631 et suiv., A art, *Traité de la concurrence déloyale*, n° 139 et suiv.; Cou in, t. III, p. 475 et les décisions citées par ces auteurs

(2) Paris, 11 avril 1853; Sir. 1853. 2. 237; D. P. 1853 2. 130. Pais, 3 décembre 1867, Pat. 1867 404. Poui et, n° 16.

(3) Pouillet, n 510.

Le savant qui développe une théorie scientifique (1), l'historien qui met certains faits en lumière (2) ne sauraient revendiquer le droit exclusif d'exposer leurs découvertes. Les informations, qui parfois coûtent si cher aux journaux, ne sont pas non plus objet de propriété (3). C'est que la vérité est d'un tel prix pour l'humanité qu'il serait inadmissible que le pouvoir d'en disposer fût, même pendant un temps limité, réservé à un seul, le progrès est la loi de l'homme et la connaissance du vrai est l'une des conditions essentielles du progrès.

B. Est-il permis d'analyser l'œuvre d'autrui et d'en citer des passages? S'il s'agit seulement de courtes citations, d'analyses peu étendues, ce droit ne saurait être discuté; nous avons établi, en effet, que les œuvres de littérature ou d'art ne sont appropriables que dans la mesure où elles constituent une valeur et qu'un fragment sans importance n'est pas une valeur. D'autre part, si l'analyse a pour objet des idées générales ou des faits réels, le droit de la faire résulte des considérations exposées au paragraphe précédent.

Mais supposons que les citations et analyses soient d'une certaine importance et que l'emprunt ne s'applique pas seulement à des idées générales ou des faits réels. Dans un grand nombre de cas, de telles citations et analyses sont licites et la propriété littéraire subit de ce chef une restriction. Beaucoup d'écrivains seraient empêchés d'accomplir leur tâche, si ce droit leur était refusé. Un critique, un polémiste, auxquels on interdirait de citer le texte même des écrits qu'ils

(1) Rouen, 7 juin 1849 S. 1850. 2. 449. D. P. 1852. 2 24. Pa s, 26 avr 1851 S 1851. 2 231, D P 1852. 2. 178.

(2) Pa s, 3 décemb o 1894 Pat. 1895. 282, T. o So ie, 11 j l et 1896; Pat. 1898 301, T. o, So ie, 22 j et 1897, Pat. 1898 324.

(3) Cass. 8 août 1861, Pat. 1861 382. Pa eguettes, *Traité des d lits politiques*, t II, nº 109. D ailleurs, il a été jugé que o p op éta o d n jour al com met ne faute, si, ayant pris un seul abonnement à une agence de renseignements, l pu o à la même heure les re seignements qu'e el i lo ru t da s ce x jo u ix à la o s Cass 23 mai 1900 S i. 1901. 1. 89

commentent ou réfutent, ne se trouveraient-ils pas parfois dans l'embarras? N'est-il pas nécessaire qu'un historien puisse rapporter tel passage d'un auteur, telles paroles d'un orateur? Et ne faut-il pas en dire autant du journaliste, qui a pour mission de renseigner ses contemporains sur les faits du jour, comme l'historien leur fait connaître les faits passés? Or, l'humanité a besoin des travaux du critique, du polémiste, sans lesquels les lettres seraient appauvries; elle a besoin des lumières que lui apportent l'histoire et la chronique. La restriction repose donc, en définitive, sur l'intérêt général. Quelle sera l'étendue du droit d'analyse et de citation? La réponse à cette question est dictée par ce qui précède. Le droit d'analyse et de citation devant être admis parce qu'il est nécessaire, c'est seulement dans la mesure où il est nécessaire qu'il faut le regarder comme légitime (1).

Selon l'opinion commune, il est permis de reproduire partiellement un ouvrage de littérature ou d'art, pour en faire la parodie (2).

(1) Paris, 13 juillet 1830 (fragments d'un roman reproduits sous prétexte de critique); Sir. 0 2. 469 D. P. 1830. 2. 235. Paris, 11 décembre 1846 (sermons analysés dans un journal)· Blanc, p 179 Paris, 26 juin 1849 (fragments d'une tragédie reproduits dans un journal), Blanc, p. 181. Paris, 1er décembre 1855; Pat. 1857. 243. Nîmes, 25 février 1854 (analyse d'une pièce sous prétexte de critique); Pat. 1864 387. Paris, 22 décembre 1881; Pat. 1882. 295 Trib. Seine, 3 juin 1892 (fragments d'un livre reproduits dans un journal), Sir. 1892. 2 262. Trib. Seine, 12 janvier 1893 D. P. 1893. 2. 177; Pat. 1893 208. Trib. Seine, 11 mars 1897, Pat. 1898 311. Paris, 15 juin 1897 (citations justifiées par le droit de critique); Sir. 1899. 2. 79; Pat. 1898. 310. Paris, 21 février 1901; Pat 1901. 246. Chauveau et Hélie, t. VI, n° 2469. Gastambide, n° 60. Blanc, p. 179 et suiv. Renouard, t. II n° 10 Lacan et Paulmier t II, n° 702. Rendu et Delorme, n° 811. Calmes, n° 521 et suiv Pouillet, n° 511 et 513. Carraud t V n° 523. Couhin, t. II, p 458 et s v. G. Trib. Seine, 30 novembre 1900 (dessins reprod s dans un album); Pat. 1901. 244

(2) Trib Seine, 12 juin 1879; Pat. 1879. 239 Gastambide, n° 59. Blanc p. 233 Lacan et Paulmier, t. II, n° 708. Rendu et Delorme, n° 811. Pouillet, n° 545. Cohr, t. II, p 448.

De même, on admet en général qu'un artiste peut reproduire une œuvre d'art, tableau, statue ou édifice (1), lorsque cette œuvre est comprise dans une vue d'ensemble qu'il prend pour sujet.

Dans ces deux derniers cas, c'est encore l'intérêt général qui légitime l'atteinte portée au droit absolu de l'auteur sur son œuvre; on considère que si ces restrictions n'étaient pas admises la production artistique et littéraire, dont l'humanité a besoin, serait entravée.

C. Dans d'autres hypothèses, le conflit s'élève entre le droit de l'auteur et celui de la nation.

Les actes émanés d'une autorité publique doivent recevoir la plus large publicité. Toute disposition réglementaire, loi, décret ou arrêté, a pour objet les droits et les devoirs des citoyens; il est donc nécessaire que ceux-ci soient à même d'en prendre connaissance pour y conformer leur conduite. Pareillement il importe que les décisions des tribunaux puissent être connues de tous; en effet, la crainte de l'opinion publique empêche le juge de se montrer partial, et, lorsque la justice ne rend pas ses arrêts au grand jour, elle est suspectée à tort ou à raison. Cela posé, si les rédacteurs des actes législatifs, administratifs ou judiciaires avaient seuls le droit de les éditer, la publicité n'en serait pas assurée, puisqu'il dépendrait d'eux de l'étendre ou de la restreindre. L'intérêt national s'oppose donc à ce que ces actes soient objet de propriété (2).

Ce ne sont pas seulement les actes émanés d'une autorité

---

(1) Rendu et Delorme, n° 928. Pouillet, n° 97. Cf. Paris, 5 juin 1855; S. 1855. 2. 431.

(2) Cass. 12 août 1843. S. r. 1843. 1. 813, D. P. 1843. 1. 424. Paris, 4 juillet 1863; Pat. 1864. 295. Paris, 1° avril 1867, Pat. 1867. 10) Cass. 15 mai 1878 (séance des prix le a V I e de Paris), Sir. 1880. 1. 263; D. P. 1879. 1. 20, Pat. 1880. 170. Gastambide, n° 24 et 25. Blanc, p. 83 et suiv. Renouard n° 59 et suiv. Rendu et Delorme n° 731. Cumes, n° 98. Pouillet, n° 60 bis et suiv. Delalande, p. 37 et suiv. Garraud, t. V, n° 517. Couhin, t. II, p. 395 et suiv.

publique qui échappent à l'appropriation ; il en est de même des
documents de tout genre qu'il faut mettre en regard de ces
actes pour en préciser la signification. Les rapports, les discours prononcés dans les assemblées délibérantes éclairent
les lois, les décrets, les arrêtés, à l'occasion desquels ils ont
été faits ; pour comprendre un débat judiciaire, on ne
saurait se passer des plaidoyers, consultations ou mémoires, où
le juge a puisé les éléments de sa sentence (1). Au reste, le droit
de reproduire ces documents divers n'existe qu'autant qu'il se
justifie par l'intérêt national. C'est pourquoi l'on décide en
général qu'au cas ou la publication des discours d'un homme
d'état ou des plaidoyers d'un avocat n'a pas pour objet d'é-
clairer un texte de loi, un jugement, un acte officiel quelconque,
le droit commun reprend son empire, et qu'il faut demander à
l'auteur son assentiment (2).

42. Les législations étrangères admettent, soit en termes
exprès, soit d'une façon tacite, les restrictions à la propriété
littéraire et artistique dont il vient d'être parlé. On rencontre,
dans certains pays, d'autres restrictions, qui, pour la plupart,
sont difficiles à justifier. En France, ou la loi les rejette, le
besoin ne s'en fait pas sentir, c'est donc qu'elles ne sont pas
commandées par l'intérêt général.

A. *Œuvres littéraires*

1° Beaucoup d'États considèrent comme licite la reproduction
d'extraits d'œuvres littéraires dans des ouvrages destinés à l'enseignement, telle est la règle adoptée par l'Allemagne, l'Autriche,
la Hongrie, le Luxembourg, le Danemark, la Suède, la Norvège,
la Russie, la Finlande, la Suisse, le Brésil, le Mexique, la Boli-

---

(1) Chauveau et Hélie t. VI, n° 2485 Gastambide, n°s 26 et 27 Bano,
p 181. Renouard, t. II n°s 64 et 65 Nion, p. 85 Rendu et Delorne,
n° 732. Calmels, n°s 100 et 101 Pouillet, n°s 55 et 57, Delalande, p. 31
et suiv Garraud, t. V, n° 517. Acollas, p. 27. Couhin, t. II, p. 388 et suiv.
(2) Voir les auteurs cités à la note précédente. *Contra* : Renouard t. II,
n°s 64 et 65.

vie, la Colombie, l'Équateur, le Japon. Les lois allemande, russe, suédoise et norvégienne autorisent la même licence, quand les extraits sont insérés dans des ouvrages destinés au culte. Afin d'empêcher qu'un préjudice trop grave ne soit porté aux auteurs, cette faculté, en Russie et en Autriche, ne s'applique qu'à des morceaux dont l'étendue est limitée, et elle n'est admise, en Danemark et en Norvège, qu'à l'expiration d'un certain délai.

2° Il est permis d'après les lois autrichienne, hongroise, italienne, suisse, suédoise, luxembourgeoise, monégasque, brésilienne, mexicaine et japonaise, de reproduire les articles politiques publiés dans les journaux, quand bien même l'auteur manifesterait une volonté contraire. Cette faculté s'applique même à tout genre d'articles en Danemark et en Portugal

3° Beaucoup de pays refusent à l'auteur le droit de traduction ou l'admettent sous certaines réserves. En Russie, ce droit n'existe qu'au profit des auteurs qui ont dû se livrer à des recherches scientifiques et à la condition qu'ils en usent dans les deux ans qui suivent l'autorisation de publier l'œuvre originale. D'après la législation danoise, il est interdit seulement de traduire en danois, en norvegien et en suédois les œuvres publiées dans l'une de ces trois langues Divers États subordonnent le droit de traduction à l'obligation de publier l'œuvre traduite dans un certain délai, dont la publication de l'original est le point de départ; ce délai est de deux ans en Suède, de trois ans aux Pays-Bas, en Autriche et dans la République Sud-Africaine, de dix ans dans le Grand-Duché de Luxembourg. En Hongrie, il faut commencer la traduction dans le délai d'un an à compter de la publication de l'œuvre originale et la terminer dans le délai de trois ans

4° D'après la législation britannique, il est permis d'adapter à la scène anglaise les ouvrages dramatiques et les compositions musicales publiés à l'étranger

5° L'Allemagne, l'Autriche, la Hongrie, le Danemark, la Norvège, le Japon autorisent la reproduction d'un écrit, quand on l'emploie comme texte d'une composition musicale; cette restriction ne s'applique pas aux œuvres dont la destination est d'être mises en musique.

B. *Produits des arts du dessin.*

1° Les lois de l'Allemagne, de l'Autriche, de la Russie, de la Finlande, du Mexique et du Japon déclarent qu'il n'y a pas contrefaçon à transporter une œuvre du domaine de l'art plastique dans celui de l'art graphique et réciproquement.

2° Le Danemark, la Suède, la Russie, la Finlande, le Mexique autorisent les applications industrielles des œuvres d'art.

3° Suivant plusieurs législations, la reproduction d'œuvres d'art exposées en public n'est pas une contrefaçon; les dispositions qui concernent cette restriction varient quant aux œuvres auxquelles la règle s'applique, quant aux modes de reproduction autorisés, quant aux lieux où il faut que les œuvres aient été exposées. Ces législations sont celles de l'Allemagne, de l'Autriche, de la Hongrie, du Danemark, de la Suède, de la Finlande, du Mexique et du Brésil.

4° En Allemagne, en Autriche, en Hongrie, en Norvège, au Brésil, au Japon, la loi permet de reproduire dans le corps d'un écrit des œuvres artistiques, pourvu que ces reproductions ne servent qu'à l'explication du texte.

5° La liberté de reproduction, que beaucoup d'États, dans l'intérêt de l'enseignement, admettent pour les œuvres littéraires, est étendue par la Suisse et la Finlande aux produits des arts du dessin.

C. *Œuvres musicales.*

1° Les lois autrichienne et italienne ne considèrent pas comme des contrefaçons les arrangements d'œuvres musicales.

2° L'Allemagne, l'Autriche, la Hongrie, la Suisse, la Finlande, l'Équateur permettent la reproduction des œuvres musicales dans l'intérêt de l'enseignement ou du culte.

CHAPITRE IV

Durée de la propriété littéraire et artistique

SOMMAIRE

43 Les textes. — **44.** Quand la propriété littérai e et artist que prend-elle naissance? — **45** Quand la propriété l ttérai e et artistique prend-e le fin? — **46** Appréciat on de la lég slation française. — **47.** Durée de la p op iété l ttéra re et art stique lo squ'il s'ag t d'une œuvre faite en commun par pl s eurs personnes, d'une œuvre ano iyme, d'une œuvre publ ée sous le nom d'une pe sonne mo a e ou d une association, ou lorsq ie l'auteur est absent. — **48.** A qu es œuvres profitent es lo s q i étendent a d i ée de la propi été l tté aire et art sti jue ? — **49** Lég slat o is ét ang res

43. D'après l'article 1er de la loi du 14 juillet 1866, « la durée des droits accordés pai les lois antérieui es aux héritiei s, successeurs irrégul ers, donataires ou légataires des auteui s, compositeu s ou art stes, est poit ée à cinquante ans, à par ti du decès de l'auteur... Loisque la successio i est dévolue a l'Etat, le droit exclusif s'éteint, sans préjudice des droits des créanciei s et de l'exécution des traités de cession qui ont pu être consent s par l'auteur ou par ses iepi ésentants » D'autie part, l'ai ticle 3 de la loi des 13-19 janvier 1791 et l ai ticle 1º de la loi du 19 u llet 1793 i eco naissent à l'auteui la pi opi iété de son œuvre pendant sa vie entière Tels sont les textes qui règlent actuellement la dui ée de la propriété littéraire et artistique.

44. Pour déterminer la durée de la propriété littéraire et artistique, il faut rechercher d'abord quand le délai de protection commence à courir, ou, ce qui revient au même, quand la propriété littéraire et artist'que prend naissance. Nulle part le législateur ne s'est expliqué sur ce point. On a prétendu que c'était au jour de la publication (1). Suivant nous, le droit de l'auteur sur son œuvre existe aussitôt que l'œuvre se manifeste sous une forme sensible; ainsi, la propriété d'un écrit naît avec le manuscrit, celle d'un discours naît lorsque l'orateur le prononce (2) A ce moment, en effet, l'auteur cesse d'être le seul qui ait connaissance du fruit de son travail et d'autres que lui peuvent s'en emparer sans son assentiment. Il devient donc utile, désormais, que l'État lui assure la disposition et la jouissance de la valeur qu'il a produite. Au reste, d'après l'opinion générale, la reproduction d'une œuvre inédite est une contrefaçon (3), s'il en est ainsi, on ne saurait sans contradiction soutenir que la propriété littéraire et artistique n'existe pas avant la publication, car la contrefaçon suppose évidemment l'existence de la propriété littéraire et artistique

45 L'époque à laquelle la propriété littéraire et artistique prend fin est fixée par l'article précité de la loi du 14 juillet 1866. Elle dure toute la vie de l'auteur et cinquante ans après sa mort. Par exception, elle expire au moment de son décès, si sa succession est dévolue à l'État, mais, même alors, elle subsiste dans les cas suivants · 1° lorsque les autres biens dont la succession se compose sont insuffisants pour désintéresser les créanciers; 2° lorsque *des traités de cession* ont été consentis par l'auteur ou ses représentants, ce qui doit s'étendre non seulement des conventions emportant aliénation du

---

(1) Renouard, t. II, n° 206 Pouillet, n°ˢ 189 et 218
(2) Gastambide, n° 22.
(3) Par s, 18 février 1836; D. A., v° *Propr. litt. et art.*, n° 315. Pouillet, n°ˢ 421 et 548.

droit de l'auteur sur son œuvre, mais encore de celles par lesquelles il s'est engagé à en procurer la jouissance à une autre
personne ; dans ces deux cas, la durée de la propriété littéraire
et artistique à compter de la mort de l'auteur se mesure sur les
besoins des créanciers ou la durée des traités consentis, sans
qu'elle puisse jamais dépasser cinquante ans.

46. Cette législation doit être approuvée en tant qu'elle rejette la perpétuité de la propriété littéraire et artistique. Là
perpétuité n'offrirait aucune utilité pour les œuvres qui tombent dans l'oubli avant l'expiration du délai légal de protection. En ce qui concerne celles qui survivent à ce délai, elle
serait également sans intérêt, au cas où l'auteur aurait aliéné
son droit moyennant une somme fixe, car la fortune des ouvrages de littérature ou d'art est tellement changeante que, la
durée du droit fût-elle perpétuelle, le cessionnaire ne paierait
pas un prix plus élevé, et, si l'auteur, au contraire, a gardé la
propriété de ses œuvres et l'a transmise à ses héritiers ou légataires, il serait contraire à toute justice que ceux-ci, sans qu'ils
eussent d'autre titre à invoquer qu'un lien de parenté ou la
volonté du défunt, conservassent à jamais la jouissance d'une
valeur qui n'est pas le fruit de leur travail. Il est vrai qu'on
pourrait, en s'appuyant sur le même argument, combattre la
perpétuité de la propriété des choses matérielles ; mais, tandis
qu'il n'est pas besoin de l'intervention de l'État pour régler
l'exploitation des œuvres de littérature ou d'art tombées dans
le domaine public, cette intervention serait inévitable, si la
propriété des choses matérielles prenait fin au bout d'un certain temps, et la société devrait être organisée d'après tel ou
tel des systèmes socialistes ; voilà pourquoi il est juste que les
deux propriétés ne soient pas, en ce qui concerne la durée,
soumises au même régime (1).

Par contre, c'est une question discutable que celle de savoir
s'il est bon que la durée de la propriété littéraire et artistique

(1) Cf. Mack, *La perpétuité du droit d'auteur*, passim

soit calculée sur la vie de l'auteur. Ce système présente un double inconvénient : en premier lieu, alors que la récompense attribuée à l'auteur devrait varier suivant son mérite, il s'attache pour mesurer l'étendue du droit à un événement tout à fait étranger à cette idée; en second lieu, cet événement étant impossible à connaître par avance, il introduit un élément de doute et d'insécurité dans les transactions par lesquelles l'auteur transfère à une autre personne moyennant une somme fixe son droit ou l'exercice de son droit. Mieux vaudrait que le délai de protection embrassât une période invariable. Mais, pour déterminer le point de départ de cette période, il faudrait exiger l'accomplissement d'une formalité quelconque, un dépôt, un enregistrement. A moins qu'il fût admis, en vertu d'accords internationaux, que ce dépôt, cet enregistrement, opérés dans un seul des États civilisés, aient effet dans tous les autres, les auteurs et les éditeurs estiment avec raison qu'il leur serait malaisé de satisfaire à la loi, et, tout compte fait, ils préfèrent notre législation actuelle à ce système vexatoire.

48 Lorsqu'une œuvre a été faite en commun par plusieurs personnes, quelle sera la durée de la propriété littéraire et artistique? Si l'œuvre est divisible (1), les droits des différents coauteurs s'éteignent séparément, pour la part qui leur est due dans l'œuvre commune, à l'expiration du délai légal (2). S'agit-il, au contraire, d'une œuvre indivisible, l'application de la loi ne va pas sans difficulté. D'après l'opinion générale, les droits indivis dont l'œuvre est l'objet dureront tant que cinquante ans ne se sont pas écoulés après la mort de celui des coauteurs qui vit le plus longtemps; autrement, dit-on, une œuvre appartiendrait à la fois au domaine privé et au domaine public, ce qui ne se comprendrait pas (3). A notre avis, cette doctrine

(1) Voir au n 58 en quel sens une œuvre collective est divisible ou indivisible.

(2) Paris, 4 mars 1853, D. P. 1853. 1. 309. Amiens, 1er décembre 1853; D. P. 1855. 2. 156. Renouard, t. II, n° 102,

(3) Gastambide, n° 139 Blanc p. 126. Renouard, t. II, n° 97. Nion,

doit être rejetée comme contraire à la loi ; elle admet qu'un droit de propriété littéraire et artistique puisse survivre au délai légal. Il faut respecter les textes et dire ici encore que les droits des coauteurs prennent fin séparément quand le délai légal vient à expiration. Chacun de ces droits est l'imité par ceux des autres coauteurs, mais porte sur la totalité de l'œuvre. En conséquence, peu importe qu'un ou plusieurs d'entre eux soient éteints ; tant qu'un seul subsiste, c'est assez pour empêcher que l'œuvre soit librement exploitée (1). Au point de vue pratique, l'intérêt qu'il y a à distinguer ce système du précédent apparaît notamment lorsqu'un fait de contrefaçon se produit après l'extinction d'un ou plusieurs des droits indivis dont l'œuvre est l'objet ; dans cette hypothèse, les dommages intérêts dus à raison de la contrefaçon doivent être diminués de la part afférente aux droits éteints : par exemple, si les coauteurs étaient trois et que plus de cinquante ans se soient écoulés depuis la mort de l un d'eux, la condamnation encourue par le contrefacteur s'élèvera seulement aux deux tiers de celle qu'il aurait eu à supporter au cas où le délit eût été commis à une date antérieure

On a soutenu que, jusqu'au jour où l auteur d un ouvrage anonyme se révèle, il fallait calculer la durée de la propriété littéraire et artistique sur la vie l'éditeur (2). Il suffit, pour écarter cette opinion, de rappeler que la loi du 14 juillet 1866 fait courir le délai de cinquante années du décès de *l auteur* et n'apporte aucune dérogation au principe qu'elle pose.

Un ouvrage est publié sous le nom d'une personne morale,

---

p 173. Lacan et Paulmier, t II, n° 682 Rendu et De orme, n° 769, Poui let, n° 142. Delalande, p. 46.

(1) Cf. Cass. 16 juillet 1853; Si . 1853. 1. 545, D. P. 1853 1. 100. Paris, 12 ju l et 1855 ; Sir. 1855. 2. 505, D. P. 1855. 2. 256, Pat 1855. 89 Paris, 21 ju 1858 ; Sir. 1859 2. 113 Pa s, 27 juin 1866 ; Sir. 1867. 2. 37, Pat., 1866. 299. Calmels, n° 117. Aco las, p. 20, Couh n, t. II, p. 431.

(2) Pou'llet, n° 147.

d'une association, l'État, par exemple, ou l'Académie française. Combien de temps subsistera la propriété littéraire et artistique? Cette question a reçu un grand nombre de solutions différentes. Celle qui compte le plus de partisans consiste à dire que le droit dure, en pareil cas, autant que la personne morale; c'est cette dernière qui, au sens de la loi, est auteur de l'ouvrage, et, tant que l'auteur n'est pas mort, il est de règle que le droit reste en vigueur (1). Quelques-uns ajoutent que, même après la disparition de la personne morale, l'œuvre demeure propriété privée jusqu'à l'expiration du délai de protection qui court du décès de l'auteur; toutefois, il n'en est pas ainsi, s'il s'agit d'un ouvrage appartenant à l'État car l'État est impérissable (2). Nous croyons cette doctrine erronée. Est-il exact que la personne morale, sous le nom de qui l'ouvrage est publié, en doive être considérée comme l'auteur, au sens de la loi? Les textes résistent à cette interprétation. D'après l'article 1er de la loi du 19 juillet 1793, « les auteurs d'écrits en tous genres, les compositeurs de musique, les peintres et dessinateurs, qui feront graver des tableaux ou dessins, jouiront durant leur vie entière, du droit exclusif de vendre, faire vendre, distribuer leurs ouvrages. . » La loi du 14 juillet 1866, décide que « la durée des droits accordés par les lois antérieures.. est portée à cinquante ans, à partir du décès de l'auteur. » Pour qui s'attache au sens naturel des termes, il est clair que le législateur n'a entendu s'occuper que de l'auteur véritable de l'ouvrage, de celui qui l'a produit par un effort de son intelligence. L'État, les sections de l'Institut ne sont pas des écrivains, des compositeurs de musique, des peintres, des dessinateurs. C'est seulement par métaphore qu'on pourrait parler de la vie et du décès de l'État ou de

(1) Paris, 5 mai 1877, Sir. 1877 2 ,144, Pat. 1877. 122. Gastamb de, n°° 141 et 142. Blanc, 128 et suiv. Rendu et Delorme, n° 768 Calmels, n° 458. Pouillet, n°° 150 et suiv. Delalande, p 48. Couhin, t. II, p. 430. Cf. Renouard, t. II, n° 104.

(2) Pouillet, n°° 150 et 153 Couhin, t II, p. 431.

l'Institut; or, il n'est pas d'usage de rédiger les lois en langage métaphorique. Il faut donc dire qu'une personne morale a le droit de se rendre propriétaire par contrat d'une œuvre littéraire ou artistique, mais que jamais sa propriété ne provient de sa qualité d'auteur. Cela posé, d'après les textes précités, c'est en prenant pour base la vie de l'auteur ou des co-auteurs véritables d'une œuvre publiée par une personne morale et sous son nom qu'on devra régler la durée de la propriété littéraire et artistique. Il est vrai que ce système sera difficile à appliquer, lorsqu'il s'agira d'une œuvre composée par un grand nombre de collaborateurs et souvent remaniée, comme le Dictionnaire de l'Académie française ou la Carte de l'État-major; mais, si le législateur a eu le tort de ne pas réglementer d'une façon spéciale la propriété des œuvres appartenant aux personnes morales, ce n'est pas une raison suffisante pour attribuer aux textes une signification qu'ils n'ont évidemment point (1).

Lorsque l'auteur est absent, à quelle date commence à courir le délai de cinquante années, qui, selon la loi, doit avoir pour point de départ le jour de sa mort? Les uns s'attachent à la déclaration d'absence (2), les autres à l'envoi en possession définitif (3). Si l'on suivait les prescriptions du Code civil, il faudrait dire que, l'absent n'étant jamais réputé mort ni vivant, le droit de l'auteur qui a disparu dure à perpétuité, à moins qu'il reparaisse ou qu'on apprenne l'époque de son décès; en conséquence, ses héritiers ou légataires au jour de sa disparition ou de ses dernières nouvelles obtiendraient successivement l'envoi en possession provisoire, puis l'envoi en possession définitif; ils auraient pendant la première période le droit d'administrer ses œuvres et d'en percevoir les fruits, pendant la seconde le droit d'en jouir et d'en disposer. Cette

(1) Patail e note, Pat. 1877, 129.
(2) Blanc, p. 127. Renouard, t. II, n° 96. Pouillet, n° 148. Delalande, p. 44. Couhin, t. II, p. 430.
(3) Calmels, n° 323. Nion, p. 156.

solution est inadmissible. La législation relative à la propriété
littéraire et artistique rejette la perpétuité du droit, à laquelle
conduirait l'application du Code civil. Il y a donc conflit entre
la loi générale et la loi spéciale, et, comme on sait, c'est la loi
spéciale qui doit, en pareil cas l'emporter Il faut considérer l'auteur comme mort à une date quelconque. Le principe de la loi
générale étant écarté, il devient impossible de faire état, sans
les modifier, des dispositions qui s'y rattachent. Le plus raisonnable paraît être de décider que les cinquante années pendant lesquelles la propriété littéraire subsiste après la mort de
l'auteur devront être comptées à partir de l'époque où l'absence
peut être déclarée. Il est juste que la propriété de l'auteur ne
passe pas à ses successeurs aussitôt qu'il a disparu ; car sa vie,
à ce moment, est plus probable que sa mort. D'autre part, si
l'on attendait l'envoi en possession définitif pour ouvrir sa
succession, c'est-à-dire cent ans après sa naissance ou trente
ans après la déclaration d'absence, il arriverait, dans la plupart des cas, que la durée moyenne de la propriété littéraire
et artistique serait dépassée. Pour savoir quels sont les héritiers et légataires, on se placera à la date de la disparition ou
des dernières nouvelles de l'absent. Si l'absent reparaît ou si
l'on apprend l'époque véritable de son décès, il rentrera, dans
le premier cas, en possession de ses œuvres, et, dans le second,
le règlement de sa succession sera révisé, sous réserve des
droits acquis par les tiers.

48 Lorsque la propriété littéraire et artistique est l'objet
d'une loi qui en accroît la durée, cet accroissement profite-t-il
aux œuvres publiées antérieurement et non encore tombées
dans le domaine public ? On l'a contesté. La protection légale,
a-t-on dit, est la condition moyennant laquelle l'auteur livre
son œuvre à la société ; c'est donc au moment de la publication qu'on doit se placer pour apprécier les avantages auxquels
il a droit (1). Cette argumentation est logique ; mais elle re-

(1) Renouard, t. II, n° 210 Cf. Labbé, note ; Sir. 1875. 1. 329.

pose sur une théorie inexacte, que nous avons réfutée précédemment (1). La vérité est qu'aucun droit acquis ne pouvant être opposé aux propriétaires d'ouvrages mis au jour avant la loi nouvelle, rien ne met obstacle à ce que ceux-ci en revendiquent le bénéfice (2).

Faudrait-il statuer différemment, s'il s'agissait d'œuvres tombées dans le domaine public au moment où la propriété littéraire et artistique reçoit un accroissement de durée? La question est assurément plus délicate; car on peut se demander si la société qui est entrée en possession de ces œuvres n'a pas le droit d'en garder désormais la jouissance. Suivant nous, le domaine public doit perdre ce qui lui était échu; les héritiers de l'auteur prédécédé seront réintégrés dans l'exercice de la propriété littéraire et artistique pour tout le temps qui reste à courir en vertu de la loi nouvelle. Pour justifier cette solution, il suffit de rappeler pourquoi l'article 2 du Code civil prohibe la rétroactivité des lois, c'est que, si les droits acquis pouvaient disparaître, il n'y aurait de sécurité pour personne (3). Cela posé, le droit de reproduire les œuvres tombées dans le domaine public ne constituant qu'une faculté commune à tous, on ne saurait y voir un de ces droits dont le maintien est nécessaire à l'ordre social. L'intérêt qu'il y a à donner au régime nouveau le plus large champ d'application possible doit donc prévaloir. Toutefois, lorsqu'une personne a usé de la faculté consacrée par la loi antérieure, il en résulte pour elle un droit acquis qu'il serait injuste et dangereux de méconnaître. Un éditeur pourra écouler les exemplaires qu'il a fait imprimer. Un directeur de théâtre qui a monté une pièce pourra la faire représenter. Il n'en serait autrement qu'au cas où ils auraient agi en fraude de la loi nouvelle. Tels sont les principes dont il faut faire état pour

(1) Voir n° 21.
(2) Paris, 19 mars 1863, Pat. 1868. 113. Pouillet, n° 158.
(3) Cf. Aubry et Rau, t. I°, p. 66. Laurent, t. I°, n°° 153 et suiv. Baudry-Lacantinerie et Houques-Fourcade, *Des personnes*, t. I°, n° 133.

déterminer, notamment, la portée de la loi du 14 juillet 1866.
Lors de la discussion de cette loi, un amendement tendant à
déposséder le domaine public fut rejeté; mais le rejet eut lieu
dans des conditions telles qu'il n'est pas possible d'en tirer
argument contre notre système (1).

49. On peut diviser les législations des différents pays en
quatre groupes, suivant le système adopté par elles touchant
la durée de la propriété littéraire et artistique.

A. Trois États admettent la perpétuité · le Mexique, le Guatemala et le Venezuela. Toutefois, dans le premier de ces États,
le droit de représentation des œuvres dramatiques et le droit
d'exécution des œuvres musicales durent seulement pendant
la vie de l'auteur et trente années après sa mort.

B. Beaucoup de lois reconnaissent à l'auteur et à ses ayants
cause un droit exclusif pendant sa vie et pendant un certain délai après sa mort. Ce délai est de quatre-vingts ans en Espagne
et en Colombie ; de cinquante ans, en Belgique, en Portugal, en
Russie, en Finlande, en Danemark, en Norvège, en Hongrie,
dans le Grand-Duché de Luxembourg, dans la Principauté de
Monaco, en Bolivie, dans la République de Costa Rica et en Tunisie; de trente ans en Allemagne, en Autriche, en Suisse et au
Japon; de vingt-cinq ans dans la République de Salvador; de
vingt ans au Pérou; de cinq ans au Chili, avec réserve pour le
Gouvernement de le porter à dix ans. Suivant la loi suédoise,
après la mort de l'auteur le droit d'édition subsiste cinquante
ans pour les œuvres littéraires et musicales, dix ans pour les
œuvres d'art, et les droits de représentation et d'exécution ont
une durée de cinq ans à compter de la même date. Au Brésil, le
droit d'édition dure aussi longtemps que la vie de l'auteur ou de
la personne à qui il a transféré sa propriété et dix ans à compter
de leur mort, s'ils ont laissé des héritiers. La législation haïtienne

(1) Duverg'er, *Collection complète des lois*, 1866, p. 301 et suiv. Pouil-.
let, nᵒˢ 158 et suiv. Couhin, t. II, p. 427 et su v, Cf. Douai, 8 août
1865; Pat. 1869. 248. Paris, 19 mars 1868; Pat. 1868. 113. Cass. 28
mai 1875; Sir. 1875 1. 329; D P. 1875. 1. 334; Pat. 1875. 193.

fait varier la durée du droit suivant la qualité des successibles : pendant toute la vie de l'auteur ou de sa veuve le droit subsiste, puis il passe aux enfants pour vingt années et pour dix années seulement à tous autres héritiers. Suivant la législation de l'Équateur, le droit dure, en principe, toute la vie de l'auteur et cinquante ans après sa mort, à l'égard de ses héritiers ; cinquante ans seulement, du jour de la publication, en ce qui concerne les traductions, les compilations de documents historiques ou législatifs, les variations sur un thème musical, vingt-cinq ans, en toute autre hypothèse.

C. En Grèce, la loi ne tient pas compte de la vie de l'auteur. Le droit d'édition dure quinze ans à partir de la publication, sauf au cas où un privilège serait concédé pour une plus longue durée. En Turquie, le gouvernement accorde des privilèges pour quarante ans à compter de la publication.

D Dans plusieurs États, le système adopté est une combinaison des deux systèmes précédents Les lois des Pays-Bas et de la République Sud-Africaine limitent la durée du droit d'édition à cinquante années qui se comptent du jour de la publication constatée par un dépôt ; toutefois, si à l'expiration de ce délai l'auteur vit encore, le droit subsiste jusqu'à sa mort ; quant aux droits de représentation et d'exécution, ils durent, d'après les mêmes lois, toute la vie de l'auteur et trente ans après sa mort, pour celles de ses œuvres qui n'ont pas été imprimées, et dix ans à partir du dépôt pour celles qui ont été imprimées En Italie, le droit d'édition est réservé à l'auteur pendant sa vie entière, et, s'il meurt avant qu'il se soit écoulé quarante ans depuis la première publication, ses ayants cause en gardent la jouissance jusqu'à l'expiration du délai de quarante ans, puis, après ce délai de quarante ans ou la mort de l'auteur, la protection légale continue encore, comme il a été expliqué précédemment (1), pendant quarante ans sous la forme du domaine public payant; les droits de re-

(1) Voir n° 32.

présentation et d'exécution ne dépassent pas quatre-vingts
ans à compter de la première représentation ou publication
de l œuvre. Aux États-Unis, la durée de la propriété littéraire
et artistique est fixée à vingt-huit années, dont le point de départ est l'enregistrement de l'œuvre ; l'auteur, s'il vit encore à
l'expiration de ce délai, ou, à son défaut, sa veuve ou ses enfants peuvent obtenir moyennant certaines formalités la protection légale pour un nouveau délai de quatorze ans. En
Grande-Bretagne, les œuvres littéraires, dramatiques et musicales sont protégées pendant la vie de l'auteur et sept ans
après son décès ; toutefois, si, à la fin de ce délai, il s'est écoulé
moins de quarante-deux ans depuis la première publication,
le droit subsiste jusqu'à ce que ce délai soit accompli. Pour
les estampes et les gravures, le délai de protection est de
vingt-huit ans à partir de la première publication, pour les
peintures, les dessins et les lithographies, il dure autant que
la vie de l auteur et sept ans après sa mort ; pour les œuvres
de sculpture, il est de quatorze ans, mais peut être renouvelé
pour une durée égale, si, à l'expiration de ces quatorze ans,
l'auteur vit encore.

En cas de collaboration, le droit du prédécédé accroît au
survivant, quand il n'y a ni héritiers ni cessionnaires, d'après
les législations du Mexique et du Guatemala ; toutefois au
Mexique, les produits qui, dans les représentations, corres-
pondent aux droits du défunt sont employés à encourager
les théâtres. Les lois, d'après lesquelles la protection légale
dure pendant la vie de l'auteur et un certain temps après sa
mort, ne font courir ce dernier délai que du décès du collaborateur survivant ; telle est la règle adoptée par l'Allemagne, l'Autriche, la Hongrie, la Belgique, la Suède, le
Danemark, le Portugal, la Principauté de Monaco, et le Grand-
Duché de Luxembourg

Pour les ouvrages mis au jour sous le nom de personnes
morales, aucune difficulté ne s'élève dans les pays qui ne
tiennent pas compte de la vie de l'auteur Ceux qui ont

adopté le principe de la perpétuité l'appliquent dans cette hypothèse ; toutefois, le Mexique fixe à vingt-cinq années la durée du droit qui appartient aux établissements littéraires ou scientifiques sur les œuvres publiées par eux. En général, dans les pays où le droit s'éteint un certain nombre d'années après le décès de l'auteur, la protection légale part, au profit des personnes morales, du jour de la publication et subsiste jusqu'à l'expiration d'un délai invariable. Ce délai est de vingt-cinq ans dans la République de Costa Rica ; de trente ans en Allemagne, en Autriche, en Hongrie, en Suisse et au Japon ; de quarante ans au Chili ; de cinquante ans en Norvège, en Suède et dans les Républiques de l'Équateur et de Salvador. D'après la loi colombienne, le droit des personnes morales dure tant qu'elles ont une existence légale.

En ce qui concerne les œuvres anonymes ou pseudonymes, plusieurs lois décident que la propriété doit en être reconnue à l'éditeur pendant un certain délai, qui commence à courir au jour de la publication. Ce délai est de trente ans en Allemagne, en Autriche et en Danemark ; de cinquante ans en Hongrie, en Finlande, en Norvège et au Japon. Suivant d'autres lois, l'éditeur est réputé, au regard des tiers, être l'auteur de l'ouvrage et il en conserve la propriété tant que l'auteur ne s'est pas fait connaître. Ce système est pratiqué par la Belgique, l'Espagne, les Pays-Bas, la Principauté de Monaco, la République Sud-Africaine, la Colombie, l'Équateur, le Guatemala, le Mexique, le Vénézuéla, la République de Costa Rica et le Grand-Duché de Luxembourg.

La durée de la propriété littéraire est restreinte, dans beaucoup de pays, en tant qu'elle s'exerce sous la forme du droit de traduction. Ce droit dure cinq ans en Autriche, en Hongrie et dans les Pays-Bas ; dix ans, en Italie, en Suède et en Norvège. En Finlande, le droit des nationaux est limité à cinq ans pour les traductions en une langue autre que le finnois et le suédois.

La loi italienne regarde la reproduction d'une œuvre artistique par un art différent comme une traduction, et, en conséquence, l'interdit seulement pendant dix ans

La protection des œuvres photographiques dure cinq ans en Allemagne en Hongrie, en Suisse, en Danemark et en Suède; dix ans en Autriche et au Japon. En Norvège et en Finlande, le droit dure cinq ans et n'est pas transmissible aux héritiers Beaucoup d'États ont, au contraire, expressément déclaré que la propriété des photographies devait avoir la même durée que celle des œuvres d'art en général.

CHAPITRE V

De l'expropriation
pour cause d'utilité publique et de
l'obligation d'exploiter

SOMMAIRE

50. Lég slation française. — **51.** Législations étrangères.

50. La législation française ne permet pas d'appliquer l'expropriation pour cause d'utilité publique aux œuvres de littérature ou d'art Il n'est nulle part question d'expropriation dans les lois concernant spéc'alement la propi été littéraire et artistique; quant aux textes qui déclarent expropriables les choses matérielles, ils ne sauraient être invoqués en matiere de littérature ou d art, parce que, la propriété littéraire et artistique étant un droit distinct de la propriété des choses matérielles, les dispositions qui concernent les éléments constitutifs de celle-ci doivent être considérées comme étrangères à celle-là (1).

Nous estimons qu'il y a lieu d'approuver sur ce point notre législation. Il faut écarter l'expropriation des œuvres de littérature ou d'art par ce motif qu'elle ne servirait à rien. Une œuvre inédite ne saurait être expropriée; le droit exclusif qu'a l'auteur de livrer son œuvre à la publicité doit l'emporter sur l'intérêt général (2) Après la publication, est-il vraisem-

---

(1) Cass 3 mars 1826, Sir. 8 1. 290 Calmels nᵒ 454. Cf. Gastamb de, nᵒ 121. N on, p 310 et suiv Pou let, nᵒ 204. Couhi , t. II, p. 555.
(2) Voir nᵒ 206.

blable que l'État ait jamais l'occasion d'intervenir pour remettre au jour un ouvrage de quelque valeur? En fait, depuis plus de cent ans que la propriété littéraire et artistique a été reconnue par la loi dans notre pays, il n'est pas encore arrivé que le besoin de l'expropriation se soit fait sentir. A supposer que, par impossible, le propriétaire d'une œuvre vraiment nécessaire à la nation se refuse de propos délibéré à la rééditer, rien n'empêche que l'expropriation en soit prononcée par une loi spéciale; mais, établir l'expropriation à titre de mesure générale, cela serait parfaitement superflu.

Notre législation n'admet pas non plus que l'auteur ou ses ayants cause soient tenus d'exploiter l'œuvre qui leur appartient, sous peine de déchéance, ou qu'en cas de non exploitation la concession d'une licence puisse leur être imposée; et, à cet égard encore, elle nous paraît sagement conçue. Il est difficile de justifier l'obligation d'exploiter en matière d'inventions industrielles; il l'est plus encore, quand il s'agit d'œuvres littéraires et artistiques; car, si l'humanité ne peut se passer des inventions, la littérature et l'art, quel qu'on soit le prix, sont moins nécessaires au progrès général.

51. L'expropriation pour cause d'utilité publique est admise par l'Italie, la Turquie, le Mexique, la Bolivie, le Pérou; le Portugal consacre la même règle, mais l'expropriation doit y être prononcée par une loi.

D'après la législation espagnole, le propriétaire d'une œuvre est tenu, sous peine de déchéance, de la rééditer ou, tout au moins, de mettre des exemplaires en vente dans le délai de vingt ans. Pour que la déchéance soit encourue, il faut qu'une dénonciation préalable soit faite sur le registre de la propriété et que le gouvernement engage le propriétaire à rééditer son œuvre en lui fixant à cet effet le délai d'un an. Dans la République de Salvador, si les héritiers de l'auteur laissent passer un an sans exploiter l'œuvre qui leur appartient, ils sont déchus pareillement de leur propriété. En

Grande-Bretagne, après la mort de l'auteur, le Comité judiciaire du Conseil privé peut accorder une licence d'exploitation, aux conditions qu'il juge convenables, lorsque le propriétaire d'une œuvre littéraire se refuse à la rééditer.

CHAPITRE VI

Formalités

SOMMAIRE

52. De l'utilité de certaines formalités. — 53. Du dépôt les textes. —
54 Caractère du dépôt. — 55. Légis ations étrangeres.

52. Des formalités, telles qu'un dépôt, un enregistrement, doivent-elles être prescrites en matiere de propriété littéraire et artistique?

Au moment ou le droit prend naissance, il est évidemment indispensable, si le délai de protection dure tant d'années à compter de la publication, d'en fixer le point de départ par une formalité quelconque. La durée du droit est-elle calculée sur la vie de l'auteur, l'accomplissement d'une formalité, quoique moins nécessaire, présente encore un certain intérêt.

En pareil cas, il est nécessaire pour déterminer si une œuvre est dans le domaine public ou dans le domaine privé, qu'on puisse en découvrir l'auteur sans difficulte, puis rechercher s'il est encore vivant ou depuis combien de temps il est mort, une déclaration de l'auteur lui-même, enregistrée par les autorités publiques, est de nature à faciliter ces investigations.

D'un autre côté, des formalités multiples, qu'il faut accomplir dans des pays différents et qui entrainent des frais importants, constituent pour les auteurs et leurs ayants cause une gêne telle que ceux-ci, plutôt que de s'y soumettre, renoncent parfois au bénéfice de la protection légale. Le jour où les divers États admettront qu'un enregistrement ou un dépôt, effectué dans l'un d'entre eux, aura effet dans tous les autres, il sera juste de prescrire des mesures de ce genre dans les cas indiqués ci-dessus. Jusque-là on doit considérer toute formalité comme présentant, en règle générale, moins d'avantages que d'inconvenients.

53. D'après l'article 6 de la loi du 19 juillet 1793, « tout citoyen qui mettra au jour un ouvrage, soit de littérature ou de gravure, dans quelque genre que ce soit, sera obligé d'en déposer deux exemplaires à la Bibliothèque nationale ou au Cabinet des estampes de la République, dont il recevra un reçu signé par le bibliothécaire, faute de quoi il ne pourra être admis en justice pour la poursuite des contrefacteurs ». Il faut rapprocher de ce texte les articles 3 et 4 de la loi du 29 juillet 1881. « Au moment de la publication de tout imprimé, dit le premier de ces articles, il en sera fait par l'imprimeur, sous peine d'une amende de 16 à 300 francs, un dépôt de deux exemplaires destinés aux collections nationales. Ce dépôt sera fait au ministère de l'intérieur, pour Paris ; à la préfecture, pour les chefs-lieux de département ; à la sous-préfecture pour les chefs-lieux d'arrondissement, et, pour les autres villes, à la mairie. L'acte de dépôt mentionnera le titre de l'imprimé et le chiffre du tirage. Sont exceptés de cette disposition les bulletins de vote, les circulaires commerciales ou industrielles et les ouvrages dits de ville ou bilboquets. » Enfin l'article 4 de la loi du 29 juillet 1881 est ainsi conçu : « Les dispositions qui précèdent sont applicables à tous les genres d'imprimés ou de reproductions destinés a être publiés. Toutefois le dépôt prescrit par l'article précédent sera de trois exemplaires pour les estampes, la musique, et, en général, les reproductions autres que les imprimés »

Le dépôt est la seule formalité qui se rattache à la propriété littéraire et artistique dans la législation française. Au reste, on ne saurait y voir un élément constitutif de cette propriété. Suivant un système autrefois soutenu, l'auteur, si le dépôt n'est pas effectué avant la publication, serait déchu de son droit, le législateur présumant qu'il fait abandon de son œuvre au domaine public (1) Ni le texte ni l'esprit de la loi du 19 juillet 1793 n'autorisent cette interprétation Le texte dit seulement qu'en l'absence de dépôt l'auteur « ne pourra être admis en justice pour la poursuite des contrefacteurs ». Interdire la poursuite des contrefacteurs, ce n'est pas mettre à néant la propriété littéraire et artistique elle-même, l action en contrefaçon n'étant que l'exercice des droits qu'il appartient aux intéressés de faire valoir devant les tribunaux à l'occasion d'une atteinte portée à la propriété littéraire et artistique. D'autre part, il n'y a pas de raison pour penser que, dans l'esprit de la loi, l'auteur, qui omet de déposer son œuvre, soit censé faire abandon de sa propriété. Une telle présomption serait tout à fait injustifiable. Les écrivains, les artistes ne sont pas enclins, en règle générale, à abandonner leurs œuvres au domaine public avant l'expiration du délai légal de protection ; dès lors, pourquoi les contraindre à manifester la volonté qu'ils ont de rester maître de leurs droits? Le motif pour lequel le législateur a créé l'obligation du dépôt est tout différent, et, pour le discerner, il suffit de prendre connaissance du texte de la loi. Les exemplaires qui doivent être déposés sont destinés, d'après la loi du 19 juillet 1793, à la Bibliothèque nationale et au Cabinet des estampes. C est donc pour enrichir les collections publiques que le dépôt a été institué, il n'est pas besoin d'en chercher ailleurs l'explication.

56 A l'étranger, les formalités prescrites sont extrêmement variables. Les textes où elles sont relatées ne se prêtent pas à l'analyse ; il faudrait les citer intégralement. Souvent elles sont

---

(1) Paris, 26 novembre 1828, Gaz Trib. 29 novembre 1828. Cass. 1er mars 1834; Sir 1834 1. 65 Rouen, 13 décembre 1839, Sir. 1840. 2. 74. Gastambide, nos 123 et 124, Lacan et Paulmier, t. II, no 653. *Contra* : Seine, 21 novembre 1866, Pat 1866. 394. Paris, 28 mars 1883· Pat. 1884. 84. Paris, 11 juin 1885, Pat. 1886. 129. Blanc, p. 138 et suiv. Renouard, t. II, no 218 Nion, p. 128. Rendu et Delorme, no 760. Pouillet, no 432. Delalande, p. 123. Garraud, t. V, no 530. Couhin, t. II, p. 425.

un élément constitutif de la propriété littéraire et artistique; si l'auteur ne les accomplit pas, il perd son droit. Les pays dont la législation est particulièrement gênante sont les suivants : Grande-Bretagne, États-Unis, Pays-Bas, Italie, Espagne, Portugal, Guatemala, Équateur, Colombie, Bolivie, Mexique, République Sud-africaine et Principauté de Monaco. Au contraire, les formalités ont été réduites au minimum indispensable par l'Allemagne, l Autriche, la Hongrie, la Belgique, la Suisse, la Russie, la Finlande, le Danemark, la Suède, la Norvège, le Grand-Duché de Luxembourg et le Japon.

CHAPITRE VII

Caractères juridiques de la propriété littéraire et artistique

---

SOMMAIRE

56. D fférentes classifications des droits; comment se classe la propriété littéraire et artistique.

56. On a proposé plusieurs classifications des divers droits, suivant les caractères juridiques qu'ils présentent Ainsi, les jurisconsultes romains admettaient trois sortes de droits : les droits réels, les droits de créance et les droits personnels. Les droits réels consistant dans un pouvoir exclusif et absolu exercé sur une chose, on peut ranger parmi eux la propriété littéraire et artistique; le propriétaire d'une œuvre de littérature ou d'art a, en effet, la faculté d'en jouir et d'en disposer comme il l'entend, et son droit est opposable à tous (1). Plus récemment, on a distingué les droits patrimoniaux et les droits extrapatrimoniaux. Les droits patrimoniaux sont les droits susceptibles d'évaluation pécuniaire; cette définition s'applique évidemment à la propriété littéraire et artistique. Certains droits sont incessibles, ou intransmissibles à cause de mort, ou perpétuels ; la propriété littéraire et artistique se classe, au contraire, parmi les droits temporaires, les droits transmissibles à cause de mort et les droits cessibles. Il faut signaler enfin deux autres classifications, dans lesquelles notre législation

(1) Il en est de même de la propriété des choses matérielles; mais, ainsi qu'il a été expliqué au n° 21, les deux droits ne doivent pas être confondus l un avec l'autre.

fait rentrer tout droit, quel qu'il soit. D'après le Code civil, il y a des droits incorporels et un seul droit corporel, qui est la propriété des choses matérielles; il y a des droits mobiliers et des droits immobiliers, et tous les droits qui ne s'exercent pas directement sur un immeuble sont des droits mobiliers. La propriété littéraire et artistique est donc, suivant la loi française, un droit mobilier (1) et incorporel.

(1) Voir notamment : Aubry et Rau, t. V, p. 284. Laurent, t. V, n° 512. Baudry-Lacantinerie et Chauveau, *Des biens*, n° 168

LIVRE DEUXIÈME

DE L'ACQUISITION ET DE LA PERTE DE LA PROPRIÉTÉ LITTÉRAIRE ET ARTISTIQUE

TITRE PREMIER

Des différentes manières d'acquérir la propriété littéraire et artistique

---

CHAPITRE PREMIER

De la production d'une œuvre littéraire ou artistique

SOMMAIRE

57. La propriété littéraire et artistique s'acquiert par la production d'une œuvre de littérature ou d'art; œuvres collectives. — **58.** Caractère divisible ou indivisible des œuvres collectives. — **59.** OEuvres collectives qui ne sont pas le fruit d'un travail fait en commun.

57. La production d'une œuvre de littérature ou d'art fait naître un droit de propriété sur cette œuvre au profit du producteur.

Il faut réserver au producteur, ainsi qu'il a été établi ci-dessus (1), le nom d'auteur ; toutes les fois que la loi emploie

(1) Voir n° 48.

cette expression, on entendra qu'il s'agit du producteur C'est donc à tort qu'on regarde d ordinaire comme auteur d'un ouvrage la personne morale, telle que l'État ou une association, sous le nom de laquelle il est publié (1), ou celui qui l'a simplement commandé (2).

Beaucoup d'œuvres sont collectives, c'est-à-dire produites par plus d'une personne. Les producteurs, en pareil cas, sont dits coauteurs. Il faut distinguer du coauteur le simple coopérateur, qui contribue à la production de l'œuvre sans y participer lui-même ; la coopération n'engendre point un droit de propriété sur l'œuvre produite (3).

Pour savoir si une personne est coauteur ou coopérateur, on se demandera si le produit de son travail, considéré comme une œuvre distincte, remplit les conditions nécessaires pour qu'il soit objet de propriété littéraire et artistique.

En conséquence, il y a lieu de se poser les questions suivantes :

1º Est-on en présence d'une œuvre de littérature ou d'art ? Un peintre se fait aider par ses élèves ; un romancier, un auteur dramatique prennent des collaborateurs qui travaillent sous leur direction ; le tableau, le roman, la pièce mis au jour dans ces conditions sont des œuvres collectives, et les élèves conjointement avec le peintre, les collaborateurs conjointement avec le romancier ou l'auteur dramatique en sont les auteurs ; car le fruit de leur collaboration présente les caractères d'une œuvre littéraire ou artistique De même, c'est faire œuvre d'écrivain que de fournir le plan d'un écrit ; et, par suite, l'éditeur qui commande un ouvrage, le directeur d'une encyclopédie, d'un dictionnaire, s'ils règlent la distribution des matériaux, doivent être regardés comme coauteurs de l'ouvrage. Au

---

(1) Blanc, p. 33 et suiv. Rendu et Delorme, nº 720. Pouillet, nᵒˢ 128 et suiv.

(2) Me lin, *Quest. de di.*, vº *Contrefaçon*, § 2. Pouillet, nº 124.

(3) Trib. Seine, 7 février 1890 , Gaz. Trib. 12 février 1890. Renouard, t. II, nº 99.

contraire, lorsqu'une personne rassemble des documents pour un écrivain qui les met en œuvre, elle n'est pas coauteur de l'ouvrage composé par ce dernier; elle n'a pas produit une œuvre littéraire, elle a seulement préparé la production d'une œuvre littéraire.

2° Est-on en présence d'une œuvre offrant quelque nouveauté? Il se peut, pour reprendre un des exemples précités, que le plan apporté par l'éditeur, par le directeur d'un dictionnaire ou d'une encyclopédie, soit depuis longtemps connu; le produit de son travail est donc inappropriable et il n'est qu'un coopérateur.

3° Est-on en présence d'une œuvre qui constitue une valeur? Une personne indique à un écrivain un titre que celui-ci adopte; elle n'est pas coauteur de l'ouvrage parce qu'un titre, si on l'envisage isolément, n'est pas une valeur.

58. Les œuvres collectives sont divisibles ou indivisibles selon que le produit du travail des coauteurs peut ou non être mis séparément dans le commerce. Un roman, une comédie, auxquels plusieurs personnes ont collaboré, sont en général des œuvres indivisibles; chacun des coauteurs participe plus ou moins à la production de l'œuvre en toutes ses parties, pour le fond et pour la forme, et, quand bien même l'un d'eux aurait imaginé et écrit seul telle scène, tel chapitre, cela n'effacerait pas le caractère indivisible de l'œuvre, attendu que, le plus souvent, ce chapitre ou cette scène, détachés du reste, perdraient toute valeur vénale. Comme exemples d'œuvres divisibles, on peut citer les œuvres lyriques et, en particulier, les œuvres lyriques dramatiques: lorsqu'un écrivain et un musicien s'unissent pour composer un opéra, il n'est pas rare que chacun d'eux travaille isolément; l'œuvre est alors divisible, le livret et la musique pouvant être séparés et possédant l'un et l'autre une valeur qui leur est propre (1). Il faut en dire au-

(1) Cf. Paris, 27 juin 1866: Sir. 1867 2. 37, Pat 1866. 299, Trib. Seine, 28 août 1868, Pat 1870. 306, Paris, 21 février 1873; Pat. 1873. 153. Blanc, p 223. Renouard, t. II, n° 102.

tant d'un édifice, qu'un architecte, un peintre et un sculpteur concourent à construire et à décorer. Quand un certain nombre de personnes collaborent à un journal, un dictionnaire, une encyclopédie, leurs articles constituent encore une œuvre collective divisible, la preuve en est que, plus tard, ils sont souvent l'objet d'une seconde publication sous forme de volume ou de brochure. Enfin, il est des œuvres d'un caractère mixte, divisibles en ce qui regarde une des parties dont elles se composent, elles ne le sont pas pour une autre. Par exemple, il arrive que le compositeur, qui écrit seul la musique d'un opéra, collabore au livret, en ce cas, suivant que l'on considère la musique ou les paroles, l'opéra est une œuvre divisible ou indivisible

Si l'œuvre collective est divisible, le droit de chacun des coauteurs a pour objet sa part dans l'œuvre commune. Si elle est indivisible, il y a copropriété et le droit de chacun porte sur le tout. Mais chacun a-t-il un droit égal ? Il nous paraît plus raisonnable de décider que les droits des coauteurs sont proportionnés à la mesure dans laquelle ils ont contribué respectivement à la valeur pécuniaire de l'œuvre ; dans le doute seulement, nous estimons qu'il faut leur attribuer à tous un droit égal (1).

59. Les œuvres collectives ne sont pas toujours le fruit d'un travail fait en commun par des personnes qui se sont entendues à cet effet. Ainsi, un écrivain s'empare d'une pièce de théâtre étrangère et l'adapte à la scène française ; l'œuvre, sous cette forme nouvelle, est bien une œuvre collective, puisqu'elle est produite par plus d'une personne. En pareil cas, celui qui modifie l'œuvre d'autrui acquiert un droit de propriété dont l'objet, d'après les principes susénoncés, dépend du caractère divisible ou indivisible de l'œuvre nouvelle ; et, si l'œuvre nouvelle est indivisible, il ne peut exercer ce droit

_____

(1) Cf. Paris, 13 mai 1884 ; Pat 1885. 50 On verra plus loin que cette situation peut être modifiée par contrat

sans que l'auteur de l'œuvre dont il s'est emparé y consente (1).

(1) Cf. Poullet, n° 110

CHAPITRE II

Des successions.

SOMMAIRE

60. Loi du 14 juillet 1866. — **61.** Première dérogation au droit commun : droit du conjoint survivant. — **62.** Deuxième dérogation au droit commun : l'État n'est pas admis à succéder. — **63.** Appréciation de cette législation.

60. La transmission des œuvres littéraires et artistiques à cause de mort est réglée par le droit commun et par la loi du 14 juillet 1866; cette loi a établi une double dérogation aux principes consacrés par le Code civil en ce qui concerne l'ordre successoral.

61. La première dérogation a rapport au conjoint survivant. « La durée des droits accordés, d't l'article premier, par les lois antérieures aux héritiers, successeurs irréguliers, donataires ou légataires des auteurs, compositeurs ou artistes, est portée à cinquante ans, à partir du décès de l'auteur Pendant cette période de cinquante ans, le conjoint survivant, quel que soit le régime matrimonial, et indépendamment des droits qui peuvent résulter en faveur de ce conjoint du régime de la communauté, a la simple jouissance des droits dont l'auteur prédécédé n'a pas disposé par acte entre vifs ou par testament. ».

Suivant le Code civil, le conjoint survivant ne succède au prédécédé qu'à défaut de collatéraux au douzième degré La loi du 14 juillet 1866 l'appelle à succéder avant tous autres héritiers pour les œuvres littéraires et artistiques.

Le droit dont il hérite est un droit de « simple jouissance » (1).

La qualité d'héritier à réserve lui est formellement refusée ; si l'auteur a donné ou légué sa propriété, il n'y a pas lieu à réduction.

Par contre, la loi déclare qu'il n'est pas porté atteinte à la réserve instituée par le Code en faveur d'autres successibles. « Toutefois, dit-elle, si l'auteur laisse des héritiers à réserve, cette jouissance est réduite au profit de ces héritiers, suivant les proportions et distinctions établies par les articles 913 et 915 du Code civil » (2). Si donc le conjoint survivant passe avant les héritiers à réserve eux-mêmes dans l'ordre successoral, il ne recueille cependant la part qui lui est dévolue qu'autant que ces derniers ne sont pas, en tant que réservataires, fondés à en demander la réduction

Qu'arrivera-t-il, si, l'usufruit du conjoint survivant ayant été réduit, les héritiers réservataires, qui ont bénéficié de la réduction, viennent à disparaître avant que les œuvres de l'auteur prédécédé soient tombées dans le domaine public ? On a prétendu qu'en pareil cas l'usufruit attribué aux réservataires devait faire retour au conjoint survivant. A notre avis, cette opinion est inexacte. Les principes du droit commun doivent être respectés, à moins qu'ils n'aient été indubitablement écartés par le législateur. D'après l'article 1er de la loi du 14 juillet 1866, « les droits des héritiers à réserve et des

_____

(1) Voir no 31.

(2) Ces articles sont ainsi conçus :

Art. 913. Les libéralités, par acte entre vifs ou par testament, ne pourront excéder la moitié des biens du disposant, s'il ne laisse à son décès qu'un enfant légitime ; le tiers, s'il laisse deux enfants ; le quart, s'il en laisse trois ou un plus grand nombre.

Art. 915. Les libéralités, par acte entre vifs ou par testament, ne pourront excéder la moitié des biens si, à défaut d'enfant, le défunt laisse un ou plusieurs ascendants dans chacune des lignes paternelle et maternelle ; et les trois quarts, s'il ne laisse d'ascendants que dans une ligne.

autres héritiers ou successeurs pendant cette période de cinquante ans restent d'ailleurs réglés conformément aux prescriptions du Code civil. » Or, suivant le droit commun, la réserve ne fait pas retour aux autres héritiers du défunt après le décès du réservataire. Le texte de la loi n'implique aucunement que le législateur ait entendu déroger à cette règle. Au surplus, une telle dérogation aurait été difficile à justifier (1).

On s'est demandé si les articles 1094 et 1098 du Code civil, qui établissent une quotité disponible spéciale entre époux, tantôt plus restreinte, tantôt plus étendue que la quotité disponible ordinaire, demeuraient applicables en ce qui concerne les œuvres littéraires et artistiques, bien que la loi, dans le passage précité, n'ait visé que les articles 913 et 915 (2). Nous estimons que la question doit être résolue par l'affirmative. Les articles 1094 et 1098 formant le droit commun, il faut en faire état, puisque le législateur ne les a pas déclarés inapplicables. En conséquence, lorsque l'auteur fera une donation ou un legs à son conjoint, la quotité disponible, en vertu des articles 1094 et 1098, sera plus ou moins étendue que la quotité disponible ordinaire ; et, d'autre part, le con-

---

(1) Paris, 18 juin 1883; Sir. 1883. 2. 226; D. P. 1885. 2. 47; Pat. 1883. 265.

(2) Voici le texte de ces articles :

Art. 1094. L'époux pourra, soit par contrat de mariage, soit pendant le mariage, pour le cas où il ne laisserait pas d'enfants ni descendants, d'sposer, en faveur de l'autre époux, en propriété de tout ce dont il pourrait disposer en faveur d'un étranger, et en outre de l'usufruit de la totalité de la portion dont la loi prohibe la disposition au préjudice des héritiers. Et, pour le cas où l'époux donateur laisserait des enfants ou descendants, il pourra donner à l'autre époux, ou un quart en propriété et un autre quart en usufruit, ou la moitié de tous ses biens en usufruit seulement.

Art. 1098. L'homme ou la femme qui, ayant des enfants d'un autre lit, contractera un second ou subséquent mariage, ne pourra donner à son nouvel époux qu'une part d'enfant légitime le moins prenant, et sans que, dans aucun cas, ces donations puissent excéder le quart des biens.

joint survivant héritera, par succession *ab intestat*, de la jouissance que la loi lui confère, sauf la réduction qui peut être
commandée par les articles 913 et 915 (1).

D'après un autre paragraphe de l'article 1er de la loi du
14 juillet 1866, un fait peut mettre obstacle à l'acquisition du
droit conféré au conjoint survivant : « Cette jouissance, dit ce
texte, n'a pas lieu lorsqu'il existe, au moment du décès, une
séparation de corps prononcée contre ce conjoint. » Et le
même paragraphe énonce une cause de déchéance en disant
que le droit s'éteint « au cas ou le conjoint contracte un nouveau mariage. »

Le droit du conjoint survivant s'applique-t-il aux œuvres
inédites ? On ne saurait le nier, si l'on admet que les œuvres
inédites sont objet de propriété littéraire et artistique (2).

Le droit du conjoint survivant prend fin : 1° en cas de
décès ; 2° en cas de convol ; 3° quand les œuvres auxquelles il
s'applique tombent dans le domaine public.

Tant que subsiste la jouissance attribuée au conjoint survivant, la nue propriété appartient aux héritiers de l'auteur
prédécédé dans l'ordre où le Code civil les appelle à lui succéder ; et, si le droit du conjoint survivant s'éteint avant que les
œuvres de l'auteur prédécédé soient tombées dans le domaine
public, ils en ont, du jour de cette extinction, la pleine propriété

62 Aux termes du dernier paragraphe de l'article premier de
la loi du 14 juillet 1866, « lorsque la succession est dévolue à
l'État, le droit exclusif s'éteint sans préjudice des droits des
créanciers et de l'exécution des traités de cession qu'ont pu
être consentis par l'auteur ou par ses représentants. » Ainsi
l'État n'est pas admis à succéder en l'absence d'autres héritiers telle est la seconde dérogation qu'apporte notre loi à

---

(1) Pouillet, n° 223.
(2) Voir n° 44. Baudry-Lacantinerie et Wahl, *Des Successions*, t. Ier,
n° 790 *Contra* · Pouillet, n°s 218 et suiv

l'ordre successoral établi par le Code civil. Il a, d'ailleurs, paru juste de maintenir le droit exclusif dans l'intérêt des créanciers et des cessionnaires ; si cette disposition n'avait pas été prise, l'incertitude qui en eût été la conséquence touchant la durée du droit aurait nui au crédit de l'auteur et de ses ayants cause et accentué le caractère parfois aléatoire des transactions concernant les œuvres littéraires ou artistiques.

63. Des deux dérogations au droit commun que consacre la loi du 14 juillet 1866, la dernière est unanimement approuvée. On se demande, au contraire, si l'autre ne devrait pas être supprimée. Quand la loi du 14 juillet 1866 fut faite, le conjoint survivant, par l'effet d'une erreur regrettable, n'héritait qu'après tous les successibles, excepté l'État. Au lieu de réparer cette erreur par une réforme d'une portée générale, on imagina, en fixant le délai de protection légale, d'assurer au conjoint survivant des droits exceptionnels sur les œuvres littéraires ou artistiques du défunt. C'était abandonner le principe de l'article 732 du Code civil, aux termes duquel « la loi ne considère ni la nature ni l'origine des biens pour en régler la succession. » On s'efforça de justifier la jouissance attribuée au conjoint survivant en invoquant je ne sais quelle collaboration qui existerait d'ordinaire entre les époux. Cette raison-là ne valait rien ; on pouvait dire seulement, pour défendre la loi, qu'elle offrait l'avantage d'améliorer la situation du conjoint survivant dans un cas particulier. Mais, aujourd'hui, une loi du 9 mars 1891 est venue modifier le Code civil en instituant, dans tous les cas, au profit du conjoint survivant, un usufruit, qui tantôt est du quart, tantôt de la moitié de la succession. Il résulte des travaux préparatoires de cette loi nouvelle qu'elle doit être combinée avec la loi du 14 juillet 1866 ; celle-ci sera appliquée aux œuvres littéraires ou artistiques, celle-là au reste de la succession (1). Au lieu de ce régime hybride, il eût mieux valu

---

(1) « Il n'y a pas, a dit le rapporteur, à proprement parler, de cumul ; mais, on pourrait plutôt dire qu'il s'agit, en quelque sorte, de deux suc-

établir une législation uniforme en abrogeant la loi du 14 juillet 1866, qui, par le fait de la réforme à laquelle on se décidait enfin à procéder, perdait toute raison d'être.

cessions distinctes l'une, relative aux droits d'auteur, sera rég ée par la loi de 1866, et, quant au surplus de la succession, ce sont les règles du Code Civil, mod fiées désormais par notre loi, qui devront recevo r eur application dans l'avenir. » Sénat, 2 décembre 1890; *Journ. off.* du 3 décembre 1890, *Déb. parl*, p. 1108. Voir Souchon, *Commentaire de la loi qui modifie les droits de l'époux sur la succession de son conjoint prédécédé*; Revue critique, 1891, p. 223. Vaunois, *Les droits du conjoint survivant d après les lois combinées du 14 juillet 1866 et du 9 mars 1891*; Pal. 1891, 338.

CHAPITRE III

De l'acquisition
de la propriété littéraire et artistique
par l'effet des conventions.

SECTION I

DU CONTRAT DE PUBLICATION

SOMMAIRE

Article 1er. *Eléments essentiels du contrat* — **64** Définition du contrat **65** Eléments essentiels ou matériels du contrat — **66.** Variétés du contrat

Article 2. *Caractères du contrat* — **67.** Enumération des caractères du contrat.

Article 3. *Objet du contrat.* — **68** Œuvres contraires aux bonnes mœurs ou à l'ordre public — **69** Œuvres futures — **70** Le publicateur a-t-il le droit de refuser l'œuvre qui a commandée? — **71** Pièces reçues à correction.

Article 4. *Capacité requise pour traiter avec le publicateur* — **72.** Le contrat de publication est-il un acte d'administration ou un acte de disposition? — **73** Lorsque l'œuvre qu'il s'agit de publier appartient à une femme mariée, l'autorisation du tribunal peut-elle suppléer celle du mari?

Article 5 *Droits du publicateur* — **74.** Nature du droit que le contrat confère au publicateur; application de l'article 1162 du Code civil — **75.** Le droit du publicateur est limité ou illimité, limitations qu'il peut recevoir. — **76** Lorsque la propriété littéraire et artistique reçoit une extension nouvelle par l'effet d'un changement dans la législation, le bénéfice de ce changement doit-il être attribué à l'auteur et à ses héritiers ou au publicateur ? Même question, quand des traités diplomatiques modifient le régime applicable aux œuvres de littérature ou d'art.

Article 6. Obligations de l'auteur — **77**. Double obligation contractée par l'auteur. — **78**. A. Obligation de remettre au publicateur l'œuvre qui fait l'objet du contrat. — **79**. B. Obligation de garantie.

Article 7. Obligations du publicateur. — **80**. Triple obligation contractée par le publicateur. — **81**. A. Obligation de publier l'œuvre qui fait l'objet du contrat. — **82** Obligations spéciales à l'éditeur. — **83**. Obligations spéciales au directeur de théâtre. — **84**. B. Obligation de payer à l'auteur une somme d'argent. — **85**. C. Obligation de rendre des comptes à l'auteur.

Article 8. Transmissibilité des droits et obligations du publicateur. — **86**. Dans quelle mesure les droits du publicateur sont transmissibles. — **87**. Dans quelle mesure ses obligations sont transmissibles.

Article 9. Fin du contrat. — **88**. Cas de force majeure. — **89**. Mort de l'auteur. — **90** Faillite du publicateur. — **91**. Le contrat peut-il prendre fin par la volonté de l'auteur ?

ARTICLE 1er — *Éléments essentiels du contrat.*

64. Le contrat de publication est un contrat par lequel l'auteur d'une œuvre de littérature ou d'art ou ses ayants cause transfèrent ou s'engagent à transférer à une autre personne un droit réel sur cette œuvre, ou s'engagent à lui en assurer la jouissance, à charge de publication (1).

65. Il suit de là que le contrat de publication comporte deux éléments essentiels : 1° le publicateur acquiert un droit réel ou un droit de créance dont l'objet est une œuvre littéraire ou artistique; 2° il contracte l'obligation de publier cette œuvre.

En règle générale, le publicateur est encore tenu de payer

(1) Cf. Lardeur, p. 44 et suiv. Couhin, t. II, p. 527.

une somme d'argent à l'auteur et de lui rendre des comptes ;
mais ces obligations sont seulement de la nature du contrat.

66. Il existe plusieurs variétés du contrat de publication.
1º Tantôt c'est un droit réel, propriété ou usufruit, qu'acquiert
le publicateur ; tantôt c'est un droit de créance, l'auteur ou
ses ayants cause s'engageant à lui assurer la jouissance de
l'œuvre à l'occasion de laquelle le contrat est conclu. 2º Le
contrat varie également selon le mode de publication adopté ;
tel traité, par exemple, sera un contrat d'édition, tel autre un
contrat de représentation.

Toutes ces conventions constituent, non des contrats d'espèce différente, mais bien des variétés d'une seule espèce ;
on y rencontre, en effet, les mêmes éléments essentiels. Pareillement, le Code civil considère les baux à ferme et les
baux à loyer comme des variétés du louage de choses, et
trace des règles uniformes, en matière de société, quelle que
soit la nature des apports, droits réels ou droits d'obligation.

Il convient donc d'adopter une dénomination générique pour
désigner ces conventions diverses.

ARTICLE 2. — *Caractères du contrat.*

67. Le contrat de publication est un contrat consensuel et
synallagmatique. Il est à titre onéreux, alors même qu'une
somme d'argent n'est pas due à l'auteur, car le publicateur
s'engage au moins à faire la publication (1). Il est en général
commutatif ; mais il devient parfois aléatoire, notamment au
cas où l'auteur traite pour tout le temps que durera sa propriété et moyennant une somme invariable ; en effet, lorsqu'il
en est ainsi, la question de savoir si les prestations réciproques
sont équivalentes dépend d'un événement que les parties ne

(1) Cf. Paris, 9 août 1871 ; Pat. 1871-72. 93. Pouillet, nº 255. Lardeur, p. 55 et suiv.

peuvent connaître au moment du contrat, à savoir l'époque où mourra l'auteur (1). Il est civil pour l'auteur (2), commercial pour le publicateur, qui spécule sur l'œuvre à publier (3). Ainsi, une société de capitalistes, qui exploite une œuvre collective, telle qu'une revue, un journal, une encyclopédie, fait acte de commerce (4); par contre, lorsque la publication est dirigée par une personne qui est elle-même un des coauteurs de l'œuvre, il faut décider, en vertu de la règle : *major pars trahit ad se minorem*, qu'elle ne fait acte de commerce qu'autant que la qualité de spéculateur l'emporte en elle sur celle d'auteur (5). Enfin le contrat de publication est un contrat innommé au sens du Code civil; d'où il résulte qu'on doit, pour l'interpréter, faire état des règles que le Code civil applique aux contrats en général, et, par analogie, de celles qu'il applique à certains contrats en particulier (6).

Il y a analogie entre la vente et le contrat de publication, lorsque l'auteur cède au publicateur un droit réel et que ce dernier promet de lui payer en retour une somme d'argent. Cependant les deux contrats ne doivent pas être confondus, car l'obligation de publier, qui forme l'un des éléments essen-

---

(1) Renouard, t. II, n° 164. *Contra* : Lardeur, p. 57 et suiv.

(2) Rennes, 13 janvier 1851; D. P. 1852. 2. 29. Lyon, 17 juin 1874; Pat. 1874. 317. Renouard, t II, n° 20. Nion, p. 337 et suiv. Calmels, n° 326. Pouillet, n° 275. Lyon-Caen et Renault, t. Ier, n° 123. Lardeur, p. 59 et suiv. Rudelle, p. 34.

(3) Renouard, t. II, n° 160. Pouillet, n° 180. Acollas, p. 60.

(4) Paris, 2 juillet 1880; Sir. 1881. 2. 89; D. P. 1880. 2 226; Pat. 1880. 238

(5) Paris, 25 avril 1844; D. P. 1844. 2. 165. Paris, 7 août 1847; Sir. 1849. 2. 114; D. P. 1850. 2. 204. Paris, 25 mai 1855; Sir. 1855. 2. 413. Colmar, 9 décembre 1857; D. P. 1858. 2. 25; Pat. 1858. 153. Cf. Lyon, 22 août 1860; Sir. 1861. 2. 103; D. P. 1861. 2. 72. Renouard, t. II, n° 22. Nion, p. 348 et suv. Labbé, note; Sir. 1881. 2 89.

(6) Cf. Valéry, note, D. P. 1898. 2. 73. Esmein, note; Sir. 1899. 2. 217. Baudry-Lacantinerie et Wahl, *Du contrat de louage*, t. II, n° 3179.

tiels du contrat de publication, le différencie de la vente (1).
Il est vrai que l'existence d'une obligation de faire ne déna-
ture la vente qu'autant que cette obligation a plus d'importance que celle de payer un prix ; mais il suffit qu'il y ait
doute sur le point de savoir laquelle des obligations du publicateur l'emporte pour que la qualification de vente ne
puisse être donnée au contrat, car cette qualification entraî-
nerait l'application d'un ensemble de règles qui parfois présentent un caractère exceptionnel (2). Il y a également analogie entre le louage de choses et le contrat de publication
lorsque l'auteur s'engage à assurer la jouissance de son œuvre
au publicateur et que ce dernier contracte l'obligation de lui
verser une somme d'argent ; et, ici encore, c'est à raison de
l'obligation de publier qu'il faut distinguer les deux contrats (3). Enfin, il y a analogie entre la société et le contrat
de publication, lorsque l'auteur et le publicateur se parta-
gent les bénéfices de l'exploitation ; c'est ce qui arrive, par
exemple, s'il est stipulé que l'auteur recevra tant par exemplaire
vendu. Mais il manque toujours au contrat de publication
certains éléments essentiels de la société : intention de s'associer, participation de toutes les parties contractantes aux
pertes (4).

(1) Cf. Cass. 22 février 1847 ; Sir. 1847. 1. 437. D. P. 1847. 1. 83.
Renouard, t. II, n° 179. Pouillet, n° 251. Delalande, p. 76. Lardeur,
p. 23. Esmein, note ; Sir. 1899. 2. 217.

(2) Cf. Guillouard, *Traités de la Vente et de l'Échange*, t. Ier,
n° 94.

(3) Cf. Lardeur, p. 29. Valéry, note ; D. P. 1898. 2.73. Esmein, note ;
Sir. 1899. 2. 217.

(4) Cf. Paris, 10 mars 1843 ; Sir. 1843. 2. 139 ; D. P. 1843. 4. 7. Cass.
25 mars 1901 ; Gaz. Pal. 23 avril 1901. Pont, *Des sociétés*, n° 94. Laurent, t. XXVI, n° 153 Guillouard, *Du contrat de société*, n°s 19 et 77.
Baudry-Lacantinerie et Wahl, *De la Société*, n° 22. Lardeur, p. 41. Valéry, note ; D. P. 1898. 2.73.

ARTICLE 3. — *Objet du contrat.*

68. Le contrat de publication, en vertu des articles 1131 et 1133 du Code civil (1), doit être considéré comme inexistant, si l'œuvre à l'occasion de laquelle il intervient est contraire aux bonnes mœurs ou à l'ordre public (2).

69. Le contrat de publication peut-il avoir pour objet une œuvre future? Si l'auteur promet de l'accomplir, tout le monde admet qu'il faut répondre affirmativement (3). S'il ne prend pas cet engagement, on a prétendu que le contrat était nul, comme fait sous condition potestative. Cette opinion doit être rejetée. Un contrat n'est inexistant qu'au cas où la condition potestative à laquelle il est subordonné consiste dans un simple acte de volonté. Quand un auteur traite de la publication d'une œuvre future, il ne dit pas : « Je vous cède mon œuvre, *si je le veux* ». Il dit : « Je vous cède mon œuvre, *si je l'accomplis et que je la juge digne d'être publiée* (4) ».

(1) Voici ces articles :

Art. 1131. L'obligation sans cause, ou sur une fausse cause, ou sur une cause illicite, ne peut avoir aucun effet.

Art. 1133. La cause est illicite quand elle est prohibée par la loi, quand elle est contraire aux bonnes mœurs ou à l'ordre public.

(2) Cf. Nîmes, 2 mai 1892; Gaz. Trib. 10 juin 1892. Renouard, t. II, nº 163. Pouillet, nº 256. Lardeur, p. 64 et suiv. Rudelle, p. 77.

(3) Calmels, nº 317. Pouillet, nº 305. Couhin, t. II, p. 528. Cf. Lardeur, p. 68. Rudelle, p. 79.

(4) Trib. Seine, 29 juillet 1892; Pat. 1893. 123. Lardeur, p. 69 et suiv. Rudelle, p. 78. Cf. Pouillet, nº 253. Acollas, p. 58, Vaunois, *Des conventions relatives au droit d'auteur sur les œuvres futures*; Pat. 1900. 57. Peut-on céder les produits d'une œuvre future sans céder cette œuvre elle-même? Oui, mais à la condition qu'un contrat concernant la publication ait été passé. Autrement, la cession n'aurait pas un objet certain, un objet tel que les parties puissent connaître la portée de l'accord conclu par elles, et, d'après l'article 1108 du Code civil, il n'y a pas de convention sans un objet certain. Paris, 31 janvier 1854; Sir. 1854. 2. 734; D. P. 1855 2. 179, Paris, 27 novembre 1854; Sir. 1856. 2. 47; D. P.

70. Le publicateur a le droit de refuser l'œuvre qu'il a commandée, si l'auteur n'a pas observé les termes du contrat ; par exemple, un drame ne saurait être substitué à une comédie, un roman historique à un roman de mœurs contemporaines. Le directeur d'une revue, d'un journal, d'une encyclopédie, peut motiver son refus par la nature de sa clientèle, par l'unité de vues qu'il est nécessaire de maintenir dans une publication de ce genre (1). Mais, en principe, il n'est pas à supposer que le publicateur ait contracté sous la condition *si non displicuit ;* un tel pacte est trop défavorable à l'auteur pour n'être pas exceptionnel. Il suffit, pour que l'auteur acquitte la dette dont il est tenu, que l'œuvre qu'il a exécutée présente les caractères qui distinguent en général ses autres ouvrages et les qualités sur lesquelles son talent permettait de compter ; en ce qui concerne les qualités, on peut tirer argument de l'article 1246 du Code civil, suivant lequel « si la dette est d'une chose qui ne soit déterminée que par son espèce, le débiteur ne sera pas tenu, pour être libéré, de la donner de la meilleure espece, mais il ne pourra l'offrir de la plus mauvaise » (2).

71. Lorsqu'une pièce est reçue *à correction*, l'auteur ne s'engage pas à modifier son œuvre, le directeur ne s'engage pas à recevoir l'œuvre une fois modifiée. L'accord ne porte que sur un point : si l'auteur modifie son œuvre, le directeur l'examinera de nouveau et fera connaître sa décision (3).

Il arrive aussi qu'une pièce étant reçue, le directeur et l'auteur conviennent qu'il y sera fait quelques retouches, sans résilier le traité précédemment conclu ; en ce cas, si le directeur

1856. 2. 253. Cf. Trib. Seine, 6 décembre 1861 ; Pat. 1861. 430. Blanc, p. 113. Aubry et Rau, t. IV, p. 420. Laurent, t. XXIV, n° 465. Guillouard, *Traités de la Vente et de l'Echange*, t. II, n° 750. Lardeur, p. 70.

(1) Cf. Paris, 5 août 1861 ; Pat. 1861. 286.

(2) Paris, 3 mai 1878 ; Sir. 1878. 2. 204 ; D. P. 1879. 2. 11 ; Pat. 1878. 204. Pouillet, n° 305.

(3) Cf. Trib. comm. Seine, 25 octobre 1843 ; Gaz. Trib. 26 octobre 1843. Vivien et Blanc, n° 386. Lacan et Paulmier, t. II, n° 551. Pouillet, n° 762. Bureau, p. 407.

s'est réservé un plein pouvoir d'appréciation et que les retouches ne soient pas agréées par lui, l'œuvre doit être représentée dans sa forme première (1).

ARTICLE 4. — *Capacité requise pour traiter avec le publicateur.*

72. La validité du contrat de publication, comme celle de
tout autre contrat, dépend de l'accomplissement des mesures
prescrites par le Code civil pour la protection des incapables,
tels que les mineurs, les femmes mariées, les interdits ; de
même il faut appliquer le droit commun en ce qui regarde les
absents et les faillis (2).

La principale difficulté que soulève l'application du droit
commun a trait au caractère du contrat de publication : est-ce
un acte d'administration ou un acte de disposition ? Il n'est pas
douteux que le contrat de publication soit un acte de disposition, s'il entraîne l'aliénation d'un droit réel au profit du publicateur. Lorsque l'auteur s'engage seulement à assurer au
publicateur la jouissance de l'œuvre, le contrat de publication
est un acte de disposition ou un acte d'administration, selon
que le droit du publicateur dépasse ou ne dépasse pas ce
qu'il est indispensable de lui consentir pour tirer le meilleur
parti possible de l'œuvre, qui, sans son concours, resterait improductive. Par exemple, c'est administrer que d'autoriser un éditeur à publier une édition d'un roman, un
directeur de théâtre à exploiter une pièce pendant une série de représentations consécutives; c'est disposer que de

(1) Trib. comm. Seine, 15 mars 1834; Gaz. Trib. 20 mars 1834. Lacan et Paumier, t. II, nos 552 et 563. Pouillet, no 762. Bureau, p. 407.
(2) Paris, 7 août 1837 (interdiction légale); Sir. 1838. 2. 268; D. P.
1838. 2. 22. Paris, 22 mars 1864 (conseil judiciaire); Pat. 1864. 260.
Banc, p. 87. Renouard, t. II, nos 91 et suiv. Nion, p 96 et suiv Calmels,
nos 318 et suiv. Pouillet, nos 262 et suiv. Lardeur, p. 94 et suiv.
Rudelle, p. 41 et suiv.

passer un traité qui ne limite aucunement le droit du directeur de théâtre ou celui de l'éditeur (1).

73. Lorsque l'œuvre qu'il s'agit de publier appartient à une femme mariée, l'autorisation du tribunal peut-elle suppléer celle du mari ? On l'a nié en invoquant des considérations morales ; cette opinion, à notre avis, est erronée. L'article 219 du Code civil déclare que l'autorisation du tribunal est suffisante, « si le mari refuse d'autoriser sa femme à passer un acte ». Conclure un contrat de publication, n'est-ce point passer un acte ? Ce texte est clair ; il n'y a pas lieu de l'interpréter, mais seulement de l'appliquer (2).

ARTICLE 5. — *Droits du publicateur.*

74. D'après ce qui a été exposé ci-dessus, tantôt c'est un droit réel que le contrat de publication confère au publicateur, tantôt c'est un droit de créance ; l'auteur ou ses ayants cause se dépouillent en sa faveur de leur propriété ou d'un droit détaché de cette propriété, ou ils s'engagent à lui assurer la jouissance de l'œuvre qui fait l'objet du contrat. Lorsque le traité stipule l'aliénation d'un droit réel, cette aliénation peut avoir lieu au moment du contrat ou à une date ultérieure ; elle est nécessairement renvoyée à une date ultérieure au cas où il s'agit d'une œuvre future.

Dans le doute, il faut, par application de l'article 1162 du Code civil (3), regarder le contrat comme conférant au publicateur un droit de créance, non un droit réel.

---

(1) Cf. la théorie du Code civil, suivant laquelle les baux sont des actes d'administration quand leur durée ne s'étend pas au delà de neuf années.

(2) Cf. Nion, p. 104. Calmels, n° 318. Pouillet, n° 269. Lardeur, p. 102 et suiv. Baudry-Lacantinerie et Houques-Fourcade, *Des personnes*, t. II, n° 2295. *Contra* : Demolombe, t. IV, n° 165. Laurent, t. III, n° 135. Huc, t. II, n° 263.

(3) Cet article est ainsi conçu : « Dans le doute, la convention s'interprète contre celui qui a stipulé, et en faveur de celui qui a contracté l'obligation. »

75. Le droit qu'acquiert le publicateur est limité ou illimité. Si le traité est ambigu, on appliquera encore l'article 1162 du Code civil; le publicateur étant celui qui stipule, c'est donc contre lui que la convention, quand on veut savoir quelle est l'étendue de son droit, doit être interprétée (1).

Le droit du publicateur peut être limité, notamment, aux points de vue suivants :

1° *Mode de publication*.

Un traité, par exemple, est conclu pour l'édition d'un ouvrage dramatique, abstraction faite du droit de représentation (2). D'ordinaire, l'écrivain qui contracte avec un directeur de théâtre ne lui abandonne pas le droit d'édition; et le droit d'édition est le seul droit que les parties aient en vue dans un contrat conclu entre un éditeur et un écrivain (3). Par contre, il n'est pas rare qu'un éditeur de musique acquière à la fois le droit d'édition et les droits de représentation et d'exécution (4).

Quand un directeur de théâtre, un directeur de concerts passent un contrat pour la représentation d'un ouvrage dramatique ou l'exécution d'une composition musicale, on considère que le droit de faire copier les rôles ou les parties d'orchestre et d'utiliser les copies, dans la mesure où les besoins de leur entreprise l'exigent, leur est accordé implicitement; autrement, ils ne pourraient exercer le droit de représentation ou d'exécution que le contrat leur confère (5).

---

(1) Renouard, t. II, n° 164. *Contra* : Nion, p. 300. Pouillet, n° 251. Delalande, p. 76. Cf. Trib. Seine, 13 janvier 1883; Loi, 14 janvier 1883. Trib. Seine, 20 novembre 1891; Pat. 1893 241.

(2) Paris, 20 août 1834; Blanc, p. 222.

(3) Vivien et Blanc, n° 449. Gastambide, n° 233. Blanc, p. 222. Renouard, t II, n° 164. Lacan et Paulmier, t. II, p. 208. Rendu et Delorme, n° 863. Pouillet, n° 252.

(4) Cf. Trib. Seine, 13 janvier 1883; Loi, 14 janvier 1883. Paris, 12 décembre 1889; Droit, 28 décembre 1889.

(5) Paris, 25 janvier 1878; Sir. 1878. 2. 106; D. P. 1879. 2, 51; Pat. 1878. 116. Angers, 3 juin 1878; Sir. 1878. 2. 198; D. P. 1879. 2. 54.

2° *Nombre des éditions.*

Si le contrat est muet, l'éditeur a-t-il le droit de faire plus d'une édition ? Plusieurs décisions ont répondu affirmativement à l'occasion de traités où l'auteur avait formulé sur d'autres points d'expresses réserves (1) ; il était juste, en effet, de supposer qu'il eût pareillement manifesté sa volonté, s'il avait entendu limiter le droit de l'éditeur quant au nombre des éditions.

En Allemagne, en Suisse, en Hongrie, en Suède et en Norvège, la législation n'accorde à l'éditeur, dans le silence du contrat, qu'une seule édition.

Il va de soi qu'au cas où l'éditeur a le droit de faire une édition seulement, il ne doit pas par des moyens détournés dépasser ce qui lui est permis (2).

Que faut-il entendre par une édition ? Il a été jugé que, dans le commerce des œuvres musicales, une édition s'entend de l'épuisement par des tirages successifs des planches sur lesquelles les œuvres sont gravées (3).

3° *Nombre des exemplaires* (4).

Les lois de l'Allemagne, de la Suède et de la Norvège, dans le doute, décident que le nombre des exemplaires composant une édition ne doit pas dépasser mille.

4° *Forme de la publication.*

Un contrat concernant une œuvre littéraire peut conférer au publicateur le droit de l'éditer dans une publication pério-

---

Cass. 25 janvier 1893 ; Sir. 1893. 1. 368 ; D. P. 1893. 1. 144 ; Pat. 1893. 86. Cf. Besançon, 6 juillet 1892 ; D. P. 1892. 2. 579 ; Pat. 1893. 229. Vivien et Blanc, nos 474 et 475. Lacan et Paulmier, t. II, nos 711. Rendu et Delorme, n° 866. Pouillet, nos 558 et 560.

(1) Trib. Seine, 9 février 1870, Pat. 1870. 95. Trib. comm. Seine, 27 juin 1871 ; Pat. 1871-72. 93. Paris, 9 août 1871 ; D. P. 1872. 2. n° 165 ; Pat. 1871-72. 93. Cf. Renouard, t. II, n° 164. Calmels, n° 296. Pouillet, n° 250. Lardeur, p. 176 et suiv. Rudel e, p. 110 et suiv.

(2) Paris, 5 août 1845 ; Blanc, p. 112.

(3) Trib. Seine, 16 décembre 1857, Pat. 1857. 463.

(4) Paris, 15 janvier 1839 ; Gaz. Trib. 16 janvier 1839.

dique, par livraisons, en volume ou en brochure (1), avec ou sans illustrations (2), avec les œuvres complètes de l'auteur ou séparément (3), dans tel ou tel format (4). Il a été jugé que, dans l'usage, les auteurs dramatiques, en cédant le droit de publier séparément chacune de leurs pièces, n'aliènent pas celui de faire paraître une édition de leurs œuvres complètes (5).

Le publicateur peut acquérir le droit de reproduire un tableau par la gravure, la photographie ou la lithographie (6), une statue par le bronze ou le marbre (7).

S'il s'agit d'une composition musicale, le publicateur peut acquérir le droit de l'éditer pour orchestre, pour piano et chant, pour piano seul (8), etc.

5° *Lieu de la publication* (9).

6° *Durée de la publication* (10).

7° *Langue dans laquelle l'œuvre doit être publiée.*

D'après les lois de l'Allemagne, de la Suisse, de la Hongrie et de la Norvège, le contrat d'édition ne confère pas à l'éditeur le droit de traduction. En Allemagne, l'auteur, sauf convention contraire, garde le droit d'adapter un récit à la scène, de trans-

---

(1) Trib. Seine, 2 janvier 1834; Gaz. Trib. 3 janvier 1834. Trib. Seine, 18 avril 1884; Gaz. Trib. 20 avril 1884. Paris, 3 mars 1887; Pat. 1888. 115.

(2) Paris, 28 août 1855; Pat. 1856. 112.

(3) Paris, 9 août 1871; D. P. 1872. 2. 165; Pat. 1871-72. 93.

(4) Paris, 23 juil et 1864; Pat. 1864. 326.

(5) Trib. comm. Seine, 24 février 1847; D. P. 1847. 3. 69. Cf. Paris, 6 mai 1854; Blanc, p. 107. Pouillet, n° 299.

(6) Paris, 21 mars 1865; Pat. 1865. 250. Trib. Seine, 20 novembre 1891; Pat. 1893. 241.

(7) Trib. Seine, 31 décembre 1862; Pat. 1866. 43.

(8) Paris, 13 mai 1887; Pat. 1887. 311. Trib. Seine, 23 décembre 1887; Loi, 13 janvier 1888.

(9) Trib. Seine, 20 septembre 1836; Gaz. Trib. 22 septembre 1836. Paris, 12 décembre 1889; Droit, 28 décembre 1889.

(10) Paris, 3 mars 1887; Pat. 1888. 115.

former une pièce de théâtre en roman, de publier des arrangements d'une œuvre musicale, pourvu que ces arrangements ne soient pas seulement des extraits ou des transcriptions ; il lui est permis de publier l'œuvre qui fait l'objet du contrat dans une édition complète de ses œuvres, au bout des vingt années qui suivent la fin de l'année où elle a été éditée. Aux termes de la législation suisse, « les articles de journaux et les articles isolés, de peu d'étendue, insérés dans une revue, peuvent toujours être reproduits ailleurs par l'auteur ou ses ayants cause. Les travaux qui font partie d'une œuvre collective et les articles de revue d'une étendue plus considérable ne peuvent être reproduits par eux avant l'expiration d'un délai de trois mois à partir du moment où la publication en a été achevée ». La loi allemande réserve à l'auteur d'un article publié dans une revue, un journal ou autre recueil périodique la faculté d'en disposer librement, lorsque l'éditeur n'est pas « censé obtenir le droit exclusif de reproduire et de répandre l'œuvre » ; au cas contraire, l'auteur doit attendre une année après la fin de celle où la publication a eu lieu et, s'il s'agit d'un journal, la fin de la publication.

76. Lorsque la propriété littéraire et artistique reçoit une extension nouvelle par l'effet d'un changement dans la législation, le bénéfice de ce changement doit-il être attribué à l'auteur et à ses héritiers ou au publicateur? La question a été soulevée à l'occasion des dispositions par lesquelles le législateur a accru à diverses reprises la durée du droit.

Il a été jugé maintes fois que le décret du 5 février 1810, les lois du 8 avril 1854 et du 14 juillet 1866 devaient profiter aux héritiers de l'auteur (1). Ni le texte de ces lois ni les travaux préparatoires ne fournissent une solution. Il y a donc lieu de recourir aux règles du droit commun. Si les parties contractantes n'ont point manifesté une volonté contraire, il faut inter-

---

(1) Paris, 12 juillet 1852 ; Sir. 1852. 2. 585 ; D. P. 1854. 2. 225. Cass. 28 mai 1875 ; Sir. 1875. 1. 329 ; D. P. 1875. 1. 334 ; Pat. 1875. 193.

préter le traité en ce sens qu'il concerne uniquement les droits résultant de la législation en vigueur à l'époque où il est conclu; en effet, d'après l'article 1163 du Code civil, « quelque généraux que soient les termes dans lesquels une convention est conçue, elle ne comprend que les choses sur lesquelles il paraît que les parties se sont proposé de contracter », et l'on doit présumer que les parties se sont proposé de contracter sur les droits actuels, non sur les droits futurs, éventuels de l'auteur et de ses héritiers. D'autre part, pour justifier la règle admise par la jurisprudence, on peut invoquer l'article 1162; l'auteur, suivant le principe ci-dessus formulé, bénéficie du doute, quand il s'agit d'apprécier le droit du publicateur. En faveur de l'opinion contraire, on a fait valoir des arguments tirés de l'équité; ils viennent tous se briser contre les textes précités.

La jurisprudence autorise, d'ailleurs, le publicateur à écouler, après l'extinction de son droit, les exemplaires qu'il a fabriqués loyalement à une époque antérieure (1).

La question que nous venons d'examiner peut être également posée quand des traités diplomatiques modifient le régime applicable aux œuvres littéraires ou artistiques; elle doit recevoir en ce cas la même solution (2).

ARTICLE 6. — *Obligations de l'auteur.*

77. L'auteur contracte envers le publicateur une double obli-

Cass. 20 novembre 1877; Sir. 1877. 1. 464; Pat. 1877. 369. Cass. 20 février 1882; Sir. 1883 1. 339; D. P. 1882. 1. 465; Pat. 1882. 218. Gastambide, n° 134. Blanc, p. 135. Renouard, t. II, n° 212. Lacan et Paulmier, t. II, n° 690. Calmels, n° 292. Labbé, note; Sir. 1875. 1. 329. Pouillet, n°s 161 et suiv. Lardeur, p. 193 et suiv. Couhin, t. II, 426 et suiv. Rudelle, p. 81 et suiv. *Contra* : Paris, 31 décembre 1874; Sir. 1875. 2. 65, D. P. 1875. 1. 334. Lyon-Caen, note; Sir. 1875. 2. 65. Cf. Rendu et Delorme, n° 778.

(1) Cass. 28 mai 1875, précité. Cass. 20 novembre 1877, précité. Pouillet, n° 159. Cf. Renouard, t. II, n° 212.

(2) Lardeur, p. 197. Rudelle, p. 84. *Contra*. Rendu et Delorme, n° 787. Pouillet, n° 258 *bis.* Acollas, p. 59.

gation : obligation de lui remettre l'œuvre qui fait l'objet du contrat, obligation de garantie.

78. A. *L'auteur doit remettre au publicateur l'œuvre qui fait l'objet du contrat.*

La délivrance s'effectue par la remise d'un exemplaire ; s'il agit d'un ouvrage littéraire, l'auteur remet, d'ordinaire, une copie de son œuvre (1).

Le publicateur, en règle générale, est tenu de restituer l'exemplaire qu'il a reçu, dès qu'il n'en a plus besoin (2).

Suivant la loi allemande, l'éditeur est tenu de restituer le manuscrit de l'œuvre, après qu'elle a été reproduite, pourvu que l'auteur se soit réservé le droit de le réclamer avant que l'éditeur procédât à la reproduction.

79. B. *L'auteur contracte envers le publicateur une obligation de garantie.*

La garantie qu'il doit a pour objet, d'une part, la propriété ou la jouissance, d'autre part, les défauts cachés de l'œuvre à l'occasion de laquelle le contrat est conclu.

L'auteur garantit la propriété ou la jouissance de l'œuvre : d'où il suit qu'il lui est désormais interdit d'exploiter le même ouvrage au préjudice du publicateur (3). Mais il n'est pas

---

(1) Paris, 29 mars 1878 ; Sir. 1878. 2. 145 ; D. P. 1878. 2. 137 ; Pat. 1881. 139. Pouillet, nos 288, 315 et 315 *bis*. Lardeur, p. 124 et suiv. Rudelle, p. 89.

(2) Trib. Lyon, 19 janvier 1881 ; Pat. 1883. 216. Cf. Pouillet, no 290. Lardeur, p. 129. Lorsqu'un auteur offre son œuvre à un éditeur, à un directeur de journal, à un directeur de théâtre, ceux-ci sont responsables, en cas de perte du manuscrit, et une restitution tardive peut être le fondement d'une demande en dommages intérêts. Trib. Seine, 3 mai 1861 ; Pat. 1861. 252. Trib. Seine, 19 avril 1877 ; Gaz. Trib. 20 avril 1877. Lacan et Paulmier, t. II, no 556. Un avis, aux termes duquel les manuscrits ne sont pas rendus, ne décharge pas la direction d'un journal de toute responsabilité, s'il y a eu un accusé de réception. Trib. comm. Seine, 13 avril 1877 ; Gaz. Trib. 6 mai 1877.

(3) Paris, 2 juillet 1834 ; Gaz. Trib. 3 juillet 1834. Cass. 22 février 1847 ; Sir. 1847. 1. 435 ; D. P. 1847 1. 83. Paris, 23 juillet 1864 ; Pat. 1864. 326 Trib. comm. Seine, 20 mai 1887 ; Pat. 1889. 61. Vivien et

garant de la valeur vénale de l'œuvre ; en conséquence, il a le droit de faire concurrence au publicateur, soit en composant sur d'autres sujets des ouvrages dont l'exploitation sera de nature à diminuer les bénéfices de ce dernier, soit en traitant de nouveau le même sujet, pourvu qu'il ne porte pas atteinte au droit cédé ou ne manque pas à l'obligation d'assurer au publicateur à titre exclusif la jouissance de l'œuvre qui fait l'objet du contrat (1).

Les défauts dont l'auteur est garant sont ceux qui rendent l'œuvre impropre à être exploitée utilement ou en diminuent tellement la valeur que le publicateur, s'il les avait connus, n'eût pas traité ou n'eût traité qu'à un prix inférieur. Il faut, en outre, que ce soient des défauts non apparents et que le publicateur ne les ait pas connus ; on peut citer, à titre d'exemples, une table de calcul qui contiendrait des erreurs graves, ou encore un ouvrage, destiné à la clientèle catholique, qui serait plus tard mis à l'index (2).

ARTICLE 7. — *Obligations du publicateur.*

80. Le publicateur contracte trois obligations : faire la publication, payer à l'auteur une somme d'argent, rendre des comptes.

Blanc, n° 423. Blanc, p. 109. Renouard, t. II, n° 180. Guillouard, *Traités de la Vente et de l'Echange*, t. Iᵉʳ, n° 338. Baudry-Lacantinerie et Saignat, *De la Vente et de l'Echange*, n° 365.

(1) Trib. comm. Seine, 4 février 1859 (sculpture) ; Pat. 1859. 58. Paris, 3 mai 1878 (sculpture) ; Sir. 1878. 2. 204 ; D. P. 1879. 2. 11 ; Pat. 1878. 167. Calmels, n° 313. Cf. Trib. Seine, 16 juillet 1873 ; Pat. 1873. 319. Cass., 19 décembre 1893 ; Sir. 1894. 1. 313 ; D. P. 1294. 1. 404. Paris, 15 décembre 1894 ; Pat. 1895. 228. Vivien et Blanc, n° 424. Rendu et Delorme, n° 801. Pouillet, nᵒˢ 306, 489 et 781. Lardeur, p. 147. Couhin, t. II, p. 534. Rudelle, p. 96. Pareillement, celui qui vend sans l'achalandage es bâtiments composant une usine a le droit de créer un établissement similaire qui fasse concurrence à l'acheteur . Cass. 17 juillet 1844 ; Sir. 1844. 1. 678. Aubry et Rau, t. IV, p. 369.

(2) Guillouard, *Traités de la Vente et de l'Echange*, t. Iᵉʳ, n° 427. *Contra* : Laurent, t. XXIV, n° 283.

81. A. *Le publicateur doit publier l'œuvre qui fait l'objet du contrat* (1).

Quel que soit le mode de publication, il est interdit au publicateur de modifier l'œuvre qui lui est confiée (2). En effet, il est de principe qu'on ne doit jamais attribuer à une personne la paternité de ce qu'elle n'a pas fait (3), et l'œuvre devant paraître sous le nom de l'auteur, ce serait violer ce principe que d'y apporter le moindre changement (4).

Le publicateur pourrait se mettre à l'abri de tout reproche en signalant au public les additions ou coupures qu'il fait dans un ouvrage; mais, le plus souvent, il est entendu tacitement que l'ouvrage paraîtra sans aucune addition ni coupure et l'on doit présumer qu'il existe à cet égard un engagement pris par le publicateur (5).

Il arrive, d'ailleurs, qu'à raison de la nature de l'ouvrage, le contrat autorise, d'une façon expresse ou tacite, le publicateur a faire des modifications. Il a été jugé, par exemple, qu'il était permis de refondre un catalogue de musée, pourvu que

(1) Paris, 21 février 1873; Pat. 1873. 153. Paris, 27 décembre 1881 ; Pat 1882. 142. Paris, 5 mai 1897; Pat. 1899. 175. Vivien et Blanc, n° 376. Gastambide, n° 95. Blanc, p. 106. Renouard, t. II, n°ˢ 186 et 196. Lacan et Paulmier, t II, n°ˢ 557 et 570. Rendu et Delorme, n° 795. Calmels, n° 295. Lardeur, p. 149 et suiv. Couhin, t. II, p. 543 et 591. Rudelle, p. 108. Cf. Pouillet, n°ˢ 308 et 763.

(2) Trib. comm. Seine, 9 mai 1870; Pat. 1871-72. 99. Trib. Seine, 7 avril 1894; Pat 1894. 165. Trib Seine, 29 octobre 1894, Pat. 1895. 232. Trib. Seine, 16 décembre 1899; D. P. 1900. 2. 152; Pat. 1900. 361. Cf. Paris, 3 décembre 1842, Blanc, p. 102. Cass. 24 août 1867; Pat. 1867. 310.

(3) Voir n° 207.

(4) Lacan et Paulmier, t. II, n°ˢ 562 et 607. Calmels, n°ˢ 302 et 303 Pouillet, n°ˢ 323 et 785. Lardeur, p. 153 et suiv. Couhin, t. II, p. 535 et 589. Cf Pardessus, t. II, n° 310. Gastambide, n° 95. Blanc, p. 97 et suiv. Renouard, t. II, n° 186. Rendu et Delorme, n°ˢ 795 et 796.

(5) Trib Seine, 16 juillet 1845 ; Blanc, p. 99. Trib. comm. Seine, 29 décembre 1842; Blanc, p. 100. Trib. comm. Seine, 29 novembre 1862; Pat. 1864. 76. Blanc, p. 98 et suiv. Pouillet, n° 336. Acollas, p. 67. Cf. Renouard, t. II, n°ˢ 192 et 193

les passages intercalés ne pussent être attribués à l'auteur du texte originaire (1).

Il va de soi qu'après la conclusion du contrat l'ouvrage peut être modifié en vertu d'une entente entre l'auteur et le publicateur (2).

Une telle entente est-elle nécessaire pour que l'auteur ait le droit de modifier son œuvre? En règle générale, l'usage permet à l'écrivain qui fait éditer un livre d'effectuer certains changements, tant qu'il n'a pas donné le bon à tirer; l'auteur dramatique, au cours des répétitions de sa pièce, jouit de la même faculté. Mais cette liberté doit être enfermée dans des limites fort étroites : tout changement cesse d'être admissible dès qu'on peut se demander si le publicateur aurait traité ou s'il aurait traité aux mêmes conditions, au cas où l'ouvrage ainsi retouché lui eût été soumis avant la conclusion du contrat. D'autre part, l'auteur est tenu d'indemniser le publicateur des frais nécessités par les corrections et remaniements qu'il impose (3).

D'après la loi allemande, l'éditeur doit respecter rigoureusement le texte et le titre de l'œuvre; toutefois sont permis les changements « que l'auteur ne saurait refuser de bonne foi ». Tant que la reproduction n'est pas achevée, l'auteur est libre de modifier son œuvre. S'il s'agit d'une édition nouvelle, les modifications ne sont autorisées « qu'autant qu'elles ne lèsent aucun intérêt légitime de l'éditeur ». Lorsque l'auteur, après

(1) Bordeaux, 24 août 1863; Pat. 1863. 348. On trouvera d'autres exemples dans les décisions suivantes : Paris, 12 janvier 1848; Sir. 1848. 2. 142; D. P. 1848. 2. 53. Paris, 20 décembre 1853; Blanc, p. 100. Pouillet, n°s 329 et 330. Acollas, p. 67. Lardeur, p 156 et suiv. Couhin, t. II, p. 541 et suiv. Rudelle, p. 123 et suiv.

(2) Paris, 24 avril 1879; Pat. 1879. 380. Paris, 27 décembre 1881; Pat. 1882. 142. Pouillet, n° 327. Couhin, t. II, p. 539 et suiv.

(3) Trib Seine, 6 avril 1842; Blanc, p. 68. Lardeur, p. 132 et suiv. Rudelle, p. 120 et suiv. Cf. Vivien et Blanc, n° 405. Renouard, t. II, n° 106. Lacan et Paulmier, n° 580. Pouillet, n°s 297, 770 et 785. Couhin, t. II, p. 532.

que la reproduction est commencée, exige des modifications qui dépassent la mesure ordinaire, il doit rembourser les frais qui en résultent, à moins que des circonstances nouvelles ne justifient ces modifications. Les lois de la Suisse, de la Hongrie, de la Norvège, du Portugal, du Grand-Duché de Luxembourg, du Vénézuela, de la Bolivie et de la République de Costa Rica interdisent tout changement à l'éditeur. En Suisse, « l'auteur conserve le droit d'apporter à son œuvre les corrections et améliorations qu'il juge nécessaire. S'il impose par là à l'éditeur des frais imprévus, il lui en doit la récompense... Au surplus, l'éditeur conserve la faculté de s'opposer aux changements qui porteraient atteinte à ses intérêts commerciaux ou à son honneur, ou qui augmenteraient sa responsabilité ».

82. L'éditeur doit imprimer l'ouvrage qu'il s'est engagé à publier, faire à ses frais la publicité d'usage, mettre les exemplaires en vente dans ses magasins et les offrir aux libraires.

A défaut de convention expresse, le format, le papier, les caractères typographiques, le prix et le nombre des exemplaires, le délai dans lequel la publication doit être faite sont réglés d'après l'usage, la nature de l'ouvrage et toutes autres circonstances.

Suivant les lois de l'Allemagne, de la Suisse et de la Hongrie, le droit de fixer le prix des exemplaires appartient, sous certaines restrictions, à l'éditeur.

En Hongrie, l'éditeur détermine librement le nombre des exemplaires. La règle est la même en Suisse; toutefois, dans ce dernier pays, l'éditeur est tenu, si l'auteur l'exige, de faire imprimer un nombre suffisant d'exemplaires pour donner à l'ouvrage une publicité convenable.

La correction des épreuves est pour l'auteur un droit et une obligation (1).

---

(1) Pouillet, n° 297. Lardeur, p. 180. Cf. Renouard, t. II, n° 182.

L'ouvrage ne peut être mis sous presse avant que l'auteur ait donné le *bon à tirer* (1).

L'ouvrage doit paraître sous le nom de l'auteur ou des coauteurs (2); c'est là un droit pour l'éditeur comme pour l'auteur ou les coauteurs (3).

Si l'éditeur a acquis le droit de faire plusieurs éditions, il doit commencer une édition nouvelle lorsque la précédente est entièrement vendue, à moins que, le succès de l'ouvrage étant épuisé, il ne puisse rentrer dans ses frais (4).

En Allemagne, l'éditeur n'est pas tenu de faire une édition nouvelle; au contraire, cette obligation lui incombe d'après les lois de la Suisse et de la Hongrie.

Il a été jugé qu'en l'absence d'une clause spéciale du contrat l'éditeur a le droit de vendre les volumes au rabais (5).

83. Le directeur de théâtre doit monter la pièce qu'il a reçue et la faire représenter.

Suivant les conventions passées entre les théâtres et la Société des auteurs et compositeurs dramatiques, l'auteur a le droit de distribuer les rôles ; s'il n'use pas de ce droit, la distribution est faite par le directeur (6).

L'auteur ne saurait exiger l'engagement d'un acteur qui n'appartient pas au théâtre (7).

Le directeur règle la mise en scène, fixe le nombre et les

(1) Tr b. comm Seine, 29 décembre 1842, Blanc, p. 100. Lardeur, p. 164.

(2) Tr b. comm. Seine, 21 mai 1847 ; Blanc, p 103 Par s, 12 janvier 1848; Si'. 1848. 2. 142; D. P. 1848. 2. 53. Trib. Seine, 13 nov. 190); Gaz. Trib 17 mars 1901. Blanc, p. 103. Renouard, t. II, n° 189. Rendu et Delorme, n° 798. Ca me s, n° 304. Pouillet, n°s 316 et suiv. Couhin, t. II, p. 537.

(3) Pa is, 26 novembre 1867; Pat 1867 402.

(4) Gastamb de, n° 96. Blanc, p. 106. Renouard, t. II, n° 187. Rendu et Delorme, n° 799. Calme s, n° 298. Lardeur, p. 179. Couhin, t II, p. 547. *Contrà*. Pou let, n° 308. Cf. Trib. comm. Se ne, 26 janvier 1831, Gastambide, n° 110. Acollas, p. 65.

(5) Trib Seine, 9 décembre 1895 ; Pat. 1896, 84

(6) Par s, 21 janvier 1865 ; Pat. 1865, 63.

(7) Tr b. comm. Seine, 30 avr l 1867; Gaz. Trib. 19 mai 1867.

heures des répétitions. Si les répétitions et la mise en scène étaient par sa faute insuffisantes, sa responsabilité serait engagée (1). L'auteur a le droit d'assister aux répétitions ; il n'y est pas obligé (2).

Sauf convention contraire, les pièces doivent être jouées dans l'ordre où elles ont été reçues (3) ; il n'est fait exception que pour les pièces de circonstance, celles, par exemple, qui sont données à l'occasion d'un anniversaire (4). D'autre part, le directeur est libre, en reprenant d'anciennes pièces, de retarder la représentation des pièces reçues (5) ; mais il ne pourrait la retarder indéfiniment.

Le directeur choisit le jour de la première représentation (6). Il détermine la composition des affiches et le programme du spectacle ; sa liberté est entière à cet égard, pourvu qu'il ne compromette pas le succès de la pièce (7).

L'auteur a le droit de pénétrer dans les coulisses pendant la première représentation pour donner les avis qu'il croit utiles (8) ; il a été jugé que le décorateur jouissait de la même faculté, lorsque la décoration est une des parties principales du spectacle (9). En cas d'insuccès, pour que le rideau puisse être baissé, il faut que l'auteur et le directeur soient d'accord ; toutefois, le directeur aurait le droit de faire baisser le rideau

(1) Lacan et Paulmier, nos 577 et 586.

(2) Paris, 21 février 1873 ; Pat. 1873. 153. Cf. Vivien et Blanc, no 411.

(3) Vivien et Blanc, no 378. Lacan et Paulmier, t. II, no 564.

(4) Vivien et Blanc, no 381. Lacan et Paulmier, t. II, no 566.

(5) Vivien et Blanc, n° 402. Lacan et Paulmier, t. II, no 569.

(6) Vivien et Blanc, no 412. Lacan et Paulmier, t. II, no 587. Bureau, p. 415.

(7) Vivien et Blanc, no 413. Lacan et Paulmier, t. II, nos 588 et 589 Bureau, p. 415 et suiv.

(8) Vivien et Blanc, no 415. Lacan et Paulmier, t. II, no 590. Bureau, p. 415.

(9) Paris, 9 mars 1839 ; Gaz. Trib. 10 mars 1839. Lacan et Paulmier, t. II, no 626.

sans l'assentiment de l'auteur, s'il devenait dangereux de continuer la représentation (1).

Le nom de l'auteur doit être livré au public à la fin de la première représentation et figurer sur les affiches ultérieures ; c'est là un droit et une obligation pour le directeur (2).

Les représentations doivent être poursuivies tant que les bénéfices qu'elles donnent atteignent le chiffre dont les directeurs de théâtre se contentent en général (3).

Il a été jugé que, d'après l'usage, l'auteur peut retirer sa pièce, quand elle n'a pas été jouée pendant une année ; qu'un petit nombre de représentations n'empêche pas le directeur de perdre son droit ; que l'auteur doit mettre le directeur en demeure de jouer sa pièce avant de demander la résiliation du contrat (4).

84. B. *Le publicateur doit payer à l'auteur une somme d'argent.*

Dans le doute, il faut présumer l'existence de cette obligation (5).

La somme due par le publicateur est parfois une somme fixe, qu'il paie au moment où l'œuvre lui est remise ; plus souvent, c'est une redevance calculée sur le nombre des exemplaires imprimés ou vendus par l'éditeur, sur les bénéfices réalisés par le directeur de théâtre.

Aux termes de la loi allemande, dans les rapports entre auteurs et éditeurs, « des honoraires sont considérés comme stipulés tacitement quand les circonstances indiquent que

---

(1) Lacan et Paulmier, t. II, n° 591. Cf. Vivien et Blanc, n° 415. Bureau, p. 415.

(2) Lacan et Paulmier, t. II, n° 603. Cf. Vivien et Blanc, n° 414. Bureau, p. 415.

(3) Trib. Seine, 30 janvier 1897 ; Pat. 1897. 251. Cf. Vivien et Blanc, n° 419. Lacan et Paulmier, t. II, n° 596.

(4) Trib. Seine, 10 août 1831 ; Gaz. Trib. 12 août 1831. Lacan et Paulmier, t. II, n° 598. Bureau, p. 411. Cf. Trib. Seine, 27 avril 1883 ; Gaz. Trib. 28 avril 1883. Vivien et Blanc, n° 425.

(5) Paris, 11 janvier 1889 ; Pat. 1892. 107. Rudelle, p. 137. *Contra :* Lardeur, p. 171. Couhin, t. II, p. 550. Cf. Pouillet, n° 255.

l'œuvre ne pouvait être livrée qu'en échange d'une remunération ». La loi suisse impose à l'éditeur, en principe, l'obligation de payer à l'auteur une somme d'argent ; au contraire, suivant la loi hongroise, « l'auteur ne peut réclamer des honoraires de l'éditeur que lorsqu'il en a été stipulé expressément ou tacitement. »

Il a été jugé que l'éditeur n'est pas tenu de remettre gratuitement, outre le prix convenu, un certain nombre d'exemplaires à l'auteur, à moins que cela n'ait été stipulé (1).

Lorsque la somme due à l'auteur se calcule sur les exemplaires imprimés ou vendus, il est fait abstraction, pour l'établissement du compte, d'un certain nombre des exemplaires imprimés, qu'on nomme *mains de passe* ; la raison de cet usage, c'est qu'il y a des exemplaires qui ne sont jamais mis en vente, soit qu'ils se détériorent, soit que l'éditeur les offre aux journaux et aux critiques. Il a été jugé que la passe, d'après les usages de la librairie, devait être fixée à dix pour cent (2).

Quand le contrat n'a pas réglé les droits d'auteur, les parties sont réputées avoir adopté le tarif du théâtre ou la représentation doit avoir lieu (3).

D'après l'article 2 de la loi des 19 juillet-6 août 1791, « la rétribution des auteurs, convenue entre eux ou leurs ayants cause et les entrepreneurs de spectacles, ne pourra être ni saisie ni arrêtée par les créanciers des entrepreneurs de spectacles ». Cette disposition constitue un privilège au profit des auteurs dramatiques ; ils perçoivent, sur les recettes du

(1) Paris, 18 juin 1883 ; Pat. 1885. 294.
(2) Paris, 20 décembre 1880 ; S r. 1881. 2. 34 ; D. P. 1882. 2. 72 ; Pat. 1881. 23. Trib. comm. Seine, 1er septembre 1897 ; Sir. 1890 2. 217 ; D. P. 1898. 2. 73 ; Pat. 1897 349. Pouillet, no 346 Lardeur, p. 172 Couhin, t. II, p. 550.
(3) Trib. comm. Se ne, 10 septembre 1838 ; Gaz. Trib. 12 septembre 1838. Lacan et Paulmier, t. II, nos 610 et suiv.

théâtre, le montant de leur créance, sans qu'aucun autre créancier puisse concourir avec eux (1).

85. C. *Le publicateur doit rendre des comptes à l'auteur.*

Cette obligation incombe au publicateur même au cas où il a été entendu que l'auteur n'aurait point droit au paiement d'une somme d'argent.

Le publicateur est tenu de faire connaître à l'auteur comment la publication a été faite ; il doit lui communiquer les pièces nécessaires pour contrôler ses dires, notamment ses livres de commerce (2).

D'après les lois de l'Allemagne et de la Suisse, quand la rémunération due à l'auteur dépend du nombre des exemplaires vendus, l'éditeur doit rendre des comptes à l'auteur avec pièces à l'appui ; les comptes, en Allemagne, sont annuels.

ARTICLE 8. — *Transmissibilité des droits et obligations du publicateur.*

86. « On est censé, dit l'article 1122 du Code civil, avoir stipulé pour soi et pour ses héritiers et ayants cause, à moins que le contraire ne soit exprimé ou ne résulte de la convention ». Les droits du publicateur sont-ils transmissibles conformément au principe général ? Ou l'intransmissibilité résulte-t-elle de la nature du contrat de publication ? D'après un

---

(1) Cf. Vivien et Blanc, nos 432 et suiv.

(2) Cf. Trib comm. Seine, 4 juin 1896, Sir. 1899. 2. 217 ; D. P. 1898. 2. 73 ; Pat. 1897. 349. Lardeur, p. 165 et 174. Rudelle, p. 142. Valéry, note ; D. P. 1898. 2. 73. Esmein, note ; Sir. 1899. 2. 217. Baudry-Lacantinere et Wahl, *Traité du louage*, t II, n° 3181. L'éditeur qui dissimule une partie des tirages, alors qu'il doit payer tant par exemplaire imprimé, ne se rend pas coupable d'abus de confiance. Pour que ce délit existe, il faut, aux termes de l'article 408 du Code pénal, que la chose détournée ou dissipée ait été remise « à titre de louage, de dépôt, de mandat, de nantissement, de prêt à usage, ou pour un travail salarié ou non salarié » ; parmi les contrats énumérés ne figure pas le contrat d'édition. Trib. Seine, 16 février 1892 ; Pat. 1895. 217 Il est à désirer que notre législation soit réformée sur ce point.

premier système, il faut présumer que l'auteur traite en considération de la personne du publicateur, en sorte que celui-ci ne saurait transmettre à autrui les droits qu'il tient du contrat (1). A l'inverse on a soutenu que, dans le doute, les droits du publicateur devaient être regardés comme transmissibles (2). D'autres ont proposé certaines distinctions (3). Suivant nous, l'auteur a en vue, dans la plupart des cas, non la personne même du publicateur, mais la maison qu'il dirige; c'est en raison de la renommée et des traditions de cette maison qu'il consent à traiter, plutôt qu'à cause des qualités personnelles de celui qui en est le chef. En conséquence, la transmission des droits résultant du contrat ne peut avoir lieu qu'avec l'établissement auquel l'auteur a accordé sa confiance (4).

Pareillement, les obligations du publicateur, en règle générale, ne sont transmissibles à ses héritiers ou autres ayants cause à titre universel qu'autant qu'ils le remplacent à la tête de sa maison. Quant aux ayants cause à titre particulier, il est de principe qu'ils ne peuvent être substitués au débiteur; on ne cède pas ses dettes. Le débiteur a seulement le droit de s'entendre avec un tiers qui sera chargé d'acquitter l'obligation, à moins que le contraire ne résulte de la convention. Le contrat de publication ne met pas obstacle, d'ordinaire, à ce que les engagements pris par le publicateur soient remplis par une autre personne; il faut, toutefois, que cette personne lui succède comme chef d'entreprise. Ainsi, lorsqu'un éditeur, vend son fonds de commerce, il reste tenu en-

(1) Trib. Seine, 13 avril 1893; Droit, 22 juin 1893.

(2) Nancy, 31 mai 1890; D. P. 1893. 1. 201; Pat. 1891. 281. Gastambide, n° 101. Blanc, p. 101. Pouillet, n°s 347 et 349. Cf. Trib. Seine, 27 mai 1887; Pat. 1893. 19.

(3) Renouard, t. II, n° 184. Rendu et Delorme, n° 794. Cal nels, n° 801. De alande, p. 89.

(4) Paris, 20 avril 1894; Sir. 1895 2. 41; D. P. 1894. 2. 241; Pat. 1895. 234. Paris, 16 janvier 1896; D. P. 1896. 2. 326; Pat. 1896. 51. Lardeur, p. 84 et suiv. Appert, note; Sir. 1895 2 41. Couhin, t. II, p. 552.

vers l'auteur des obligations qu'il a contractées ; mais elles peuvent être acquittées par son successeur.

D'après la législation allemande, les droits de l'éditeur, en principe, sont cessibles, et il peut, pour l'accomplissement de ses obligations, se substituer une autre personne, qui est responsable avec lui envers l'auteur comme débiteur solidaire.

ARTICLE 9. — *Fin du contrat.*

88. Un cas de force majeure peut mettre fin au contrat. Il en est ainsi, par exemple, lorsqu'une pièce reçue est interdite par la censure (1).

Mais souvent la censure exige seulement certaines modifications. L'auteur a le droit de ne pas les accepter et de reprendre sa pièce : quant au directeur, il n'est délivré de ses obligations qu'autant qu'on peut se demander s'il eût consenti à jouer la pièce, ou s'il eût traité aux mêmes conditions, au cas où il eût connu lors de la conclusion du contrat les modifications exigées (2).

89. Lorsque le contrat a pour objet une œuvre future, il prend fin si l'auteur meurt avant d'avoir achevé son travail ; c'est là encore un cas de force majeure (3). Les héritiers de l'auteur, en règle générale, n'ont pas le droit de réclamer l'exécution du contrat en complétant l'ouvrage eux-mêmes ou en le faisant compléter par une autre personne (4) ; car c'est en considération de la personne de l'auteur que le publicateur a traité. Le publicateur n'a pas le droit d'exiger la re-

(1) Paris, 29 décembre 1835 ; Sir. 1836. 2. 83. Paris, 31 août 1841 ; Gaz. Trib. 2 septembre 1841. Vivien et Banc nᵒ 391. Renouard, t. II, nᵒ 199. Lacan et Paulmier, t. II, nᵒˢ 558 et suiv. Rendu et Delorme, nᵒ 864. Pouillet, nᵒ 783. Cf. Paris, 24 août 1850 ; Gaz. Trib. 25 août 1850.

(2) Trib. comm. Nantes, 7 juin 1893 ; Jurispr. comm. Nantes, 1893. 1. 309.

(3) Paris, 20 décembre 1880 ; Sir. 1881. 2. 34, D P. 1882. 2. 72 ; Pat 1881. 23.

(4) Renouard, t. II, nᵒ 184. Cf. Pouillet, nᵒ 308.

mise de l'ouvrage dans l'état où l'auteur l'a laissé et de le faire compléter par une autre personne (1); car il n'est pas à présumer que l'auteur ait renoncé au droit de décider si son œuvre achevée ou inachevée doit être publiée, et, après sa mort, ce droit, qu'exercent en son nom ses héritiers, ne disparaît pas (2) D'ailleurs, au cas ou une portion de l'œuvre aurait déjà paru, par exemple le premier tome d'un ouvrage en plusieurs volumes, il n'est pas douteux que le publicateur pourvait confier à une autre personne le soin d'en composer la suite et publier le tout; il faudrait seulement qu'entre les parts de chacun des coauteurs aucune confusion ne fût possible.

90. La faillite du publicateur, à moins que les parties n'aient manifesté l'intention contraire, ne met pas fin au contrat (3). D'abord, peu importe que le syndic soit substitué au publicateur; le contrat est conclu, d'ordinaire, en considération de la maison que le publicateur dirige, et, si la faillite dessaisit le publicateur, elle ne fait pas disparaître sa maison. Puis d'après l'article 1134 du Code civil, les conventions « ne peuvent être révoquées que du consentement mutuel des parties ou pour les causes que la loi autorise ». Or, aucun texte n'autorise la révocation du contrat de publication pour cause de faillite.

La loi suisse décide qu'en cas de faillite de l'éditeur, l'auteur est libre de rompre le contrat, à moins qu'il ne lui soit fourni des garanties. La même règle est admise en Hongrie; toutefois, dans ce pays, tant que la reproduction n'est pas commencée, le droit de résiliation appartient à l'auteur sans restriction.

91. On a prétendu que la volonté unilatérale de l'auteur

(1) Cf. Trib. Seine, 28 août 1868, Pat. 1870. 306. Couhin, t. II, p. 552. Poui et, n° 303.

(2) Voir le premier appendice à la fin de ce volume.

(3) Blanc, p. 110 et suiv. Lacan et Paulmier, t. II, n° 575. Contra : Renouard, t. II, n° 184. Cf. Trib. comm. Seine, 26 janvier 1831. Gaz. Trib. 29 janvier 1831. Rendu et Delorme, n° 794. Pouillet, n°s 348 et 780. Lardeur, p. 212. Couhin, t. II, p. 553 et 594.

pouvait mettre fin à l'accord conclu, quand il invoque des scrupules légitimes (1). Cette doctrine est évidemment contredite par l'article 1134 du Code civil.

Aux termes de la loi allemande, « jusqu'au moment ou la reproduction est commencée, l'auteur a le droit de résilier le contrat, en raison de circonstances qui n'étaient pas à prévoir lorsque le contrat a été conclu et qui auraient engagé l'auteur à renoncer à la publication. » Si l'auteur résilie le contrat, il doit rembourser les frais qu'a faits l'éditeur.

SECTION II

DES CONVENTIONS AUTRES QUE LE CONTRAT DE PUBLICATION, QUI ONT RAPPORT AUX ŒUVRES DE LITTÉRATURE OU D'ART

SOMMAIRE

Article 1er. Des donations. — **92.** Une œuvre littéraire ou artistique peut-elle faire l'objet d'un don manuel ?

Article 2. Du contrat de mariage. — **93.** La propriété littéraire et artistique tombe-t-elle dans la communauté ?

Article 3. De la vente. — **94.** Exemples. — **95.** Publications collectives. — **96.** Œuvre exécutée par une personne dans l'exercice de ses fonctions. — **97.** La vente sans réserve d'une œuvre d'art emporte-t-elle aliénation du droit d'édition ? — **98.** Vente d'une planche gravée — **99.** Vente d'un portrait photographique. — **100.** Du contrat passé entre un portraitiste et son modèle.

Article 4. Du louage de choses. — **101.** Contrats conclus par la Société des gens de lettres.

Article 5 Du mandat. — **102.** Exemple. — **103.** L'auteur fait-il acte de commerce ?

Article 6. De la Société. — **104** A Société des gens de lettres; Société des auteurs et compositeurs dramatiques, Société des auteurs, compositeurs et éditeurs de musique. — **105.** B. Sociétés entre auteurs et éditeurs. — **106.** C Sociétés de coauteurs Éléments essentiels du contrat. — **107** Répartition des bénéfices et des pertes. — **108.** Administration. — **109.** Fin du contrat.

Article 7. Du gage. — **110.** Application des articles 2075 et 2076 du Code civil.

(1) Pardessus, t. II, n° 309. *Contra* : Vivien et Blanc, n°s 398 et suiv. Lacan et Paulmier, t. II, n° 579 Pouillet, n°s 288 et 788. Lardeu, p. 126 et 213.

ARTICLE 1er. — *Des donations.*

92. La donation, dans le système du Code civil, est un contrat solennel, qui doit être passé devant notaire. Par exception, les meubles corporels peuvent faire l'objet d'un *don manuel*; on entend par là qu'en pareil cas aucune solennité n'est requise et que la simple tradition suffit. De ces principes il résulte que la chose matérielle, dans laquelle prend corps la conception de l'écrivain ou de l'artiste, est susceptible d'être donnée sans qu'un acte notarié soit nécessaire; on peut, par don manuel, transmettre la propriété d'un manuscrit, d'un tableau, d'une statue. Au contraire, s'il s'agit de la propriété littéraire et artistique, la validité de l'acte est toujours subordonnée à l'accomplissement des formalités que la loi prescrit (1). Sur ce dernier point, il y a controverse. On objecte qu'au cas ou la chose matérielle est aliénée, la propriété littéraire et artistique doit passer par voie de conséquence à l'acquéreur. Pour raisonner ainsi, il faut admettre que la propriété littéraire et artistique se confond avec la propriété de la chose matérielle ou en est tout au moins l'accessoire. C'est là, selon nous, une erreur manifeste; les deux propriétés, ainsi qu'il a été dit plus haut (2), sont des droits distincts, qu'on rencontre souvent séparés, et, si un manuscrit, un tableau, une statue peuvent offrir une valeur vénale considérable, l'œuvre de l'écrivain ou de l'artiste, au point de vue de la reproduction, n'est pas toujours d'un prix moindre.

ARTICLE 2. — *Du contrat de mariage.*

93. La propriété littéraire et artistique tombe-t-elle dans la communauté? Cette question, souvent débattue, ne soulève

(1) Besançon, 21 mai 1902, Droit d'auteur, 1902 p. 93. Aubry et Rau, t. VII, p. 83. Laurent, t. XII, n° 283. Baudry-Lacantinerie et Colin, *Des donations entre vifs et des testaments*, t. I, n° 1180 et suiv. *Contra* : Renouard, t. II, n° 167. Pouillet, n° 376. Cf. Paris, 13 novembre 1841; D. P. 1842. 2. 44. Bordeaux, 4 mai 1843; Sir. 1843. 2. 470; D. P. 1843. 2. 203. Paris, 1er décembre 1876, D. P. 1878. 2. 78.
(2) Voir n° 21.

aucune difficulté, si l'on s'en tient aux principes du Code civil. Tous les biens, dit l'article 516, sont meubles ou immeubles, et c'est parmi les meubles qu'il faut ranger les œuvres de littérature ou d'art (1) Or, d'après l'article 1401, les biens mobiliers tombent dans la communauté. Donc l'affirmative paraît s'imposc· de la façon la plus évidente (2). L'opinion contraire a pourtant trouvé de nombreux défenseurs. On s'est efforcé d'échapper à cette argumentation en faisant valoir notamment le caractère spécial de la propriété littéraire et artistique; n'étant pas assimilable, a-t-on dit, à la propriété de droit commun, cette propriété reste en dehors de la classification prévue par l'article 516. Mais qu'importe que le droit de l'auteur sur son œuvre puisse ou non être confondu avec la propriété des choses matérielles? Le législateur, lorsqu'il a déclaré dans l'article 516 que tous les biens sont meubles ou immeubles, n'entendait pas restreindre la classification qu'il établissait aux choses matérielles et aux droits réels dont elles sont l'objet. Il peut sembler bizarre que les œuvres de littérature ou d'art, qui, eu égard à leur nature immatérielle, ne sauraient être transportées d'un point à un autre, soient considérées comme offrant un caractère mobilier ou immobilier. Mais il en est de même des créances et des droits réels eux-mêmes, et cependant le législateur, tout le monde le reconnaît, les fait rentrer dans sa classification Dès lors, pourquoi pen-

(1) Voir n° 56.
(2) Cass 16 août 1880; Sir 1881. 1 25, D. P. 1881. 1. 25, Pat 1880. 357. Cass. 25 juin 1902; Gaz. Trib 27 juin 1902. Demolombe, *Traité de la distinction des biens*, t I⁰ʳ, n°ˢ 439. Aubry et Rau, t. V, p. 284 Laurent, t. V, n° 512. Lyon-Caen, note, Sir. 1881. 1. 25. Guillouard, *Traité du contrat de mariage*, t I⁰ʳ, n°ˢ 382 et suiv. Huc, t. IX, n° 80. Baudry-Lacantinerie, Le Courtois et Surville, *Du contrat de mariage*, t. I⁰ʳ, n°ˢ 292 et suiv. Couhin, t. II, p. 375. *Contra* · Paris, 3 avril 1884; Sir. 1884 2. 120, Pat. 1884. 357. Paris, 1⁰ʳ févr er 1900, Sir. 1900. 2. 121. Renouard, t. II, n°ˢ 274 et suiv. Nion, p. 237 et suiv Bertauld, t. I⁰ʳ, n°ˢ 274 et suiv. Pouillet, n°ˢ 184 et suiv. Delalande, p. 59 et suiv. Salei les, note; Sir. 1900. 2. 121

ser qu'il ait entendu en exclure les œuvres littéraires et artistiques et les droits qui s'y rapportent? L'esprit et les termes de l'article 516 s'opposent avec une force égale à cette interprétation.

Il est juste d'ailleurs d'observer que la solution que nous
défendons entraîne des conséquences fâcheuses. Lorsque la
communauté est dissoute, les œuvres littéraires ou artistiques
qui y étaient tombées doivent être attribuées pour partie, en
vertu de l'article 832 du Code civil (1), au conjoint de l'auteur
ou, en cas de prédécès du conjoint, à ses héritiers, à moins
qu'une entente amiable n'intervienne entre les copartageants
pour régler différemment la composition des lots. Privé de la
libre disposition d'un certain nombre de ses œuvres, l'auteur
n'aura pas le droit de les rééditer en les améliorant sans
l'assentiment de son conjoint ou des ayants droit de celui-ci (2);
c'est là un inconvénient pour le public, que de telles réédi-
tions intéressent, et pour l'auteur lui-même, car sa réputation
en dépend. Ajoutez que le conjoint ou ses ayants droit pourront refuser toute réédition des œuvres dont ils sont désormais
seuls propriétaires ou les rééditer à une époque et dans des
conditions défavorables; l'auteur, quel que soit le dommage
qu'il ait à subir, restera désarmé. La législation actuelle appelle
donc une réforme . il serait désirable que les œuvres de littérature ou d'art fussent désormais classées parmi les propres.

La regle que nous avons admise s'applique-t-elle aux
œuvres inédites? On le nie généralement (3). Selon nous, une
œuvre, même inédite, tombe dans la communauté; elle est un
bien, et, comme ce bien est d'une nature mobilière, on ne
saurait le regarder comme un propre. Seulement, le droit de
la communauté ne s'exerce pas librement. Tout ce qui dépend
de la vie privée doit, en principe, demeurer secret; il suit de

---

(1) Aux termes de cet article, « il convient de faire entrer dans chaque
lot, s'il se peut, la même quantité de meubles et d'immeubles, de droits
ou de créances de même nature et valeur. »
(2) *Contra* : Cass. 25 juin 1902, précité.
(3) Trib. Nantes, 13 juin 1898, Gaz. Tr b. 15 septembre 1898.

là que seul l'auteur a le droit de mettre son œuvre au jour (1). Ce droit disparaît après la publication autorisée par lui ou même lorsqu'il renonce à s'en prévaloir en destinant son œuvre, qu'il juge achevée, à la publicité. Mais, tant que ce droit subsiste, il a pour effet de paralyser, entre les mains des deux époux, le droit de copropriété que leur confère le régime de la communauté.

ARTICLE 3. — *De la vente.*

94. Il n'est pas très fréquent qu'une œuvre de littérature ou d'art soit l'objet d'une vente pure et simple, c'est-à-dire qu'elle soit aliénée sans que l'acquéreur prenne d'autre engagement que celui de payer un prix; on peut citer comme exemples d'un tel contrat les travaux faits pour certaines publications collectives, ceux qu'accomplissent les employés au service de l'État ou des particuliers dans l'exercice de leurs fonctions et certaines conventions concernant des œuvres d'art.

95. Le directeur d'une publication collective, telle qu'une encyclopédie, une revue, un journal, commande des articles à de nombreux rédacteurs. A cet effet, il passe avec eux soit des contrats de publication, soit des contrats de vente. Dans ce dernier cas, il dispose à son gré des travaux commandés; il n'est pas obligé de les publier; il peut les modifier, mais, s'il les modifie, il ne lui est pas permis d'en attribuer la paternité aux rédacteurs desquels il les tient. Il n'a pas non plus le droit de se dire l'auteur de ce qu'il n'a pas fait.

96. Au cas où une personne, ayant engagé ses services, par exemple un fonctionnaire de l'État ou le secrétaire d'un particulier, rédige un travail quelconque sur la commande expresse qui lui en est faite ou simplement en conséquence des fonctions qu'elle remplit, il y a lieu de présumer que la propriété de l'œuvre produite est aliénée par l'employé au profit de l'employeur (2).

(1) Voir le premier appendice à la fin de ce volume.
(2) Cf. Paris, 12 ventôse an IX; D. A. V° *Propr. litt. et art.* n° 135.

97. Quand un peintre vend l'original de son œuvre, quand un sculpteur vend le modèle en plâtre qu'il destine à être reproduit, le contrat, à moins d'une réserve formelle, emporte-t-il aliénation du droit d'édition? Cette question est depuis longtemps controversée La jurisprudence, après avoir hésité, a adopté l'affirmative (1); l'opinion contraire a souvent été défendue dans la doctrine (2). A notre sens, c'est la jurisprudence qui a raison; dans le doute, il faut supposer que le droit d'édition a été cédé avec l'original. A l'appui de cette solution, on a invoqué deux dispositions du Code civil : l'article 1602, selon lequel « tout pacte obscur ou ambigu s'interprète contre le vendeur », et l'article 1615, qui oblige le vendeur à délivrer la chose vendue avec tous ses accessoires. Le premier de ces articles est le seul qu'il convienne de retenir; quant à l'article 1615, il doit être écarté du débat, le droit d'édition, eu égard à son importance, n'étant pas en général l'accessoire de la propriété de l'œuvre d'art qui fait l'objet du contrat. Ceux qui refusent à l'acheteur le droit d'édition font observer que, dans le système de la jurisprudence, de médiocres reproductions de l'œuvre cédée pourront être répandues dans le public et qu'il n'est pas à croire que les contractants aient entendu exposer l'artiste à un tel danger. Cette observation, dont nous ne méconnaissons pas la justesse, n'a qu'une valeur théorique; elle ne saurait faire échec à l'article 1602. D'ailleurs, avant d'appliquer cet article, il faut consulter les articles 1156 à 1161 et 1163 à 1164 du même Code qui règlent l'interprétation de toute espèce de contrat.

(1) Cass. 27 mai 1842; Sir. 1842. 1, 385 ; D. P. 1842. 1. 297. Cass. 12 juin 1868; Sir. 1868. 1. 372 ; Pat. 1868. 195. Paris, 18 août 1879; Sir. 1880. 2. 257 ; Pat. 1882. 218. *Contra* : Cass. 23 juillet 1841 ; Sir. 1841. 1. 561 ; D. P. 1841. 1. 322.

(2) Gastambide, n° 322 Blanc, p. 264. Renouard, t. II, n° 175. Rendu et Delorme, n° 898. Pouillet, n° 363. Couhin, t. II, p. 410 et suiv. *Contra* : Nion, p. 404 Calmels, n° 341. Delalande, p. 106 et suiv. Guillouard, *Traités de la vente et de l'échange*, t. Ier, n°s 235 et suiv. Baudry-Lacantinerie et Saignat, *De la vente et de l'échange*, n° 323. Huc, t. X, n° 91.

Enfin la question de savoir si l'intention des contractants est vraiment douteuse est avant tout un point de fait sur lequel il peut être délicat de se prononcer. Pour résoudre ce problème, on s'attachera principalement au prix, à la personnalité de l'acheteur, à la nature de l'œuvre aliénée. Tantôt la somme payée correspond seulement à la valeur de l'original; tantôt elle est tellement élevée qu'il est clair que l'acheteur a acquis en même temps le droit d'édition. Suivant que l'acheteur est un éditeur ou un simple amateur, la cession du droit d'édition est ou n'est pas probable. S'agit-il d'un contrat passé avec l'Etat, le droit d'édition doit être considéré comme aliéné. En effet, un règlement ministériel du 3 novembre 1878 (1) a fait connaître que l'État, lorsqu'il achète une œuvre d'art, entend acquérir le droit d'édition; si l'artiste n'a pas fait de réserves, c'est qu'il accepte les conditions imposées par l'État (2). L'œuvre cédée est-elle le portrait de l'acheteur, il y a lieu de présumer encore que l'acheteur a acquis le droit d'édition. En effet, il est de principe que les traits d'une personne ne peuvent être reproduits sans sa permission (3). Si l'artiste avait conservé le droit d'édition,

---

(1) On lit dans l'article 6 de ce règlement (Béquet, *Répertoire du droit administratif*, t. III, p. 271, note 2) « Les commandes ou acquisitions entraînent pour l'État le droit exclusif de faire ou de laisser reproduire, par tous les moyens qui lui conviendront, les ouvrages commandés ou acquis par lui. »

(2) Paris, 5 juin 1855 ; Sir. 1855. 2. 431 ; D. P. 1857, 2. 28 ; Pat. 1855. 56 Paris, 19 août 1870 ; Pat 1873-46. Paris, 7 août 1889 ; Pat. 1893. 215. Gastambide, nᵒ 322. *Contra* : Blanc, p. 265. Pouillet, nᵒ 367. Couhin, t. II, p. 413. Il va de soi que, si le droit de reproduction est cédé par l'artiste à un particulier, la vente consentie ultérieurement à l'État ne saurait dépouiller l'acquéreur du droit qui lui a été transmis. Paris, 20 mai 1889 ; Pat. 1893. 225. Cf. Paris, 3 février 1831 ; Gaz. Trib. 4 février 1831.

(3) Paris, 25 mai 1867 , Sir. 1868. 2. 41 ; Pat. 1867, 247. Paris, 8 juillet 1887 ; Pat. 1888. 286. Ce principe reçoit d'ailleurs certains tempéraments que commande l'intérêt de l'histoire, de la chronique, de la critique. Voir Vaunois, *La liberté du portrait*, passim.

il n'eût donc pas pu en tirer profit librement, et il est naturel
de croire, dans ces conditions, que ce droit a été abandonné à
l'acheteur, que rien n'empêche, au contraire, d'en disposer à
son gré (1).

Au point de vue législatif, nous estimons qu'il conviendrait
d'admettre la présomption opposée à celle qu'entraîne l'application de l'article 1602. Cet article est une erreur du Code
civil; il déroge sans raison à l'article 1162, suivant lequel,
« dans le doute, la convention s'interprète contre celui qui a
stipulé, et en faveur de celui qui a contracté l'obligation ».
Les obligations du vendeur, comme toute autre obligation,
doivent être interprétées restrictivement; il est toujours juste
de supposer, lorsque l'étendue de l'obligation est douteuse,
que le créancier n'eût pas manqué d'affirmer expressément sa
volonté, si l'intention commune des contractants avait été défavorable au débiteur (2). Il faudrait donc déclarer, par une
disposition nouvelle, qu'au cas ou l'original d'une œuvre d'art
fait l'objet d'un contrat de vente, il appartient, non à l'artiste
de se réserver le droit d'édition, mais à l'acheteur d'en stipuler
l'aliénation à son profit, sans quoi cette aliénation ne doit pas
être présumée.

La Colombie est le seul pays étranger dont la législation ait
consacré la règle adoptée par la jurisprudence française.
Selon la loi suédoise, toute vente faite à l'État ou a une corporation est réputée comprendre la propriété artistique. En
Russie, la propriété artistique passe à l'acquéreur lorsque
l'ouvrage a été fait sur commande ou est acheté par l'État;
par contre, la loi espagnole, même au cas où une œuvre d'art,
acquise par l'État, est exposée dans une galerie publique,
décide qu'elle ne peut être reproduite pendant la vie de l'au-

---

(1) *Contra* : Pouillet, n° 366. Delalande, p. 103. Couhin, t. II, p. 413.
(2) Cf. Laurent, t. XXIV, n° 155. Guillouard, *Traités de la vente et de
l'échange*, t. Ier, n° 200 Baudry-Lacantinerie et Saignat, *De la vente et
de l'échange*, n° 283.

teur sans son consentement. Les législations de l'Allemagne, de l'Autriche, de la Hongrie et de la Suisse admettent, par exception, que le droit d'édition est transmis à l'acheteur, quand il s'agit d'un portrait fait sur commande. Suivant la loi belge, « ni l'auteur ni le propriétaire d'un portrait n'a le droit de le reproduire ou de l'exposer publiquement sans l'assentiment de la personne représentée ou celui de ses ayants droit pendant vingt ans à partir de son décès ».

98. Il est généralement admis que la vente d'une planche gravée ou d'une pierre lithographique confère à l'acheteur le droit d'édition avec la propriété de la chose matérielle (1); autrement, la propriété de la chose matérielle serait sans utilité aux mains de l'acheteur, le droit d'édition serait sans utilité aux mains du vendeur. La même règle s'applique encore à la vente du poinçon ou relief qu'exécute le graveur en médailles d'après son modèle en plâtre, en glaise ou en cire (2).

99. Lorsqu'une personne commande son portrait à un photographe, celui-ci garde, dans l'usage, la propriété artistique de son œuvre et la propriété du cliché; il vend seulement un certain nombre d'épreuves à la personne représentée. Le contrat consiste donc dans la vente d'une chose future, et, cette chose, ce sont les exemplaires du portrait qu'il s'agit d'exécuter (3). Quoiqu'il n'ait pas aliéné la propriété artistique de son œuvre, il serait contraire à la volonté des parties contractantes que le photographe livrât à la publicité de nouvelles épreuves (4). De son côté, la personne représentée n'a

---

(1) Paris, 5 décembre 1864; Sir. 1865. 2. 110; Pat. 1865. 246. Paris, 11 avril 1866; Pat. 1866. 335. Pouillet, n° 373. Cf. Paris, 2 février 1842; D. P. 1843. 2. 76

(2) Trib. Seine, 16 juin 1899; Pat. 1900. 134.

(3) Paris, 9 août 1888; Sir. 1890. 2. 241; Pat. 1889. 43. Bigeon, p. 117 et suiv.

(4) Lyon, 8 juillet 1887; Sir. 1890. 2. 241; D. P. 1888. 2. 180; Pat. 1889. 52. Amiens, 6 mars 1801; Gaz. Trib. 13 novembre 1901. Paris, 9 août 1888, préc'té. Sauvel, p. 33 et suiv.

pas le droit de faire reproduire son portrait pour l'exposer ou le mettre en vente ; mais une reproduction faite pour son usage personnel, par exemple pour l'offrir à un ami, serait licite (1).

D'autres espèces peuvent donner lieu à d'autres solutions. Ainsi, un artiste, ayant besoin d'un portrait photographique pour un tableau, le fait exécuter d'après ses instructions ; il est le véritable auteur de la photographie, le photographe ne lui ayant apporté qu'un concours purement matériel, et c'est à lui, par conséquent, qu'appartient la propriété artistique de l'œuvre produite ; en outre, le cliché, fait pour son usage, doit lui être remis avec les épreuves commandées (2).

100. Il a été jugé « que la convention par laquelle un peintre s'engage à exécuter un portrait, moyennant un prix déterminé, constitue un contrat d'une nature spéciale, en vertu duquel la propriété du tableau n'est définitivement acquise à la partie qui l'a commandé, que lorsque l'artiste a mis ce tableau à sa disposition et qu'il a été agréé par elle » (3). A notre avis, il ne s'agit pas là « d'un contrat d'une nature spéciale », mais d'une véritable vente ; seulement, la vente consentie en pareil cas est la vente d'une chose future, d'une chose une fois faite. Cela posé, nous estimons, conformément à la doctrine de cet arrêt, que la propriété du tableau n'est transmise à l'auteur de la commande qu'après que l'artiste l'a mis à la disposition de ce dernier. Il est juste et il paraît conforme à l'intention des parties que l'artiste soit seul juge de la question de savoir si son œuvre est achevée. Toutefois, s'il était établi qu'en refusant de la livrer il obéit à un mobile autre qu'un scrupule artistique ou moral, la propriété passerait à l'auteur de la commande, qui pourrait réclamer le tableau (4).

(1) Sauvel, p. 42 et suiv.

(2) Paris, 29 novembre 1869 ; Sir. 1870. 2. 77 ; D. P. 1871. 2. 59 ; Pat. 1870. 39.

(3) Cass. 14 mars 1900, Sir. 1900. 1. 489 ; D. P. 1900. 1. 497 ; Pat. 1900. 111. Cf. Besançon, 21 mai 1902 Droit d'auteur, 1902, p. 93.

(4) Cf. Wahl, note ; Sir. 1900. 2. 200.

ARTICLE 4. — *Du louage de choses.*

101. Une œuvre littéraire ou artistique peut être donnée à bail comme une terre, comme une maison. Nous citerons, à titre d'exemple, les contrats que passe la Société des gens de lettres; cessionnaire du droit de reproduction des œuvres de ses membres par la voie de la presse, elle autorise les journaux et revues à puiser dans son répertoire moyennant tant par année ou tant par ligne reproduite. On rencontre bien là les éléments essentiels du louage de choses : obligation pour le preneur de payer une somme d'argent, obligation pour le bailleur d'assurer au preneur la jouissance de la chose pendant un certain temps.

ARTICLE 5. — *Du mandat.*

102. Lorsqu'il n'est pas certain que la publication d'un ouvrage couvre les dépenses qu'elle nécessite, l'auteur le fait d'ordinaire imprimer à ses frais; il est propriétaire des exemplaires et le contrat s'analyse en la vente d'une chose une fois faite. Puis, il s'adresse à un éditeur qui se charge, moyennant une rémunération, de garder les exemplaires, de les mettre en vente, de faire la publicité nécessaire, Quelle est la nature du contrat qui intervient alors? Il ne peut être qualifié de dépôt, le dépôt étant essentiellement gratuit (1). Est-ce un mandat ou un louage de services? Suivant l'opinion la plus répandue, il y a mandat lorsqu'une personne fait pour le compte d'une autre des opérations juridiques qui la mettent en rapport avec des tiers, tandis que le louage de services peut s'appliquer à des actes non juridiques, c'est-à-dire à des actes n'ayant pas pour objet de créer, de conserver, de modifier ou d'éteindre des droits (2). D'après cela, le contrat dont

---

(1) Cf. Trib. Seine, 29 novembre 1889; Droit, 30 novembre 1889.

(2) Aubry et Rau, t. IV, p. 512, Laurent, t. XXVII, nᵒˢ 337 et suiv. Guillouard, *Du contrat de mandat*, nᵒ 27.

nous nous occupons tient à la fois du louage et du mandat.
Quand les règles des deux contrats diffèrent, il faut s'attacher,
pour résoudre le conflit, à l'importance relative des actes que
l'éditeur s'engage à accomplir. Nul doute, en règle générale,
que le contrat soit conclu principalement en vue de la vente;
c'est donc le caractère de mandat qui prévaut (1). Il suit de là
notamment que le contrat prend fin par les causes que le
Code civil détermine au titre du mandat (2).

103. L'auteur dont l'œuvre est imprimée et éditée dans ces
conditions ne fait pas acte de commerce. Sans doute il achète
les exemplaires pour les revendre; mais cette opération, ayant
seulement pour objet d'assurer l'exploitation de l'ouvrage
qu'il a produit, n'offre qu'un caractère accessoire (3).

ARTICLE 6. — De la société.

104 A. *Société des gens de lettres; Société des auteurs et
compositeurs dramatiques; Société des auteurs, compositeurs et
éditeurs de musique.*

L'objet de ces sociétés est de défendre les droits des auteurs
et d'assurer l'exploitation de leurs œuvres.

La Société des gens de lettres, fondée le 28 avril 1838, est
actuellement régie par des statuts et un règlement intérieur,
mis en vigueur en 1892. Elle a pour but, d'une façon générale,
de prêter aide et assistance à ses membres dans toutes les
occasions où cela peut leur être utile; spécialement, les statuts

(1) Cf. Lardeur, p. 34, Rudelle, p 175.
(2) Voir les articles 2003 à 2010.
(3) Paris, 23 octobre 1834, Sir. 1834. 2. 641 ; D. P. 1835. 2. 22.
L'auteur qui achète les fournitures nécessaires pour l'impression de son
ouvrage ne fait pas acte de commerce : Paris, 3 février 1836, Sir. 1836.
2. 125; D. P. 1836. 2. 145. Paris, 2 juillet 1894; Pat. 1895. 93. Cf.
Limoges, 29 février 1844; Sir. 1844. 2 582; D. P. 1845. 4. 8. Il en est
ainsi même au cas où l'écrivain non seulement s'édite lui-même, mais
incorpore à son ouvrage des dessins dont il n'est pas l'auteur. Montpellier, 5 juillet 1901 ; Gaz. Pal. 1901. 2. 567.

et le règlement intérieur prévoient qu'elle leur consentira des avances, qu'elle leur distribuera des secours et des pensions, qu'elle les assistera devant les tribunaux pour les difficultés professionnelles dans lesquelles ils se trouveraient engagés, enfin qu'elle passera avec les journaux et autres recueils périodiques des traités pour la reproduction de leurs œuvres.

Chaque sociétaire apporte à la société, d'après le règlement intérieur, le droit de reproduire ses œuvres par la voie de la presse; par reproduction on doit entendre la publication d'un ouvrage mis au jour antérieurement ou au même moment en volume ou dans un recueil périodique (1). Il est permis, d'ailleurs, à chaque sociétaire d'interdire par un avis la reproduction d'une ou plusieurs de ses œuvres. La Société, qu'un décret du 10 décembre 1891 a reconnue comme établissement d'utilité publique, est personne morale.

La Société des auteurs et compositeurs dramatiques, fondée le 7 mars 1829, est, comme la Société des gens de lettres, une société de défense commune et d'assistance mutuelle; mais son organisation est toute différente. Aux termes des derniers statuts qui datent du 21 février 1879, la Société est administrée par un conseil, qualifié de « commission des auteurs et compositeurs dramatiques », qui désigne deux agents comme mandataires. La commission distribue des secours et dispose des fonds sociaux. Son rôle essentiel consiste à conclure des traités avec les théâtres, à percevoir les sommes dues aux auteurs et à s'occuper des procès qu'il y a lieu d'engager pour la défense de leurs droits. Il est interdit aux associés de faire représenter un ouvrage par un théâtre qui n'aurait pas

---

(1) Les statuts actuels ne laissent aucun doute sur cet apport. Trib. Montluçon, 7 février 1896; D. P. 1896. 2. 503; Pat. 1898. 39. Trib. comm. Seine, 19 juillet 1899, Gaz. Trib. 21 septembre 1899. Paris, 22 novembre 1899; France judiciaire, 1900, 2° partie, p. 91. Cf. Lyon, 14 mars 1895; D. P. 1896. 2. 138. Il en était différemment autrefois. Paris, 2 août 1872; Sir. 1872. 2. 167; D. P. 1872. 2. 226. Cass. 6 août 1873; Sir. 1873. 1. 459; D. P. 1873. 1. 404

de traité avec la Société (1), de conclure des traités particuliers
à des conditions au-dessous de celles que stipulent les traités
généraux ; sous réserve de ces restrictions, leur liberté reste entière (2). Il existe un fonds commun formé de certains verse-
ments et de certaines retenues ; mais chaque auteur garde la
propriété de ses œuvres. Dans ces conditions, on ne saurait
admettre que la Société, quoi qu'en disent les statuts, soit une
société civile. Il n'y a pas d'apport réciproque en vue de partager le bénéfice qui pourra en résulter (3). Le fonds commun a
pour objet d'assurer le fonctionnement de la Société et la distribution des secours ; ce qu'on se propose d'exploiter, ce n'est
pas le fonds commun, mais la propriété des œuvres dramatiques, et cette propriété n'est pas mise dans l'indivision. La
Société des auteurs et compositeurs dramatiques est donc une
simple association (4), à laquelle les dispositions du Code civil
ne sont pas applicables ; elle n'est pas personne morale. C'est
en vain qu'on a tenté de faire déclarer qu'il y avait là un
contrat illicite, en accusant les auteurs de coalition contre les
directeurs (5). Il a été également reconnu que la commission
n'excédait pas ce qui lui est permis en stipulant dans les traités
généraux qu'elle conclut le paiement de droits relatifs à des
ouvrages tombés dans le domaine public (6).

La Société des auteurs, compositeurs et éditeurs de musique
a été créée le 31 janvier 1851 sur le modèle de la précédente.
Ses statuts ont été révisés le 11 mars 1899. Son domaine est
l'exécution des œuvres musicales avec ou sans paroles ; lors-

(1) Trib. Seine, 1er mai 1861 ; Pat. 1861. 284.
(2) Rouen, 9 mars 1866 ; Pat. 1867. 67. Sir 1866. 2. 139.
(3) D'après l article 1832 du Code civil, « la société est un contrat par
lequel deux ou plusieurs personnes conviennent de mettre quelque chose
en commun dans la vue de partager le bénéfice qui pourra en résulter. »
(4) Cf. Trib. Seine, 18 août 1865 ; Gaz. Trib. 19 août 1865. Trib.
Seine, 30 janvier 1897 ; Droit, 31 janvier 1897.
(5) Paris, 7 novembre 1843 ; Gaz. Trib. 8 novembre 1843.
(6) Trib. Seine, 4 février 1859 ; Pat. 1859. 147. Paris, 17 novembre
1860 ; Pat. 1861. 20.

qu'un ouvrage est offert au public avec des décors et des costumes, la perception des droits cesse de lui appartenir (1). Comme la Société des auteurs et compositeurs dramatiques, elle n'est pas cessionnaire des droits des auteurs et éditeurs qui adhèient à ses statuts (2). Elle n'est pas personne morale (3). Un syndicat, avec un agent pour représentant, administre les affaires sociales.

105. B. *Sociétés entre auteurs et éditeurs.*

La jurisprudence a parfois constaté l'existence de sociétés entre auteurs et éditeurs pour l'exploitation d'œuvres littéraires. Ces sociétés prennent en général la forme d'associations en participation. En pareil cas, le contrat est civil pour l'auteur, commercial pour l'éditeur (4). Le contrat doit être présumé conclu en considération de la personne de l'éditeur; en vertu de l'article 1865 du Code civil, si l'éditeur vient à décéder, les droits qu'il tient du contrat ne sont pas transmis à son successeur (5).

106. C. *Sociétés de coauteurs.*

Deux ou plusieurs personnes s'entendent pour composer une œuvre et pour l'exploiter. Le contrat qu'elles concluent est-il régi par les dispositions du Code civil sur les sociétés ? La réponse sera affirmative si l'on y trouve les éléments essentiels d'une société au sens de la loi.

1° *Il faut un apport réciproque* (6).

(1) Trib. Seine, 30 novembre 1883; Pat. 1884. 267.

(2) Rennes, 26 décembre 1867; Pat. 1869. 404. Cf. Caen, 11 mai 1881; Pat 1889. 109.

(3) Labbé, note; Sir. 1883. 2. 49.

(4) Cf. Paris, 23 décembre 1840; Sir. 1841. 2 323; D. P. 1841. 2. 175. Paris, 16 février 1844; Sir. 1845. 2. 612; D. P. 1844. 2. 165. Labbé, note; Sir. 1881. 2. 89.

(5) Cf. Paris, 20 avril 1894; Sir. 1895. 2. 41; D. P. 1894. 2. 241; Pat. 1895. 234.

(6) Paris, 4 mars 1856; Pat. 1856. 74. Trib. Seine, 18 novembre 1868; Pat. 1869. 43. Trib. Seine, 7 juillet 1869; Pat. 1869. 382. Trib. Seine, 22 juin 1887; Pat. 1889. 127. Trib. Seine, 29 avril 1891; Gaz. Pal., 1891. 1. 555 L'hypothèse que nous envisageons ici est celle où l'apport de tous les associés consiste en un droit de propriété littéraire et artistique.

La collaboration suppose cet apport, il consiste dans l'œuvre future que les associés ont l'intention de produire de concert. Il est possible aussi qu'il s'agisse d'une œuvre réalisée antérieurement à la conclusion du contrat; c'est ce qui a lieu, par exemple, au cas où une pièce ayant été tirée d'un roman par un dramaturge sans accord préalable, ce dernier s'arrange plus tard avec le romancier pour la faire représenter telle qu'il l'a écrite.

Lorsqu'il s'agit d'une œuvre future, les collaborateurs, le plus souvent, ne prennent pas l'engagement de la faire (1). Chacun se réserve même le droit, après l'accomplissement de l'œuvre, de décider si le produit de son travail sera acquis à la société et publié (2). Enfin, la contribution de chacun à l'œuvre commune doit être agréée par les autres (3). L'apport réciproque n'est donc effectué et le contrat n'existe qu'autant que l'œuvre commune est achevée et mise en société du consentement de tous les collaborateurs.

Si l'œuvre est divisible, les coauteurs apportent à la société le droit exclusif que chacun d'eux a sur le produit de son travail; mais ils ne l'apportent pas intégralement. L'objet de leur apport, c'est le droit de publier le produit de leur travail conjointement avec le reste de l'ouvrage; ils gardent par contre le droit de le publier séparément Par exemple, lorsqu'un opéra offre le caractère d'une œuvre divisible, l'écrivain et le musicien qui l'ont composé sont libres de publier, l'un les paroles, l'autre la musique; mais, s'il s'agit de publier simultanément la musique et les paroles, en représentant l'œuvre sur la scène ou en l'éditant chez un libraire, on doit, pour connaître les droits des coauteurs, consulter ce qui sera dit

---

Mais il pourrait en être autrement. On a vu, par exemple, les auteurs d une féerie s'associer avec le machiniste qui faisait apport de son industrie. Cf. Paris, 28 janvier 1860; Pat. 1860. 66.

(1) Trib. Seine, 14 avril 1880; Droit, 15 avril 1880. Par's, 14 juil et 1879; Pat. 1881. 192.

(2) Cf. Delalande, p. 46

(3) Paris, 14 ju et 1879 Pat 1881. 192.

plus loin sur l'administration de la société (1). Ajoutons que, d'ordinaire, il est entendu, par un accord tacite, que les paroles ne seront pas publiées avec une autre musique, que la musique ne sera pas publiée avec d'autres paroles (2).

En Belgique, dans la Principauté de Monaco et le Grand-Duché de Luxembourg, les règles applicables aux œuvres composées de paroles et de musique sont celles qui viennent d'être tracées. En Norvège et en Espagne, l'auteur des paroles et le compositeur ont l'un et l'autre le droit de publier leur œuvre séparément; dans le second de ces deux pays, si l'auteur des paroles empêchait absolument la représentation, le compositeur pourrait appliquer sa musique à une autre œuvre dramatique. D'autres législations attribuent au compositeur des droits plus étendus qu'à l'auteur des paroles. Suivant la loi allemande, le consentement donné par le compositeur seul est suffisant pour la représentation publique; la loi italienne permet au compositeur de faire reproduire les paroles avec la musique, à charge d'indemniser l'auteur des paroles. En Suède, pour que la publication soit licite, c'est assez qu'elle ait été autorisée par le compositeur ou par l'auteur des paroles, suivant que dans l'œuvre commune la musique ou les paroles prédominent.

Si l'œuvre est indivisible, l'apport consiste dans les droits indivis qui appartiennent aux coauteurs. En règle générale, le contrat confère à chacun des coauteurs le droit de publier sans l'assentiment des autres conjointement avec ses propres ouvrages l'œuvre indivisible qu'ils ont faite en commun; ils sont réputés renoncer à se prévaloir de leur droit de copropriété pour empêcher cette publication (3).

(1) Cf. Paris, 12 juillet 1855; Sir. 1855. 2. 595; D. P. 1855. 2. 256; Pat. 1855. 89. Cass. 4 février 1881; Sir. 1881. 1. 434; D. P. 1881. 1. 329; Pat. 1881. 240. Vivien et Blanc, n° 461. Renouard, t. II, n° 102. Lacan et Paulmier, t. II, n° 662. Rendu et Delorme, n° 847. Pouillet, n° 115. Couhin, t. II, p. 491 et suiv.

(2) Rendu et Delorme, n° 847. Pouillet, n° 115. *Contra*: Trib. Seine, 17 juin 1893; Pat. 1895. 342.

(3) Cf. Paris, 1er janvier 1876; Pat. 1876. 61. Pouillet, n° 113.

2° *Il faut que les coassociés se proposent de réaliser un bénéfice pécuniaire.*

3° *Il faut que chacun des associés ait une part dans les bénéfices et contribue aux pertes.* C'est là la règle habituellement suivie dans les contrats entre coauteurs.

4° *Il faut que les parties aient l'intention de s'associer.* Si leur but était de conclure, par exemple, un contrat de vente, il n'y aurait pas société, quand bien même les autres éléments du contrat de société seraient réunis (1).

S'il manque un ou plusieurs de ces quatre éléments, le contrat est un des contrats spécialement réglementés par le Code civil, ou un contrat innommé, auquel il se peut que les règles de la société soient applicables par analogie (2).

107. Le plus souvent il est convenu que les bénéfices et les pertes seront répartis également entre les coauteurs. Si la question n'a pas été prévue, le Code civil fournit la règle d'interprétation à laquelle il faut s'attacher (3) : « Lorsque l'acte de société, dit l'article 1853, ne détermine point la part de chaque associé dans les bénéfices ou les pertes, la part de chacun est en proportion de sa mise... »

108. D'après l'article 1859, « à défaut de stipulations spéciales sur le mode d'administration, on suit les règles suivantes : 1° les associés sont censés s'être donné réciproquement le pouvoir d'administrer l'un pour l'autre. Ce que chacun

(1) Trib Seine, 6 mars 1861 ; Pat. 1861. 94. Trib. Seine, 29 mars 1861 ; Pat. 1861. 288. Cf. Trib. Seine, 16 juillet 1881 ; Loi, 17 juil et 1881. Trib. Seine, 6 mai 1882 ; Loi, 7 mai 1882 Paris, 12 janvier 1883 ; Pat. 1884. 334.

(2) Lorsqu'un auteur dramatique a recours aux bons offices d'un homme influent pour obtenir la représentation de sa pièce et lui promet en retour une part de ses droits d'auteur, le contrat qu'ils passent ensemble est un contrat de louage ou de mandat.

(3) Cf. Trib. Seine, 18 novembre 1868, Pat. 1869. 43. Renouard, t. II, n° 98. Nion, p. 331, Rendu et Delorme, n° 723. Acollas, p. 20. Couhin, t. II, p. 491.

fait est valable même pour la part de ses associés, sans qu'il ait pris leur consentement, sauf le droit qu'ont ces derniers ou l'un d'eux de s'opposer à l'opération, avant qu'elle soit conclue... » Il résulte de là : 1° que les actes d'administration faits par un des coauteurs engagent la société, à moins que les autres ne s'opposent à l'opération non encore conclue ; 2° que la volonté d'un seul des coauteurs suffit à empêcher sans recours une opération quelconque Toute opposition formée par l'un des associés rend donc l'acte nul dans les rapports des associés entre eux ; mais, dans les rapports des associés avec les tiers, l'acte ne doit être déclaré nul, d'après les dispositions du Code civil relatives au mandat, qu'autant que les tiers ont connu l'opposition. Par actes d administration, que faut-il entendre ? Le but poursuivi par une société de coauteurs est l'exploitation de l'œuvre commune. En conséquence, le contrat de publication, étant le mode suivant lequel sont exploités normalement les ouvrages de littérature ou d'art, sera considéré comme acte d'administration ; il en serait autrement d'un acte emportant aliénation pure et simple de l'œuvre.

La jurisprudence, bien que ces principes soient commandés par le Code civil, s'en est souvent écartée. Il est difficile de dégager des nombreuses décisions qui ont été rendues des règles précises (1). Même confusion dans la doctrine. On a soutenu tour à tour que, lorsque la publication est autorisée par un seul, le contrat était valable et que les produits pécuniaires devaient être partagés entre tous les associés (2) ; que le contrat

(1) Paris, 18 février 1836 ; Blanc, p 83. Paris, 19 avril 1845 ; Blanc p. 67. Paris, 26 janvier 1852, D. P. 1852. 2. 184. Trib. Seine, 30 avr'l 1853 ; Blanc, p. 89. Trib Seine, 6 janvier 1858 ; Pat. 1858. 94. Paris, 21 février 1873 ; Pat. 1873. 53. Paris, 19 décembre 1878 ; Pat. 1879. 82. Trib. Seine, 2 janvier 1879 ; Pat 1879. 167. Paris, 7 mai 1884 ; Pat. 1885. 50. Trib. Seine, 16 avril 1886 ; Pat. 1888. 40. Trib Seine, 15 janvier 1895 ; Droit, 13 février 1895.

(2) Vivien et Blanc, nos 426 et 460. Cf. Lacan et Paulmier, t. II, n° 542.

était nul (1); que le contrat était nul ou valable, suivant que la personne avec laquelle un des coauteurs contracte connaît ou ignore qu'il y a d'autres coauteurs (2); que le contrat était valable pour la part de celui des coauteurs qui a traité (3). D'après une opinion souvent défendue, au cas où un différend s'élève entre les coauteurs sur les mesures propres à assurer l'exploitation de l'œuvre, il appartient aux tribunaux de s'en faire juges et d'imposer leur décision (4); cette opinion est en contradiction avec l'article 1859.

On a souvent critiqué l'article 1859; il faut reconnaître que l'application du Code civil aboutit à un système fort singulier. D'une part, chacun des associés a le droit d'administrer; c'est l'anarchie. D'autre part, chacun est maître de paralyser l'administration, en s'opposant aux opérations projetées; c'est permettre qu'un des associés empêche les autres de réaliser les bénéfices en vue desquels le contrat a été conclu. Il n'est pas à supposer, fait-on observer, que les parties contractantes aient entendu instituer un régime anarchique et propre à entraver les affaires sociales. Sans prendre parti à un point de vue général sur la valeur de ces critiques, nous estimons qu'elles sont exactes si l'on considère en particulier les sociétés de coauteurs. Il est donc utile de comparer à cet égard notre législation avec celles des pays étrangers

En Autriche, en Suède et en Norvège, le consentement de tous les coauteurs est requis pour la publication de l'œuvre commune; la même règle est admise en Allemagne pour la

---

(1) Gastambide, nos 91 et 241. Delaande, p. 16.

(2) Blanc, p. 89 et suiv. Renouard, t. II, no 191. Rendu et Delorme, no 781. Cf. Couhin, t. II, p. 492.

(3) N on, p. 332. Pouil et, nos 111 et 792 Acollas, p. 60

(4) Trib. Seine, 30 avril 1853; Blanc, p. 89. Gastamb de, nos 91, 241 et 242. Blanc, p. 89 Renouard, t. II, no 101. Calme s, no 288. Delalande, p. 46. Aco las, p. 20. Couhin, t. II, p. 493. *Contra* : Lacan et Paulmier, t. II, nos 542 et 660 Cf. Rendu et Delorme, nos 725 et 856. Pouillet, nos 112, 792, 793.

représentation publique. Au contraire, d'après la loi italienne, chacun a le droit de disposer de l'œuvre, à condition d'indemniser les autres coauteurs, le cessionnaire est responsable de la somme due solidairement avec le cédant, s'il savait que le droit cédé appartenait également à d'autres personnes. De même, en Hongrie, la publication peut être autorisée par chacun des coauteurs; il faut seulement qu'une indemnité, que les tribunaux déterminent, soit payée aux autres préalablement, et, s'ils s'opposent à la publication, leur nom ne figurera pas sur l'œuvre Suivant la récente loi japonaise, lorsque l'un des coauteurs s'oppose à la publication, les autres ont la faculté d'acquérir sa part moyennant une indemnité; le nom de l'opposant ne doit point, d'ailleurs, être publié avec l'œuvre sans son assentiment. Le système, à notre avis, le plus satisfaisant, est celui qu'ont adopté la Belgique, la Principauté de Monaco et le Grand-Duché de Luxembourg : aucun des coauteurs ne peut traiter de la publication de l'œuvre sans le concours des autres, sauf aux tribunaux à ordonner en cas de désaccord, toutes mesures qu'ils jugeront utiles. Les tribunaux jouent ainsi le rôle d'arbitres et interviennent dans les affaires de la société; il est à croire qu'en général leur intervention n'aurait pas été repoussée par les parties, si l'attention de celles-ci avait été appelée au moment du contrat sur les difficultés qui pourraient naître dans la suite En Espagne, quand il s'élève un différend touchant une question d'exécution ou de représentation, c'est la majorité qui décide; au cas où les coauteurs sont au nombre de deux seulement, ils nomment un jury, dont le président est désigné par les autorités publiques; si l'un des coauteurs ne se conforme pas à la décision rendue, la question est portée devant les tribunaux.

Les coauteurs ont le droit d'exiger que l'œuvre à laquelle ils ont participé soit publiée sous leur nom (1); à moins qu'ils manifestent l'intention contraire (2), on doit supposer qu'ils

(1) Trib. Seine, 18 novembre 1868 ; Pat. 1869. 43.
(2) Paris, 14 novembre 1859 ; Pat. 1859. 390.

entendent se réserver ce droit. Il est d'usage, lorsque la contribution de chacun est nettement délimitée, d'indiquer ce qui
appartient en propre aux divers coauteurs. On dira, par
exemple, que tel compositeur a fait la musique d'un opéra, que
tel librettiste en a écrit les paroles ; en publiant la traduction d'un
ouvrage, on fera connaître que cet ouvrage, composé par tel
écrivain, a été traduit par tel autre ; s'il s'agit d'un roman
adapté à la scène, l'affiche du théâtre annoncera la représentation d'une piece tirée de tel roman par tel auteur dramatique (1).

109. Les sociétés de coauteurs prennent fin par les causes
qu'énumère l'article 1165 du Code civil et l'on applique au
partage les règles des successions. Si le contrat est résolu par
la volonté qu'un ou plusieurs des associés expriment de n'être
plus en société, il faut, en vertu des articles 1869 et 1870,
que cette renonciation soit notifiée à tous les associés, qu'elle
soit de bonne foi et ne soit pas faite à contre-temps (2).

ARTICLE 7. — *Du gage.*

110. D'après l'article 2075 du Code civil, le gage « ne s'é-
tablit sur les meubles incorporels, tels que les créances mobilières, que par acte public ou sous seing privé, aussi enregistré, et signifié au débiteur de la créance donnée en gage. »
Une œuvre de littérature ou d'art est un meuble incorporel ;
lorsqu'elle est l'objet d'un nantissement, le contrat doit donc
être fait par acte public ou sous seing privé et l'enregistrement est obligatoire. Quant à la signification au débiteur, il
est clair qu'elle n'est prescrite qu'au cas où il s'agit d'une
créance. L'application de l'article 2076 soulève plus de difficulté. « Dans tous les cas, dit cet article, le privilège ne subsiste sur le gage qu'autant que ce gage a été mis et est resté
en la possession du créancier ou d'un tiers convenu entre les

---

(1) Cf. Paris, 27 janvier 1840 ; Blanc, p. 233. Pouillet, n° 110.
(2) Cf Trib Seine, 4 novembre 1887, Pat 1888 349.

parties. » Comment une œuvre de littérature ou d'art, n'ayant rien de matériel, peut-elle être mise en la possession du créancier? On admet qu'il suffit, pour satisfaire à la loi, que le débiteur remette au créancier le titre qui constate sa propriété ou la´chose qui en est le signe matériel, manuscrit, tableau, statue ou planche gravée (1). Il faut, d'ailleurs, que le créancier ait la possession exclusive de la chose qui est déposée entre ses mains; autrement, l'article 2076 ne serait pas respecté. En particulier, il n'est pas admissible que le débiteur qui donne en gage des planches gravées se réserve la faculté de les utiliser pour tirer des exemplaires; si une telle convention était permise, les tiers, que la remise du gage au créancier a pour objet d'avertir du droit dont il est grevé, pourraient se méprendre et croire que le débiteur n'a pas cessé d'en garder la libre disposition (2).

(1) Paris, 24 avril 1863, Pat. 1863. 384. Paris, 15 janvier 1874; Sir. 1876. 2. 10; Pat. 1876. 76. Blanc, p. 239. Pouillet, n° 198. Lyon-Caen et Renault, t. III, n° 284. Baudry-Lacantinerie et de Loynes, *Du nantissement, des privilèges et hypothèques et de l expropriation forcée*, t. 1er, n° 79.

(2) Guillouard, *Du nantissement*, n° 99. *Contra* : Paris, 24 avril 1863, précité. Paris, 15 janvier 1874, précité.

CHAPITRE IV

De la prescription acquisitive.

SOMMAIRE

111. La propriété littéraire et artistique s'acquiert-elle par prescription ? — **112.** Appréciation de la législation française, lois étrangères.

111. La propriété littéraire et artistique s'acquiert-elle par prescription ? La question a été posée à propos de l'article 2279 du Code civil, suivant lequel « en fait de meubles, la possession vaut titre. » Que cette disposition soit applicable aux manuscrits, et, d'une façon générale, à toute chose matérielle où prend corps et se manifeste une œuvre de littérature ou d'art c'est ce qui ne peut être sérieusement contesté (1). Mais on sait qu'il ne faut pas confondre la propriété littéraire et artistique avec la propriété de la chose matérielle. L'article 2279 ne concerne pas la propriété littéraire et artistique. Il est reconnu, en effet, que les meubles auxquels il se rapporte sont seulement les meubles corporels. Ces meubles passant rapidement de main en main, les procès se multiplieraient à l'excès, si l'on en autorisait la revendication, le même danger n'existe pas pour les meubles incorporels. Or, les œuvres de littérature ou d'art sont des meubles incorporels. C'est donc en vain que celui qui les revendique chercherait un

---

(1) Bordeaux, 4 mai 1843; Su. 1843. 2 479; D. P. 1843. 2. 203, Poitiers, 15 mars 1880, S r. 1882 2. 77, D. P. 1880. 2. 153. Paris, 4 juillet 1890, Su. 1894. 2. 17, Pat. 1892. 169 *Contra* : Paris, 13 novembre 1841; Su. 1844 2 3. Cf. Paris, 10 mai 1858; Sir. 1858. 2. 577.

point d'appui dans l'article 2279 (1). Il ne pourrait non plus invoquer la prescription trentenaire. Pour prescrire, il faut posséder ; or, en règle générale, la possession supposant une appréhension matérielle, les choses incorporelles ne sont pas susceptibles de possession (2). Le caractère immatériel des œuvres de littérature ou d'art les soustrait donc à l'application de la prescription trentenaire comme à celle de l'article 2279.

112. Cette solution doit être également admise au point de vue rationnel. Si l'usucapion était aboli, la propriété de droit commun pourrait le plus souvent être discutée, car le propriétaire aurait à établir non seulement son droit, mais encore celui de tous ses prédécesseurs. On ne saurait en dire autant de la propriété littéraire et artistique ; comme elle est limitée dans sa durée, il n'est pas impossible au demandeur de produire les titres de ceux à qui le droit a appartenu depuis la production de l'œuvre qui en est l'objet.

De toutes les législations étrangères, celle du Mexique est la seule qui ait appliqué la prescription à la propriété littéraire et artistique ; le droit d'édition s'y acquiert par dix ans de jouissance, les droits de représentation et d'exécution par quatre ans. Les lois portugaise et bolivienne déclarent, au contraire, la propriété des auteurs imprescriptible. Dans les autres pays, la loi est muette.

(1) Paris, 4 juillet 1890 ; Sir. 1894. 2. 17, D. P. 1895 2. 421 ; Pat. 1892. 160 Nion, p. 272 et suiv. Aubry et Rau, t. II, p. 114. Laurent, t. XXXII, n° 570. Appert, note ; Sir. 1894. 2. 17. Baudry-Lacantinerie et Tissier, *De la prescription*, n° 843. Guillouard, *Traité de la prescription*, t. II, n° 826. Cf. Paris, 13 novembre 1841 ; Sir. 1844. 2. 3. Poitiers, 15 mars 1880 ; Sir. 1882. 2. 77 ; D. P. 1880. 2. 153.

(2) Aubry et Rau, t. II, p. 79. Baudry-Lacantinerie et Tissier, *De la prescription*, n° 200. Guillouard, *Traité de la prescription*, t. 1er, n° 417.

CHAPITRE V

De l'aliénation forcée.

SOMMAIRE

113. Principe. — **114** Application, droits des créanciers de l'auteur.

113. L'application des règles de l'aliénation forcée à la propriété littéraire et artistique est dominée par un principe : il faut distinguer entre les œuvres inédites et celles qui ont été publiées par l'auteur ou avec son assentiment. S'agit-il d'une œuvre déjà publiée, l'aliénation forcée est permise et il n'est point dérogé au droit commun. S'agit-il d'une œuvre inédite, l'auteur a le droit de s'opposer à l'aliénation forcée. Cette faculté est le corollaire du droit exclusif, fondé sur le respect dû au secret de la vie privée, en vertu duquel il peut se refuser à communiquer son œuvre à autrui (1). Toutefois, une œuvre inédite est susceptible d'aliénation forcée dans deux cas : 1° lorsque l'auteur a renoncé au droit qu'il a de tenir son œuvre secrète en termes exprès ou d'une façon tacite, ce qui peut arriver, notamment en cas d'aliénation volontaire d'un manuscrit, d'un tableau ; 2° lorsque l'auteur est disposé à publier lui-même son œuvre et n'invoque le droit qu'il a de la tenir secrète qu'afin d'empêcher l'aliénation forcée.

114. Il suit de là : 1° qu'en cas d'indivision entre cohéritiers, entre époux ou entre associés, la règle : *Nul n'est tenu de rester dans l'indivision*, s'applique ou doit être écartée, selon que l'œuvre indivise a été ou non antérieurement publiée (2) ; 2° que les dispositions par lesquelles le législateur impose la vente des meubles aux administrateurs de la fortune d'autrui

---

(1) Voir le premier appendice à la fin de ce volume.
(2) Cf. Paris, 3 décembre 1891 ; Pat. 1892. 111. Renouard, t. II, n° 100, Pou let ; n° 119.

sont inapplicables aux œuvres inédites, si l'auteur déclare
s'opposer à l'aliénation; 3° que les créanciers de l'auteur
peuvent faire valoir sur les œuvres qu'il a produites (1) le
droit de gage général que leur confère les articles 2092 et 2093
du Code civil (2), abstraction faite des œuvres inédites pour
lesquelles il leur faut son assentiment.

Ce dernier point est contesté. On reconnaît en général que
les créanciers n'ont aucun droit sur les œuvres littéraires ou
musicales inédites (3). Pour le reste, il y a controverse. Certains prétendent que, même après la publication, l'œuvre
n'est pas le gage des créanciers et doit rester insaisissable jusqu'à la mort de l'auteur (4). Cette opinion s'inspire d'une
théorie, précédemment réfutée par nous, d'après laquelle la
personne de l'auteur se confondrait avec son œuvre, en sorte
que, disposer de son œuvre, ce serait porter atteinte à sa liberté personnelle (5). Selon d'autres, le droit des créanciers
existe, pour les ouvrages artistiques, dès qu'ils sont ache-

(1) Nous ne nous occupons ici ni des exemplaires, ni des créances qui naissent à l'occasion d'une œuvre de littérature ou d'art. Après la publication,
tout exemplaire peut être l'objet d'une saisie-exécution; pour les créances,
il faut recourir à la saisie-arrêt, dans les termes du droit commun.

(2) Voici ces articles ·

Art. 2092 Quiconque s'est obl gé personnellement est tenu de remplir son engagement sur tous ses biens mobiliers et immobiliers, pré-
sents et à venir.

Art. 2093. Les biens du débiteur sont le gage commun de ses créanciers; et le prix s'en distribue entre eux par contribution, à moins qu'il
n'y ait entre les créanciers des causes légitimes de préférence.

(3) Paris, 11 janvier 1828 Sir. 9, 2, 5. Dijon, 18 février 1870 ; Sir. 1870,
2, 212 ; Pat. 1870, 107. Gastambide, n° 122, Blanc, p. 121, Renouard,
t. II, n° 206, Lacan et Paulmier, t. II, n° 678. Rendu et Delorme, n° 734.
Calmels, n° 685. Carré et Chauveau, *Lois de la procédure*, t. IV, Q.
2042 *bis*. Pouillet, n° 173. Delalande, p. 90. Boitard, Colmet d'Aage et
Glasson, *Procédure civile*, t. II, n° 852. Garsonnet, *Traité de procédure*,
t. III, n° 552 Acollas, p 44. Couhin, t. II, p. 374. *Contra* : Nion, p. 315.

(4) Berlau d, t. Ier, n° 262. Morillot, *De la personnalité du droit du
copie*; Revue critique, 1872-73, p. 29 et suiv.

(5) Voir n° 20.

vés (1) ou lorsqu'il est établi que l'artiste a entendu mettre son œuvre dans la circulation commerciale (2), pour les ouvrages littéraires et les compositions musicales, aussitôt que la publication en est faite (3). Toutefois, parmi ceux qui défendent ce système, plusieurs décident que le droit des créanciers disparaît, si l'auteur invoque des scrupules légitimes (4) ou s'il prouve que son refus actuel de publier ne vient pas uniquement du désir qu'il a de ne point payer ses créanciers (5); tout au moins, a-t-on dit encore, faut-il permettre à l'auteur de faire à son ouvrage les changements qu'il juge utiles, de bonne foi et non en fraude de ses créanciers (6). A notre avis, il n'y a pas de différence à faire entre les ouvrages artistiques et les œuvres littéraires ou musicales; un tableau, une statue sont des œuvres inédites jusqu'à ce que la gravure ou l'exhibition dans un lieu public ou tout autre mode de publicité aient permis à une personne quelconque d'en prendre connaissance, et, tant qu'une œuvre, quelle qu'en soit la nature, n'a pas été publiée, le principe du secret de la vie privée paralyse le droit des créanciers. D'autre part, après la publication, peu importent les scrupules qui peuvent s'emparer de l'auteur. Il est vrai qu'une édition nouvelle intéresse sa réputation et que la réputation est pour tout homme une force dont, en principe, il est juste qu'il reste seul maître. Mais dans le conflit qui s'élève entre le droit que l'auteur peut revendiquer de ce chef et le droit des créan-

---

(1) Pouillet, n° 180. Cf. Trib Seine, 30 décembre 1859, Pat. 1860. 69. Renouard, t. II, n° 206. Boitard, Colmet d Aage et Glasson, *op cit.*, t. II, n° 852. Garsonnet, *op. cit.*, t. III, n° 552. Couhin, t, II, p. 374.

(2) Acollas, p. 47.

(3) Gastambide, n° 122. Blanc, p. 121. Renouard, t. II, n° 206. Rendu et Delorme, n° 734. Calmels, n° 635. Boitard, Colmet d'Aage et Glasson, *op. cit.*, t. II, n° 852. Pouillet, n° 173. Delalande, p. 92. Garsonnet, *op. cit.*, t. III, n° 552. Couhin, t. II, p 373.

(4) Boitard, Colmet d'Aage et Glasson, *op cit.*, t II, n° 852. Garsonnet, *op. cit.*, t. III, n° 552.

(5) Pouillet, n° 175.

(6) Gastambide, n° 122.

ciers, c'est le second qui doit l'emporter. Si l'on donnait la préférence à l'auteur, les créanciers seraient entièrement sacrifiés; au contraire, il est toujours possible à l'auteur de dégager sa responsabilité et, partant, de sauvegarder sa réputation, en faisant savoir au public que c'est contre sa volonté présente que son œuvre est remise en lumière et qu'il voudrait la voir tomber désormais dans l'oubli.

La question qui nous occupe a reçu à l'étranger des solutions très variées. Les lois de la Russie, de la Finlande, des Pays-Bas et de la République Sud-Africaine déclarent le droit d'auteur absolument insaisissable. Dans la Principauté de Monaco, au contraire, il n'est dérogé au droit commun que pour les œuvres inédites. En Norvège, les créanciers de l'auteur doivent attendre sa mort pour entreprendre une édition nouvelle de ses œuvres. En Suède, le droit d'auteur, « en tant qu'il s'applique à des manuscrits en la possession de l'auteur, de sa veuve ou de ses héritiers, ne peut être saisi par les créanciers ni compris dans la masse à partager en cas de faillite »; quant au droit de l'artiste sur son œuvre, il ne peut être saisi « ni dans sa succession, ni dans celle de l'époux survivant ou de ses héritiers. ». Suivant la législation autrichienne, « le droit d'auteur, tant qu'il appartient à l'auteur ou à ses héritiers, ne peut être l'objet d'une saisie-exécution, ni d'une saisie conservatoire; au contraire, des mesures de ce genre sont admises même contre l'auteur et ses héritiers pour des reproductions ou pour des copies d'une œuvre déjà publiée, pour les œuvres des arts figuratifs achevées et en état d'être vendues et pour tous les droits faisant partie du patrimoine comme dérivant du droit d'auteur. » En Hongrie, l'exécution forcée n'est pas possible, si l'œuvre appartient à l'auteur, à ses héritiers ou légataires. La loi italienne décide que « le droit de reproduire une œuvre publiée n'est pas sujet à l'exécution forcée tant qu'il demeure dans la personne de l'auteur »; il est fait exception à ce principe lorsqu'une œuvre appartient en commun à un ou plusieurs auteurs et à un tiers non auteur.

Suivant la loi belge, « sont toujours insaisissables les œuvres littéraires ou musicales, tant qu'elles sont inédites, et, du vivant de l'auteur, les autres œuvres d'art, tant qu'elles ne sont pas prêtes pour la vente ou la publication. » Cette disposition est textuellement reproduite dans la loi luxembourgeoise. Enfin, aux termes de la récente loi allemande sur les œuvres littéraires et musicales, « le droit de l'auteur ou son œuvre ne peuvent faire l'objet d'une procédure d'exécution dirigée contre l'auteur lui-même sans son autorisation ; celle-ci ne pourra être accordée par le représentant légal. L'exécution contre les héritiers de l'auteur ne sera permise sans leur consentement que quand l'œuvre aura été éditée. »

Il reste à savoir comment les créanciers feront valoir leur droit de gage. C'est à tort qu'on a prétendu, en se fondant sur l'article 1166 du Code civil (1), qu'ils auraient le droit de passer eux-mêmes des contrats pour la publication de l'œuvre de leur débiteur (2). Cet article, suivant l'opinion générale, ne concerne pas les facultés inhérentes à la propriété des choses matérielles (3) ; la même solution s'impose en matière de propriété littéraire et artistique. Le législateur a omis d'organiser la saisie et la vente forcée des œuvres littéraires ou artistiques ; mais ce n'est pas une raison pour que les articles 2092 et 2093 du Code civil restent lettre morte. Si l'auteur ne satisfait pas à ses engagements, les créanciers le poursuivront en justice et demanderont au tribunal d'ordonner la vente de ses œuvres, qui sera faite par le ministère d'un notaire (4).

(1) D'après cet article, « les créanciers peuvent exercer tous les droits et actions de leur débiteur, à l'exception de ceux qui sont exclusivement attachés à la personne. »

(2) Acollas, p. 45. Cf. Boitard, Colmet d'Aage et Glasson, *op. cit.*, t. II, nº 852. Garsonnet, *op. cit.*, t. III, nº 552.

(3) Larombière, *Traité des obligations*, t. II, p. 189. Laurent, t. XVI, nº 424. Baudry-Lacantinerie et Barde, *Des obligations*, t. Iᵉʳ, nºˢ 598 et suiv.

(4) Cf. Pouillet, nº 173, note 1. Voir, sur les ventes forcées de meubles incorporels, Garsonnet, *op. cit.*, t. IV, nºˢ 775 et 776.

CHAPITRE VI

De la publicité à donner aux mutations.

SOMMAIRE

115. Nécessité de la publicité des mutations. — **116.** Législations étrangères.

115. Lorsque la propriété littéraire et artistique est l'objet d'une mutation, il est essentiel que cette mutation soit portée à la connaissance de tous; autrement, celui qui veut acquérir une œuvre de littérature ou d'art n'étant pas à même de savoir si la personne avec laquelle il traite en a véritablement la propriété, il n'y aura jamais de sécurité dans les transactions. Il convient donc que la publicité des mutations, tout au moins pour les actes entre vifs, soit assurée par certaines formalités. C'est de ce côté que doivent s'orienter les législations ; mais, ainsi que nous l'avons fait observer précédemment, tant qu'il ne sera pas admis qu'une formalité accomplie dans un État aura effet aussitôt dans les autres pays, il faut ajourner toute mesure de ce genre, car il en résulterait plus d'inconvénients que d'avantages.

116. La publicité des mutations, même dans les pays où des formalités gênantes sont imposées aux auteurs est, en général, organisée d'une façon insuffisante. Suivant la récente loi japonaise « à moins d'avoir été légalement enregistrés, la cession et l'engagement du droit d'auteur ne sont pas opposables aux tiers. » Telle est la règle qui pourrait être adoptée dans l'avenir.

TITRE II

De la perte de la propriété littéraire et artistique.

SOMMAIRE

117. Comment se perd la propriété littéraire et artistique — **118.** Abandon du droit. — **119.** Législations étrangères.

117. La propriété littéraire et artistique se perd d'une façon relative, quand elle est transmise entre vifs ou à cause de mort. Elle se perd d'une façon absolue : 1° par l'expiration du délai légal de protection; 2° par la perte de l'œuvre qui fait l'objet du droit, ce qui a lieu, notamment, lorsque, le manuscrit d'un ouvrage inédit ayant été détruit, il est impossible de le reconstituer; 3° par l'abandon du droit au domaine public.

118. L'abandon de la propriété littéraire et artistique au domaine public ne doit pas être présumé. Parfois il est exprès, par exemple lorsqu'une société ayant mis un sujet au concours avec cette condition que l'ouvrage couronné deviendrait sa propriété, elle déclare en permettre à tous la reproduction (1). Plus souvent il est tacite, et, en pareil cas, il faut, pour l'admettre, que les circonstances ne laissent pas place au doute.

Il a été jugé à bon droit que le fait de tolérer pendant un temps plus ou moins long la contrefaçon n'était pas un indice suffisant pour que la renonciation de l'auteur à son droit dut être considérée comme établie (2); mais cette circonstance peut servir à corroborer la présomption de renonciation résultant d'autres faits (3).

(1) Nancy, 8 mai 1863; Pat. 1863, 380.
(2) Paris, 28 mai 1852; Blanc, p. 50. Pouillet, n° 201.
(3) Trib. Seine, 21 octobre 1830; Gaz Trib., 22 octobre 1830.

C'est à tort qu'on a prétendu que les professeurs de l'Université s'interdiraient, en acceptant leurs fonctions, de revendiquer la propriété de leurs leçons; que l'un des articles organiques de la convention du 26 messidor an IX ayant érigé en principe la gratuité des fonctions ecclésiastiques (1), les membres du clergé n'auraient pas le droit de trafiquer des écrits composés par eux dans l'exercice de leur ministère et d'en empêcher la libre reproduction Le contrat passé entre l'État et ceux qu'il emploie ne contient aucune stipulation en faveur du domaine public. Le prêtre promet seulement de communiquer aux fidèles ses instructions pastorales (2), le professeur de faire son cours devant ses élèves (3); chacun d'eux reste maître de disposer ensuite de son œuvre et d'en tirer profit.

Rien n'autorise à admettre qu'un auteur, qui publie une œuvre anonyme, entende en faire abandon au domaine public (4).

Les compositeurs montrent parfois une certaine tolérance à l'égard des auteurs de vaudevilles et de productions analogues qui utilisent les airs écrits par eux en y adaptant d'autres

(1) C'est l'article 5 de la loi du 18 germinal an X, ainsi conçu : « Toutes les fonctions ecclésiastiques seront gratuites, sauf les oblations qui seraient autorisées et fixées par les règlements ».

(2) Cass. 29 thermidor an XII; Sir. 1. 1. 1023. Cass. 30 avril 1825; Si . 8. 1. 116. Colmar, 6 août 1833 ; S r. 1834. 2 136. Toulouse, 2 juillet 1857; S r. 1859. 2. 505; D. P. 1857. 2. 205; Pat. 1860 278. Cass. 7 novembre 1894; Sir. 1896. 1. 337; D. P. 1895. 1. 153 ; Pat 1895. 132. Gastambide, n° 18. Blanc, p. 52. Renouard, t. II, n° 68. Pouillet, n° 882. Garraud, t. V, n° 517. Couhin, t. II, p. 519.

(3) Paris, 27 août 1828; Gaz. Trib. 28 août 1828. Paris, 30 juin 1836; Gaz Trib 1er juillet 1836. Paris, 18 juin 1840; Sir. 1840. 2. 254 ; D P. 1840. 2. 187. Trb. Seine, 9 décembre 1893; Pat. 1896. 11. Gastambide, n° 21. Blanc. p. 42. Renouard, t. II, n° 66. Rendu et Delorme, n° 747. Calmes, n° 99. Pouillet, n° 58. Garraud, t. V, n° 517. Couhin, t. II, p. 388 et suiv

(4) Paris 25 juillet 1888, Pat. 1889. 70. Gastambide, n° 32. Blanc, p. 33 Renouard, t. II, n° 107. Rendu et Delorme, n° 736. Pouillet, n° 51.

paroles. Mais cette tolérance n'est pas assez générale pour qu'ils soient censés perdre leur droit par une renonciation tacite (1).

Il est de règle que l'État permet à tous de reproduire les monuments qui lui appartiennent et les œuvres d'art qu'il expose dans les musées et autres lieux publics (2).

Les journaux ont-ils le droit de se faire des emprunts mutuels? Pour l'admettre, il faut supposer que chacun d'eux renonce en faveur des autres au droit de reproduire les articles qu'il publie. Il n'existe pas dans la presse de notre époque un usage assez bien établi pour qu'une telle renonciation puisse être présumée. On doit donc s'en tenir au principe général, suivant lequel, dans le doute, nul n'est censé faire abandon de son droit (3). Au surplus, les faits recueillis par un journal peuvent être publiés par tous et des citations textuelles sont permises dans la mesure où cela est nécessaire pour faire connaître l'état de l'opinion et pour satisfaire aux besoins de la critique et de la polémique (4).

Un grand nombre de lois étrangères diffèrent sur ce point de la loi française. C'est ainsi qu'en Allemagne, en Autriche, en Hongrie, en Italie, en Suisse, dans le Grand-Duché de Luxembourg, en Belgique, en Suède, en Norvège, en Finlande, en Espagne, en Tunisie, en Roumanie, dans les Pays-Bas, dans la République de l'Équateur, dans la République Sud-africaine, en Colombie, dans la République de Costa-Rica, au Japon et dans la Principauté de Monaco, à moins que le droit de reproduction n'ait été l'objet d'une réserve expresse, tous les articles

---

(1) Cf. Paris, 11 avril 1853; Sir. 1853. 2. 237; D. P. 1853. 2 130.

(2) Paris, 5 juin 1855; Sir. 1855 2. 431; D. P. 1857. 2. 28; Pat. 1855. 56. Paris, 19 août 1870; Pat. 1873. 46. Paris, 7 août 1889; Pat. 1893. 215.

(3) Pouillet, n° 515. Trib. Besançon, 20 février 1902; Droit d'auteur, 1902, p. 79. Contra : Paris, 15 novembre 1893; Pat. 1895. 244. Trib. Seine, 18 février 1902; Gaz. Trib. 3 octobre 1902. Cf. Paris, 14 avril 1835; Gastambide, n° 61. Renouard, t. II, n° 55. Rendu et Delorme, n° 743.

(4) Voir n°s 40 et 41.

ou les articles de divers genres seulement parus dans une publication périodique, quelle qu'elle soit, ou dans certaines publications périodiques, peuvent être librement reproduits (1).

119. Certaines lois exigent une mention de réserve dans des cas où du silence de l'auteur on ne peut raisonnablement conclure qu'il renonce à son droit. Telle est la règle admise par les lois de l'Autriche, de la Hongrie, des Pays-Bas, de la Russie, de la Finlande, de la Suède, du Mexique, du Guatemala, de la République Sud-Africaine, en ce qui regarde le droit de traduction; par les lois de la Grande-Bretagne, des Pays-Bas, de la Suède, de la République Sud-Africaine, en ce qui regarde les droits de représentation et d'exécution; par les lois de l'Autriche, de la Hongrie, du Grand-Duché de Luxembourg, de la Principauté de Monaco, en ce qui regarde le droit d'exécution; par la loi russe, en ce qui regarde le droit d'exécution appliqué à des compositions autres que des opéras ou des oratorios; par la loi finlandaise, en ce qui regarde le droit de représentation.

(1) Ces dispositions sont trop complexes pour être analysées, trop variables pour être classées; il faut se reporter aux textes. Voir pour les articles politiques ce qui a été dit au n° 42.

LIVRE TROISIÈME

DES ATTEINTES QUI PEUVENT ÊTRE PORTÉES A LA PROPRIÉTÉ LITTÉRAIRE ET ARTISTIQUE ET DES MOYENS LÉGAUX D'Y METTRE OBSTACLE

CHAPITRE PREMIER

Des atteintes qui peuvent être portées à la propriété littéraire et artistique.

SECTION I

DES ATTEINTES QUI PEUVENT ÊTRE PORTÉES A LA PROPRIÉTÉ LITTÉRAIRE ET ARTISTIQUE EN GÉNÉRAL

SOMMAIRE

120. Éléments constitutifs de la lésion. — **121.** A. Il faut qu'il s'agisse d'un droit de propriété littéraire et artistique. — **122.** B. Il faut que le droit dont il s'agit soit exercé. — **123.** C. Il faut que le droit dont il s'agit soit exercé par une personne autre que celui qui en est le sujet véritable. — **124** D. Il faut que le droit dont il s'agit soit exercé sans l'assentiment de celui qui en est le sujet véritable.

120. Pour qu'une atteinte soit portée à la propriété littéraire et artistique, il faut qu'il s'agisse d'un droit de cette nature, que le droit dont il s'agit soit exercé, qu'il soit exercé par une personne autre que celui qui en est le sujet véritable, enfin qu'il soit exercé sans l'assentiment de ce dernier.

121. A. *Il faut qu'il s'agisse d'un droit de propriété littéraire et artistique.*

Un contrat ayant été conclu entre un auteur et un éditeur, si l'une des parties contrevient aux obligations qui découlent de la convention, elle commet une faute contractuelle, qui donne ouverture à une action en dommages intérêts en vertu de l'article 1147 du Code civil ; il ne saurait être question d'appliquer les textes qui concernent les atteintes portées à la propriété littéraire et artistique (1).

Pareillement, lorsqu'un écrivain s'empare d'un sujet qui lui a été signalé sous le sceau du secret, tout ce qu'il y a lieu de lui reprocher, en général, c'est d'avoir violé la loi du contrat tacite qui lui interdisait cet abus de confiance ; il n'en serait différemment qu'au cas où la propriété littéraire et artistique du sujet pourrait être revendiquée (2).

Le fait d'attribuer à un écrivain une œuvre dont il n'est pas l'auteur ne lèse pas non plus sa propriété (3) ; le droit auquel il est porté atteinte en pareil cas est d'une autre nature (4).

122. B. *Il faut que le droit dont il s'agit soit exercé.*

Pour savoir si le droit dont il s'agit est exercé, il y a lieu de se demander quelle en est l'étendue. Les principes posés au livre premier commandent donc la solution des questions qui vont être ici examinées.

Pour que le droit de l'auteur soit lésé, est-il nécessaire qu'il éprouve un préjudice ? Non, a-t-on dit ; lorsque la loi consacre un droit tel que la propriété littéraire et artistique, il n'est permis à personne d'y porter atteinte, quand bien même il n'en résulterait aucun dommage (5). Dans un second système, auquel nous nous rallions, il faut un préjudice ; mais il n'est

---

(1) Paris, 18 octobre 1843, S . 1844. 2. 13 ; D. P. 1844. 2. 38. Par s, 6 juillet 1853, Gaz. Trib. 7 juillet 1853 Par s, 23 mai 1874, Pat. 1876 366.

(2) Cf. Par s, 29 juillet 1857 ; Pat. 1857. 280. Pouillet, n° 543.

(3) Pouillet, n° 504. *Contra* : Trib. Seine, 14 décembre 1859, Pat. 1860. 66.

(4) Voir n°s 202 et 207.

(5) Pouillet, n° 471. Couhin, t. II, p. 436 et suiv ; Cf. Acollas, p. 85.

pas nécessaire que ce préjudice soit réalisé, il suffit qu'il soit possible (1). Nous avons établi précédemment qu'une œuvre de littérature ou d'art n'est appropriable que dans la mesure où elle constitue une valeur (2). Il suit de là que l'atteinte portée à la propriété littéraire et artistique se reconnaît à ce signe que le fait dont il s'agit d'apprécier le caractère est de nature à causer éventuellement un dommage au propriétaire de l'œuvre. Ajoutons que le dommage auquel il y a lieu de s'attacher est un dommage pécuniaire; peu importe, par exemple, que la réputation de l'auteur ait eu à souffrir de l'attribution de son œuvre à une autre personne (3). En effet, la raison d'être de la propriété littéraire et artistique étant la nécessité d'assurer aux écrivains et aux artistes les moyens de subsistance dont ils ont besoin, l'auteur, quand il défend son droit, ne saurait alléguer qu'un intérêt d'argent; s'il éprouve un préjudice moral, il a d'autres droits à faire valoir, qu'on ne doit pas confondre avec sa propriété.

Quand une œuvre littéraire ou artistique est reproduite, il n'y a pas, pour savoir si cette reproduction est illicite, à prendre en considération les différences qui peuvent exister entre l'œuvre reproduite et l'œuvre nouvelle (4); il suffit que

(1) Cass. 24 mai 1855; Sir. 1855. 1. 392; Pat. 1855.} 151. Paris 1er décembre 1855; Pat 1857. 243. Rennes, 5 janvier 1892; D. P. 1893. 2. 302; Pat. 1892. 191. Chauveau et Hélie, t. VI, n° 2475. Gastambide, n° 39. Blanc, p. 186. Renouard, t. II, n° 12. Rendu et Delorme, n° 803, et 805. Cf. Cass. 15 janvier 1867; Sir. 1867. 1. 69; D. P. 1867. 1. 181; Pat. 1867. 65. Paris, 5 août 1884, D. P. 1893. 2. 177, Pat. 1884. 304.

(2) Voir n° 40.

(3) Renouard. t. II, n° 12. Contra : Paris 30 janvier 1865 ; Pat. 1865. 5. Gastambide, n° 39. Rendu et Delorme, n° 805.

(4) Blanc, p. 175. Pouillet, n° 468. Couhin, t. II, p. 445. Cf. Paris, 10 avril 1862; Pat 1862. 113. Paris, 21 novembre 1867; Pat. 1867. 359. Cass. 8 décembre 1869; Sir. 1870. 1. 80; D. P. 1871. 1. 47; Pat 1870. 21. Paris, 13 juillet 1870, Pat 1870. 367. Caen, 27 juillet 1870; Pat. 1871-72. 5. Paris, 20 février 1872; Sir. 1873. 2. 273; D. P. 1872. 2. 173. Pat. 1871-72. 193. Paris, 26 octobre 1885 ; Pat. 1890. 170. Cass. 7 décembre 1900; Pat. 1901. 98.

dans l'œuvre nouvelle on retrouve l'œuvre reproduite en tant qu'elle est appropriable. Notamment, des additions, des notes, un commentaire ne font pas disparaître le caractère illicite de la reproduction (1).

Au cas de reproduction partielle, pour distinguer ce qui est permis de ce qui ne l'est pas, il faut se poser les questions suivantes : 1° la reproduction porte-t-elle sur un ou plusieurs éléments originaux de l'œuvre reproduite? 2° la reproduction est-elle de nature à causer éventuellement un dommage au propriétaire de l'œuvre reproduite? Si la réponse est affirmative sur ces deux points, on décidera que la reproduction est illicite (2)

Abréger un écrit, c'est en usurper la propriété. Que l'abréviateur copie seulement le plan de l'œuvre ou qu'il en reproduise le texte même en supprimant les passages auxquels il attache le moins d'importance, il lèse le droit de l'auteur, si toutefois ce dont il s'empare appartient à ce dernier (3).

Il n'est pas permis sans l'assentiment de l'auteur de tirer une pièce de théâtre d'un roman (4), un roman (5) ou un livret d'opéra (6) d'une pièce de théâtre. Tout ce qu'invente l'écri-

---

(1) Cass. 28 floréal an XII; Sir. 1 1. 971. Gastambide, n° 45. Blanc, p. 175. Renouard, t. II, n° 11. Ca mels, n° 86. Pouillet, n° 521. Couhin, t. II, p. 446.

(2) Cf. Paris, 6 novembre 1841; B anc, p. 178. Paris, 27 juin 1844; Blanc, p. 36. Cass. 24 mai 1855 Sir. 1855. 1. 392, Pat. 1855. 151. Paris, 2 février 1866; Pat. 1866. 261. Gastambide, n° 46. Blanc, p. 162. Renouard, t. II, n° 12. Rendu et Delorme n° 809, Pouillet, n°s 466 et 566. Couhin, t. II, p 441.

(3) Chauveau et Hél e, t. VI, n° 2471. Gastambide, n° 47 bis. Blanc, p 176. Renouard, n°s 13 et 14. Rendu et Delorme, n° 814. Calmels, n° 89. Pouil et, n° 520. Garraud, t. V, n° 523.

(4) Paris, 27 janvier 1840; D. P. 1840. 2. 85. Pouil et, n° 540. Couhin, t. II, p. 448. Contra : Blanc, p. 232.

(5) Paris, 25 janvier 1900; Sir. 1900. 2. 227; D. P. 1903. 2. 511; Pat. 1900. 118. Couhin, t. II, p. 448.

(6) Paris, 6 novembre 1841; Blanc, p. 178. Paris, 27 juin 1844; B anc,

vain, ainsi qu'il a été exposé ci-dessus (1), lui appartient en propre, et, le reproduire, c'est porter atteinte à sa propriété.

Traduire un écrit, c'est reproduire la pensée de l'auteur, son plan et même son style, en faisant usage d'une langue différente; le droit réservé à l'auteur est donc exercé par le traducteur (2). On a cependant défendu la liberté de traduire en alléguant le silence de nos lois, l'absence de préjudice et l'intérêt national. Le législateur n'avait pas à consacrer expressément au profit de l'auteur le droit de traduction; il suffisait qu'il lui réservât la faculté d'exploiter son œuvre par tous les moyens possibles. Il est faux que la liberté de traduire ne cause aucun préjudice à l'auteur; car elle le prive du bénéfice qu'il obtiendrait en cédant le droit de traduction. Enfin jamais le droit de traduction, dans le pays où il est réservé à l'auteur, n'a mis obstacle à la diffusion d'une œuvre étrangère d'un sérieux mérite, l'intérêt pécuniaire autant que le souci de sa renommée poussent, en effet, l'auteur à faire traduire son œuvre

On a prétendu que chacun avait le droit de reproduire par la sculpture une œuvre de peinture ou de dessin et réciproquement. Le seul argument qu'on invoque est l'absence de préjudice (3). On ne voit pas que l'auteur est privé du bénéfice

p. 36. Cass 15 janvier 1867, S r. 1867. 1. 69; D. P. 1867. 1. 181; Pat. 1867. 65. Pouillet, n° 540 Couhin, t. II, p. 448.

(1) Voir n° 39.

(2) Rouen, 7 novembre 1845; Sir. 1846. 2 521, D. P. 1846. 2. 212. Paris, 17 juillet 1847; Droit, 22 juillet 1847. Blanc, p 176 et suiv. Rendu et Delorme, n°s 814 et 869. Calmels, n° 92. Blanche, t. VI, n° 440. Pouillet, n° 533 Delalande, p. 115 Couhin, t. II, p. 448. *Contra* Gastambide, n° 58. Renouard, t II, n° 16. Cf. Garraud, t. V, n° 523.

(3) Paris, 3 décembre 1831; S r. 1832. 2. 278 Chauveau et Hélie, t VI, n°s 2488 et suiv. Renouard t II, n° 41. *Contra* : Paris, 16 févover 1843; Sir. 1843. 2. 120. Paris, 16 févr ou 1854; S 1854. 2 401. Paris, 22 novembre 1856, Pat. 1856. 361. Paris, 4 novembre 1857, Pat. 1857. 358. Paris, 11 décembre 1857; Pat. 1858. 287. Baio, p. 287. Rendu et Delorme, n° 206. Pouillet, n° 574 Delalande, p. 116. Acollas, p. 89.

qu'il pourrait obtenir en autorisant la reproduction de son œuvre par un art différent.

Un arrêt a décidé que la vente dans un théâtre de brochures contenant l'analyse de la pièce représentée était licite. C'est là, disent les juges, un usage nécessaire auquel l'auteur est censé se conformer, et, d'autre part, il n'y a pas de préjudice causé (1). Ces deux arguments sont également faux. Si l'auteur avait seul le droit de vendre l'analyse de sa pièce, la concurrence ne viendrait pas amoindrir le bénéfice qu'il peut obtenir par ce trafic. Quant à l'usage allégué, l'existence en est au moins douteuse; et, dans le doute, l'abandon d'un droit ne doit jamais être présumé.

C'est encore en se fondant sur l'absence de préjudice, qu'on a soutenu que la reproduction d'une œuvre d'art était licite, quand elle est utilisée pour décorer un objet usuel (2). Il suffit de faire observer que, dans ce système, on prive l'auteur du bénéfice qu'il pourrait réaliser s'il fallait obtenir son autorisation, et qu'en outre l'emploi de son œuvre dans l'industrie risque de la vulgariser et, partant, de l'avilir.

Celui qui achète une gravure, une photographie exécutées d'après une œuvre de peinture a-t-il le droit de les mettre en couleur? S'il reproduit les couleurs du tableau, il porte atteinte à la propriété de l'artiste. S'il emploie des couleurs nouvelles, il ne fait rien d'illicite (3). Il faut, toutefois, qu'il s'abstienne

Couhin, t. II, p. 451. Cf. Gastambide, nos 310 et 391. Calmes, n° 546. Garraud, t. V, n° 524.

(1) Montpellier, 25 avril 1901; Gaz. Pal. 24 oct. 1901. *Contra* : Tr b Marseille, 28 novembre 1891; Pat. 1892. 220. Paris, 17 juin 1897; Pat. 1898. 297.

(2) Chauveau et Hélie, t VI, n° 2491. *Contra* : Paris, 19 novembre 1841; Pat. 1857. 312. Paris, 11 décembre 1857; Pat. 1858. 287. Paris, 1er juin 1864; Pat. 1864. 236. Paris, 25 janvier 1866, Pat. 1866. 79. Paris, 7 février 1868, Pat. 1868. 63. Paris, 26 janvier 1887; D. P. 1888. 2. 309, Pat. 1887. 147 Banc, p. 286 Renouard, t. II, n° 40. Nion, p 61. Rendu et Dorme, n° 905. Pouillet, n° 579.

(3) Renouard, t. II, n° 38. Cf. Paris, 9 janvier 1891; D. P. 1892. 2. 88; Pat. 1892. 240. Cass. 3 mars 1898; Sir. 1899. 1. 303; Pat. 1899. 72.

d'offrir au public l'œuvre modifiée sous le nom de l'artiste;
car on ne doit point attribuer à une personne la paternité de
l'œuvre qu'elle n'a point faite ou qu'elle n'a faite qu'en partie (1).

La propriété d'une composition musicale est usurpée, quand
on la convertit en airs de danse (2).

123. C. *Il faut que le droit dont il s'agit soit exercé par une
personne autre que celui qui en est le sujet véritable.*

Il résulte d'un contrat de publication que l'œuvre qui en est
l'objet doit être publiée selon tel mode, sous telle forme, à tant
d'éditions ou d'exemplaires, dans tel pays, dans telle langue,
pendant tant d'années. Sont-ce là des conditions de la publication que le publicateur s'engage à observer ou des limitations
du droit que le contrat lui confère? Dans le premier cas,
la propriété de l'œuvre ou, tout au moins, l'exercice de cette
propriété appartient au publicateur; s'il n'observe pas le contrat, il ne commet qu'une faute contractuelle. Dans le second
cas, il doit s'enfermer dans les limites qui lui ont été imposées,
sinon c'est avec raison qu'on l'accusera d'usurper la propriété
d'autrui (3).

Y a-t-il atteinte portée à la propriété littéraire et artistique,
lorsqu'un auteur agit au mépris d'un contrat de publication
qu'il a signé? On décide en général que le fait de publier
l'œuvre cédée constitue une contrefaçon. Suivant nous, il faut
distinguer : si l'auteur s'est engagé seulement à assurer au
publicateur la jouissance de son œuvre, la propriété n'ayant
point été aliénée, il n'a pu lui-même y porter atteinte, s'il a
cédé son droit, il usurpe la propriété de l'œuvre en la publiant (4).

(1) Voir n° 207.
(2) Paris, 12 juillet 1855; S r. 1855 2. 595; D. P. 1855. 2 256.
(3) Paris, 21 mars 1865; Pat. 1865. 250. Paris, 23 mars 1874; Pat.
1876. 366. Cf Blanc, p. 157. Pouillet, n° 499. Couhin, t II, p. 456.
(4) Paris, 12 avril 1862; Pat. 1862 228. Paris, 12 juillet 1862; Pat.

124 D. *Il faut que le droit dont il s'agit soit exercé sans l'assentiment de celui qui en est le sujet véritable.*

Le propriétaire d'une statue se présente en cette qualité à un fondeur et lui demande de la reproduire. Il est clair qu'il ne saurait ensuite l'accuser d'avoir porté atteinte à son droit : *volenti non fit injuria* (1).

Plusieurs personnes sont copropriétaires d'une même œuvre. Si l'une d'elles dispose de cette œuvre sans l'assentiment des autres, elle viole leur propriété. En effet, le droit qu'a chacun des copropriétaires est limité par les droits rivaux qui portent sur le même objet; disposer de l'œuvre sans l'assentiment de tous, c'est donc pour chacun des copropriétaires exercer non seulement son droit, mais celui d'autrui. Il suit de là que le cessionnaire qui n'aurait traité qu'avec un seul des copropriétaires devrait, avant de publier l'œuvre, s'y faire autoriser par les autres; car il ne saurait avoir des droits plus étendus que son cédant. S'il néglige d'obtenir cette autorisation, la publication porte atteinte au droit des copropriétaires dont il n'est pas l'ayant cause.

Lorsqu'une œuvre a été faite en collaboration il faut appliquer à la société qui existe entre les coauteurs les règles du Code civil, notamment l'article 1859. A défaut de stipulations spéciales sur le mode d'administration, chacun des associés a les pouvoirs d'un administrateur et peut passer des traités, si les autres ne s'y opposent pas en temps utile, pour la publication de l'œuvre commune. En disposant de la part des autres, il ne commet aucune lésion de propriété.

Pareillement, le publicateur qui met au jour l'œuvre commune sans demander l'assentiment de tous les coauteurs ne

1862, 314. Cass. 19 décembre 1893; S r. 1894. 1. 313, D. P. 1894. 1. 404; Pat. 1895. 207. Paris, 15 décembre 1894, Pat. 1895. 228. Renouard, t. II, n° 182, *Contra* Paris, 29 janvier 1835, Gaz. Tr b, 30 janvier 1835. Calmels, n° 314. Cf. Gastambide, n° 109. Blanc, p. 156. Pouillet, n°s 486, 552 et 583. Acollas, p. 86 Couhin, t. II, p. 454

(1) Paris, 20 juin 1883, Pat. 1884, 170. Pouillet, n° 496.

saurait être accusé par ceux qui sont restés étrangers au contrat de porter atteinte à leurs droits; pour que la solution fût différente, il faudrait supposer que ces derniers eussent déclaré s'opposer à la conclusion du contrat et que leur opposition fût connue du publicateur (1).

SECTION II

DES ATTEINTES A LA PROPRIÉTÉ LITTÉRAIRE ET ARTISTIQUE QUI CONSTITUENT DES INFRACTIONS A LA LOI PÉNALE

SOMMAIRE

Article 1er. Élément matériel de l'infraction. — **125**. Les textes. — **126**. A. Contrefaçon. — **127**. B. Débit. — **128**. C. Introduction. — **129**. D Représentation illicite. — **130**. E Faits de complicité. — **131**. De la tentative.

Article 2. Élément moral de l'infraction — **132**. En quoi consiste l'intention coupable.

ARTICLE 1º . — *Élément matériel de l'infraction.*

125. Les articles 425, 426 et 428 du Code pénal prévoient plusieurs atteintes à la propriété littéraire et artistique qui constituent des infractions à la loi pénale, il faut y joindre les faits de complicité par application des articles 59, 60, 61 et 62 du même Code.

126. A. *Contrefaçon.*

Aux termes de l'article 425 du Code pénal, « toute édition d'écrits, de composition musicale, de dessin, de peinture, ou de toute autre production imprimée ou gravée en entier ou en partie, au mépris des lois et règlements relatifs à la propriété des auteurs, est une contrefaçon, et toute contrefaçon est un délit ».

(1) Cf. Gastambide, nos 91 et 237 B anc. p. 157. Pouillet, nº 490 et 493. Aco as, p. 87. Couhin, t II, p. 458. Voir les décisions citées p. 155.

Il suit de là qu'on peut ramener à deux les éléments du délit de contrefaçon :

1° *Le délit consiste dans un fait d'édition.* Editer, au sens de la loi, c'est fabriquer des exemplaires d'une œuvre de littérature ou d'art (1). Si le législateur avait entendu par édition non seulement le fait de la reproduction, mais encore celui de la publication, il eût été inutile de faire du débit un délit distinct. Il importe peu que la fabrication soit ou non suivie de la mise en vente des objets contrefaits. Dès qu'une œuvre est reproduite dans une mesure assez notable pour qu'il soit porté atteinte à la propriété littéraire et artistique, il y a contrefaçon (2). Il suffit même que l'ouvrage soit composé (3), que le moule soit fabriqué (4), que la planche soit gravée (5); car la composition, le moule, la planche gravée constituent des exemplaires d un genre particulier. L'œuvre reproduite peut être une production quelconque ; l'article 425 le dit expressément. Faut-il conclure du texte que l'édition ne constitue une infraction qu'autant qu'elle est obtenue par les procédés de l'impression et de la gravure? On reconnaît en général qu'en parlant de toute production *imprimée ou gravée* le législateur n'a pas voulu exclure les autres procédés connus de son temps ni ceux qui pourraient être découverts plus tard (6). Pour la sculpture, le doute est impossible, car l'article 427 du Code pénal, lorsqu'il prononce la confiscation des *moules ou matrices des objets contrefaits,*

(1) Cf. Chauveau et Hélie, t. VI, n° 2463. Renouard t. II n° 4 Pouillet, n°ˢ 460 et 602. Couhin, t. II, p. 433 et suiv.

(2) Cass. 2 juillet 1807, Sir. 2. 1 406. Chauveau et Hélie, t. VI, n° 2474. Blanc, p 169 Renouard, t. II n° 20. Pouillet, n° 523. Gairaud, t. V, n° 526 Cf. Paris, 1ᵉʳ juin 1892; Pat. 1892 217.

(3) Blanc, p. 169 Rendu et Delorme, n° 804 *Contra* Paris, 20 juin 1883; Pat. 1881. 179. Pouillet, n° 525. Garraud, t. V n° 526

(4) *Contra* : Paris, 20 juin 1883, Pat. 1884 179

(5) *Contra* : Paris, 11 février 1897, D. P. 1898. 2. 367, Pat. 1899· 160.

(6) Renouard, t. II, n° 18 Pouillet, n° 526. Couhin, t. II, p. 433. Garraud, t. V, n° 524.

décide implicitement que la contrefaçon peut être opérée par l'art du sculpteur (1).

2° *Il faut que l'édition soit faite au mépris des lois et règlements concernant la propriété des auteurs.* En d'autres termes, toute contrefaçon suppose une atteinte à la propriété littéraire et artistique. Il convient donc de rechercher dans chaque espèce, en se fondant sur les principes que l'on connaît, quelle est l'étendue du droit de l'auteur sur son œuvre. Le législateur a pris soin de dire qu'une édition partielle aussi bien qu'une édition totale est constitutive du délit ; mais, si la partie reproduite était trop peu considérable pour qu'il fût porté atteinte à la propriété littéraire et artistique, le délit n'existerait point, aucune contravention aux lois et règlements n'ayant lieu en pareil cas.

127. B. *Débit.*

« Le débit d'ouvrages contrefaits, dit l'article 426 du Code pénal, l'introduction sur le territoire français d'ouvrages qui, après avoir été imprimés en France, ont été contrefaits chez l'étranger, sont un délit de la même espèce. » Ainsi le débit d'ouvrages contrefaits est un fait punissable comme la contrefaçon ; mais il ne se confond pas avec elle (2).

Débit, au sens ordinaire du mot, signifie vente. Mais, si le législateur n'avait voulu atteindre que la vente, c'est l'expression de vente, plus précise que celle de débit, qu'il eût employée. En dehors de la vente il y a d'autres actes qu'il est nécessaire de prévenir en les frappant d'une peine pour assurer efficacement le respect de la propriété littéraire et artistique. Il n'est pas douteux que le législateur ait compris tous ces actes sous la dénomination de débit. Notamment, l'exposition en vente est en général considérée comme un fait de débit (3) ; on fait remarquer que la fraude serait difficile à empê-

---

(1) Cass. 17 novembre 1814 ; Sir. 4. 1. 631.
(2) Cass. 3 juin 1897, Pat. 1899. 161.
(3) Paris, 6 avril 1850 ; D. P. 1852. 2. 159. Paris, 15 mars 1882, Pat.

cher, s'il fallait constater la vente elle-même. La location d'un
exemplaire contrefait tombe également sous le coup de l'article 426 (1); si un tel trafic est moins dangereux que la vente,
il paraît cependant indispensable d'y mettre obstacle par une
mesure énergique. On doit en dire autant de tout acte ayant
pour objet la remise d'un exemplaire à titre gratuit. Débiter
une œuvre de littérature ou d'art, au sens de la loi, c'est en
offrir l'usage à autrui, à titre gratuit ou à titre onéreux, que
cette offre soit ou non suivie d'effet.

Il importe peu que le débit n'ait pour objet qu'un seul exemplaire, qu'il soit fait en vue de l'exportation (2), que les exemplaires sur lesquels il porte aient été contrefaits à l'étranger
ou dans un pays annexé depuis à la France (3).

128 C. *Introduction sur le territoire français d'ouvrages qui,
après avoir été imprimés en France, ont été contrefaits chez l'é-
tranger.*

D'après l'article 426 du Code pénal que nous avons cité plus
haut, ce délit suppose quatre conditions :

1° *L'ouvrage dont il s'agit a été imprimé en France.* Il est d'ailleurs généralement admis que, si la publication avait eu lieu
par un moyen autre que l'imprimerie, le délit n'en existerait

1884. 359. Paris, 26 janvier 1887, D. P. 1888. 2. 309. Pat. 1887. 147.
Chauveau et Hélie, t. VI, n° 2502. Gastambide, n° 76. Blanc, p. 183.
Renouard, t. II, n° 23. Rendu et Delorme, n° 822. Calmes, n° 498. Pouillet, n° 599. Gairaud, t. V, n° 526. Couhin, t. II, p. 465. Cf. Toulouse,
3 juillet 1835, Sir. 1836. 2. 39. Toulouse, 17 juin et 1835, Sir. 1836. 2.
41. L'exhibition d'un objet contrefait dans une exposition industrielle le
présentera parfois le caractère d'une offre de vente, et, en conséquence,
il faudra y voir un fait de débit. Paris, 12 février 1868; Pat. 1868. 74.
Couhin, t. II. p. 466.

(1) Cass. 28 janvier 1888, D. P. 1888. 1. 400, Pat. 1888. 82. Cass.
5 décembre 1895, D. P. 1897. 1. 205, Pat. 1896. 5. Renouard, t. II,
n° 23. Rendu et Delorme, n° 822. Pouillet, n°° 529 et 602.

(2) Paris, 26 janvier 1887, Pat. 1887. 147. Paris 17 janvier 1895;
Pat. 1895. 45.

(3) Cass. 29 thermidor an XI · S·. 1. 1. 851. Cass. 29 frimaire an XIV ;
Merlin, *Rep.*, v° *Contrefaçon*, § 9.

pas moins. On ne voit pas pourquoi le législateur aurait établi une distinction entre l'impression et les autres modes de publication et la rédaction de l'article 426 a trahi évidemment sa pensée (1).

2° *L'ouvrage dont il s'agit a été contrefait.* En conséquence, l'introduction n'est pas un délit si les exemplaires introduits ont été fabriqués à l'étranger par un éditeur cessionnaire de l'ouvrage pour son pays (2).

Pour savoir s'il y a contrefaçon, c'est l'article 425 du Code pénal, non la loi étrangère, qu'il faut consulter (3). Il est clair que l'article 426 se réfère, pour la définition de la contrefaçon, à l'article 425 qui le précède immédiatement.

3° *L'ouvrage dont il s'agit a été contrefait à l'étranger.* L'introduction est donc licite, au cas où un libraire étranger auquel des exemplaires ont été expédiés de France par le propriétaire de l'ouvrage à la condition qu'il ne les mettrait en vente que dans son pays, les introduit sur le territoire français (4).

4° *Les exemplaires contrefaits sont introduits en France.* Il importe peu qu'ils soient introduits en transit (5) ou admis dans les entrepôts des douanes. Cela serait illégal pour les ouvrages imprimés, lithographiés ou gravés, et, partant, ne produirait aucun effet. « Les contrefaçons en librairie, dit l'article 8 de la loi du 6 mai 1841, seront exclues du transit accordé aux marchandises prohibées par l'article 3 de la loi du 9 février 1832 ». Les dispositions contenues en cet article sont applicables à tous les ouvrages dont la reproduction a lieu *par les procédés de la typographie, de la lithographie ou de la gravure.* » Et, d'après l'article 8 de la loi du 13 dé-

---

(1) Pouillet, n° 604. Couhin, t. II, p. 467.

(2) *Contra* : Pouillet, n° 604.

(3) Paris, 18 juin 1868 ; Pat. 1899, 187.

(4) B anc, p 185 Pouillet, n° 606

(5) Paris, 28 novembre 1862 ; Pat. 1863 61. Paris, 7 février 1863 ; Pat. 1863 61 Paris, 8 mai 1863 ; Pat. 1863 165. B anc p. 185. Rendu et Delorme, n° 820. Pouillet n° 609 Couhin, t II p. 467.

cembre 1842, « les contrefaçons en librairie, exclues du transit par la loi du 6 mai 1841, ne pourront être reçues dans les entrepôts ». S'agit-il d'ouvrages autres que ceux qui sont prévus par ces textes, la solution doit rester la même. Le transit et l'admission dans les entrepôts, en effet, ont pour objet de favoriser les transports par l'exemption des droits de douane, ils n'entraînent aucune dérogation aux lois sur la propriété littéraire et artistique.

129. D. *Représentation illicite.*

Aux termes de l'article 428 du Code pénal, « tout directeur, tout entrepreneur de spectacle, toute association d'artistes, qui aura fait représenter sur son théâtre des ouvrages dramatiques au mépris des lois et règlements relatifs à la propriété des auteurs, sera puni d'une amende de cinquante francs au moins, de cinq cents francs au plus et de la confiscation des recettes. »

Il suit de là que le délit de représentation illicite n'existe qu'aux conditions suivantes :

1° *Il faut que l'infraction soit commise par un directeur, un entrepreneur de spectacles ou une association d'artistes* La jurisprudence attribue à ces expressions le sens le plus large; il n'est pas nécessaire, suivant elle, que la représentation soit organisée par une personne ou une association qui exploitent habituellement un théâtre (1). Cette interprétation n'est pas conforme à la règle d'après laquelle, en cas de doute il faut écarter l'application d'un texte de droit pénal. Si le législateur avait entendu atteindre une personne quelconque, il lui était facile de manifester sa volonté en disant, par exemple . « Quiconque aura fait représenter... » On comprend d'ailleurs qu'il ait préféré frapper seulement ceux pour qui l'exploitation

---

(1) Riom, 23 février 1859, Pat. 1860. 23. Cass. 22 janvier 1869 ; Sir 1870. 1. 45, D. P. 1869. 1. 384 ; Pat. 1869. 408. Lyon, 4 janvier 1884, S r. 1885. 2 103; D. P. 1884. 2. 159, Pat. 1885. 110. Rennes, 9 février 1892; D. P. 1893. 2. 268 ; Pat. 1893. 88. Garraud, t. V, n° 538. Couhin, t. II, p. 565. Cf. Chauveau et Hélie, t. VI, n° 2505. Gastambide, n°° 231 et 264.

d'une entreprise théâtrale est une profession ou au moins une occupation habituelle ; car l'atteinte à la propriété des auteurs en pareil cas est évidemment plus redoutable.

2° *Le fait dont il s'agit doit être un fait de représentation.* D'après le langage usuel, il y a représentation quand une scène est rendue visible par des acteurs ou des marionnettes qui la jouent. La rédaction de l'article 428 exclut donc l'exécution des œuvres musicales (1) et la lecture à haute voix des œuvres littéraires (2), qui s'adressent uniquement à l'oreille. On ne représente pas, on exécute un morceau de musique ; lire une pièce, ce n'est pas la représenter.

L'opinion contraire est cependant soutenue et elle prévaut même dans la jurisprudence comme dans la doctrine en ce qui concerne l'exécution des œuvres musicales Pour justifier ce système, on a prétendu que, la représentation, c'est-à-dire le cas le plus général, étant frappée d'une peine par l'article 428, il convenait d'appliquer le même texte à toute reproduction faite dans des conditions semblables ; c'est oublier qu'une loi pénale ne doit jamais être étendue par analogie à des faits qu'elle ne prévoit pas Peut-on dire, d'autre part, que le terme de représentation ne traduit pas exactement la pensée du législateur, ce qui permettrait à l'interprete de faire prévaloir l'esprit de la loi sur son texte ? Sans doute, il est singulier que le Code pénal ait passé sous silence l'exécution des œuvres musicales et la lecture des œuvres littéraires. Mais, si l'on y réflé-

---

(1) Renouard, t. II, n° 29. Nion, p. 60. Labbé, note ; Sir. 1883. 2. 49. *Contra* Cass. 24 juin 1852 ; S r. 1852. 1. 465 ; D. P. 1852. 1. 221. Cass. 16 décembre 1854 ; Sir. 1855. 1. 77 ; D. P. 1855. 1. 44. Cass. 11 mai 1860, Sir 1861. 1. 295 ; D. P. 1860. 1. 293 ; Pat. 1862. 382. Cass. 7 août 1863 ; Sir. 1864. 1. 151 , D. P. 1863. 1. 484 ; Pat. 1863. 381. Cass. 22 janvier 1869, précité. Cass. 28 janvier 1881, Sir. 1881. 1. 333 ; D. P. 1881. 1. 329, Pat. 1881. 228. Cass. 21 juillet 1881 , Sir. 1882. 1. 92 ; D P. 1881. 1. 391 ; Pat 1881 233. Gastambide, n°s 264 et suiv. Blanc, p. 244 et suiv. Calmels, n°s 143 et suiv. Couhin, t II, p. 564.

(2) Renouard, t. II, n° 26. Labbé, note précitée. *Contra* : Pouillet, n° 813.

chit, il ne paraît pas impossible que cette omission soit volontaire. A l'époque où fut rédigé le Code pénal, la lecture publique était moins répandue encore qu'aujourd'hui, les concerts, qui ont pris depuis tant d'extension, étaient rares et fréquentés seulement par une élite. On conçoit donc que le législateur n'ait pas cru nécessaire, pour empêcher des faits qu'il jugeait de peu d'importance, de recourir a une mesure telle que l'institution d'une peine

A outons qu'au cas où une œuvre mêlée de paroles et de musique est jouée par des acteurs, l'article 428 est applicable aussi bien à la musique qu'aux paroles; il n'y a rien d'incorrect, en effet, à parler de la représentation d'un opéra, et, en s'exprimant ainsi, on ne sépare pas la musique du poème auquel elle est liée.

3° Il faut que la représentation ait pour objet un ouvrage dramatique. C'est là encore une raison pour décider que l'article 428 ne concerne point l'exécution des œuvres purement musicales; si un opéra peut être regardé comme un ouvrage dramatique, il n'en est pas de même d'une œuvre, telle qu'une symphonie, dans laquelle la poésie ne s'allie pas à la musique. Parmi les ouvrages dramatiques, on rangera toutes les œuvres susceptibles d'être représentées. Il existe, par exemple, beaucoup de poèmes dialogués, d'oratorios, écrits pour être lus ou exécutés, qu'il est possible d'adapter à la scène ou même d'y porter sans aucun changement Rien ne s'oppose à ce qu'on qualifie d ouvrages dramatiques de telles compositions (1).

4° Il faut que la représentation soit donnée sur un théâtre. La jurisprudence supprime cette condition ; à ses yeux, le délit existe, quelle que soit la place où le fait a lieu (2). On ne sau-

(1) Cf. Cass 22 janvier 1869, précité, Labbé, note ; Sir 1883 2. 49.
(2) Cass. 24 juin 1852, précité. Cass 22 janvier 1869, précité. Cass. 28 janvier 1881, précité Cass. 24 juillet 1881, précité. Riom, 14 mai 1890; Sir 1891. 2. 166, D. P. 1891. 2. 5 Besançon, 13 juin 1894 ; Sir 1895. 2. 12, Pat. 1894. 211. Cass. 15 mars 1901, Pat. 1901. 232. Poullet, n° 816; Garraud, t. V, n° 538. Couhin, t. II, p 564.

rait méconnaître plus formellement la loi dans son esprit et dans son texte ; il est clair que, si le législateur eût voulu faire abstraction du lieu de la représentation, il n'aurait pas parlé du théâtre dans l'article 428.

5° *Il faut que la représentation ait lieu au mépris des lois et règlements relatifs à la propriété des auteurs.*

130 E. *Faits de complicité.*

A côté des infractions ci-dessus énumérées, il convient de placer les actes qui, aux termes du Code pénal, sont des faits constitutifs de complicité : provocation au délit, instructions données pour le commettre, fait d'avoir procuré les instruments ou tout autre moyen qui a servi à l'action, assistance dans les faits qui l'ont préparée ou facilitée ou dans ceux qui l'ont consommée, recel des auteurs du délit ou des choses obtenues par le moyen du délit.

La contrefaçon consistant dans la fabrication des exemplaires contrefaits, l'auteur principal est celui qui les fabrique lui-même. L'imprimeur qui donne à son ouvrier l'ordre de procéder à cette fabrication, l'éditeur qui en fait la commande à l'imprimeur et l'auteur qui traite avec l'éditeur doivent être poursuivis comme complices, car ils ont donné des instructions pour commettre le délit. C'est à tort qu'en général on attribue à l'écrivain ou à l'artiste (1) et à l'éditeur la qualité d'auteurs principaux (2), qu'on regarde l'imprimeur comme complice du délit commis par ces derniers (3), et qu'on n'impute aucun fait délictueux à l'ouvrier (4). Sans doute, dans la plupart des cas, l'ouvrier, qui n'est qu'un agent inconscient, doit échapper à l'application de la loi. Il n'en est pas moins l'auteur principal de la contrefaçon ; car l'auteur principal d'un délit, dans le système du Code pénal, est celui qui phy-

(1) Nîmes, 25 fevrier 1864, Pat. 1864. 387. Gastambide, n° 72.

(2) Paris, 1er juin 1892 (écrit gérant d'un journal), Pat. 1892. 217. Gastambide, n° 72. Pouillet, n° 485.

(3) Nîmes 25 février 1864 précité.

(4) Paris, 6 avril 1850 ; D. P. 1852. 2. 159.

siquement accomplit l'acte punissable (1). D'ailleurs, il est de
principe que le complice peut être poursuivi sans l'auteur
principal ; la bonne foi de l'ouvrier n'empêchera donc pas
qu'on agisse contre l'imprimeur, l'éditeur et l'auteur.

L'éditeur (2) et ses employés sont en général coauteurs du
délit de débit ; ils coopèrent à la mise en vente et à la vente.
L'achat des exemplaires est un fait délictueux pour deux raisons ; l'acheteur est coupable de recel, et, comme la vente
n'aurait pas eu lieu sans son concours, on peut dire qu'il a
prêté son assistance pour la consommation du délit (3).

Il a été jugé, contrairement aux principes ci-dessus énon-
cés, que le propriétaire d'une salle est responsable du délit de
représentation illicite à titre d'auteur principal, lorsque la représentation a lieu dans cette salle avec son assentiment ou
par son ordre (4). A notre avis, c'est en vertu de l'article 60 du
Code pénal qu'il faut agir contre lui (5), sa complicité résulte
de l'assistance ou des instructions qu'il a données aux acteurs
et des moyens matériels qu'il leur a fournis.

131. D'après l'article 3 du Code pénal, « les tentatives de délits ne sont considérées comme délits que dans les cas déterminés par une disposition spéciale de la loi. » Aucun texte
ne punissant la tentative, lorsqu'elle a pour objet l'un des délits prévus par les articles 425, 426 et 428, les actes qui constituent un commencement d'exécution de ces délits ne sont
pas eux-mêmes des faits délictueux. Ainsi, le fait de disposer
de la gélatine sur une statuette pour en pratiquer le surmou-
lage n'est qu'une tentative de contrefaçon non punissable (6).

(1) Garraud, t. II, n° 245
(2) Trib. Seine, 16 août 1864 ; Pat. 1865. 14
(3) Pouillet, n° 618.
(4) Lyon, 9 mai 1865, Pat. 1866. 102 Paris, 2 février 1866, Pat.
1866. 104. Paris, 24 novembre 1876, Pat. 1877. 144.
(5) Cass. 19 mai 1859, Sir. 1860 1 88, Pat. 1860. 23. Cass. 28 janvier 1881 ; Sir. 1881. 1. 233 D. P. 1881 1. 329, Pat. 1881 228. Douai,
8 juillet 1899, Pat. 1901. 76
(6) Paris, 2 juin 1876, Pat 1876 175

Annoncer la mise en vente d'une édition contrefaite n'est pas même un commencement d'exécution du débit, c'est seulement un acte préparatoire (1).

ARTICLE 2. — *Élément moral de l'infraction.*

132. On a prétendu que la contrefaçon, le débit, l'introduction en France et la représentation illicite étaient toujours des délits, que l'auteur de l'acte coupable fût de bonne ou de mauvaise foi, qu'il eût ou non connu, en l'accomplissant, qu'il en résultait une atteinte à la propriété littéraire et artistique (2) La plupart des auteurs rejettent cette doctrine. En règle générale, un acte n'est punissable qu'autant que celui qui le commet sait qu'il entraîne une lésion de droit (3), et rien n'autorise à décider que les articles 425, 426 et 428 aient dérogé à ce principe (4). L'erreur de droit, c'est-à-dire l'erreur qui consiste dans l'ignorance de la loi, ne doit point, d'ailleurs, être prise en considération (5). La jurisprudence est hostile au premier système ; elle admet que le prévenu s'exonère, s'il prouve sa bonne foi (6). Mais, par la façon dont elle

(1) Cass. 2 décembre 1808, Sir. 2. 1. 609. Gastambide, n° 78. Renouard, t. II, n° 23. Rendu et Delorne, n° 823 Calmels, n° 499. Pouilet, n° 603. Couhin, t. II, p. 466. *Contra* : Chauveau et Hélie, t. VI, n° 2501. Garraud, t. V, n° 526.

(2) Paris, 24 avril 1856, Pat. 1857. 163. Paris, 15 novembre 1856 ; Pat. 1857. 166. Renouard, t. II, n° 6, Nion, p. 55. Pataille, note ; Pat. 1857. 299.

(3) Garraud, t. Ier. n° 234.

(4) Chauveau et Hélie, t. VI, n° 2499. Gastambide, nos 75, 77. Blanc, p. 196 et suiv Rendu et Delorme, n° 806. Calmels, n° 493. Delalande, p. 113. Acollas, p. 85 Garraud, t V, n° 525. Couhin, t. II, p 501 et suiv. Cf. Pouillet, nos 475, 615 et 803

(5) Orléans, 22 avril 1863, D. P. 1863. 2 88, Pat. 1863 161.

(6) Cass. 24 mai 1855, Sir. 1855. 1 392, Pat 1855. 151. Cass. 1er mai 1862, D. P. 1863. 1 201 Pat 1862 309. Cass. 13 janvier 1866 ; Sir. 1866. 1. 267 ; D P. 1866. 1. 235 Pat. 1866. 391. Cass 4 août 1888 ;

entend la bonne foi, elle se distingue également du second
système Elle tend à incriminer toute faute, même lorsqu'on
ne peut reprocher au prévenu d'avoir agi en connaissance de
cause ; une simple imprudence, à ses yeux, suffit à motiver
une condamnation pénale (1). De nombreuses décisions ont
frappé les fabricants et débitants d'exemplaires contrefaits,
parce qu'ils avaient négligé de s'informer si l'œuvre éditée ou
mise en vente pouvait être licitement reproduite (2) La ri-
gueur des tribunaux s'atténue seulement au cas où l'erreur
est impossible ou difficile à éviter. Il y a eu des jugements
d'acquittement, notamment, lorsque l'œuvre reproduite avait
fait l'objet d'un contrat de cession entre l'auteur de la reproduction et une personne qui s'en prétendait à tort propriétaire (3) ; lorsque l'auteur de la reproduction avait obéi aux
ordres d'une personne dans la dépendance de laquelle il se trouvait placé (4) ; lorsqu'il s'était trompé sur l'étendue des droits
que lui conférait un contrat de cession (5) ; lorsque la reproduction était de celles que le propriétaire tolère habituellement (6) ; lorsqu'une personne avait fourni une salle pour y

---

Pat. 1892. 187. Cass. 11 avril, 1889, Pat. 1892. 190 Cass. 13 mars
1890, Pat 1892. 188. Cass. 23 juin 1893, D P. 1893 1. 616, Pat.
1893. 229.

(1) Cass. 18 juin 1847, Sir. 1847. 1. 682, D. P. 1847. 1. 253.
Rennes, 5 janvier 1892, Pat 1892· 191. Rennes, 9 février 1892, Pat.
1893. 88

(2) Amiens, 11 août 1864 (impr meur); Pat. 1864. 397. Aix, 27 août
1864 (impr meur) Pat 1864 401. Paris, 12 juillet 1867 (débitant), Pat.
1867. 407. Paris, 11 mars 1869 (photographe); Pat. 1869. 282 Angers,
26 janvier 1880 (fabricant de statuettes), Pat. 1880. 208 Paris, 18 juin
1898 ; Pat 1899. 187

(3) Paris, 23 février 1865; Pat. 1865 448. Paris, 14 mars 1873; Pat
1873. 397.

(4) Paris, 6 avril 1850 , D P. 1852. 2. 159.

(5) Paris, 15 février 1867, Pat 1867. 56.

(6) Nancy, 11 décembre 1891, Pat. 1892. 193. Besançon, 6 juillet
1892, D. P. 1892. 2 579, Pat. 1893. 229

organiser une représentation au programme de laquelle elle était restée complètement étrangère (1).

(1) Cass. 17 janvier 1863; Pat. 1863. 219. Paris, 15 juin 1864; Pat. 1866. 101. Paris, 2 février 1866; Pat. 1866. 104. Bordeaux, 20 mai 1869; Pat. 1870. 317. Nancy, 18 juin 1870, D. P. 1872. 2. 73, Pat. 1871-72. 342. Cass. 14 novembre 1873, Sir. 1874. 1. 134, D. P. 1874. 1. 136; Pat. 1874. 47. Paris, 2 mars 1876, D. P. 1877. 2. 128. Pat. 1876. 109. Orléans, 3 janvier 1899, Pat. 1901. 74.

CHAPITRE II

Des moyens légaux de mettre obstacle aux atteintes qui peuvent être portées à la propriété littéraire et artistique.

SECTION I

MESURES PRÉVENTIVES

SOMMAIRE

133 Énumération des mesures préventives. — **134.** A. Peine. — **135** B Confiscation des exemplaires contrefaits et des instruments de la contrefaçon — **136** C Destruction des exemplaires contrefaits et des instruments de la contrefaçon. — **137.** Appréciation de la législation française. — **138.** D. Saisie — **139** E. Mesures douanières. — **140.** F. Injonctions et défenses

133. Les mesures préventives qui ont pour objet d'assurer le respect dû à la propriété des auteurs sont la peine, la confiscation et la destruction des exemplaires contrefaits et des instruments de la contrefaçon, la saisie, les mesures douanières, les injonctions et les défenses.

134. A. *Peine.*

L'article 427 du Code pénal inflige au contrefacteur et à l'introducteur une amende de cent à deux mille francs ; d'après le même article, le débitant n'est puni que d'une amende de vingt-cinq à cinq cents francs. L'article 428 frappe le délit de représentation illicite à la fois d'une amende de vingt-cinq à cinq cents francs et de la confiscation des recettes

Sans nier que la confiscation des recettes fût une pénalité, on a prétendu qu'elle pouvait être prononcée par les tribunaux civils (1); c'est méconnaître le principe élémentaire suivant lequel les tribunaux de répression ont seuls le droit d'infliger des peines.

Une question plus délicate est celle de savoir si la confiscation, au cas où la représentation comprend des œuvres de différents auteurs, doit s'appliquer à la totalité de la recette ou s'il faut calculer la part afférente à l'œuvre représentée illicitement. A l'appui du premier système, on a invoqué à tort le texte de la loi (2) L'article 428 dit seulement que le délinquant sera puni *de la confiscation des recettes*; il ne résout donc point la difficulté. A notre avis, il n'est pas admissible que la recette soit intégralement confisquée (3) Le produit de la confiscation, ainsi qu'on le verra plus loin (4), est attribué à la partie lésée. Or, la loi du 19 juillet 1791 ayant établi un privilège au profit des auteurs dramatiques sur la recette, ce serait rendre cette disposition inapplicable que d'admettre la confiscation totale, puisque la partie lésée aurait seule le droit d'en bénéficier.

La confiscation des recettes, aussi bien que l'amende, est obligatoire pour le juge.

Doit-elle être prononcée lorsqu'il n y a pas eu de saisie? La négative (5) résulte de l article 429. « Le produit des confiscations, dit cet article, ou les recettes confisquées seront remis au propriétaire...; le surplus de son indemnité, ou l entière indemnité, s'il n'y a eu ni vente d'objets confisqués *ni saisie de recettes*, sera réglé par les voies ordinaires » Ainsi le législateur, lorsqu'il n'y a pas eu de saisie, refuse la remise des

(1) Trib Seine, 3 avril 1878 Pat 1892, 233. Pouillet, n° 834.

(2) Lacan et Paulmier, t. II, n° 718.

(3) Pouillet, n° 835. Couhin, t. II, p 578.

(4) Voir n° 142.

(5) Cass 6 janvier 1898 Sir. 1899 1 63 , D. P 1898 1; 407; Pat. 1901 96. Rauter, t, II, n° 563. Cariot, t. II, p. 438, Cf. Pouillet, n° 835.

recettes à la partie lésée, or, en cas de confiscation, il ordonne toujours cette remise, il faut en conclure que la saisie est, à ses yeux, la condition de la confiscation La raison de cette disposition, c'est sans doute qu'il serait généralement difficile de déterminer le montant des recettes en l'absence de saisie.

135. B. *Confiscation des exemplaires contrefaits et des instruments de la contrefaçon.*

L'article 427 du Code pénal, après avoir frappé d'une amende le contrefacteur, l'introducteur et le débitant, s'exprime ainsi : « La confiscation de l'édition contrefaite sera prononcée tant contre le contrefacteur que contre l'introducteur et le débitant. Les planches, moules ou matrices des objets contrefaits seront aussi confisqués. »

Quel est le caractère de la confiscation prescrite par ce texte? Suivant un premier système, on doit y voir une véritable peine. Cette interprétation s'appuie sur l'article 11 du Code pénal, aux termes duquel la confiscation est une peine comme l'amende (1). On invoque, en outre, les précédents; antérieurement au Code pénal, la confiscation, qu'ordonnait déjà l'article 3 de la loi du 19 juillet 1793, était regardée comme une peine par un arrêté du 27 messidor an VII et par le Tribunal de cassation (2). Telle est l'opinion de la Cour suprême (3) et de la majorité des auteurs. Mais, parmi ces derniers, on ne s'accorde pas sur les conséquences à tirer du principe posé.

---

(1) Voici le texte de cet article . « L'amende et la confiscation spéciale, soit du corps du délit, quand la propriété en appartient au condamné, soit des choses produites par le délit, soit de celles qui ont servi ou qui ont été destinées à le commettre, sont des peines communes aux matières criminelles et correctionnelles. »

(2) Merlin, *Quest. de dr.*, v° *Contrefaçon*, § 1er.

(3) Cass. 5 juin 1847; Sir. 1847. 1. 529 · D. P. 1847. 1. 170. Cass. 29 décembre 1882; D. P. 1884. 1. 369 , Pat. 1884. 359. Cass. 23 juin 1893; D. P 1893. 1. 616; Pat. 1893. 229. Un certain nombre d'arrêts, sans préciser le caractère de la confiscation, l'ont ordonnée, quoique le prévenu fût acquitté à raison de sa bonne foi. Voir notamment . Douai, 8 août 1865; Pat. 1869. 248. Paris, 21 janvier 1868; Pat. 1868. 56.

Plusieurs décident que la confiscation ne peut être prononcée par les tribunaux civils et que les tribunaux correctionnels n'ont pas le droit de l'ordonner en cas d'acquittement, mais ils admettent que les objets contrefaits soient remis à la partie lésée pour l'indemniser du préjudice qu'elle a souffert (1); suivant d'autres, si la confiscation est interdite au civil à raison de son caractère pénal, elle doit être ordonnée au correctionnel même en cas d'acquittement (2); un autre encore n'admet la confiscation ni au civil ni, en cas d'acquittement, au correctionnel (3). Dans un second système, auquel nous nous rallions, la confiscation des exemplaires contrefaits et des instruments de la contrefaçon est, non une peine, mais une mesure d'ordre public (4). L'article 11 du Code pénal, parlant de la confiscation en général, dit qu'elle est une peine commune aux matières criminelles et correctionnelles; il ne dit pas qu'elle soit toujours une peine. Il est admis communément qu'elle est tantôt une peine, tantôt une mesure d'ordre public, et que le caractère qu'elle présente se détermine par le but que le législateur, en l'instituant, a voulu atteindre; si elle tend à retirer de la circulation un objet dangereux ou dont la possession est illicite, elle constitue une mesure d'ordre public; lorsque le fondement sur lequel elle repose est la nécessité d'assurer le respect du droit par la crainte d'un châti-

---

(1) Gastambide, n° 175. Renouard, † II, n° 254. Nion, p. 360. Rendu et Delorme, n° 835. Came s, n°s 647 et suiv. Delalande, p. 130.

(2) Note; Journal du droit criminel, 1870, p. 37. Garraud, t. Ier, n° 365; t. V, n° 533. Cf. Blanc, p. 205.

(3) Couhin, t. II, p. 484 et suiv.

(4) Paris, 21 novembre 167; Pat. 1867. 359. Angers, 26 janvier 1880, Pat. 1880. 204 Patai e, note; Pat. 1868 305. Pouillet, n° 699. Cf Paris, 1er mars 1830; Pat. 1868. 320. Paris, 24 janvier 1845; Pat 1868. 321. Paris, 21 août 1857; Pat. 1858. 72. Il résulte de ces arrêts qu'une Cour, lorsque le ministère public n'a pas interjeté appel d'un jugement acquittant le prévenu, ne saurait prononcer une condamnation à l'amende, mais qu'elle a le droit d'ordonner la confiscation au profit de la partie civile appelante.

ment, elle constitue une pénalité (1). Cela posé, ne voit-on pas que, si l'article 427 prescrit la confiscation des exemplaires contrefaits et des instruments de la contrefaçon, c'est parce que la possession des exemplaires contrefaits est illicite, et que cette possession, ainsi que celle des instruments de la contrefaçon, expose l'auteur et ses ayants cause à voir leur droit de nouveau lésé? L'article 11 est donc étranger au cas qui nous occupe Le texte même de l'article 427 peut fournir un argument à l'appui de notre système. « La peine dit cet article, contre le contrefacteur ou contre l'introducteur sera une amende. . La confiscation de l'édition contrefaite sera prononcée tant contre le contrefacteur que contre l'introducteur et le débitant. » Il paraît résulter de cette rédaction que le législateur a considéré l amende seule comme une peine, s'il avait attribué le même caractère à la confiscation, il aurait qualifié de peine la confiscation comme l amende. Ajoutez que le taux de l'amende, en cas de représentation illicite, est moindre qu'en cas de contrefaçon, de débit et d'introduction en France; cette différence s explique aisément, si la confiscation des exemplaires contrefaits et des instruments de la contrefaçon n'est pas une peine, car, tandis que la contrefaçon, le débit et l'introduction en France ne sont punis que par l'amende, le délit de représentation illicite entraîne en outre contre le prevenu la confiscation des recettes.

Du principe que la confiscation des exemplaires contrefaits et des instruments de la contrefaçon constitue une mesure d'ordre public il faut conclure, notamment : 1° que les tribunaux civils comme les tribunaux correctionnels ont le droit de la prononcer; 2° que les tribunaux correctionnels ont le droit de la prononcer même en cas d'acquittement, 3° que les tribunaux ont le droit de la prononcer contre un simple détenteur (2)

. (1) Garraud, t. 1er, n° 362 Laborde, *Cours élémentaire de droit criminel*, nos 389 et suiv.

(2) Pouillet, n° 714.

et quand bien même la personne entre les mains de laquelle se trouvent les objets qu'il s'agit de confisquer ne serait pas en cause (1).

Pour que la confiscation soit ordonnée, il faut que le juge constate l'existence d'un des faits prévus par les articles 425 et 426 du Code pénal ou d'un fait de complicité. En effet, aux termes de l'article 470, la confiscation n'est possible, en matière de simple police, que *dans les cas déterminés par la loi*, et cette disposition est applicable par analogie en matière correctionnelle. Peu importe, d'ailleurs, que l'élément intentionnel du délit fasse défaut Que l'acheteur d'un objet contrefait (2), qu'un simple débitant soient acquittés à raison de leur bonne foi, la confiscation sera néanmoins prononcée contre eux; ils auront seulement le droit d'agir en garantie contre leur vendeur (3).

Sur quoi porte la confiscation ?

Aux termes de l'article 427, la confiscation porte, en premier lieu, sur l'*édition contrefaite* Tout ce qui n'est pas contrefait échappe à la confiscation. Si donc une partie seulement de l'œuvre revendiquée a été reproduite, c'est cette partie, à l'exclusion du reste, qu'il faut confisquer (4). Toutefois, il se peut que la division soit impraticable, par exemple lorsque le contrefacteur a disséminé dans le texte de son œuvre les emprunts faits à un autre écrit. La confiscation doit alors porter sur le tout (5). Pareillement, s'il s'agit d'une œuvre artistique et qu'il soit impossible de la séparer d'un objet avec lequel elle

---

(1) *Contra* : Pouillet, n° 714.

(2) Pouillet, n° 708.

(3) Pouillet, n° 615.

(4) Paris, 1er décembre 1855, Pat 1857 243. Gastambide, n° 177. Renouard, t. II, n° 259 Rendu et De orme, n° 830. Calmels, n° 660. Pouillet, n° 709 Couhin, t. II, p. 487.

(5) Besançon, 10 mars 1886; Pat. 1887. 98. Voir les auteurs cités à la note précédente.

fait corps, cet objet sera compris dans la confiscation (1).

En second lieu, la loi déclare sujets à confiscation *les planches, moules ou matrices des objets contrefaits* Il est certain qu'il serait injuste de confisquer les instruments de la contrefaçon, s'ils peuvent être employés autrement; on ne voit pas, par exemple, pourquoi l'on prendrait à l'imprimeur les presses au moyen desquelles il a fabriqué les exemplaires contrefaits (2) Mais faut-il s'en tenir aux objets énumérés par l'article 427 ou y joindra-t-on tous ceux qui, ne pouvant servir à d'autres fins qu'à contrefaire, sont une menace pour l'auteur et ses ayants cause? La première solution doit être admise si l'on attribue à la confiscation un caractère pénal (3). Pour nous, qui rejetons cette doctrine, rien ne nous empêche d'appliquer par analogie l'article 427 à tous les objets comparables aux planches, moules et matrices; notamment, il y a lieu de confisquer les clichés qui ont servi à l'impression d'un livre et les clichés photographiques (4).

L'article 429 décide que le produit des confiscations sera remis au propriétaire pour l'indemniser du préjudice qu'il a souffert. Le même article porte que, s'il n'y a eu *vente d'objets confisqués*, l'indemnité due au propriétaire sera réglée par les voies ordinaires. Faut-il conclure de là que les objets confisqués doivent, au sens de la loi, être mis en vente, et que c'est la somme obtenue qui servira à indemniser le propriétaire? On s'accorde à reconnaître que ce texte ne saurait être pris à la lettre. La vente, sans l'aveu du propriétaire, constituerait une nouvelle atteinte à son droit. Le législateur n a évidemment pas eu l'intention de contredire les lois et règlements

---

(1) Cass. 19 mais 1858; Sir. 1858. 1. 631; D P. 1858. 1. 190; Pat 1858 294.

(2) Blanc, p. 194. Renouard, t. II, n° 256. Pouillet, n° 718 Couhin, t. II, p. 487.

(3) Cf. Carnot, t. II, p. 434. Gastambide, n° 176. Renouard, t. II, n° 256. Rendu et Delorme, n° 829 Couhin, t. II, p. 487.

(4) Pouillet, n° 717.

relatifs à la propriété des auteurs qui sont rappelés dans l'article 425. Cette interprétation, au surplus, est conforme aux précédents. Suivant l'article 3 de la loi du 19 juillet 1793, « les officiers de paix seront tenus de faire confisquer, à la réquisition et au profit des auteurs,... tous exemplaires. » Et l'article 42 du décret du 5 février 1810 déclare semblablement que « l'édition ou les exemplaires contrefaits seront confisqués à leur profit ». Donc, malgré les termes de l'article 429, les objets confisqués doivent être remis en nature à qui de droit (1).

Pour que les objets confisqués soient attribués à la partie lésée, il faut : 1° que la partie lésée soit en cause; 2° qu'elle justifie d'un préjudice; 3° qu'elle demande les objets confisqués. Cette dernière condition est contestée (2). La disposition de l'article 429, dit-on, est impérative; elle ne suppose pas une demande de la partie lésée. Selon nous, ce qui résulte du texte, c'est que le législateur a voulu régler impérativement la forme de l'indemnité, quant à la question qui nous occupe, il faut en chercher ailleurs la solution. La nécessité de conclusions expresses nous paraît commandée par la règle d'après laquelle, au correctionnel (3) comme au civil, des dommages intérêts ne peuvent être accordés à la partie lésée qu'autant qu'elle le requiert; cette règle est applicable aux objets confisqués, puisque c'est à titre de dommages intérêts que l'article 429 en prescrit l'attribution au propriétaire. Ajoutons que la partie lésée n'a pas le droit de demander une indemnité purement pécuniaire, hors le cas où il n'y a rien à confisquer; la loi est formelle à cet égard.

Les tribunaux, en prononçant la confiscation au profit de la

---

(1) Gastambide, n° 179. Pouillet, n° 705. Couhin, t. II, p. 480.

(2) Pouillet, n° 721. Couhin, t. II, p. 481.

(3) D'après l'article 51 du Code pénal, « quand il y aura lieu à restitution, le coupable pourra être condamné, en outre, envers la partie lésée, *si elle le requiert,* à des indemnités dont la détermination est laissée à la justice de la cour ou du tribunal, lorsque la loi ne les aura pas réglées. »

partie lésée, ordonnent parfois que, faute par le détenteur de remettre à celle-ci les objets confisqués, il aura à lui payer une certaine somme à titre de dommages intérêts (1).

Lorsqu'il prononce la confiscation, le juge doit dire quels sont les exemplaires auxquels elle s'appliquera. Des arrêts ont autorisé le demandeur à *faire saisir, partout où ils se trouveront, les exemplaires contrefaits* (2). Statuer ainsi, c'est ouvrir la porte à de nouvelles contestations. La question de contrefaçon peut se poser en fait ou en droit à propos de chaque exemplaire; n'est-il pas possible, par exemple, que tel exemplaire ait été reproduit avec l'autorisation de l'auteur ou qu'il soit trop peu semblable à l'œuvre revendiquée pour en être la contrefaçon? Il est clair qu'un jugement dont l'exécution soulève de telles difficultés prête à la critique; le juge n'accomplit entièrement sa tâche qu'autant qu'il détermine avec précision sur tous les points qui lui sont soumis quel est le droit des parties en cause.

L'absence de saisie ne met pas obstacle, en droit, à la confiscation (3). La saisie facilite d'ailleurs la tâche du juge qui comme il a été dit au paragraphe précédent, en ordonnant la confiscation, doit indiquer quels objets y seront soumis.

Le juge est tenu, quand il en a le droit, de prononcer la confiscation Cela résulte des termes impératifs de l'article 427 (4). C'est donc à tort que certaines décisions ont remplacé la confiscation par la destruction de tout ou partie des exemplaires (5)

(1) Paris, 27 juillet 1812, Sir. 4 1. 185

(2) Paris, 14 août 1828, Gaz Trib 15 août 1828, Paris, 11 mai 1830; D. A., v° *Propr litt*, n° 498.

(3) Renouard, t. II, n° 255. Rendu et Delorme, n° 837 Calmels, n° 650. Pouillet, n° 716, Couhin, t. II, p. 487. *Contra* : Carnot, t II, p. 474.

(4) Gastambide, n° 177. Renouard, t. II, n° 259 Rendu et Delorme, n° 836.

(5) Paris, 23 janvier 1862; Pat 1862 28. Paris, 20 février 1872; Sir. 1873. 2. 273; D. P. 1872. 2. 173; Pat 1871-72. 193. Paris, 30 mai 1872; Pat 1873 165. Limoges, 22 juillet 1885, Pat. 1886. 138.

ou par l'allocation à la partie lésée d'une indemnité pécuniaire (1) Mais, lorsque les objets confisqués doivent être remis
à la partie lésée, rien ne s'oppose à ce que celle-ci s'entende
avec le délinquant pour les lui laisser, en sorte que le juge, au
lieu de prononcer la confiscation, n'aura qu'à leur donner acte
de cet accord.

136. C *Destruction des exemplaires contrefaits et des instruments de la contrefaçon.*

Comme la confiscation, la destruction est une mesure d ordre
public, qui a pour objet de prévenir de nouvelles atteintes au
droit de l'auteur et de ses ayants cause. La confiscation étant
obligatoire lorsque la loi l autorise, il faut, pour admettre la
destruction, supposer une espèce où la confiscation soit illicite.
Toutes les fois que cela sera possible, le juge devra ordonner
que les exemplaires contrefaits et les instruments de la contrefaçon soient seulement dénaturés Il n'est pas toujours nécessaire, pour faire disparaître le caractère de ces objets, de les
mettre à néant; il suffit d'en changer la forme. Par exemple,
au lieu de réduire en miettes une statue de marbre, on se con-
tentera d'en effacer les contours

137. Le législateur a t-il eu raison de préférer la confiscation
à la destruction, de la rendre obligatoire et d'attribuer les
objets confisqués à la partie lésée? Ce systeme a l'inconvénient
d'enrichir injustement la partie lésée, au cas où la valeur des
objets confisqués dépasse le préjudice qu'elle a souffert D'autre
part, la destruction présente toujours un défaut non moins
grave : elle anéantit une valeur dont on pourrait tirer profit.
Il suit de là que la confiscation paraît préférable, lorsque la
valeur des objets sur lesquels elle doit porter est égale ou inférieure au préjudice causé à la partie lésée et qu'ils peuvent lui
être remis à titre de dommages intérêts. Si, au contraire, la
valeur de ces objets est trop importante, mieux vaut en ordon-

---

(1) Paris, 2 juillet 1834; Gaz. Trib. 3 juillet 1834. Voir dans le même
sens Chauveau et Hélie, t. VI, n° 2500.

ner la destruction, à moins que la partie lésée ne s'entende avec le détenteur pour en faire l'achat. La destruction elle-même deviendrait inadmissible dans certains cas; conçoit-on qu'un édifice contrefait soit abattu? Il serait donc à désirer que la loi laissât au juge toute liberté pour statuer selon les circonstances.

138. D. *Saisie*

La saisie des exemplaires contrefaits, qu'autorise la loi du 19 juillet 1793, procure à l'auteur un moyen de preuve; elle constitue en outre une mesure préventive qui assure le respect de son droit Les exemplaires contrefaits étant retirés de la circulation, la mise en vente est désormais impossible.

139. D. *Mesures douanières.*

D'après la loi du 6 mai 1841, relative aux douanes, les livres venant de l'étranger ne peuvent être présentés à l'importation que dans certains bureaux de douanes (1) et, dans le cas ou des présomptions de contrefaçon sont elevées sur les livres présentés, l admission est suspendue, les livres sont retenus à la douane, et il en est référé au Ministre de l'Intérieur, qui doit statuer dans un délai de quarante jours.

Si le ministère public, averti par les agents des douanes, engage des poursuites, les exemplaires confisqués doivent être remis, non à l'administration des douanes, mais à l'État (2).

Afin de faciliter la surveillance, il est en outre prescrit : 1° que l'importateur d'un ouvrage quelconque devra produire un certificat d'origine relatant le titre de l'ouvrage, le lieu et la date de l'impression, le nombre des volumes; 2° que les volumes présentés a l'importation devront être brochés ou reliés et ne pourront être présentés en feuilles. Une circulaire du directeur général des douanes en date du 11 septembre 1863 décide qu'il sera suffisamment satisfait à cette dernière condition, si les ouvrages ne sont pas « en feuilles non pliées selon le for-

---

(1) Les expéditions sur Paris sont admises dans tous les bureaux.
(2) Pontarlier, 25 juillet 1835; D. P. 1835. 3. 114. Renouard, t. II, n° 258. Pouillet, n° 719.

mat dans lequel elles ont été imprimées et selon la pagination qu'elles portent, de manière qu'il ne soit possible qu'avec difficulté de distinguer le commencement de l'ouvrage, d'en retrouver le titre et d'en juger le caractère. »

Ces dispositions ne concernent pas seulement les livres ; elles sont applicables « à tous les ouvrages dont la reproduction a lieu par les procédés de la typographie, de la lithographie ou de la gravure ». Un décret du 14 mars 1863 énumère « les livres en langue française, imprimés à l'étranger ou en France, les dessins, estampes, gravures, lithographies ou photographies, avec ou sans texte ».

Nous avons déjà eu l'occasion de dire que la loi du 6 mai 1841 exclut les ouvrages contrefaits du transit et qu'une ordonnance du 13 décembre 1842 déclare qu'ils ne pourront être reçus dans les entrepôts (1).

La loi du 11 janvier 1892 portant établissement du tarif général des douanes prohibe à la sortie les contrefaçons en librairie

140 F. *Injonctions et défenses.*

Par application de l'article 1036 du Code de procédure civile (2), le juge peut, en matière de propriété littéraire et artistique, prononcer des injonctions et des défenses, il ordonnera, par exemple, au contrefacteur d'arrêter la publication d'un écrit qu'il a commencée (3).

(1) Voir n° 128.
(2) Les tribunaux, dit cet article, « pourront, dans les causes dont ils seront saisis, prononcer, même d'office, des injonctions. »
(3) Ce serait sortir du cadre de cet ouvrage que d'examiner la question de savoir si le juge a le droit de décider, à titre d'astreinte, que le défendeur paiera tant par jour de retard ou par contravention constatée ; la jurisprudence, qui admet l'affirmative, est sur ce point en désaccord avec la majorité des auteurs. Cf. Paris, 30 mai 1872 ; Pat. 1873, 165.

SECTION II

MESURES RÉPARATIVES

SOMMAIRE

141. Énumération des mesures réparatives. — **142.** A. Remise des objets confisques et allocation d'une indemnité pécuniaire. — **143.** B. Publication du jugement.

141. Quand un préjudice a été causé au propriétaire d'une œuvre littéraire ou artistique par une atteinte portée à son droit, il peut en obtenir la réparation par la remise des objets confisqués et l'allocation d'une indemnité pécuniaire et par la publicité donnée au jugement.

142. A. *Remise des objets confisqués et allocation d'une indemnité pécuniaire.*

D'après l'article 429 du Code pénal, « le produit des confiscations ou les recettes confisquées seront remis au propriétaire pour l'indemniser d'autant du préjudice qu'il aura souffert, le surplus de son indemnité, ou l'entière indemnité, s'il n'y a eu ni vente d'objets confisqués, ni saisie des recettes, sera réglé par les voies ordinaires » En conséquence, la partie lésée doit recevoir, premièrement, ce qui est confisqué, c'est-à-dire les exemplaires contrefaits et les instruments de la contrefaçon, et, en cas de représentation illicite, le montant de la recette; secondement, si la valeur de ce qui lui revient de ce chef est insuffisante, le juge lui allouera une indemnité pécuniaire de manière à assurer entièrement la réparation du dommage causé (1).

Cette disposition entraîne parfois une dérogation au droit

(1) Orléans, 7 février 1855, D. 1ʳ 1855. 2 159. Cass 18 décembre 1857; Pat. 1858, 72.

commun. En règle générale, les dommages intérêts doivent
correspondre exactement au préjudice. Il se peut que le tort
fait au propriétaire de l'œuvre contrefaite ou représentée illicitement soit inférieur à la valeur des objets et des recettes
confisqués; même en ce cas, par application de l'article 429,
tout le produit de la confiscation lui sera remis.

Une condamnation au paiement de dommages intérêts peut-
elle donner lieu à un recours en garantie? Tout le monde répond négativement, si le condamné a connu la portée de son
acte (1). Il serait immoral, en effet, qu'il s'appuyât sur la décision qui l'a frappé pour justifier son recours Par exemple, un
libraire accepte sciemment de mettre en vente des exemplaires
contrefaits que lui a cédés l'éditeur, poursuivi pour atteinte à
la propriété de l'ouvrage, il ne saurait agir en garantie contre
son cédant. Au contraire, les dommages intérêts sont-ils simplement motivés par l'imprudence ou la négligence du défendeur, il est admissible, suivant les circonstances, qu'un recours
lui soit ouvert (2). La condamnation prononcée n'offre en ce cas
rien d'infamant et il n'y a pas d'immoralité à s'en prévaloir (3).

Il a été jugé qu'au cours d'un procès engagé à l'occasion
d'une atteinte portée à la propriété littéraire et artistique, le
défendeur, qui se reconnaît débiteur d'une certaine somme à
titre de dommages intérêts, ne pouvait faire des offres libératoires au sens de l'article 1258 du Code civil, cet article exigeant implicitement que la dette soit liquide au moment des
offres (4).

143. B. *Publication du jugement*

Les tribunaux ont le droit d'ordonner l'impression et l'affichage de leurs jugements. L'article 1036 du Code de procédure
civile dit qu'ils peuvent le faire même d'office; c'est qu'il est
parfois utile d'effacer le scandale public produit par le fait du

(1) Cf. Trib. Seine, 15 décembre 1869, Pat. 1869. 418
(2) *Contra* : Trib Seine, 14 mars 1862, Pat 1862. 226
(3) Pouillet, n° 600 Couhin, t II, p. 495.
(4) Cass. 9 août 1872, D. P. 1872. 1 332 ; Pat. 1873. 170.

condamné (1). Si l'on s'attache à l'intérêt de la partie lésée, il
faut reconnaître que cette mesure est la plus propre à réparer
le préjudice qu'elle a souffert, lorsque l'atteinte portée à son
droit a pu faire croire qu'il n'existait pas; l'affichage du jugement et des insertions dans les journaux rétabliront la vérité.

SECTION III

DE LA SOLIDARITÉ ENTRE LES PERSONNES CONDAMNÉES A RAISON D'UN MÊME FAIT

SOMMAIRE

144. Application de l'article 55 du Code pénal.

144. D'après l'article 55 du Code pénal, « tous les individus
condamnés pour un même crime ou pour un même délit seront
tenus solidairement des amendes, des restitutions, des dommages intérêts et des frais ». Il est admis que cette disposition
s'applique également aux quasi-délits. En conséquence, toute
condamnation prononcée à l'occasion d'un même fait, au
civil (2) ou au correctionnel (3), contre plusieurs personnes
qui ont porté atteinte à la propriété littéraire et artistique, les
constituera débiteurs solidaires de ce qu'elle met à leur charge.
Il en serait autrement au cas où les personnes poursuivies conjointement auraient à répondre de faits distincts. Un fabricant
et un débitant, seront tenus solidairement, si le même objet a
été contrefait par l'un et débité par l'autre; car ils se sont
prêté un mutuel appui (4). Au contraire, si plusieurs objets
ont été fabriqués et débités par différentes personnes, les condamnations dont elles seront frappées n'entraineront en géné-

(1) Cass. 16 mai 1873; Sir. 1873. 1, 235; D. P. 1873. 1. 441.
(2) Paris, 17 novembre 1885; Pat. 1886. 36.
(3) Paris, 11 mars 1869, Pat. 1869. 282.
(4) Cf. Cass. 18 mai 1899; Pat. 1899. 88.

ral aucune solidarité entre les fabricants ni entre les débitants (1).

(1) Paris, 16 février 1843; S r. 1843. 2. 129. Gastambide, n° 191. B anc, p. 207. Renouard, t. II, n° 253 Rendu et De orme, n° 839. Calme s, n° 676. Pouillet, n° 727. Couhin, t II, p. 482. Nous laissons de côté la questio 1 de savoir quand la solidarité a lieu de plein droit, quand elle doit être demandée.

LIVRE QUATRIÈME

DES ACTIONS (1)

CHAPITRE PREMIER

Conditions requises pour agir en justice à l'occasion des atteintes qui peuvent être portées à la propriété littéraire et artistique.

SOMMAIRE

145. Énumération des conditions requises pour agir en justice. — **146.** A. Droit. — **147.** B. Intérêt. — **148.** C. Qualité. — **149.** D. Capacité et pouvoir. — **150.** E. Dépôt.

145. De droit commun, les conditions requises pour agir en justice sont le droit, l'intérêt, la qualité, la capacité et le pouvoir; en outre, l'exercice de l'action en contrefaçon est subordonné à la formalité du dépôt.

146. A. *Droit.*

A l'occasion d'une atteinte portée à la propriété littéraire et artistique, une personne peut faire valoir en justice différents droits. Si elle sollicite la réparation du tort qui lui est

_____

(1) Sous ce titre, nous ne traiterons que des actions exercées par les particuliers à l'occasion d'atteintes portées à la propriété littéraire et artistique; c'est la seule hypothèse où la loi déroge à certains égards au droit commun.

causé, elle invoque une créance née de l'acte délictueux qui a été commis, soit que cet acte ait seulement porté atteinte à la propriété de l'œuvre, soit qu'il ait en outre entravé l'exercice d'un autre droit. Si elle se borne à demander que le juge prononce une injonction tendant à faire cesser le trouble ou à l'empêcher dans l'avenir, le droit dont elle se prévaut, c'est tantôt la propriété qu'elle a de l'œuvre usurpée, tantôt un droit dont l'exercice est injustement entravé par l'usurpation commise (1).

L'auteur apparent d'une œuvre de littérature ou d'art, qui l'a empruntée à autrui et publiée sous son nom, n'est évidemment investi d'aucun droit qu'il puisse invoquer en justice. En conséquence, s'il engage des poursuites, ce défaut de droit constitue au profit de la personne poursuivie un moyen de défense opposable à la demande (2); le fait incriminé peut, d'ailleurs, être frappé d'une peine à la requête du ministère public.

Celui qui aliène une œuvre par un contrat de vente pure et simple n'a plus désormais le droit d'agir à l'occasion d'une atteinte qui serait portée à la propriété de cette œuvre (3); il ne saurait, en effet, fonder son action sur un droit lésé par le fait délictueux. C'est à tort qu'on a prétendu le contraire, sous prétexte que, contrefacteur du cédant ou du cessionnaire, le délinquant n'en est pas moins coupable, et qu'il est à présumer, le cessionnaire gardant le silence, que le cédant s'est réservé le droit de poursuite (4). Sans rechercher si une telle réserve serait légale, il nous suffira de faire observer que son

---

(1) Cf. Paris, 20 juin 1895; Pat. 1896, 47, Gastambide, nº 159. B anc, p. 187. Renouard, t. II, nº 216. Rendu et Delorme, nº 827. Lardeur, p. 185. Couhin, t. II, p. 470.

(2) *Contra* : Pouillet, nº 623.

(3) Paris, 6 avril 1850; D. P., 1852. 2, 159. Trib. Seine, 5 février 1891; Pat. 1892. 202. Trib. Seine, 24 février 1894; Pat. 1895. 279, Trib. Seine, 17 janvier 1896; Pat. 1896 53. Cf Toulouse, 3 juillet 1895; Sir. 1836. 2, 39; D. P. 1836. 2. 56.

(4) Pouillet, nº 623.

caractère exceptionnel empêche qu'elle soit présumée; quant
à la culpabilité du délinquant, si elle justifie l'action publique,
il n'en résulte pas qu'un particulier puisse s'en faire un titre
pour obtenir ce qui ne lui est pas dû. La solution ne serait
pas différente, si l'aliénation avait été consentie par l'auteur
lui-même (1). Il se peut que le contrefacteur lui cause un préjudice moral, notamment lorsque l'œuvre est publiée sous un
faux nom ; mais le droit lésé qu'il lui appartient d'invoquer en
pareil cas n'est pas la propriété littéraire et artistique (2).

Si le cessionnaire n'observe pas les conditions du contrat,
un contrefacteur actionné par lui ne saurait se prévaloir de ce
fait pour échapper à la poursuite (3). En effet, tant que le
contrat n'a pas été résolu par une décision judiciaire, le droit
du cessionnaire subsiste; et seul le cédant peut former une
demande à cette fin, parce que la condition résolutoire tacite
consistant dans le défaut d'exécution du contrat n'existe évidemment qu'au profit des parties contractantes.

Lorsqu'une œuvre est l'objet d'un contrat de publication, le
droit de poursuite doit être réglé différemment, selon que
la convention emporte ou n'emporte pas aliénation de la
propriété. La propriété de l'œuvre est-elle aliénée, le publicateur a le droit d'agir à raison des actes d'usurpation
commis ultérieurement; toutefois, au cas où il ne lui est cédé
qu'un droit limité, il y a lieu de rechercher si c'est à son droit
qu'il a été porté atteinte. Quant à l'auteur, le fait délictueux
l'atteint, s'il a stipulé une part des bénéfices ou une certaine
somme pour chaque exemplaire imprimé ou vendu ou encore
si, l'œuvre n'étant cédée que pour une certaine durée, la reproduction illicite menace l'écoulement des exemplaires dans
l'avenir (4). Le contrat confère-t-il au publicateur une simple

(1) *Contra* : Pouillet, n° 623.
(2) Voir n° 207.
(3) Pouillet, n° 628. Cf. Paris, 3 février 1857, Sir. 1857. 2. 84; Pat.
1857. 115.
(4) Paris, 1er décembre 1855; Pat. 1857. 243. Calmels, n° 291. Pouillet, n° 633.

créance de jouissance, on appliquera par analogie les règles établies par le Code civil en matière de louage de choses (1). En conséquence, le publicateur poursuivra en son nom personnel les tiers qui troublent sa jouissance sans prétendre aucun droit sur l'œuvre qui fait l'objet du contrat; s'ils discutent la propriété de l'œuvre, le publicateur devra appeler l'auteur en garantie et pourra demander à être mis hors d'instance (2).

Au cas où le contrat passé entre l'auteur et le publicateur est un pur louage de choses n'impliquant pas l'obligation de publier, il va de soi qu'on étendra à cette hypothèse les principes qui viennent d'être posés en dernier lieu Cette solution doit être admise, même si le publicateur, par exemple le directeur d'un journal autorisé à reproduire un roman, n'est pas investi d'un droit exclusif; car le droit d'exploitation que lui confère son contrat s'exercerait avec un profit plus grand s'il n'avait pas à lutter contre la reproduction illicite (3).

L'éditeur qui se charge, à titre de mandataire de l'auteur, de vendre les exemplaires d'un ouvrage, a le droit de poursuivre les contrefacteurs, s'il peut alléguer que l'exercice d'un

---

(1) Ces règles sont tracées notamment par les articles 1725 et 1727 :

Art. 1725. Le bailleur n'est pas tenu de garantir le preneur du trouble que des tiers apportent par voies de fait à sa jouissance; sans prétendre d'ailleurs aucun droit sur la chose louée, sauf au preneur à les poursuivre en son nom personnel.

Art. 1727. Si ceux qui ont commis les voies de fait prétendent avoir quelque droit sur la chose louée, ou si le preneur est lui-même cité en justice pour se voir condamné au délaissement de la totalité ou de partie de cette chose, ou à souffrir l'exercice de quelque servitude, il doit appeler le bailleur en garantie, et doit être mis hors d'instance, s'il l'exige, en nommant le bailleur pour lequel il possède.

(2) Cf. Paris, 20 mars 1872; Pat. 1871-72 270. Paris, 12 avril 1892; Pat. 1895. 207.

(3) *Contra* : Blanc, p. 105 et 187. Rendu et Delorme, n° 827. Lardeur, p. 186. Cf. Pouillet, n° 628.

droit qui lui appartient est entravé; c'est ce qui a lieu lorsqu'il est stipulé qu'il recevra tant par exemplaire vendu (1).

Le droit de poursuite doit être également reconnu au libraire qui achète des exemplaires pour les revendre (2); il est évident que son droit de vente est entravé par toute reproduction illicite. Même solution, lorsqu'une personne a obtenu l'autorisation, à titre gratuit et sans droit exclusif, de reproduire une œuvre de littérature ou d'art, et que la contrefaçon l'empêche de tirer profit de cette autorisation (3).

Chacun des coauteurs d'un ouvrage, sous réserve du droit qui appartient aux autres associés de s'opposer à l'opération avant qu'elle soit conclue, a le pouvoir, en vertu de l'article 1659 du Code civil, d'administrer la société qu'ils ont formée (4); et, parmi les actes d'administration, on s'accorde à ranger l'exercice des actions mobilières. Il suit de là que le droit de poursuite, lorsque la propriété de l'œuvre commune est usurpée, peut être exercé par chacun des coauteurs, même pour la part des autres, à moins que ceux-ci ou l'un d'eux ne s'y opposent en temps utile (5).

L'auteur qui, sans révéler sa qualité, fait la commande d'un exemplaire contrefait, n'a pas de droit à faire valoir contre le contrefacteur; en provoquant ce dernier à commettre un délit il s'en est rendu complice, et, par application d'un principe général, il ne saurait être admis à bénéficier de l'acte immoral qu'il a commis. Il n'y a aucun reproche à lui adresser, au contraire, s'il achète un exemplaire contrefait chez un libraire; car, en faisant cet achat, il ne participe ni à la contrefaçon ni à la mise en vente. Muni de l'exemplaire contrefait et de la facture, il pourra donc agir contre le délinquant. Ajoutons que, même au cas où la provocation interdit toute action, le

(1) Cf. Pouillet, n° 629.
(2) Pouillet, n° 629.
(3) *Contra* : Paris, 11 mai 1886, D. P 1886 2. 287; Pat. 1886. 225.
(4) Voir n° 108.
(5) Cf. Pouillet, n° 641.

délit n'en existe pas moins, en sorte qu'il appartient au ministère public d'en poursuivre la répression (1).

147. B. *Intérêt.*

En thèse générale, il n'est pas permis à une personne d'occuper les juges de questions qni lui sont indifférentes; pour
agir, il faut qu'elle puisse invoquer un intérêt né et actuel. Peu
importe, d'ailleurs, qu'il n'ait pas encore été porté atteinte à
son droit; il suffit que son droit soit menacé.

En conséquence, si quelqu'un conteste à l'auteur la propriété
de son œuvre, ce n'est pas assez pour autoriser ce dernier à
soumettre la question aux tribunaux. Mais, lorsqu'un éditeur
annonce qu'il va publier une œuvre non tombée dans le domaine public, il appartient au propriétaire de l'assigner pour
obtenir qu'il lui soit fait défense de mettre son dessein à exécution. Pareillement, pendant la durée de l'usufruit qu'attribue au conjoint survivant la loi du 14 juillet 1866, les héritiers
investis de la nue propriété ont le droit de poursuivre les contrefacteurs; si la contrefaçon ne leur cause pas actuellement
de préjudice, il importe qu'ils empêchent l'œuvre dont ils pourront avoir plus tard la pleine propriété d'être dépréciée à leur
détriment (2).

148. C *Qualité.*

La règle « Nul en France ne plaide par procureur » a été
plus d'une fois invoquée dans des procès concernant la propriété littéraire et artistique. Bien que la personnalité morale
fasse défaut à la Société des auteurs et compositeurs dramatiques, il a été jugé que les membres de la commission qui
l'administre avaient le droit d'agir en son nom, sans que cette
règle pût leur être opposée (3). D'autre part, des arrêts ont
décidé qu'une assignation ne pouvait être délivrée au nom de
la Société des auteurs, compositeurs et éditeurs de musique,

---

(1) Cf. Pouillet, n° 496.
(2) Cf, Pouillet, n° 632.
(3) Trib. Seine, 15 janvier 1895; Pat. 1901. 88.

poursuites et diligences de son agent général (1), mais qu'il
était régulier d'agir au nom des auteurs intéressés, poursuites
et diligences du syndicat et de l'agent de la société (2).

149 D. *Capacité et pouvoir.*

Il suffit, à cet égard, de renvoyer aux règles du droit commun. Il a été jugé que l'auteur failli pouvait agir sans l'assistance de son syndic à l'occasion d'un fait de contrefaçon qui
l'atteint dans son honneur artistique (3). Cette décision méconnaît la distinction à faire entre la propriété intellectuelle
et d'autres droits qu'il ne faut pas confondre avec elle, notamment ceux qui sont relatifs à la réputation de l'auteur (4). Le
contrefacteur ne porte pas atteinte à ces droits; le seul droit
qu'il usurpe est la propriété littéraire et artistique. Cela posé,
il est exact que l'assistance du syndic n'est pas nécessaire au
demandeur dans un procès en contrefaçon. On admet, en effet,
que le failli exerce seul les actions en dommages intérêts à
raison des délits dont il a souffert (5); c'est là une règle générale dont il doit être fait application à l'auteur lésé en cas de
contrefaçon, qu'il ait été ou non atteint dans son honneur (6).

Il a été jugé encore, dans le même ordre d'idées, qu'un
écrivain, qui est en état de liquidation judiciaire, peut, sans
l'assistance du liquidateur, conclure un compromis relatif à
un procès dans lequel il revendique contre un autre écrivain
la qualité de collaborateur, car le droit qu'il invoque est un
de ces droits attachés à la personne que l'article 1166 interdit
aux créanciers d'exercer (7).

---

(1) Paris, 13 février 1866; Pat. 1866. 106.
(2) Paris, 15 juin 1866, Pat. 1866 363. Paris, 9 février 1867, Pat.
1867. 70. Douai, 11 juillet 1882; S r. 1883. 2, 49; D P, 1883. 2. 153;
Pat. 1883. 297.
(3) Paris, 25 janvier 1887, Pat. 1888, 186
(4) Voir nos 202 et suiv.
(5) Lyon-Caen et Renault, t. VII, no 231.
(6) Cf. Calmels, no 325; Pouillet, no 635.
(7) Trib. Seine, 11 août 1896; Pat. 1897 73.

180. E *Dépôt* (1).

L'article 6 de la loi du 19 juillet 1793 astreint au dépôt « tout citoyen qui mettra au jour un ouvrage, soit de littérature ou de gravure, dans quelque genre que ce soit ». Il suit de là que, pour que le dépôt soit obligatoire, il faut : 1° que l'œuvre soit un ouvrage de littérature ou de gravure ; 2° qu'elle soit publiée. La loi du 19 juillet 1793 n'est donc pas applicable à toute espèce d'ouvrage littéraire ou artistique, notamment aux photographies. Mais la loi du 29 juillet 1881 va plus loin : l'article 4 soumet au dépôt « tous les genres d'imprimés ou de reproductions destinés à être publiés ». En conséquence, sont seules dispensées du dépôt les œuvres inédites (2) ; les œuvres de littérature, telles que leçons de professeurs (3), sermons (4) ou ouvrages dramatiques (5), tant qu'elles n'ont pas été imprimées, les compositions musicales (6), tant qu'elles n'ont pas été imprimées ou gravées ; les œuvres d'art, telles qu'ouvrages de sculpture (7) ou de peinture, tant qu'elles n'ont pas été

(1) Voir nos 53 et 54

(2) Paris, 15 juin 1901 ; France judiciaire, 1901, 2e partie, p. 383. Gastambide, n° 130. Blanc, p 148. Renouard t II, n° 221. Rendu et Delorme, n° 764. Pouillet, n° 441. Couhin t II, p. 422.

(3) Paris, 27 août 1828, Gaz. Trib. 28 août 1828 Paris, 18 juin 1840 ; Sir. 1840. 2 254 ; D. P. 1840. 2 187 Gastambide, n° 130. Blanc, p. 148. Renouard, t. II, n° 221. Rendu et Delorme, n° 764. Calmels, n° 99. Pouillet, n° 441. Couhin, t. II, p. 422.

(4) Lyon, 17 juillet 1845 ; Sir, 1845. 2. 469 ; D. P. 1845. 2. 128. Voir les auteurs cités à la note précédente.

(5) Paris, 18 février 1836 ; Gaz. Trib , 19 février 1836 Gastambide, n° 130 Renouard, t. II, n° 221 Lacan et Paulmier, t. II, n° 656. Pouillet, n° 443. Couhin, t II, p. 423.

(6) Paris, 27 août 1842 ; Blanc, p. 148. Cass. 5 décembre 1895 ; D. P. 1897. 1. 205 ; Pat 1896. 5.

(7) Cass. 17 novembre 1814 ; Sir. 4. 1 630. Paris, 9 février 1832 ; Sir. 1832. 2. 561 ; D. P. 1833. 2. 13. Dijon, 15 avril 1847 ; Sir. 1848. 2. 240. D. P. 1848. 2. 178 Douai, 3 juin 1850, S r. 1851. 2. 247 ; D. P. 1852. 2. 144. Cass. 21 juillet 1855 ; Sir. 1855. 1. 859 ; D. P. 1855. 1. 335. Pat. 1855. 73. Orléans, 1er avril 1857 ; Sir. 1857. 2. 414 ; Pat. 1857. 97.

reproduites par la gravure ou tout autre mode de reproduction analogue (1).

Le nombre des exemplaires à déposer et le lieu du dépôt sont aujourd'hui déterminés par les articles 3 et 4 de la loi du 29 juillet 1881 (2). D'après ces textes, le dépôt doit comprendre deux exemplaires pour les imprimés, trois pour les estampes, la musique et en général les reproductions autres que les imprimés Il doit être effectué au Ministère de l'Intérieur, pour Paris; à la préfecture, pour les chefs-lieux de département; à la sous-préfecture, pour les chef-lieux d'arrondissement, et, pour les autres villes, à la mairie.

Qui doit faire le dépôt? « Tout citoyen qui mettra au jour un ouvrage... », dit la loi du 19 juillet 1793 Plus tard, le dépôt ayant été prescrit à l'imprimeur par le décret du 5 février 1810, la loi du 21 octobre 1814 et le règlement d'administration publique du 9 janvier 1828, il a été jugé que le dépôt effectué par l'imprimeur profitait à l'auteur et à ses ayants cause (3). La même règle doit être suivie sous l'empire de la loi du 29 juillet 1881, aux termes de laquelle l'obligation du dépôt continue à être imposée à l'imprimeur. Conformément à la jurisprudence antérieure, il est admis que l'auteur et ses ayants cause peuvent se prévaloir du dépôt effectué par l'imprimeur ou par le gérant (4). Mais rien ne s'oppose à ce que l'auteur

Par s, 26 février 1868; Pat. 1868 195. Paris, 20 juin 1883 ; Pat. 1884 179. Douai, 13 mai 1891; D. P. 1892 2 182. Gastambide, n° 396. Blanc, p 301. Renouard, t. II, n° 221. Rendu et Delorme, n° 915. Pouillet, n° 455. Couhin, t. II, p. 423 *Contra* : Calmels, n° 205.

(1) Paris, 9 novembre 1832, Blanc, p. 262. Pouillet, n° 459. Couhin, t II, p. 423.

(2) Besançon, 13 juillet 1892; Pat. 1894 117. Nancy, 18 avril 1893 ; S r. 1893. 2, 255. Paris, 7 mai 1896, Pat. 1898 47.

(3) Cass. 1er mars 1834, Sir. 1834 1. 65; D. P. 1834. 1 113. Cass. 20 août 1852; Sir. 1853 1 234; D. P. 1852. 1. 335. Cass. 6 novembre 1872; Sir. 1872. 1. 362; D. P. 1874 1. 493, Pat. 1873. 43. Blanc, p. 149. Renouard, t. II, n° 220, Rendu et Delorme, n° 762. *Contra* : Cass. 30 juin 1832; Sir. 1882 1. 633, D. P. 1832. 1. 289.

(4) Pouillet, n° 425. Couhin, t. II, p. 424.

dépose lui-même son œuvre et il ne saurait exercer une action en dommages intérêts contre l'imprimeur, au cas où celui-ci aurait négligé d'effectuer le dépôt, car l'obligation dont l imprimeur est tenu n'est pas une obligation envers l'auteur (1).

Le dépôt est constaté par un récépissé. Il a été jugé, d ailleurs, que le dépôt peut être établi par un mode de preuve quelconque, notamment par une mention insérée au *Journal de la librairie* (2).

Après avoir déclaré le dépôt obligatoire pour quiconque met au jour une œuvre littéraire ou artistique, l'article 6 de la loi du 19 juillet 1793 ajoute : « Faute de quoi il ne pourra être admis en justice pour la poursuite des contrefacteurs ». Ainsi qu'il a été exposé précédemment, il résulte de là que le dépôt est une condition à laquelle la loi subordonne l'action ouverte à la partie lésée contre l'auteur de la contrefaçon (3). Par contrefacteur il faut entendre ici non seulement celui qui a commis le délit de contrefaçon proprement dit, mais encore celui qui s'est rendu coupable de débit ou d'introduction en France d'objets contrefaits. Le délit de représentation illicite peut au contraire être poursuivi sans que l'œuvre représentée ait été déposée (4).

Des termes précités de l'article 6 de la loi du 19 juillet 1793 on doit conclure encore : 1° que le dépôt est une condition de l'action civile, aussi bien devant les tribunaux civils que devant les tribunaux de répression (5), mais qu'il n'est pas une condition de l'action publique (6); qu'il faut que le dépôt soit

---

(1) Pouillet, n° 428. Couhin, t. II, p. 424. Cf. Trib Seine, 1er avril 1852; D. P. 1854 2. 161.

(2) Cass. 6 novembre 1872, précité. Pouillet, n° 431.

(3) Voir n° 54.

(4) Lyon, 7 janvier 1852; S r 1852. 2. 138. Cass. 24 juin 1852; Sir. 1852 1. 465; D. P. 1852. 1. 221.

(5) Blanc, p. 142. Nion, p. 356. Pouillet, n° 435. Couhin, t. II, p 425.

(6) Cass 6 novembre 1872, précité. Paris, 7 mai 1896; Pat. 1898 47. Pouillet, n° 448. Couhin, t. II, p. 424.

opéré avant la poursuite (1), mais qu'il n'est pas nécessaire qu'il ait lieu avant la publication (2), et qu'on peut même poursuivre les faits antérieurs au dépôt (3). Il a été jugé que le moyen tiré de l'inaccomplissement du dépôt peut être opposé en tout état de cause (4).

L'organisation actuelle du dépôt a donné lieu à de nombreuses critiques L'imprimeur peut remettre des feuilles détachées avant le brochage; si les feuilles d'un même ouvrage sont tirées en deux villes différentes, le dépôt est effectué en deux endroits; les couvertures de couleur formant la spécialité de certaines imprimeries, le dépôt s'en fait à part; les gravures, tirées séparément, sont remises au Cabinet des estampes; la loi ne défend pas de déposer des illustrations en couleur, avant qu'elles aient été coloriées. Pour toutes ces raisons les collections nationales ne reçoivent pas toujours des exemplaires complets et en bon état D'autre part, l'imprimeur encourt une condamnation à l'amende, s'ils s'abstient de faire le dépôt; mais cette sanction est illusoire, parce que la prescription est de trois mois. De l'avis général, le remède consisterait à astreindre au dépôt l'éditeur, qui dispose des exemplaires lorsqu'ils sont prêts à être livrés au public, et, en

(1) Trib. Seine, 21 novembre 1866; Pat. 1866 394. Paris, 28 mars 1883; Pat. 1884 84. Trib. Seine, 14 déce nbre 1887, Pat 1890. 59. Besançon, 13 juillet 1892; Pat. 1894. 117. Blanc, p. 140 et suiv. Renouard, t. II, n° 218. Rendu et Delorme, n° 760. Pouillet, n° 432 et 440. Delalande, p. 123. Couhin, t. II, p. 425. Garraud, t. V, n° 530.

(2) Trib. Seine, 10 juillet 1844, Blanc, p. 85. Voir, en outre, les décisions et la doctrine citées à la note précédente. *Contra*: Gastambide, n° 125. Lacan et Paulmier, t. II, n° 653 Cf. Cass. 1er mars 1834; Sir. 1834. 1. 65; D. P. 1834. 1. 113.

(3) Blanc, p. 144 Renouard, t II, n° 219. Rendu et Delorme, n° 761. Pouillet, n° 438. Couhin, t. II, p. 425 *Contra*: Rouen, 10 décembre 1839; Sir. 1839 2 74; D. P. 1840 2. 56 Rouen, 13 décembre 1839; Sir. 1839. 2. 74; D. P 1840. 2. 55.

(4) Lyon, 8 juillet 1887; Sir. 1890. 2. 241; D P. 1888. 2. 180, Pat. 1889. 52.

cas de contravention, à lui infliger une peine au moins égale à celle qui est actuellement prononcée contre l'imprimeur en étendant le délai de prescription (1).

(1) Voir notamment : Picot, *Le Dépôt légal et nos collections natio-nales*; Revue des Deux-Mondes, 1883, t. Ier, p 622 et suiv. Un projet de loi tendant à réformer le dépôt a été présenté à la Chambre des députés le 19 mars 1883; Journal officiel, 1883. Documents parlementaires, Chambre des députés, p. 589.

CHAPITRE II

Compétence

SOMMAIRE

151 Application du droit commun. — **152.** Appel en garantie au correctionnel. — **153.** Moyens de défense opposés par le prévenu. — **154.** Compétence des tribunaux de commerce. — **155.** Compétence de la Cour de cassation.

151. Les lois spéciales sur la propriété littéraire et artistique ne dérogent en aucune façon aux règles de droit commun en ce qui concerne la compétence. La partie lésée peut s'adresser en toute hypothèse aux tribunaux civils; elle a le droit d'agir par la voie correctionnelle, si le fait dont elle se plaint constitue une infraction à la loi pénale. Dans le premier cas, on appliquera l'article 59 du Code de procédure civile, qui attribue compétence au tribunal du domicile du défendeur; dans le second cas, on appliquera l'article 23 du Code d'instruction criminelle, aux termes duquel l'action peut être portée devant le tribunal du lieu du délit, devant celui de la résidence du délinquant ou devant celui du lieu où le délinquant est arrêté, d'où il suit que le tribunal du lieu où l'objet contrefait est saisi n'est pas nécessairement compétent (1). Il a été jugé, conformément au droit commun : que, le fait de contrefaçon et le fait de débit des ouvrages contrefaits ayant entre eux des rapports nécessaires, le plaignant a intérêt et droit de porter son action soit devant le juge du contrefacteur prétendu, soit devant le juge du débitant (2) ; que le délit de contrefaçon

---

(1) Cass. 22 mai 1835; D. P. 1836. 1. 153. Paris, 28 mars 1855; Pat. 1855, 26.

(2) Paris, 8 mars 1848 ; Blanc, p. 201. Cf. Gastambide, n° 164.

et celui de débit sont connexes, d'après l'article 227 du Code d'instruction criminelle, lorsque les objets contrefaits ne sont fabriqués que pour être vendus, et qu'en pareil cas la partie lésée peut agir, à raison de ces deux délits, devant le tribunal du lieu de la mise en vente (1); que le gérant d'un journal peut être poursuivi devant le tribunal du lieu où le journal a été distribué (2); qu'au cas où une personne, ayant obtenu une condamnation au correctionnel contre un contrefacteur, fait saisir, bien que la confiscation n'en ait pas été prononcée, les instruments de la contrefaçon, la demande en mainlevée de cette saisie est de la compétence des tribunaux civils (3).

152 Si le prévenu appelle en garantie une tierce personne à l effet de se faire indemniser des condamnations contre lui prononcées au profit de la partie civile, la juridiction correctionnelle doit se déclarer incompétente (4). Aux termes du Code d'instruction criminelle, les seules demandes à fins civiles dont elle peut connaître sont celles que forme, d'une part, la partie civile contre le prévenu à l'occasion du délit, et, d'autre part, le prévenu contre la partie civile à l'occasion de la poursuite.

153. Lorsque le prévenu, devant la juridiction correctionnelle, prétend que l acte incriminé n'était que l'exercice d'un droit dont il était investi, appartient-il au tribunal saisi de statuer sur le moyen de défense opposé à la demande? La négative a été soutenue (5); mais la compétence du juge correctionnel est généralement admise (6). Suivant quelques-uns, le juge

(1) Cass. 1er mai 1862; D. P. 1863. 1. 201; Pat. 1862 309.

(2) Paris, 20 août 1841; Blanc, p. 202.

(3) Cass. 10 janvier 1837; Si. 1837. 1. 654, D. P. 1837. 1. 218.

(4) Paris, 12 juillet 1862; Pat. 1862. 314. Pouillet, n° 690. Couhin, t. II, p. 495.

(5) Trib. Seine, 6 janvier 1826; Gaz Trib. 7 janvier 1826 Trib Nantes, 20 juillet 1841; Gaz. Trib. 28 juillet 1841. Trib. Seine, 8 décembre 1841; Gaz Trib. 0 décembre 1841. Lacan et Paulmier, t. II, n° 722.

(6) Paris, 1er avril 1830, Gaz Trib. 2 avril 1830. Paris, 23 février

correctionnel pourrait, à son gré, surseoir jusqu'à ce que la question que soulève le prévenu ait été résolue par la juridiction civile, ou résoudre lui-même cette question (1) Nous croyons que le juge correctionnel a non seulement le droit, mais encore l'obligation de statuer en pareil cas. Il est de principe, en effet, que le juge de l'action est juge de l'exception (2) ; aucun texte ne permet de déroger à cette règle en matière d infractions concernant la propriété littéraire et artistique. C'est, d'ailleurs, la solution admise par la loi du 5 juillet 1844 sur les brevets d'invention et par celle du 23 juin 1857 sur les marques de fabrique, et l'on peut, en faveur de notre opinion, tirer argument de ces lois par analogie. Qu'il s'agisse de brevets d'invention, de marques ou de propriété littéraire et artistique, il serait fâcheux que le cours de la justice fut interrompu, alors que le juge correctionnel dispose, aussi bien que le juge civil, des moyens d'investigation nécessaires pour élucider tous les points de fait et de droit qui lui sont soumis.

154 Les actions intentées à l'occasion d une atteinte portée à la propriété littéraire et artistique peuvent-elles être jugées par les tribunaux de commerce? Il est généralement reconnu que l'article 637 du Code de commerce, qui défère aux tribunaux de commerce les contestations relatives aux engagements entre négociants, et l'article 632, suivant lequel la loi répute actes de commerce toutes obligations entre négociants, s'ap-

1865; Pat 1865. 148. Paris, 15 juin 1866; Pat 1866. 363. Calmels, n° 639. Couhin, t. II, p. 497.

(1) Gastambide, n° 163 Renouard, t; II, n° 233. Rendu et Delorme, n° 832. Pouillet, n° 687. Delalande, p. 128.

(2) L'application de ce brocard aux tribunaux de répression est contestée; mais on reconnaît au moins, comme dit Ortolan, *Éléments de droit pénal*, n° 1779, que « tout juge saisi d une question à résoudre est saisi par cela seul de toutes les opérations de raisonnement nécessaires pour arriver à son but, et, par conséquent, de toutes les questions qui peuvent s'enchaîner successivement comme autant d'éléments logiques de celle qui lui est soumise ».

pliquent aux engagements nés d'un délit ou d'un quasi-délit, pourvu qu'ils se rattachent au commerce (1). En conséquence, lorsqu'un négociant, dans l'exercice de son commerce, se rend coupable d'une atteinte portée à la propriété littéraire et artistique, les tribunaux de commerce, saisis d'une demande motivée par cette atteinte, doivent se déclarer compétents; c'est ce qu'il faut décider, par exemple, toutes les fois qu'un éditeur commet le délit de contrefaçon ou celui de débit d'ouvrages contrefaits (2).

155. En ce qui concerne la compétence de la Cour de cassation, il a été jugé que le juge du fait décide souverainement, d'après les circonstances, si les œuvres constituent une propriété exclusive en faveur de leurs auteurs (3) et si elles ont été contrefaites (4), mais que la Cour de cassation doit rechercher si les faits constatés rentrent ou non dans la définition du délit de contrefaçon (5); qu'il lui appartient pareillement de vérifier, au vu des faits constatés, si la représentation incriminée a ou un caractère public ou privé (6).

(1) Lyon-Caen et Renault, t. Ier, no 177.

(2) Paris, 8 novembre 1869; Pat. 1869. 373. Pau, 6 décembre 1878; Pat. 1880. 359. Paris, 25 mars 1889; Pat. 1892. 167. Renouard, t II, no 241. Rendu et Delorme, no 830. Calmels, no 593. Pouillet, no 677. Delalande, p. 127. Couhin, t. II, p. 496. Contra : Paris, 17 août 1866; Pat. 1866 366. Paris, 16 novembre 1893 ; D. P. 1894. 2. 17 ; Pat. 1895. 244.

(3) Cass. 22 novembre 1867 ; Pat. 1867. 356.

(4) Cass. 24 mai 1845; Sir. 1845. 1. 765; D. P. 1845. 1. 272. Cass. 24 mai 1855; Sir. 1855. 1. 392 ; Pat. 1855. 151. Cass. 22 novembre 1867, précité. Cass. 8 décembre 1869; Sir. 1870. 1. 80; D. P. 1871. 1. 47, Pat. 1870. 21.

(5) Cass. 8 décembre 1869, précité.

(6) Cass. 28 janvier 1881; Sir 1881. 1. 383; D. P. 1881. 1. 329. Cass 21 juillet 1881 ; Sir. 1882. 1. 92; D. P. 1881. 1. 301 Cass. 1o avril 1882; Sir. 1882. 1. 384, D. P. 1882. 1. 325; Pat. 1883. 171. Cass. 15 mars 1901; Pat. 1901. 232.

CHAPITRE III

De la preuve

SOMMAIRE

156. Ce que doit prouver le demandeur. — **157.** Moyens de preuve par lesquels le demandeur établit son droit. — **158.** Moyens de preuve par lesquels le demandeur établit l'atteinte portée à son droit ; application du droit commun. — **159.** Moyens de preuve qu'admet le droit spécial — **160.** A. Saisie des objets contrefaits. — **161.** B. Saisie des recettes.

156. Celui qui agit à l'occasion d'une atteinte portée à la propriété littéraire et artistique a principalement deux choses à prouver. 1° Il est tenu d'établir l'acte dont il se plaint. Si l'affaire est soumise aux tribunaux correctionnels, il doit démontrer que cet acte constitue une infraction à la loi pénale. Toutefois, il suffira qu'il prouve l'existence du fait matériel ; car on admet, en général, que l'existence de l'élément matériel du délit fait présumer celle de l'élément intentionnel, ce qui met à la charge du prévenu la preuve de la bonne foi (1). 2° Il est tenu, s'il réclame des dommages intérêts, d'établir la faute et le préjudice, et, dans tous les cas, il doit prouver que c'est sa propriété qui a été violée ou que la lésion de droit commise a eu pour effet d'entraver l'exercice d'un droit qui lui appartient Pour que la preuve qui lui incombe à cet égard soit

---

(1) Cass. 18 juin 1847 ; Sir. 1847, 1. 682. Cass. 24 mai 1855, précité. Cass. 11 avril 1880 ; Pat. 1892. 190. Cass. 13 mars 1890, Pat. 1892. 188. Chauveau et Hélie, t. VI, n° 2499. Blanc, p. 196 Rendu et Delorme, n° 806. Blanche, t. VI, n° 455. Pouillet, n° 479. De ande, p. 113. Garraud, t. V, n° 525. Couhin, t. II, p. 504. Cf. Paris, 11 février 1897 ; D. P. 1898. 2. 367 ; Pat 1899. 160.

complète, il faut qu'il fasse connaître l'auteur véritable de l'œuvre usurpée ; car, la durée de la propriété littéraire et artistique se mesurant sur la vie de l'auteur, il est impossible de savoir si une œuvre est ou n'est pas tombée dans le domaine public, quand on ignore qui l'a faite. Il faut, en outre, qu'il produise les titres de tous ceux auxquels l'œuvre usurpée a appartenu depuis l'origine, car, la propriété littéraire ne pouvant s'acquérir par prescription, il ne suffirait pas qu'il alléguât une possession plus ou moins prolongée.

157. Tout droit invoqué par le demandeur ou le défendeur se prouve, en règle générale, par les moyens qu'admet le droit commun. Il a été jugé : 1° qu'un éditeur qui achète un ouvrage fait acte de commerce ; que dès lors il n'a pas, pour prouver la cession, à représenter un acte écrit et qu'il suffit qu'il apporte des présomptions graves, précises, concordantes ; 2° que de telles présomptions peuvent résulter du dépôt qu'il a effectué et du fait qu'il a mis l'ouvrage en vente au vu et su du cédant et avec son concours (1), que la possession du manuscrit peut, suivant les circonstances, faire présumer que l'œuvre est la propriété du détenteur (2) ; que le dépôt constitue en faveur du déposant une présomption de propriété qui peut être détruite par la preuve contraire (3) ; 3° que, tant que l'auteur ne s'est pas fait connaître, l'éditeur a qualité pour exercer les droits dérivant de la propriété, sans avoir à produire de justification autre que la publication qu'il a faite (4) ; 4° que le prévenu, poursuivi par un cessionnaire de l'auteur, ne peut être admis à invoquer l'article 1328 du Code civil (5) qu'autant

(1) Paris, 27 avril 1861 ; Pat. 1861. 165.

(2) Paris, 13 novembre 1841 ; D. P. 1842. 2. 44. Renouard t. II, n° 106. Pouillet, n° 283 et 377. Delalande, p. 76 Couhin, t. II, p 530. Contra : Pardessus, t. II, p 103. Lardeur, p. 115.

(3) Cass. 19 mars 1858 ; S t. 1858. 1. 631, D. P. 1858. 1. 190, Pat. 1858 295. Paris, 29 novembre 1869, Pat. 1870 39. Pouillet, n° 436. Couhin, t. II, p 425.

(4) Paris, 25 juillet 1888 ; Pat. 1889. 70. Lardeur, p. 117.

(5) Aux termes de cet article, « les actes sous seing privé n'ont de

qu'il excipe en même temps d'un droit de propriété que ce même auteur lui aurait transmis, faute de quoi il est sans intérêt et sans qualité pour critiquer la date de la cession en vertu de laquelle on agit contre lui (1).

Il n'est dérogé au droit commun qu'en ce qui regarde les contrats concernant le droit de représentation. « Les ouvrages des auteurs vivants, dit l'article 3 de la loi du 13 janvier 1791, ne pourront être représentés sur aucun théâtre public, dans toute l'étendue de la France, sans le consentement formel et par écrit des auteurs. » Si l'on reconnaît qu'en vertu de ce texte le consentement doit être formel, la nécessité de l'écrit est en général repoussée (2). Nous ne saurions accepter cette opinion qui méconnaît l'article précité. Mais en quel sens l'écrit est-il nécessaire? L'écrit n'est pas ici requis à titre de solennité; ce que la loi veut dire, c'est que celui qui traite avec l'auteur ne pourra établir son droit par la preuve testimoniale ni par les présomptions de l'homme. Notre interprétation s'appuie sur le rapprochement des mots *formel* et *par écrit*. Il faut le consentement formel de l'auteur; en d'autres termes, s'il y a doute, ce consentement ne sera pas présumé. Il faut que l'auteur ait exprimé sa volonté par écrit : c'est que, aux yeux du législateur, l'écrit est le meilleur moyen d'empêcher que la volonté de l'auteur puisse être mise en doute. Au reste, conformément au droit commun, cette disposition n'exclut ni l'aveu ni le serment (3).

date contre les tiers que du jour où ils ont été enregistrés, du jour de la mort de celui ou de l'un de ceux qui les ont souscrits, ou du jour où leur substance est constatée dans des actes dressés par des officiers publics, tels que procès-verbaux de scellé ou d'inventaire ».

(1) Cass. 27 mars 1835 Sir. 1835. 1. 749, D. P. 1835. 1. 438. Cass. 3 mars 1898; Sir. 1899. 1. 303; Pat. 1899 72. Blanc, p. 93 Renouard, t. II, n° 216. Pouillet, n° 285. Lardeur, p. 119. Couhin, t. II, p. 497.

(2) Vivien et Blanc, n° 440 Gastambide, n° 232. Rendu et Delorme, n° 862. Pouillet, n° 820. Couhin, t. II, p. 584.

(3) Cf. Paris, 19 avril 1845 ; D P. 1845. 2 85. Toulouse, 17 novembre 1862 ; Sir. 1863. 2. 43.

L'article 3 de la loi du 19 juillet 1793 reproduit en partie les termes précités de la loi du 13 janvier 1791. « Les officiers de paix, dit cet article, seront tenus de faire confisquer... tous les exemplaires des éditions imprimées ou gravées *sans la permission formelle et par écrit des auteurs* » Mais il ne faut pas conclure de là que la cession du droit d'édition ne puisse être établie que par la preuve littérale (1); tout autre est le sens de cette disposition, ainsi qu'il sera dit plus loin (2).

158 Le demandeur, pour établir l'atteinte portée à la propriété littéraire et artistique dont il se plaint, peut recourir à tous les modes de preuve que la loi générale autorise (3). Par exemple, il achètera l'objet contrefait et le soumettra au tribunal en y joignant, au besoin, une facture propre à en prouver la provenance ; il fera entendre des témoins ; il s'appuiera sur l'aveu du prévenu, sur des papiers, registres ou correspondances (4).

Un procès-verbal de constat, dressé par un huissier, peut-il servir à établir la contrefaçon? C'est à tort qu'on l'a contesté, sous prétexte que l'article 3 de la loi du 19 juillet 1793 et l article 1er de la loi du 13 juin 1795 auraient réservé aux commissaires de police et juges de paix, à l'exclusion des huissiers, le droit de procéder, en matière de propriété littéraire et artistique, à toutes descriptions, perquisitions ou saisies (5). Les textes invoqués ne disent nullement que le droit qui leur est

(1) Gastambide, n° 90. Renouard, t. II, n° 165. Rendu et Delorme, n° 783. Calmels, n° 281. Pouillet, n° 281. Lardeur, p. 111 Couhin, t II, p. 529. Cf. Blanc, p. 91.

(2) Voir n° 160.

(3) Cass. 27 mars 1835, précité. Cass 15 janvier 1864; Sir. 1864. 1. 303, Pat. 1864. 125. Cass. 8 mars 1898; Sir. 1899. 1. 303, Gastambide, n° 146. Blanc, p. 191. Renouard, t. II, n° 227. Lacan et Paulmier, t. II, n° 715. Rendu et Delorme, n° 828 Calmels n° 627. Pouillet, n° 664. Couhin, t. II, p. 474

(4) Paris, 20 mars 1872 ; Pat. 1871-72. 265.

(5) Trib. Seine, 8 juillet 1886; Pat. 1889. 294. *Contra*. Cass. 15 janvier 1864, précité.

reconnu soit un droit exclusif. Est-il régulier, d'autre part, que la partie lésée s'adresse au président du tribunal, et celui-ci, sur sa demande, a-t-il le droit de commettre l'huissier qui fera le constat? A-t-il celui d'ordonner que l'huissier commis saisisse les objets contrefaits? On répond en général par l'affirmative sur le premier point (1); sur le second, la négative est soutenue (2). Nous croyons que la saisie réelle aussi bien que la simple description peuvent être ordonnées par le président. En effet, aux termes de l'article 54 du décret du 30 mars 1808, il appartient au président de répondre « toutes requêtes à fin d'arrêt ou de revendication de meubles ou marchandises ou autres mesures d'urgence ». La demande de saisie est une requête à fin d'arrêt; la description doit être rangée parmi les mesures d'urgence (3) S'agit-il d'une atteinte portée au droit de représentation, le président tirera les mêmes pouvoirs du même texte (4); et, les raisons que nous avons fait valoir autorisent pareillement les huissiers à prêter dans cette hypothèse leur assistance à la partie lésée (5).

Une saisie opérée par le ministère public ou le juge d'instruction, conformément aux règles du Code d'instruction criminelle, peut encore apporter à la partie lésée les preuves dont elle a besoin.

159. Outre les modes de preuve qui résultent du droit commun, le droit spécial en admet d'autres qui ne sont applicables qu'en matière de propriété littéraire et artistique : ce sont la saisie des objets contrefaits et des recettes par le ministère des commissaires de police et des juges de paix et la saisie en douane des objets contrefaits il a été parlé plus haut de

(1) Trib. Niort, 17 février 1891 ; Pat. 1892. 205.
(2) Pouillet, n° 655.
(3) Couhin, t. II, p. 478.
(4) Trib. Seine, 3 avril 1878; Pat. 1892. 283. Pouillet, n° 832. Couhin, t. II, p. 576. Cf. Trib. Seine, 15 janvier 1895; Pat. 1901. 88.
(5) Couhin, t. II, p. 576. *Contra* : Trib. Seine, 6 décembre 1878; Pat. 1892. 229.

cette dernière saisie (1) ; nous n'y reviendrons pas ici.

160. A *Saisie des objets contrefaits*.

Aux termes de l'article 3 de la loi du 19 juillet 1793, « les officiers de paix seront tenus de faire confisquer, à la réquisition et au profit des auteurs, compositeurs, peintres ou dessinateurs et autres, leurs héritiers ou cessionnaires, tous les exemplaires des éditions imprimées ou gravées sans la permission formelle et par écrit des auteurs » Cette disposition a été plus tard modifiée par l'article 1er de la loi du 13 juin 1795, ainsi conçu : « Les fonctions attribuées aux officiers de paix par l'article 3 de la loi du 19 juillet 1793 seront à l'avenir exercées par les commissaires de police, et par les juges de paix dans les lieux où il n'y a pas de commissaires de police ».

Il est universellement admis que dans l'article 3 de la loi du 19 juillet 1793 le mot *confisquer* signifie *saisir*.

De ces deux textes il résulte que la saisie spéciale dont il s'agit ici doit être opérée par un commissaire de police, ou, à son défaut, par un juge de paix. En conséquence, il a été jugé que, lorsque l'agent qui a saisi les objets contrefaits n'est ni juge de paix ni commissaire de police, le procès-verbal rédigé par lui ne peut servir de base à la poursuite (2).

Le magistrat requis de procéder à la saisie n'a pas à rechercher si le requérant a effectué le dépôt de l'œuvre contrefaite (3); les textes précités ne font aucune allusion au dépôt, et, d'ailleurs, pour que la partie lésée puisse poursuivre les contrefacteurs, il suffit que l'œuvre soit déposée avant l'ouverture de l'instance (4). Mais le requérant doit justifier de sa qualité d'auteur ou d'ayant cause de l'auteur (5); l'article 3 de la loi du 19 juillet 1793 suppose, en effet, que la réquisition émane

---

(1) Voir n° 139.

(2) Cass. 9 messidor an XIII; Sir 2. 1. 130.

(3) Pouillet, n° 648. *Contra* : Pataille, *De la saisie en matière de contrefaçon d'œuvres littéraires et artistiques;* Pat. 1877. 164.

(4) Voir n° 150.

(5) Couhin, t. II, p. 475 Cf Pouillet, n° 648.

« des auteurs, compositeurs, peintres ou dessinateurs et artes, leurs héritiers ou cessionnaires ». Sous la condition de cette justification, le magistrat requis *est tenu* de procéder à la saisie; ce sont là les termes mêmes de l'article 3 de la loi du 19 juillet 1793. Il n'a donc pas à apprécier les avantages et les inconvénients de la mesure à laquelle le saisissant a décidé de recourir.

La saisie doit porter, aux termes de l'article 3 de la loi du 19 juillet 1793, sur « tous les exemplaires des éditions imprimées ou gravées sans la permission formelle et par écrit des auteurs ». Ainsi, quand il n'existe pas de titre écrit, constatant une autorisation formelle, la saisie est obligatoire pour le magistrat chargé d'y procéder. Un titre de cette nature met-il obstacle à la saisie? Dans un premier système, on répond négativement; le magistrat chargé de la saisie est tenu de l'effectuer, qu'il existe ou non au profit du saisi un titre écrit [1]. Mais alors pourquoi le législateur a-t-il mis dans l'article 3 de la loi du 19 juillet 1793 les mots · « Sans la permission formelle et par écrit des auteurs »? Il suffisait de dire que la saisie porterait sur « tous les exemplaires ». Suivant d'autres, si le saisi produit un titre écrit, le magistrat peut à son choix s'arrêter ou poursuivre l'accomplissement de sa mission [2] En effet, dit-on, l'article 3 de la loi du 19 juillet 1793 déclare qu'il *est tenu* d'effectuer la saisie, en l'absence d'un titre écrit; c'est sous-entendre qu'au cas où ce titre existe la saisie cesse d'être obligatoire et devient facultative. De plus, ce qu'a voulu le législateur, c'est assurer l'exécution de la saisie, que le contrefacteur eût aisément éludée, s'il lui avait été permis de se prétendre cessionnaire en invoquant un mode de preuve quelconque; la loi ayant pour objet de sauvegarder les intérêts du saisissant, il serait singulier que le magistrat n'eût pas le droit d'effectuer la saisie, malgré la production d'un

(1) Pouillet, n° 650.
(2) Gastambide, n° 90. Couhin, t. II, p 476.

titre écrit. Suivant nous, la production d'un titre écrit met fin à la mission du magistrat (1). L'article 3 de la loi du 19 juillet 1793 n'a nullement le sens que lui attribue le précédent système; il est muet en ce qui concerne le cas où il existe un titre écrit. D'un autre côté, il n'est pas vraisemblable que le législateur se soit proposé de sauvegarder les intérêts du saisissant ; car c'est déjà lui concéder un droit exorbitant que de l'autoriser à effectuer un acte aussi grave qu'une saisie sans l'intervention des tribunaux. Le saisi, au contraire, a besoin de protection ; il pourrait lui être causé un préjudice irréparable, si le commissaire de police ou le juge de paix auxquels la connaissance de ces questions fait le plus souvent défaut, avaient toute liberté pour admettre ou rejeter la cession dont il se prévaut. Il est donc juste qu'il leur soit interdit de passer outre à la production d'un titre écrit.

Le magistrat chargé de la saisie doit-il rechercher si le titre qu'on lui présente émane véritablement de l'auteur ou de ses ayants cause ? On a prétendu que la régularité apparente de l'acte était suffisante (2) ; ce n'est pas là appliquer la loi, dont le texte est clair et n'a pas besoin d'être interprété. La loi défend la saisie quand le saisi justifie qu'il a la permission des auteurs ; employer cette expression sans qualificatif, c'est éveiller l'idée de l'auteur réel, non celle de l'auteur apparent.

Il appartient encore au magistrat de décider si les exemplaires qu'on lui soumet sont ou non la reproduction de l'œuvre revendiquée ; autrement, comment pourrait-il affirmer qu'ils ont été imprimés ou gravés sans la permission des auteurs (3) ? Il n'a pas, d'ailleurs, à peser les ressemblances et les différences ; le texte de la loi est muet à cet égard, et, ses pouvoirs offrant un caractère exceptionnel, il ne faut lui reconnaître que ceux qui ont été consacrés manifestement par la loi.

(1) Cf. Renouard, t. II, n° 226.
(2) Pouillet, n° 650.
(3) Cf. Pouillet, n° 649.

Ces réserves faites, le magistrat est tenu de saisir *tous* les exemplaires que lui désigne le saisissant (1); la loi le dit expressément. Le saisissant peut d'ailleurs limiter la saisie à quelques exemplaires et se contenter, pour le reste, des énonciations inscrites au procès-verbal de saisie; c'est ce qui, en pratique, a lieu le plus souvent.

Du principe que tous les exemplaires sont saisissables, il résulte que la saisie peut être effectuée en tous lieux, notamment chez les particuliers (2), dans l'enceinte d'une exposition (3), à la Bibliothèque nationale (4).

La saisie peut-elle comprendre les instruments de la contrefaçon, qui, d'après l'article 427 du Code pénal, sont sujets à confiscation? Les papiers, registres et correspondances sont-ils saisissables? On répond en général affirmativement sur le premier point (5). Sur le second, l'affirmative est également soutenue, parce que la saisie des papiers du contrefacteur est utile à la manifestation de la vérité (6). Sans aller jusque-là, on a prétendu que le fonctionnaire qui procède à la saisie avait au moins le droit d'apposer son paraphe sur les papiers du saisi (7). A notre avis, il faut, pour résoudre ces deux questions, en revenir au principe d'interprétation que nous avons plus d'une fois appliqué : la saisie organisée par la loi du 19 juillet 1793 étant une mesure exceptionnelle, on doit n'attribuer au saisissant et au magistrat qui agit à sa requête d'autres pouvoirs que ceux que la loi prévoit; or, il n'est question dans la loi ni des papiers, registres et correspondances, ni des instru-

(1) Pouillet, n° 651. *Contra* . Pataille, *op. et loc. cit.*
(2) Blanc, p. 193. Renouard, t. II, n° 229. Rendu et Delorme, n° 829. Pouillet, n° 660. Couhin, t. II, p. 477.
(3) Trib. Seine, 19 août 1868; Pat 1868. 401. Pouillet, n° 662. Couhin, t. II, p. 477.
(4) Pouillet, n° 661. Couhin, t II, p. 477.
(5) Blanc, p. 194. Renouard, t. II, n° 227. Rendu et Delorme, n° 829. Pouillet, n° 652. Couhin, t. II, p. 476.
(6) Renouard, t. II, n° 227. Couhin, t. II, p. 476.
(7) Pouillet, n° 653.

ments de la contrefaçon. Si la partie lésée veut les faire saisir, qu'elle obtienne du président du tribunal une ordonnance à cette fin; la loi du 19 juillet 1793 ne concerne que la saisie des exemplaires imprimés ou gravés sans l'assentiment de l'auteur.

Dans l'usage, le fonctionnaire qui prête son concours à la partie lésée dresse un procès-verbal où, après avoir décrit les objets saisis, il relate les dires et observations des parties et tous les faits dont la connaissance importe à la justice. Les objets saisis sont déposés au parquet ou au greffe correctionnel; parfois aussi on les laisse aux mains du saisi qui en est responsable. Il paraît juste qu'une copie du procès-verbal soit remise au saisi, la loi étant muette, cela n'a pas toujours lieu (1). Les frais nécessités par la saisie sont avancés par le saisissant; s'il gagne son procès, il aura le droit de se les faire rembourser par le saisi (2).

La saisie n'enlève pas au détenteur la propriété des objets sur lesquels elle porte; mais elle lui impose l'obligation de les tenir à la disposition de la justice, lorsqu'ils sont laissés entre ses mains. S'il les détruit, il est responsable envers la partie lésée de la faute qu'il commet (3).

Il est désirable qu'on entreprenne de réformer notre législation en cette matière, aussi bien pour combler les lacunes qu'elle présente que pour en corriger les défauts. Les commissaires de police et juges de paix n'ont pas les lumières nécessaires pour résoudre les questions de propriété littéraire et artistique; la mission que leur attribue la loi est en dehors de leur compétence. D'autre part, il est anormal de permettre à la partie lésée de procéder de son autorité propre à une opération telle qu'une saisie, dont la gravité n'échappe à personne; il peut en résulter un préjudice à la fois pécuniaire et moral pour

---

(1) Cf. Pataille, *op. et loc. cit.* Pouillet, nos 657 et suiv. Couhin, t. II, p. 477.

(2) Pataille, *op. et loc. cit.* Pouillet, no 669.

(3) Paris, 15 mars 1882; Pat 1884. 359.

l'éditeur ou le débitant chez lequel elle a lieu, pour l'auteur signataire des exemplaires prétendus contrefaits, et, si le saisissant est insolvable, ce préjudice ne sera pas réparé. Ajoutez que cette disposition est d'autant plus funeste que, la saisie une fois faite, aucun délai n'est imparti pour exercer l'action en vue de laquelle elle a été effectuée; lorsque le saisi n'est point assigné, le seul moyen qu'il ait d'obtenir la restitution des objets qui lui appartiennent et des dommages intérêts est de prendre l'offensive à son tour et de former une demande en justice. La loi du 5 juillet 1844 sur les brevets d'invention exige, pour que le breveté puisse saisir les objets contrefaits, qu'il y soit autorisé par une ordonnance du président du tribunal; cette ordonnance décide, en outre, si un cautionnement sera imposé au saisissant; la saisie est effectuée par un huissier; il doit être laissé copie au saisi des actes qui l'intéressent; à défaut par le saisissant de s'être pourvu dans un certain délai, la saisie est nulle de plein droit. Nous estimons qu'il serait avantageux d'étendre l'application de ces règles à la propriété littéraire et artistique; les droits du saisi seraient mieux protégés; le saisissant, de son côté, tirerait profit d'une telle réforme, car l'intervention du président du tribunal vaudrait mieux pour lui-même que la dangereuse liberté dont il jouit et il n'aurait plus à redouter l'incompétence des magistrats actuellement chargés de la saisie.

161. B. *Saisie des recettes.*

Cette saisie est prévue incidemment par l'article 429 du Code pénal à propos du préjudice causé au propriétaire de l'œuvre usurpée. « Le surplus de son indemnité, ou l'entière indemnité, dit la loi, s'il n'y a eu ni vente d'objets confisqués ni *saisie des recettes*, sera réglé par les voies ordinaires » Pour que les recettes soient saisissables dans les termes de cet article, il faut que la représentation à l'occasion de laquelle elles ont été perçues constitue une infraction (1).

(1) Trib Se ne, 15 janvier 1895, Pat. 1901 88.

La saisie des recettes ne prouve pas par elle-même l'atteinte portée au droit de représentation. Elle fait seulement con naitre le montant du bénéfice réalisé par le délinquant, et la partie lésée en peut tirer argument pour établir les dommages intérêts qui lui sont dus. Le procès-verbal de saisie, au surplus, contient nécessairement des énonciations relatives au fait incriminé, qui sont propres à éclairer la justice.

L'article 2 de la loi du 1er septembre 1793 déclare la loi du 19 juillet 1793 applicable aux ouvrages dramatiques dans toutes ses dispositions. Il suit de là que, conformément à l'article 3 de cette dernière loi, les fonctionnaires compétents sont tenus de procéder à la saisie des recettes, quand l'auteur ou ses ayants cause font appel à leur concours; et, d'après l'article 1er de la loi du 13 juin 1795, qu'il faut combiner avec l'article 3 de la loi du 19 juillet 1793, les fonctionnaires compétents sont les commissaires de police et, à leur défaut, les juges de paix (1).

(1) Trib. Seine, 6 décembre 1876, Pat. 1892. 229. Lacan et Paulmier, t. II, n° 716. Pouillet, n° 832. Couhin, t. II, p. 576. *Contra* : Trib. Seine, 3 avril 1878; Pat. 1892 233.

CHAPITRE IV

Jugement

SOMMAIRE

162. Différentes parties des jugements. — **163.** A. Solution de la quest on débattue devant le juge. — **164.** B. Attribut on des dépens. — **165.** C. Motifs.

162. Tout jugement contient trois parties : la solution de la question débattue devant le juge, l'attribution des dépens et les motifs.

163. A. *Solution de la question débattue devant le juge.*

La mission du juge, dans un procès concernant une atteinte portée à la propriété littéraire et artistique, diffère suivant que la partie lésée a soumis sa demande aux tribunaux civils ou aux tribunaux correctionnels.

Au correctionnel, le juge doit statuer sur trois points : 1º il acquitte le prévenu ou lui inflige la peine prévue par la loi, c'est-à-dire l'amende et, en cas de représentation illicite, la confiscation des recettes; 2º il prononce sur les dommages-intérêts et toutes mesures de réparation à la demande des parties en cause; 3º il ordonne la confiscation des exemplaires contrefaits et des instruments de la contrefaçon.

Au civil, le juge statue sur les deux derniers points. Il peut, en outre, prononcer des injonctions et des défenses, et, s'il est saisi d'une demande en garantie formée par le défendeur, il l'accueille ou la rejette.

164. B. *Attribution des dépens.*

On a prétendu qu'en cas d'acquittement le prévenu ne devait pas supporter les dépens lorsque le tribunal prononce la con-

fiscation des objets contrefaits qu'il détient (1). Nous ne croyons
pas cette opinion exacte. Aux termes de l'article 162 du Code
d'instruction criminelle, « la partie qui succombera sera con-
damnée aux frais. » Étant dépouillé par le jugement de la propriété des objets confisqués, le prévenu succombe au moins
sur un point; les frais seront donc à sa charge. Sans doute,
s'il n'est pas même coupable d'imprudence ou de légèreté,
l'application de ce texte produit un résultat difficile à justifier;
car, le fondement sur lequel repose la condamnation aux dépens, c'est la faute que l'une des parties commet en obligeant
l'autre à se mettre en frais soit pour soutenir la demande, soit
pour y défendre. Mais la loi ne distingue pas; il faut s'y conformer.

165 C. *Motifs*

Tout jugement, à peine de cassation, doit être suffisamment
motivé. Il a été jugé, notamment : qu'un arrêt doit être cassé
pour défaut de motifs lorsqu'il néglige de répondre aux conclusions par lesquelles le prévenu excipe de sa bonne foi (2),
mais qu'il suffit, d'ailleurs, que la mauvaise foi ressorte de
l'ensemble des faits relevés à sa charge (3); qu'il y a contradiction dans les motifs d'un arrêt, qui, loin de constater la
mauvaise foi du prévenu, reconnaît que, pour l'application de
la peine, il y a lieu de lui tenir compte de l'erreur où l'a fait
tomber l'immense vulgarisation de l'œuvre par lui reproduite (4).

---

(1) Paris, 7 février 1868; Pat. 1868. 63. Pouillet, n° 702. *Contra :*
Douai, 8 août 1865; Pat. 1869. 248. Paris, 21 novembre 1867; Pat.
1867. 359.

(2) Cass. 1er mai 1862; Pat. 1862. 309. Cass. 13 janvier 1866; Sir.
1866. 1. 267; D. P. 1866. 1. 235. Pat. 1866. 391.

(3) Cass. 11 avril 1889; Pat. 1892. 190.

(4) Cass. 4 août 1888; Sir. 1888. 1. 440; Pat. 1892. 187.

CHAPITRE V

De la prescription (1)

SOMMAIRE

166. Durée de la prescription des actions. — **167.** Point de départ du délai de prescription — **168.** Interruption de la prescription.

166. Les délits contre la propriété littéraire et artistique étant des délits correctionnels, l'action publique, en ce qui les concerne, se prescrit par trois ans révolus. Quant à la partie lésée, elle peut agir pendant trente ans, si le fait qui sert de base à la poursuite ne constitue pas une infraction à la loi pénale (2). Au cas contraire, l'action en réparation du dommage causé, toutes les fois qu'elle est portée devant le tribunal correctionnel, se prescrit par trois ans comme l'action publique. En est-il de même lorsque l'affaire est soumise à la juridiction civile? On l'a contesté (3). Mais l'opinion contraire a pour elle la jurisprudence et la majorité des auteurs. Le principal argument sur lequel s'appuie ce second système, c'est que les motifs qui justifient la prescription triennale ont la même valeur, quelle que soit la juridiction saisie. Au bout de trois années, les preuves s'effacent et le besoin de l'exem-

---

(1) Nous ne parlerons que de la prescription des actions ; il n'y a rien à dire de particulier sur celle des condamnations.

(2) Renouard, t. II, n° 266. Rendu et Delorme, n° 841.

(3) Pataille, note; Pat 1855. 217 *Contra* : Paris, 24 février 1855; Pat. 1855. 207 Blanc, p 209. Renouard, t II, n° 266. Rendu et Delorme, n° 841. Pouillet, n° 739. La même question se pose à propos de toutes les infractions, pour la trouver exposée dans toute son ampleur, on devra se reporter aux ouvrages généraux sur le droit pénal.

ple tend à disparaître; cela est-il moins exact, si la partie lésée, au lieu d'agir au correctionnel, s'adresse aux tribunaux civils? Il est juste d'invoquer en outre le texte de la loi. D'après l'article 2 du Code d'instruction criminelle, les délais de prescription déterminés par les articles 637 et 638 s'appliquent à l'action civile comme à l'action publique, et l'article 3 dit que l'action civile peut être exercée *séparément*, c'est-à-dire devant la juridiction civile; du rapprochement de ces dispositions il est naturel de conclure qu'aux yeux du législateur l'action civile, devant la juridiction civile, reste soumise à la prescription du Code d'instruction criminelle.

Il a été jugé, à propos d'un fait de complicité par recel d'objets contrefaits, qu'aux termes de l'article 59 du Code pénal les complices étant déclarés passibles des mêmes peines que l'auteur principal, le bénéfice des mêmes exceptions ne saurait leur être refusé, et qu'en conséquence, lorsque l'action publique est éteinte par la prescription à l'égard de l'auteur principal, elle ne peut plus être exercée dorénavant contre le complice (1). Il suit de là que, si la prescription dure trois ans, en règle générale, pour le complice comme pour l'auteur principal, il est possible cependant qu'elle soit d'une durée moindre, au cas où le fait dont l'auteur principal s'est rendu coupable est antérieur au fait de complicité.

167. Quel est le point de départ du délai de prescription?

Suivant un système autrefois adopté par la Cour de Paris (2), toutes les infractions qui consistent dans l'exploitation d'une

(1) Cass. 29 décembre 1882; Sir. 1885. 1. 396; D. P. 1884. 1 369; Pat. 1884. 359.

(2) Paris, 24 février 1855; Sir. 1855. 2. 409; D. P. 1856. 2. 71; Pat. 1855. 213. *Contra*: Aix, 5 novembre 1857; Pat. 1858. 129. Cass. 11 août 1862; Pat. 1863. 29. Cass. 15 janvier 1867; Sir. 1867. 1. 69, D. P. 1867. 1. 181, Pat. 1867. 65. Blanc, p. 208. Renouard, t. II, n° 267. Rendu et Delorme, n°s 843, 878, 880. Pataille, notes; Pat. 1855. 217 et 1864. 166. Calmels, n° 518. Pouillet, n°s 732 et suiv. Delalande, p. 133. Acollas, p. 101. Couhin, t. II, p. 499.

œuvre de littérature ou d'art, notamment la fabrication des exemplaires contrefaits et la représentation illicite, doivent être considérées comme formant un seul délit, auquel on attribue le caractère de délit continu, et la prescription, en ce qui concerne ce délit, commence à courir du jour où l'œuvre a été publiée pour la première fois illicitement, en sorte que, trois ans plus tard, le délinquant, désormais à l'abri de toute poursuite, peut continuer librement l'exploitation. Cette doctrine nous paraît erronée. Les faits prévus par les articles 425 et suivants du Code pénal sont, aux yeux du législateur, des infractions distinctes ; la loi les qualifie différemment et ne les frappe pas tous de la même peine. Puis, quand bien même l'ensemble de ces faits, constituerait un seul et même délit, ce n'est pas de la première publication que devrait être compté le délai requis pour prescrire, mais du moment à partir duquel l'exploitation illicite a pris fin ; il est universellement admis, en effet, que la prescription ne commence qu'à l'instant où le délit cesse Enfin, la prescription des infractions concernant la propriété littéraire et artistique affranchit pour de justes motifs le délinquant des poursuites dont il est passible ; mais on ne comprendrait pas qu'en outre elle lui conférât sur l'œuvre usurpée un droit permanent, opposable au véritable propriétaire.

Pour déterminer le point de départ du délai de prescription, il faut examiner chacun des faits par lesquels il peut être porté atteinte à la propriété littéraire et artistique :

1° En ce qui touche la *contrefaçon*, on a soutenu que la prescription courait seulement lorsque la fabrication coupable est rendue publique par un moyen quelconque, dépôt, annonce ou mise en vente (1). A notre avis, la clandestinité de l'infraction n'étant pas, en règle générale, un obstacle à la prescription, il suffit que la fabrication ait eu lieu. Il n'est

(1) Renouard, t. II, n° 268 Rendu et Delorme, n° 842. *Contra* ; Cass. 12 mars 1858; Sir. 1858. 1. 632; D P. 1858. 1. 339; Pat. 1858. 129. Pouillet, n° 737. Couhin, t. II, p. 500.

pas même nécessaire qu'elle soit achevée, car la contrefaçon ex' te auss tôt que la fabrication d'un exemplaire est poussée assez loin pour qu'on puisse regarder le droit du propriétaire comme lésé; dès ce moment on conçoit donc que la prescription s'accomplisse. Mais, si la fabrication est continuée, c'est l'instant où elle arrive à son terme qui doit être pris pour point de départ du délai requis pour prescrire; en effet, par l'achèvement de la fabrication, la contrefaçon se perpétue, et, suivant la règle applicable aux délits continus, tant que la contrefaçon dure, la prescription ne saurait courir. Lorsque le contrefacteur a entrepris la publication d'un certain nombre d'exemplaires, il faut distingier : sont-ils fabriqués séparément, chaque fait de fabrication constitue un délit [nouveau, et la prescription court du jour où chacun de ces délits cesse; sont-ils fabriqués tous ensemble, comme il arrive pour les ouvrages imprimés ou gravés, la fabrication de l'édition entière constitue un seul et même délit, et la prescription commence à la date où l'édition est achevée (1).

2° Chaque fait de *débit* est un délit distinct, que le débit ait pour objet un seul exemplaire ou plusieurs tout à la fois; en conséquence, il ne faut pas calculer la prescription, pour l'ensemble du trafic, du jour où la dernière vente a eu lieu, mais, pour chaque fait délictueux, du jour où le débitant s'en est rendu coupable (2).

3° *L'exposition en vente* est un délit continu (3); car le fait, encore qu'accompli, est de nature à se prolonger sans interruption. Pour connaître la date à laquelle la prescription commence, on doit donc rechercher quand le débitant cesse d'offrir les exemplaires contrefaits dans ses magasins à sa clientèle.

(1) Cf. Renouard, t. II, n° 268.

(2) Paris, 29 novembre 1860; Pat. 1861. 55. Blanc, p. 208. Renouard, t. II, n° 267. Rendu et Delorme, n° 842. *Contra* : Aix, 5 novembre 1855; Pat. 1855 213.

(3) Rendu et Delorme, n° 842. *Contra* : Pouillet, n° 738.

4° L'*introduction en France* est, au contraire, un délit instantané, pour lequel la prescription court aussitôt qu'il est accompli.

5° Chaque *représentation illicite* d'un ouvrage dramatique donne lieu à l'application d'une prescription distincte, qui commence à la date de l'acte délictueux; car, toutes les fois que la représentation se renouvelle, un nouveau délit est consommé (1). La règle à suivre, en un mot, est celle que nous avons appliquée aux faits de contrefaçon et de débit.

168. D'après l'article 637 du Code d'instruction criminelle, la prescription applicable à l'action publique et à l'action civile peut être interrompue par « des actes d'instruction ou de poursuite ». Il a été jugé, par exemple, qu'un procès verbal de saisie interrompt la prescription (2).

---

(1) Paris, 30 janvier 1865; Pat. 1865. 5. Blanc. p. 246. Rendu et Delorme, n° 880. Pouillet, n° 837.

(2) Paris, 24 avril 1856; Pat. 1857. 163.

LIVRE CINQUIÈME

DE LA PROPRIÉTÉ LITTÉRAIRE ET ARTISTIQUE AU POINT DE VUE INTERNATIONAL

—

CHAPITRE Ier

Législation interne

———

SOMMAIRE

169. Législation antérieure au décret du 28 mars 1852. — **170.** Décret du 28 mars 1852. — **171.** Conflits de lois. — **172.** Appréciation de la législation française. — **173.** Législations étrangères.

169. Depuis que la propriété littéraire et artistique a été reconnue par la législation française, les étrangers, en cette matière, ont toujours bénéficié du même traitement que les nationaux. Ce point n'a été expressément réglé ni par la loi du 13 janvier 1791, relative aux ouvrages dramatiques, ni par celle du 19 juillet 1793, qui couronna l'œuvre entreprise en faveur des écrivains et des artistes; on concluait, en général, du silence gardé par le législateur qu'il n'avait entendu exclure personne de la protection légale (1). Plus tard, le décret du 5 février 1810, en ce qui regarde les droits autres que les droits de représentation et d'exécution, vint réparer cette omission (2).

———

(1) Cass. 23 mars 1810; Sir. 3. 1. 167. Merlin, *Quest. de dr.*, V° *Propr. litt.*, § 2. *Contra* : Cass. 17 nivôse an XIII; Sir. 2. 1. 53.

(2) Cass. 20 août 1852; Sir. 1853. 1. 334; D. P. 1852. 1. 335. Gas-

On lit, en effet, dans l'article 40 de cette loi : « Les auteurs, soit nationaux, soit *étrangers*, de tout ouvrage imprimé ou gravé peuvent céder leur droit à un imprimeur ou libraire ou à toute autre personne qui est alors substituée en leurs lieu et place pour eux et leurs ayants cause. » Enfin, la loi du 3 août 1844 ayant déclaré ce texte applicable aux ouvrages dramatiques, il ne fut plus possible de mettre en doute que les étrangers étaient également assimilés aux nationaux pour le droit de représentation et, par analogie, pour le droit d'exécution. Mais, si les intéressés, quelle que fût leur nationalité, pouvaient revendiquer en France un droit de propriété littéraire et artistique, ne fallait-il pas établir une distinction entre les œuvres, suivant qu'elles avaient été publiées pour la première fois en France ou à l'étranger? D'après un premier système, la négative s'imposait; on considérait la protection légale comme applicable à n'importe quelle œuvre, abstraction faite du lieu de la première publication (1). Cette doctrine n'avait pas prévalu, et il était généralement reconnu que les œuvres dont la première publication avait été faite sur le territoire français étaient seules protégées (2). Ce second système s'appuyait sur deux textes : 1° l'article 6 de la loi du 19 juillet 1793, aux termes duquel « *tout citoyen qui mettra au jour* un ouvrage... sera obligé d'en déposer deux exemplaires », d'où l'on concluait que le législateur n'avait eu en vue que les ouvrages mis au jour en France; 2° l'article 426 du Code pénal, qui punit l'introduction sur le territoire français d'ouvrages qui,

tambide, n° 35. Blanc, p. 41. Renouard, t. II, n° 89, Nion, p. 99. Rendu et De orme, n° 715. Calmels, n° 304. Renault, *De la propriété littéraire et artistique au point de vue international* ; Journal du droit international privé, 1878, p. 120. Laurent, *Droit civil international*, t. III, n° 326. Darras, n° 182. Despagnet, n° 74. Weiss, t. II, p. 224.

(1) Blanc, p. 35. Le même système est défendu par Darras, n°s 180 et suiv.

(2) Cass. 23 mars 1810 ; Sir. 3. 1. 167. Paris, 22 novembre 1853, D. P. 1854. 2. 161. Rauter, t. II, n° 555. Gastambide, n°s 35 et 36. Renouard, t. II, n° 73.

après avoir été imprimés en France, ont été contrefaits chez l'étranger, ce qui, disait-on, serait inexplicable si les ouvrages imprimés à l'étranger étaient admis au bénéfice de la législation française. Enfin, dans un troisième système, on refusait pareillement la protection légale à toute œuvre publiée à l'étranger avant de l'être en France; mais on admettait qu'il fût dérogé à ce principe au cas où l'auteur ou ses ayants cause étaient les premiers à faire en France la publication de l'œuvre qui avait paru antérieurement à l'étranger (1).

De ces trois systèmes, le dernier est, à nos yeux, le plus juste. Il est certain, tout d'abord, qu'à moins que les œuvres publiées hors de France soit exclues de la protection légale, il n'est guère possible d'expliquer l'article 426 du Code pénal; et l'on comprend que le législateur ait adopté le principe de cette exclusion, lorsqu'on réfléchit qu'auparavant la même règle avait été déjà indiquée dans un arrêt rendu par la Cour de cassation le 17 Nivôse an XIII (2).

Il est plus difficile de savoir par quelles raisons on la justifiait, aucun document de cette époque, à notre connaissance, ne permettant d'élucider ce point; selon toute apparence, on estimait que celui qui apportait son ouvrage à la France et recourait, pour l'éditer, à l'industrie nationale, se créait seul un titre à la protection de la loi française. D'autre part, il n'y a pas d'inconvénient à protéger les œuvres parues à l'étranger, si l'auteur les réédite en France avant toute autre personne; et c'est là un tempérament équitable auquel les motifs qui

---

(1) Cass. 30 janvier 1818; Sir. 5. 1. 415. Paris, 26 novembre 1828; Sir. 9. 2. 159. Merlin, *Rép*, v° *Contrefaçon*, § 10. Pardessus, t. Ier, n° 111. Carnot, t. II, p. 431. Vivien et Blanc, n°s 453 et suiv. Lacan et Paulmier, t. II, n° 676. Les arrêts cités à la note précédente ne peuvent être invoqués en faveur de cette dérogation, mais ils n'y sont pas non plus hostiles; eu égard aux faits de la cause, la question de savoir si elle doit être admise ne se posait pas devant les tribunaux qui les ont rendus.

(2) Cass. 17 nivôse an XIII; Sir. 2. 1. 53.

paraissont avoir fait consacrer le principe ne s'opposent en aucune manière.

Les œuvres dont la première publication a lieu hors de France, sont presque toujours celles des étrangers; il suit de là que la distinction admise par la majorité des auteurs et par la jurisprudence réduisait singulièrement en fait le profit que les étrangers pouvaient tirer de leur assimilation aux nationaux.

Quel était le lieu qu'il fallait regarder comme celui de la première publication? Il a été jugé qu'un ouvrage, imprimé en France, puis édité à l'étranger, tombait dans le domaine public (1). Cette décision a contre elle les termes de l'article 426 du Code pénal, qui vise uniquement le fait de l'impression; mais elle est conforme à l'esprit de la loi. C'est principalement par la publication sur le sol français que l'auteur apporte son œuvre à la France. Ajoutons qu'il importe peu que la publication ait lieu sous telle ou telle forme; il suffit, par exemple, pour qu'un ouvrage dramatique soit protégé, que la première représentation en ait été donnée sur une scène française.

170. La situation des étrangers en France a été modifiée par le décret du 28 mars 1852

Ce décret a pour objet essentiel d'écarter l'exception d'extranéité qu'on opposait aux auteurs, lorsque leur œuvre avait paru d'abord hors de France « La contrefaçon sur le territoire français, dit l'article 1ᵉʳ, d'ouvrages publiés à l'étranger et mentionnés en l'article 425 du Code pénal constitue un délit ».

L'article 2 ajoute qu' « il en est de même du débit, de l'exportation et de l'expédition des ouvrages contrefaisants ».

Donc *la contrefaçon, le débit* sont des actes punissables, quel que soit le lieu de la première publication. Pour la peine applicable, l'article 3 renvoie au Code pénal.

Quant à *l'exportation et l'expédition des ouvrages contrefaisants*, dont il n'était pas question dans le Code pénal, c'est là,

_____

(1) Paris, 22 novembre 1853; D. P. 1854. 2. 161.

dit l'article 2, « un délit de la même espèce que l'introduction sur le territoire français d'ouvrages qui, après avoir été imprimés en France, ont été contrefaits chez l'étranger ». Et, d'après l'article 3, la peine dont l'article 427 du Code pénal frappe l'introduction doit être pareillement appliquée à l'exportation et à l'expédition. Ainsi, le juge doit prononcer une condamnation à l'amende, qui peut s'élever de cent à deux mille francs et ordonner la confiscation : 1° en cas d'exportation ; 2° en cas d'expédition. Il y a lieu de distinguer ces deux faits, bien que le décret ne parle que d'un seul délit. L'expédition prépare l'exportation ; elle consiste dans l'envoi des exemplaires. L'exportation est réalisée au moment où les exemplaires passent la frontière. Ajoutons que par expédition et exportation, on doit entendre le fait de transporter les exemplaires de France à l'étranger ; l'introduction en France, que frappe dans un cas déterminé le Code pénal, n'est donc pas punie par le décret (1).

Pour que les délits de débit, d'expédition et d'exportation existent, il faut : 1° que l'œuvre dont il s'agit ait été publiée d'abord à l'étranger ; 2° que les exemplaires contrefaits aient été fabriqués en France (2). C'est ce qui résulte du rapprochement des deux premiers articles du décret ; les *ouvrages contrefaisants* dont parle l'article 2 sont évidemment les produits de la contrefaçon que frappe l'article 1er ; et l'article 1er ne frappe que la contrefaçon sur le territoire français d'ouvrages publiés à l'étranger.

Aux termes de l'article 4, « la poursuite ne sera admise que sous l'accomplissement des conditions exigées relativement aux ouvrages publiés en France, notamment par l'article 6 de la loi du 19 juillet 1793 ». Le dépôt est donc nécessaire, quand l'action en contrefaçon est exercée à l'occasion d'une œuvre d'origine étrangère.

---

(1) Pouillet, n° 851. Darras, n° 229. *Contra* : Cass. 25 juillet 1887 ; Sir. 1888 1. 17, D. P. 1888. 1. 5 ; Pat. 1888. 325. Weiss, t. II, p. 238.

(2) Cf. Cass. 25 juillet 1887, précité.

Le décret du 28 mars 1852 s'applique-t-il aux droits de représentation et d'exécution? Sans doute il eût été juste qu'aucune des facultés inhérentes à la propriété littéraire et artistique ne restât sous l'empire de la législation antérieure. Mais le texte du décret n'autorise pas cette solution. Il énumère et punit les faits qui dorénavant seront réputés délictueux. S'il s'appliquait au droit de représentation, le délit de représentation illicite y serait évidemment mentionné. Or, les seuls délits relatés sont la contrefaçon, le débit, l'expédition et l'exportation, et l'article 3 renvoie pour la peine et les réparations civiles aux articles 427 et 429 du Co le pénal. Contrefaçon signifie fabrication, et il n'est pas admissible que le législateur ait confondu la contrefaçon avec la représentation illicite. L'article 429 attribue à la partie lésée les recettes confisquées en cas de représentation illicite; mais c'est l'article 428 qui frappe le délinquant de la confiscation des recettes et d'une amende. On objecte que la seule conséquence à tirer de là, c'est que la représentation illicite, s'il s'agit d'ouvrages publiés d'abord à l'étranger, n'entraînera que la remise des recettes à la partie lésée. Selon nous, le décret a cité l'article 429, non pour l'appliquer à la représentation illicite, mais parce que cet article détermine les indemnités payables par le contrefacteur, le débitant, l'introducteur. Si le législateur avait entendu frapper la représentation illicite, aurait-il omis l'article 428? La rédaction du décret s'oppose donc à ce qu'on étende au droit de représentation la législation nouvelle; et il n'y faut pas soumettre non plus le droit d'exécution, car il est de tradition que la protection du droit d'exécution soit réglée comme celle du droit de représentation. Ajoutez que le préambule du décret rappelle toutes les lois sur la propriété littéraire et artistique, hormis celles qui ont le droit de représentation pour seul objet : ce qui vient corroborer l'argument tiré du texte. Les droits de représentation et d'exécution ne sont donc, maintenant encore, protégés en France qu'autant que l'auteur ou ses ayants cause ont, les premiers, publié l'œuvre reven-

diquée sur le territoire français; telle est la conclusion regrettable, mais nécessaire, où nous conduit l'exacte interprétation
de la loi (1).

Le décret du 28 mars 1852 s'applique-t-il aux œuvres publiées avant sa promulgation? Nous avons déjà examiné une
question analogue à propos des lois qui ont accru la durée de
la propriété littéraire et artistique (2). En vertu des principes
que nous avons fait connaître, on doit décider que les œuvres
publiées à l'étranger avant le 28 mars 1852 sont devenues objet
de propriété à partir de cette date (3). D'ailleurs, il a été généralement reconnu que des faits antérieurs ne pouvaient être
incriminés par les propriétaires de ces œuvres comme portant
atteinte à leurs droits (4) et que les éditeurs étaient libres d'é-
couler les éditions qu'ils avaient préparées loyalement (5). Au
cas où l'ouvrage a été non seulement imprimé, mais cliché, est-
il permis, à raison des frais engagés, de faire à perpétuité de
nouveaux tirages? Un arrêt résout cette question par la négative (6).

(1) Cass. 14 décembre 1857; Sir. 1858. 1. 145; D. P. 1858. 1. 161;
Pat. 1858. 100. Rendu et Delorme, n° 855. Calmels, n° 407. Renault,
op. et loc. cit , p 135. Fliniaux, p. 11 Dela ande, p. 137. Dairas,
n° 218. Despagnet, n° 81. *Contra* : Demangeat, Revue pratique, 1856.
t. II, p. 259 et suiv. Weiss, t. II, p. 231 et suiv Cf. Lacan et Paulmier, t. II. n° 677. Poui let, n° 855.

(2) Voir n° 48

(3) Cass. 11 août 1862, Sir. 1863. 1. 36; D. P. 1862. 1. 453; Pat.
1863. 29. Paris, 9 novembre 1892 · Pat. 1893. 5. Renault, op. et loc. cit ,
p. 131. Pouillet, n° 848. Darias, n° 231. Despagnet, n° 78. Weiss, t. II,
p. 236. *Contra* : Lacan et Paulmier, t II, p. 490 et suiv. Calmels,
n° 415.

(4) Paris, 8 décembre 1853; Sir. 1854. 1. 109; D. P. 1854 2. 25.
Cass. 11 août 1862, précité. Renault, op. et loc. cit., p. 132. Pouillet,
n° 848. Despagnet, n° 78. Weiss, t. II, p 236.

(5) Paris, 8 décembre 1853, précité. Paris, 16 mars 1863, Pat. 1863.
381 Renault, op. et loc. cit , p. 132. Pouillet, n° 848 *Contra* : Darias,
n° 232. Despagnet, n° 78. Weiss, t II, p. 236.

(6) Paris, 8 décembre 1853, préc té. Renault, op. et loc. cit., p. 132
Pouillet, n° 848. Cf Trib. Seine, 16 déc. 1857; Pat. 1857. 453.

171 Étrangers et nationaux peuvent pareillement revendiquer un droit de propriété artistique en France depuis le décret du 28 mars 1852; mais la question se pose parfois de savoir d'après quelle législation l'étendue de ce droit doit être appréciée. Par exemple, un Anglais publie en Allemagne une œuvre qui est reproduite en France sans le consentement de l'auteur; les tribunaux français, appelés à statuer sur cette reproduction, devront-ils s'attacher à la législation de leur propre pays pour décider si l'œuvre revendiquée est dans le domaine privé ou dans le domaine public? Ou devront-ils consulter les lois de l'Allemagne ou de l'Angleterre (1)?

On a proposé de résoudre la question par l'application de la loi française, sans avoir égard à la nationalité de l'auteur, ni au pays d'origine de l'œuvre (2). Il est impossible, quoi qu'on en ait dit, d'invoquer aucun texte en faveur de ce système, et il a contre lui tous les arguments qui s'opposent en général à l'adoption de la territorialité des lois comme principe de solution des conflits (3). Dans l'opinion qui l'emporte, c'est à la législation du pays d'origine de l'œuvre qu'il faut donner la préférence (4). Tout d'abord, d'après le décret du 5 février 1810, le droit reconnu aux étrangers dure autant que celui des na-

(1) Beaucoup d'autres conflits de lois peuvent s'élever à l'occasion d'œuvres littéraires et artistiques : on se demandera, notamment, quelle loi doit régler la capacité de l'auteur ou le contrat qu'il a passé pour la publication de son œuvre. Ces conflits n'offrent rien de spécial à notre matière, et il suffit, en ce qui les concerne, d'appliquer le droit commun

(2) Pouillet, n° 853. De Vareilles-Sommières, *De la synthèse du droit international privé*, t. Ier, n°s 505 et 506.

(3) Voir notamment Weiss, t. III, p. 7 et suiv.

(4) Cass. 25 juillet 1887; Sir. 1888. 1. 17, D. P. 1888 1 5, Pat. 1888. 325. Paris, 9 novembre 1893; Pat. 1893. 5. Calmels, n° 409 Pataille, notes; Pat. 1856. 70, 1858. 411, 1867. 228. Renault, *op. et loc. cit.*, p. 138. Fliniaux, p. 7 et suiv. Delalande, p. 138. Darras, n° 226. Surrut, note; D. P. 1888. 1. 5. Despagnet, n° 82, Weiss, t. IV, p. 460 et suiv. Cf. Paris, 22 novembre 1888; Pat. 1893. 210. Bertauld, t. Ier, n° 142 *bis*. Lyon-Caen, note; Sir. 1888. 1. 17.

tionaux; l'aiticle 39, en effet, règle la durée de la propriété littéraire et artistique, et l'article 40 dit ensuite : « Les auteurs, *soit nationaux, soit étrangers*, peuvent céder leur droit à un imprimeur ou un libraire, ou à toute autre personne qui est alors substituée en leur lieu et place, pour eux et leurs ayants cause, *comme il est dit à l'article précédent*. » Et ce que le législateur décide pour la durée doit, par analogie, servir à déterminer l'étendue du droit, quel que soit le point de vue auquel on l'envisage D'un autre côté, on sait qu'il résulte de l'article 426 du Code pénal que les œuvres qui bénéficient de la protection légale sont celles dont la première publication a été faite en France. Le Code pénal combiné avec le décret du 5 février 1810 entraîne donc l'application, en ce qui concerne l'étendue du droit, de la loi du pays d'oiigine aux œuvres d'origine française. Cela posé, n'est-il pas logique d'étendre la même règle aux œuvres d'origine étrangère et de regarder la propiiété de ces œuvies comme régie par la loi du pays où elles ont été publiées pour la première fois? Le décret du 28 mais 1852 ne contient rien de défavorable à cette solution; tout au contiaire, on peut y puiser, en notre sens, un argument de texte. L'article 1ᵉʳ déclaie que la contiefaçon sur le teiritoire français d'ouvrages publiés à l'étranger constitue un délit; les aiticles 2 et 3 punissent d'autres atteintes à la propriété des mêmes œuvies; puis, l'article 4 declare : « Néanmoins, la pouisuite ne seia admise que sous l'accomplissement des conditions exigées relativement aux ouvrages publiés en France... » Si la législation française avait dû, dans la pensée du législateur, régler l'étendue du dioit, quelque fût le lieu de publication, ce derniei article eût été autrement rédigé. Au lieu de dire: « *Néanmoins*, la poursuite ne sera admise .. », on eût écrit : « *En conséquence*, la poursuite ne seia admise...» Car l'accomplissement de la foimalité du dépôt, à laquelle se iappoite cette disposition, s'imposait, pai voie de conséquence, si les œuvies ettangèies, jusqu'alors exclues de la protection légale, étaient désoimais soumises à tous égards au iégime de la loi française ; on pouvait même tant la chose èst évidente, passer ce point sous silence.

Notre doctrine, au cas où la loi française est plus libérale que la loi du pays d'origine de l'œuvre, a pour effet d'assigner en France à la protection légale les limites tracées par cette dernière loi. Mais, si c'est la loi étrangère qui garantit à l'auteur un droit plus étendu, la loi française, en vertu de l'ordre public international, reprendra son empire (1). L'intérêt général, en effet, commande de ne pas dépasser, au détriment du domaine public, les bornes fixées par notre législation ; s'il importe peu que la protection soit mesurée plus parcimonieusement aux œuvres étrangeres qu'aux œuvres françaises, l'application d'une loi moins restrictive que la nôtre porterait préjudice, au contr   , à nos nationaux en leur interdisant la jouissance et l'exploitation des œuvres étrangères.

D'après la loi italienne, ainsi qu'il a été dit plus haut, la propriété littéraire et artistique consiste pendant la vie de l'auteur ou quarante ans au moins dans un droit exclusif ; puis, il s'ouvre une seconde période de quarante ans, jusqu'à l'expiration de laquelle l'œuvre peut être reproduite par toute personne moyennant une redevance. On a prétendu qu'une œuvre d'origine italienne, même après l'ouverture de cette seconde période, restait l'objet d'un droit exclusif sur le territoire français (2). Il est impossible, dit-on, d'appliquer en France la loi italienne ; car, d'après l'article 30 du décret du 19 septembre 1882, celui qui veut user du droit de reproduction en payant une redevance doit faire certaines déclarations qui seront ensuite rendues publiques ; or, la loi française n'a chargé personne de recevoir de semblables déclarations et n'en a pas organisé la publicité. La difficulté qu'on

---

(1) Bertauld, t. Ier, no 142 *bis*. Renault, *op et loc. cit.*, p. 188. Darras, no 226. Lyon-Caen, note précitée. Despagnet, no 82. Weiss, t IV, p. 465. *Contra* : Fliniaux, p. 9.

(2) Lyon-Caen, note précitée. *Contra* . Weiss, t IV, p. 465.

signale nous paraît illusoire. Pourquoi serait-il nécessaire d'accomplir en France les formalités exigées par la loi italienne? Il suffira qu'elles soient accomplies en Italie.

172. Les principes consacrés par la législation française en matière de propriété littéraire et artistique au point de vue international ne sont pas à l'abri de la critique. Rien ne justifie la distinction qui résulte du décret du 28 mars 1852 entre les droits de représentation et d'exécution et les autres facultés inhérentes à la propriété littéraire et artistique. Il semble qu'on ait passé sous silence les ouvrages dramatiques par l'effet d'un simple oubli ; les œuvres de cette sorte ayant jusqu'alors fait l'objet d'une législation spéciale, on a continué les mêmes errements sans songer qu'il était injuste de les exclure du régime qu'on se proposait d'inaugurer. D'un autre côté, l'idée de s'attacher à la loi du pays d'origine en cas de conflit ne doit pas non plus être approuvée. On a tenté de défendre ce système en alléguant qu'une œuvre de littérature ou d'art est en général le produit du milieu dans lequel elle voit le jour. Nous ne saisissons pas du tout le rapport qu'il peut y avoir entre cette considération et l'application de la loi du pays d'origine. A notre avis, mieux vaut appliquer, en règle générale, la loi nationale du propriétaire de l'œuvre, encore que l'adoption de ce principe ne soit pas sans inconvénient. Chaque fois qu'un contrat de cession interviendra entre personnes de nationalité différente, la propriété de l'œuvre cédée sera régie par une loi nouvelle. Le système actuel de la législation française n'engendre pas une telle instabilité. Mais la personnalité des lois est la doctrine qui, peu à peu, tend à prévaloir en droit international privé (1), et, s'il existe des raisons décisives pour l'adopter, nous ne voyons pas ce qui pourrait justifier le choix d un autre principe quand le conflit à résoudre s'élève en matière de propriété littéraire et artistique (2).

(1) Voir notamment Weiss, t. III, p. 61 et suiv., et les autorités qu il cite.

(2) Cf. Weiss, t. IV, p. 457.

173 La question de savoir qui doit bénéficier de la protection légale n'a été résolue dans aucun État exactement comme en France. On peut diviser à ce point de vue les législations en quatre groupes.

A. *Lois qui protègent les nationaux et les étrangers sans aucune condition de réciprocité.*

Ce sont celles de la Belgique et du Luxembourg.

B. *Lois qui tiennent compte à la fois du lieu de publication et de la nationalité de l'auteur.*

La loi allemande protège tous les auteurs nationaux. Elle accorde également sa protection aux auteurs étrangers dont l'œuvre est publiée en Allemagne, à moins qu'ils n'aient fait paraître antérieurement à l'étranger l'œuvre elle-même ou une traduction ; s'ils publient une traduction sur le territoire allemand, on la considère comme œuvre originale. En Suisse, on applique les dispositions de la loi à toutes les œuvres qui sont publiées sur le territoire national et à celles dont les auteurs sont domiciliés dans le pays ; de plus, au cas où il s'agit d'œuvres publiées à l'étranger par des auteurs non domiciliés en Suisse, la loi est encore applicable, si, suivant la législation du pays où ces œuvres ont paru, les œuvres d'origine suisse bénéficient du même traitement que les œuvres d'origine nationale. En Hongrie, la loi protège les œuvres des nationaux, quand même elles ont paru en pays étranger ; elle refuse toute protection aux œuvres des étrangers, sauf dans deux cas : 1° lorsque la publication a lieu chez un éditeur national ; 2° lorsque l'auteur habite en Hongrie d'une façon continue depuis deux ans et a payé l'impôt sans interruption. L'Autriche applique la protection légale aux œuvres des nationaux, quel que soit le lieu de publication, et aux œuvres des étrangers, lorsqu'elles ont paru sur le territoire national. La loi suédoise peut être invoquée par les nationaux ainsi que par les étrangers dont l'œuvre a été publiée d'abord en Suède ; sous condition de réciprocité, le roi a le droit de déclarer la loi applicable aux œuvres des ressortissants d'un autre État ainsi qu'à celles dont la publication a été faite à l'étranger. En Norvège, la législation est pareille ; toutefois, la déclaration de réciprocité n'est prévue par la loi qu'en ce qui concerne les œuvres des étrangers. Au Mexique, les œuvres publiées dans le pays sont protégées, quelle que soit la nationalité de l'auteur ; de plus, les Mexicains et les étrangers résidant sur le territoire national bénéficient également de la protection légale pour les œuvres publiées à l'étranger, et la loi assimile aux auteurs mexicains ceux qui résident à l'étranger, pourvu que, dans les pays où leurs œuvres ont été publiées, les auteurs mexicains jouissent réciproquement de droits égaux.

C. *Lois qui protègent les nationaux et refusent la protection aux étrangers, hors le cas de réciprocité.*

Telle est la règle adoptée par l'Espagne et le Portugal. De plus, dans ce dernier pays, l'étranger ne jouit du droit de traduction que pendant dix ans à compter de la publication de l'original et à la condition qu'il commence à l'exercer dans les trois ans qui suivent ladite publication. Il faut encore ranger dans la même catégorie les lois du Vénézuéla, de la Bolivie, de la Grèce et de la Roumanie. D'après la loi monégasque, l'auteur étranger est protégé dans la mesure où les nationaux le sont par les lois ou les traités, soit de la nation à laquelle il appartient, soit du pays ou son œuvre a été publiée pour la première fois. Dans la République de Costa Rica, les étrangers résidant en dehors du pays jouissent des droits accordés aux nationaux, pourvu que les lois de leur pays accordent des avantages égaux aux citoyens de Costa Rica. En Colombie, les auteurs originaires de pays ou l'on parle la langue espagnole sont protégés à la condition que la loi de ces pays reconnaisse aux nationaux les mêmes droits que la législation colombienne. Les dispositions de la loi finlandaise s'appliquent aux œuvres des nationaux et à celles des étrangers qui résident en Finlande et y publient leurs ouvrages, mais le Gouvernement peut déclarer la loi applicable aux étrangers en général sous condition de réciprocité. La loi de l'Équateur ne prévoit pas le cas de réciprocité; elle protège les nationaux, même s'ils publient leurs œuvres à l'étranger.

D. *Lois qui réservent la protection, hors le cas de réciprocité, aux œuvres publiées sur le territoire national.*

Il en est ainsi en Italie et en Danemark ; plusieurs ordonnances du gouvernement danois ont constaté que la réciprocité était réalisée avec la France. Suivant la législation anglaise, le Gouvernement peut décider que les œuvres publiées à l'étranger seront protégées sur le territoire national; toutefois, le délai de protection ne pourra excéder celui que consacre la loi interne pour les œuvres publiées d'abord en Grande-Bretagne. Les lois de la Russie (1), du Japon et du Chili ne réservent pas le cas de réciprocité. Dans ce dernier État, les étrangers qui font paraître sur le territoire national une nouvelle édition d'œuvres déjà publiées à l'étranger, bénéficient de la protection légale pendant dix ans.

E. *Législation des États-Unis.*

Pendant longtemps ce pays a exclu complètement les étrangers non résidents de la protection légale. Aujourd'hui, les étrangers sont assimilés aux nationaux, mais le droit qui leur est reconnu est subordonné à deux conditions dont l'accomplissement est fort difficile : 1° il faut que l'œuvre, s'il s'agit d'un livre, d'une photographie, d'une lithographie ou d'un chromo, soit tirée aux États-Unis sur une composition, un cliché, un négatif, une pierre lithographique préparés également dans le pays ; 2° il faut que le dépôt de l'œuvre soit effectué aux États-Unis le jour de la publication à l'étranger ou à une date antérieure. La nouvelle loi n'est d'ailleurs applicable à tout sujet d'un État étranger que dans le cas où cet État accorde en substance les mêmes droits aux citoyens des États-Unis qu'à ses propres nationaux ou a adhéré à la Convention d'union. Le Gouvernement, chargé de constater la réciprocité, l'a fait pour la France et plusieurs autres pays.

(1) Voir sur la législation russe une étude de M. Pilenco; Bulletin de la Société de législation comparée, 1897, p. 137 et suiv.

Aucune des lois étrangères n'a suivi, en matière de conflits, le système qui résulte, à notre avis, de la législation française. Partout, lorsqu'une œuvre est protégée, l'étendue du droit paraît être régie par la *lex fori*, c'est-à-dire par la loi du pays où le droit est invoqué. Toutefois, la Belgique déroge à ce principe en ce qui regarde la durée du droit : les étrangers n'y peuvent être protégés plus longtemps que dans leur propre pays.

CHAPITRE II

Conventions internationales

SECTION I

NOTIONS GÉNÉRALES

SOMMAIRE

174. Énumération des conventions. — **175.** Conventions conclues sous le Second Empire. — **176.** Comment se combinent les conventions avec la législation intérieure.

174. La France a conclu, au cours du dix-neuvième siècle, avec les autres États un certain nombre de conventions, dont plusieurs ont été dénoncées. Nous ne nous occuperons ici que de celles qui sont actuellement en vigueur; on peut les répartir en deux groupes, les unes, quelle que soit la qualification qui leur ait été donnée, constituant de simples déclarations, les autres de véritables traités qui réglementent d'une façon plus ou moins complète les rapports internationaux.

Les pays qui ont signé de simples déclarations sont les suivants : Monaco (9 novembre 1865), Suède et Norvège (30 décembre 1881, 15 février 1884 et 13 janvier 1892), Mexique (27 novembre 1886), Bolivie (8 septembre 1887), Roumanie (28 février 1893).

Les traités sont au nombre de dix. Ils ont été conclus avec les pays dont les noms suivent : Pays-bas (25 et 29 mars 1855, déclaration du 19 avril 1884), Portugal (11 juillet 1866), Autriche-Hongrie (11 décembre 1866), Salvador (2 juin 1880), Espagne (16 juin 1880), Allemagne (19 avril 1883), Italie (9 juillet 1884), Guatémala (21 août 1895), Costa Rica (28 août 1896), Équateur (9 mai 1898). Enfin, la France a adhéré à la Convention de Berne et à celle de Montevideo, ce qui a créé encore des rapports contractuels entre elle et un certain nombre d'autres États.

175. Parmi ces conventions, celles qui datent du Second Empire n'ont jamais été soumises au Parlement; doit-on cependant les considérer comme valables? La raison d'en douter, c'est que l'article 6 de la Constitution de 1852 était ainsi conçu : « Le Président de la République fait les traités de paix, d'alliance et de commerce. » Cela n'exclut-il pas les traités relatifs à la propriété littéraire et artistique? Cependant, l'opinion contraire est généralement adoptée (1). Un traité relatif à la propriété littéraire et artistique est un traité de commerce au sens du texte précité. En effet, on a fait remarquer avec raison que dans les traités de commerce il est d'usage d'insérer toutes les dispositions intéressant les commerçants; de ce nombre sont celles qui s'appliquent à la propriété littéraire et artistique. D'autre part, la Constitution de 1852 n'avait énuméré les traités de paix, d'alliance et de commerce qu'à titre d'exemples ; des conventions ne rentrant pas dans cette énumération ont été conclues par le souverain seul, sans que la légalité en ait jamais été contestée.

176. Comment se combinent les conventions avec la législation intérieure? Cette question a été discutée à propos du décret du 28 mars 1852; elle pourrait se poser au cas ou d'autres lois seraient en contradiction avec des conventions.

En ce qui regarde les conventions antérieures au décret, on a soutenu que les ressortissants des États qui les ont signées avaient droit à une double protection et pouvaient invoquer à leur gré celle qui leur était le plus favorable (2). Il suffit, pour

(1) Cass. 25 juillet 1887; Sir. 1888. 1. 17; D. P. 1888. 1 5; Pat. 1888. 325. Lyon-Caen, note, Sir. 1888. 1 17.

(2) Rendu et Deloime, n° 717. Pouillet, n° 850. Darras, n° 194 et suiv. Acollas, p. 105.

écarter cette doctrine, de rappeler qu'en principe une loi générale ne déroge pas à une loi spéciale.

Les conventions postérieures au décret l'ont-elles abrogé en tant qu'elles restreignaient les droits des étrangers? Il est difficile de le contester; car, si une loi générale ne déroge pas à une loi spéciale, une loi spéciale, au contraire, déroge à une loi générale (1). Mais, dit-on, les conventions conclues de 1852 à 1870 n'ont jamais été soumises aux Chambres; pour celles-là, il faut décider, qu'étant des actes du pouvoir exécutif, elles n'ont pu abroger le décret du 28 mars 1852, qui, promulgué pendant la période dictatoriale du Second Empire, a la valeur d'une véritable loi (2). A notre avis, il importe peu que les conventions conclues de 1852 à 1870 n'aient point été approuvées par le Parlement; la constitution, ainsi qu'il a été établi précédemment, permettait alors au souverain de signer des traités concernant la propriété littéraire et artistique sans le concours des Chambres, et, dans ces conditions, nous ne voyons pas pourquoi les actes émanés de sa seule volonté n'auraient pas eu, comme une véritable loi, le pouvoir de modifier, au point de vue des étrangers, les dispositions de la législation interne; d'ailleurs, le Code civil (3), mis en vigueur sous un régime analogue à celui du Second Empire, prévoit expressément la modification d'une loi par un traité (4).

---

(1) Cass. 25 juillet 1887; Sir. 1888. 1. 17 D P. 1888 1. 5 Pat. 1888 325. Calmels, n° 423. Pataille; Pat. 1858 72. Divorgier; Pat. 1860. 33. Renault, *op et loc. cit*, p. 460 Lyon-Caen, note; Sir. 1888. 1. 17. Voir aussi les auteurs cités à la note suivante.

(2) Pouillet n° 850. Weiss, t. II, p 245. *Contra* : Darras, n° 196. Despagnet, n° 84.

(3) Voir les articles 2123 et 2128

(4) Voir Demangeat, note; Journal du droit international privé, 1874, p. 108 et suiv

SECTION II

CONVENTION DE BERNE (1)

SOMMAIRE

177. Historique. — **178.** Objet de la Convention. — **179.** A que les personnes et à quel es œuvres profite la Convention. — **180.** Solution des conflits. — **181** A. Application de la *lex fori*. — **182.** B. Application de la oi du pays d'orig ne de l'œuvie. — **183.** C. Règles spéciales tracées par la Convention. — **184** La Convention s'applique-t-elle aux œuvres antérieures? — **185.** Arrangements particuliers et traités antérieurs entre pays unionistes.

177. La Convention du 9 septembre 1886, dite *Convention de Berne*, a créé une union pour la protection de la propriété littéraire et artistique entre un certain nombre d'États. Elle a été modifiée, à la suite d'une conférence tenue à Paris, par un acte additionnel et une déclaration interprétative qui portent la date du 4 mai 1896. Treize États étaient membres de l'Union au 1ᵉʳ janvier 1902 : Allemagne, Belgique, Espagne, France, Grande-Bretagne, Haïti, Italie, Japon, Luxembourg, Monaco, Norvège, Suisse, Tunisie. La Norvège n'a ratifié que la Convention et la Déclaration interprétative. La Grande-Bretagne n'a ratifié que la Convention et l'Acte additionnel. Tous les autres États ont adhéré à la fois à la Convention, à l'Acte additionnel et à la Déclaration interprétative (2).

178. Protéger les œuvres littéraires et artistiques, tel est l'objet assigné par les rédacteurs de la Convention à l'Union

---

(1) Nous laisserons de côté dans ce commentaire un certain nombre de dispositions pour lesquelles il suffit de prendre connaissance du texte.

(2) L'historique de la Convention d Union a été fait maintes fois. Voir notamment : Clunet, *Étude sur la Convention d union internationale pour la protection des œuvres littéraires et artistiques*; Soldan, *L'Union internationale pour la protection des œuvres littéraires et artistiques*.

qu'ils ont créée. Il suit de là que la Convention est étrangère aux dessins et modèles industriels (1). Quand le régime spécialement applicable en cette matière doit-il prévaloir sur les règles qu'elle trace ou les lois auxquelles elle renvoie ? Ni à Berne, ni à Paris cette question n'a été résolue.

179. La Convention ne profite qu'à certaines personnes et à certaines œuvres.

Les personnes qui peuvent se prévaloir de la Convention sont : 1° les auteurs ressortissant à l'un des pays de l Union ; 2° leurs ayants cause, quelle que soit la nationalité à laquelle ils appartiennent. Il faut y joindre, d'après l'Acte additionnel, les auteurs ne ressortissant pas à l'un des pays de l'Union, mais qui auront édité ou fait éditer, pour la première fois, leurs œuvres dans l un de ces pays (2). Pour savoir où a lieu l'edition, on s attachera au fait de la mise en vente non au fait de l'impression (3). Le texte primitif déclarait la Convention applicable « aux éditeurs d'œuvres littéraires ou artistiques publiées dans un des pays de l'Union, et dont l'auteur appartient à un pays qui n'en fait pas partie ». C'était conférer a l'éditeur un droit personnel, comme s'il eût été l'auteur lui-même. On avait espéré, en ne favorisant pas trop les auteurs étrangers à l'Union, provoquer des adhésions nouvelles. Quand bien même le calcul eût été habile, comment justifier l'assimilation vraiment exorbitante de l'éditeur à l auteur ? Puis il était à craindre que la règle donnât lieu dans l'application à des difficultés inextricables,

---

(1) Cass. 15 juin 1899 ; Sir 1901 1. 303 ; D. P. 1900. 1. 81.

(2) Au lieu du mot *éditer*, l'Acte additionnel emploie le mot *publier*. Mais, aux termes du second artic e de la Déclaration interprétative, « par œuvres *publiées*, il faut entendre les œuvres *éditées* dans un des pays de l Union ». Voir le Droit d auteur, 1902, p. 23. Partout où nous rencontrerons le mot *publier*, nous le remplacerons par *éditer*, pour préciser le sens des dispositions dont nous avons à rendre compte.

(3) Voir le Droit d'auteur, 1902, p. 28.

On doit donc louer la Conférence de 1896 d'être revenue à cet égard aux vrais principes (1).

Les œuvres qui sont placées sous l'empire de la Convention sont : 1° les œuvres inédites ; 2° les œuvres éditées pour la première fois dans un pays unioniste. Le texte de 1886 ne contenait pas les mots : *pour la première fois*. La Convention protégeant l'œuvre inédite, il en résulte qu'au cas où un auteur unioniste met au jour son œuvre dans un pays non unioniste il perd le droit qui lui appartenait avant la publication.

180 Pour la solution des conflits, la Convention n'a pas adopté un principe uniforme. Tantôt elle s'attache à la *lex fori*, tantôt à la loi du pays d'origine de l'œuvre. D'autre part, elle a tracé sur certains points des règles qui constituent un essai d'unification du droit en matière de propriété littéraire et artistique. Ces règles font échec à la *lex fori*, quand la protection qui résulte de leur application est plus large ; au cas contraire, c'est la *lex fori* qui l'emporte (2).

181. A. *Application de la lex fori.*

« Les auteurs ressortissant à l'un des pays de l'Union, ou leurs ayants cause, dit l'article 2, jouissent, dans les autres pays, .. *des droits que les lois respectives accordent actuellement ou accorderont par la suite aux nationaux.* » Toutes les fois que la Convention n'en aura pas décidé autrement, on devra donc suivre la *lex fori* ; mais on verra tout à l'heure que les dérogations sont si nombreuses qu'elles affaiblissent singulièrement la portée de la règle.

Il résulte de l'article 9 que les stipulations de l'article 2 s'appliquent à la représentation publique des œuvres dramatiques ou dramatico-musicales. Elles concernent également les œuvres posthumes, d'après l'Acte additionnel.

L'article 2 a-t-il ou pour effet de supprimer la *caution judi-*

---

(1) Voir le Droit d'auteur, 1896, p 36 ; 1902, p. 14.
(2) Voir le Droit d auteur, 1899, p. 87.

catum solvi? A notre avis, la négative est certaine (1).
Ce que la Convention assure aux auteurs, lorsqu'elle assimile les étrangers aux nationaux, c'est uniquement la jouissance de la propriété littéraire et artistique; cette assimilation ne change rien aux règles de procédure suivant lesquelles dans chaque pays les auteurs pourront faire valoir leurs droits en justice.

183. B *Application de la loi du pays d'origine de l'œuvre.*

On doit considérer comme pays d'origine de l'œuvre celui dans lequel elle est éditée pour la première fois, ou, si elle est éditée pour la première fois dans plusieurs pays de l'Union simultanément, celui d'entre eux dont la législation accorde la durée de protection la plus courte; pour les œuvres qui n'ont pas encore été éditées, le pays d'origine de l'œuvre est celui auquel appartient l'auteur.

On propose aujourd'hui, au cas de publication simultanée, de s'attacher à la législation qui consacre le délai de protection le plus long, au rebours de la règle admise par la Convention; nous ne voyons pas quelle objection on peut faire à cette innovation qui améliorerait la condition des auteurs.

Lorsqu'une œuvre est éditée simultanément dans un pays de l'Union et dans un pays qui n'en fait pas partie, quel est le pays d'origine? On a prétendu qu'il fallait prendre en considération les législations des deux pays et s'en tenir à celle qui limite le plus le délai de protection (2). A notre avis, la Convention n'ayant pas prévu expressément cette hypothèse, on doit en conclure qu'elle tient pour inexistante toute publication faite en dehors de l'Union; le pays d'origine sera donc celui des pays unionistes sur le territoire duquel l'œuvre aura été éditée.

La loi du pays d'origine est applicable sur deux points :

(1) Rouen, 3 août 1891; Pat. 1893. 94. Pouillet, n° 880. Weiss, t. II, p. 251. *Contra* . Cattreux; Droit d'auteur, 1889, p. 73, 87, 95.

(2) Soldan, p. 19. *Contra* : Pouillet, n° 860. Voir le Droit d'auteur, 1902, p. 15.

1° La protection accordée par la Convention est subordonnée à l'accomplissement dans le pays d'origine des conditions et formalités qui peuvent être prescrites par la législation de ce pays. Quant à celles qu'impose la *lex fori*, la déclaration interprétative a décidé implicitement que les intéressés en étaient dispensés (1). Le contraire avait été jugé par la Haute Cour de justice en Angleterre, le 4 février 1891 ; depuis, la jurisprudence anglaise paraît avoir changé d'opinion (2).

La Déclaration interprétative a pris soin de dire, en outre, qu'il n'est pas dérogé à ces principes en matière d'œuvres photographiques.

Les tribunaux peuvent exiger, le cas échéant, la production d'un certificat délivré par l'autorité compétente, constatant que les formalités prescrites ont été remplies. On a demandé récemment que le Bureau de l'Union fût investi du pouvoir de délivrer ce certificat.

2° Aux termes de l'article 2, la jouissance des droits reconnus par la Convention « ne peut excéder, dans les autres pays, la durée de la protection accordée dans le pays d'origine ». Il suit de là qu'au cas où la protection est moindre dans le pays d'origine que dans le pays d'importation, c'est la loi du pays d'origine qu'il faut appliquer, mais, dans l'hypothèse inverse, on revient, suivant la règle générale, à la *lex fori*.

La formule de l'article 2 interdit-elle aux États unionistes de protéger les intéressés plus longtemps que ne fait la loi du pays d'origine? Assurément non (3). L'article 15, ainsi qu'on le verra plus loin, les autorise à conclure entre eux des arrangements plus favorables aux auteurs que le régime institué dans l'Union. Pareillement, rien ne s'oppose à ce qu'ils dérogent dans le même sens à ce régime par leur législation interne. Tout ce que veut dire l'article 2, c'est que nul n'est admis à

(1) Trib. Seine, 17 mai 1900 ; Loi, 23 mai 1900.
(2) Voir le Droit d'auteur, 1893, p. 82.
(3) Soldan, p 17.

réclamer, *en vertu de la Convention*, un droit dont la durée excède celle qu'a fixée la loi du pays d'origine.

La Convention a été rendue applicable en Angleterre par une loi du 25 juin 1886 et une ordonnance du 25 novembre 1887, d'après lesquelles il ne doit point être accordé aux auteurs un droit *plus étendu* sur le territoire britannique que dans le pays d'origine. Cette disposition n'est pas d'accord avec l'article 2; il faut tenir compte de la loi du pays d'origine au point de vue de la durée du droit, non au point de vue de l'étendue du droit en général (1).

183. C. *Règles spéciales tracées par la Convention.*

Ces règles ont trait principalement aux éléments constitutifs de la propriété littéraire et artistique; il y a aussi quelques dispositions relatives à l'acquisition de la propriété littéraire et artistique et au droit de saisie.

1° *Facultés inhérentes à la propriété littéraire et artistique.*

a) D'après l'article 9, le droit d'exécution des compositions musicales est subordonné à une mention de réserve que l'auteur doit inscrire sur le titre ou en tête de son œuvre. C'est là une des dispositions les plus regrettables de la Convention. En 1896, on proposa de la supprimer; mais cette tentative échoua devant l'opposition de l'Allemagne et de l'Angleterre. La mention de réserve était alors exigée par la loi allemande; elle ne l'est plus aujourd'hui. Cette réforme permet d'espérer que la prochaine Conférence réussira mieux sur ce point que celle qui l'a précédée.

La mention de réserve doit-elle être apposée sur les œuvres dramatico-musicales? La négative résulte de l'article 9. « Les stipulations de l'article 2, dit ce texte, s'appliquent à la représentation publique des œuvres dramatiques ou dramatico-musicales... Les stipulations de l'article 2 s'appliquent également à l'exécution publique des œuvres musicales.. ' dont l'auteur a e   essément déclaré sur le titre ou en tête de l'ou-

---

(1) Voir le Droit d'auteur, 1895, p. 165.

vrage qu'il en interdit l'exécution publique ». Il est clair que
la Convention distingue deux sortes d'œuvres et qu'elle range
les œuvres dramatico-musicales parmi celles de la première
sorte, pour lesquelles le droit d'exécution n'a pas besoin d'être
réservé (1).

Il se peut que la *lex fori* soit plus libérale, en ce qui regarde
le droit d'exécution, que la Convention; plusieurs des États
unionistes, la France notamment, n'exigent pas la mention de
réserve En pareil cas, c'est la *lex fori* qui prévaudra (2), conformément au principe que nous avons énoncé précédemment (3).

b) Le Protocole de clôture décide « que la fabrication et la
vente des instruments servant à reproduire mécaniquement
des airs de musique empruntés au domaine privé ne sont pas
considérées comme constituant le fait de contrefaçon musicale ».
Cette disposition autorise-t-elle la fabrication et la vente des
bandes de carton perforé qu'on emploie aujourd'hui dans l'industrie des instruments de musique mécaniques ? A propos de
la loi française du 16 mai 1866, conçue dans les mêmes termes,
nous avons eu à examiner la même question. La solution que
nous avons alors défendue est également celle qui doit s'appliquer à la Convention. A notre avis, les bandes de carton
perforé étant un des organes des instruments de musique mécanique, elles sont comprises dans les termes du protocole de
clôture, cette invention, d'ailleurs, était déjà connue à l'époque
de la Convention, et, si on avait voulu réserver le droit des
compositeurs, on n'aurait pas manqué de le dire expressément (4). A la Conférence de 1896, on proposa d'ajouter au
texte précité l'alinéa suivant, « Le bénéfice de cette disposi-

---

(1) Voir le Droit d'auteur, 1894, p. 141.
(2) D Orelli, *Les dispositions impératives et normatives de la Convention*, Droit d'auteur, 1889, p. 14 Ponsard, *Études de droit international conventionnel*, p 522
(3) Voir nº 180.
(4) *Contra* : Pouillet, nº 874.

tion ne s'applique pas aux instruments qui ne peuvent reproduire des airs que par l'adjonction de bandes ou cartons perforés ou autres systèmes indépendants de l'instrument, se vendant à part et constituant des éditions musicales d'une notation particulière. » La réforme proposée fut repoussée par l'Allemagne, la Grande-Bretagne, l'Espagne, la Norvège et la Suisse.

c) Aux termes de l'Acte additionnel, « dans les pays de l'Union où la protection est accordée non seulement aux plans d'architecture, mais encore aux œuvres d'architecture elles-mêmes, ces œuvres sont admises au bénéfice de la Convention de Berne et du présent Acte additionnel ». Cela veut dire que la faculté de reproduire une œuvre d'architecture sur le terrain est réservée à l'auteur dans les limites tracées par la *lex fori*. Il s'agit donc là moins d'une règle spéciale que d'un cas particulier auquel l'Acte additionnel applique spécialement la règle générale énoncée dans l'article 2. La Conférence de 1896 avait été saisie d'une proposition tendant à assurer aux œuvres d'architecture la protection légale sur tout le territoire de l'Union; l'Allemagne et la Grande-Bretagne s'opposèrent à ce que cette réforme fût votée (1).

d) Le Protocole de clôture réserve à l'auteur d'une œuvre d'art le droit de reproduction par la photographie; c'est ce qui résulte du passage suivant : « Il est entendu que la photographie autorisée d'une œuvre d'art protégée jouit, dans tous les pays de l'Union, de la protection légale. ., aussi longtemps que dure le droit principal de reproduction de cette œuvre même, et dans les limites des conventions privées entre les ayants droit. » Ce texte suppose qu'il s'agit d'une œuvre d'art *protégée*; si l'auteur cède le droit de la reproduire à un photographe, celui-ci pourra, dans les limites du contrat, et, tant que l'œuvre d'art n'est pas tombée dans le domaine public, faire valoir le droit cédé. D'autre part, il est investi d'un droit

(1) Voir le Droit d'auteur, 1899, p. 1 et suiv

distinct auquel la production de l'œuvre photographique
donne naissance et qui a cette œuvre pour objet ; et ce droit
prend fin en même temps que la propriété de l'œuvre d'art pho-
tographiée (1).

2° *Objet de la propriété littéraire et artistique.*

D'après l'article 4 de la Convention, « l'expression *œuvres
littéraires et artistiques* comprend : les livres, brochures ou
tous autres écrits ; les œuvres dramatiques ou dramatico-musicales, les compositions musicales avec ou sans paroles ; les
œuvres de dessin, de peinture, de sculpture, de gravure ; les lithographies, les illustrations, les cartes géographiques ; les
plans, croquis et ouvrages plastiques, relatifs à la géographie, à
la topographie, à l'architecture ou aux sciences en général ;
enfin toute production quelconque du domaine littéraire,
scientifique ou artistique, qui pourrait être publiée par
n'importe quel mode d'impression ou de reproduction ».
Il est permis de se demander pourquoi cet article énumère
certaines œuvres, alors qu'il se termine par une formule générale. Les œuvres énumérées sont-elles soumises à un traitement spécial? On a prétendu qu'elles étaient protégées,
quelle que soit la *lex fori*, tandis que la *lex fori* devait être
consultée pour celles qui sont seulement comprises dans la
formule générale (2). Cette distinction, qui aurait une grande
importance, ne trouve aucun point d'appui dans l'article 4.
Beaucoup de lois et de traités contiennent des énumérations
purement énonciatives; il en est ainsi de la Convention. Toute
production littéraire, scientifique ou artistique, susceptible
d'être reproduite par un moyen quelconque, sera donc protégée dans les États unionistes; tel est le principe posé par
l'article 4.

Spécialement, l'article 6 met au nombre des œuvres proté-

---

(1) Voir le Droit d'auteur, 1902, p. 2 et suiv.
(2) Darras, n° 438. *Contra* : Cass. 15 juin 1899, précité. Cf. le Droit
d'auteur, 1899, p. 130 et suiv.

gées les traductions, si elles sont licites. Par là il faut entendre celles qui sont faites avec l'assentiment du propriétaire de l'œuvre originale ou ont pour objet une œuvre tombée dans le domaine public. Le même article ajoute que, « s'il s'agit d'une œuvre pour laquelle le droit de traduction est dans le domaine public, le traducteur ne peut pas s'opposer à ce que la même œuvre soit traduite par d'autres écrivains ».

Il est dérogé, par contre, au principe susénoncé, en ce qui concerne la propriété des articles de journaux et de recueils périodiques et le droit de traduction; d'autre part, pour certaines œuvres, la Convention renvoie à la *lex fori*.

a) D'après l'article 7 de l'accord conclu en 1886, tout article publié dans un journal ou un recueil périodique pouvait être reproduit librement, à moins que l'auteur ou l'éditeur ne l'eût formellement interdit; cette interdiction n'était point admise pour les articles de discussion politique, les nouvelles du jour et les faits divers; il suffisait, en cas de publication dans un recueil, que la mention de réserve fût placée en tête de chaque numéro.

L'Acte additionnel a modifié le texte originaire sur deux points : premièrement, la nécessité de l'interdiction ne s'applique plus aux romans feuilletons; secondement, à défaut d'interdiction, la reproduction n'est permise qu'à la condition d'indiquer la source (1). Il est regrettable que la Conférence de 1896 n'ait pu supprimer, en principe, la nécessité de l'interdiction et qu'elle ait dû maintenir l'assimilation des articles de discussion politique aux faits divers et nouvelles. Les articles de discussion politique sont des ouvrages de l'esprit, qu'il n'est pas juste d'exclure de la protection légale; et ce sont, parmi les œuvres publiées par la voie de la presse, les seules pour lesquelles, l'auteur étant en général disposé à faire abandon de son droit, on comprend qu'une mention de réserve soit exigible. L'article 7 ne constitue, d'ailleurs, qu'un minimum de

(1) Voir le Droit d'auteur, 1902, p. 73 et suiv.

protection; si la *lex fori* est plus avantageuse, il faut l'appliquer (1).

b) A l'origine, la Convention avait singulièrement restreint l'étendue du droit de traduction. Le texte de 1886 consacrait ce droit pour une durée très courte, seulement dix années à partir de la publication de l'œuvre originale. Aux termes de l'article 5 refondu par l'Acte additionnel, « les auteurs ressortissant à l'un des pays de l'Union ou leurs ayants cause jouissent, dans les autres pays, du droit exclusif de faire ou d'autoriser la traduction de leurs œuvres pendant toute la durée du droit sur l'œuvre originale. Toutefois, le droit exclusif de traduction cessera d'exister lorsque l'auteur n'en aura pas fait usage dans un délai de dix ans à partir de la première publication de l'œuvre originale, en publiant ou en faisant publier, dans un des pays de l'Union, une traduction dans la langue pour laquelle la protection sera réclamée. » Cette disposition a été adoptée par la Conférence de 1896 à la demande de l'Angleterre ; les délégués de l'Allemagne, de la Belgique, de la Suisse et de la France proposaient d'assimiler d'une façon complète la durée du droit de traduction à celle de la propriété littéraire elle-même. Il est regrettable que leurs efforts n'aient pas été couronnés de succès Au reste, si la législation interne est plus libérale, il est permis aux intéressés de s'en prévaloir.

c) La Convention renvoie à la *lex fori* dans quatre hypothèses.

En premier lieu, l'article 10 déclare illicites « les appropriations indirectes non autorisées d'un ouvrage littéraire ou artistique, désignées sous des noms divers, tels que : adaptations, arrangements de musique, etc., lorsqu'elles ne sont que la reproduction d'un tel ouvrage, dans la même forme ou sous une autre forme, avec des changements, additions ou retranchements non essentiels, sans présenter, d'ailleurs, le caractère d'une nouvelle œuvre originale. » Mais, un second alinéa

(1) Soldan, 1, *op. cit.*, p. 35. D'Orelli, *op. et loc. cit.*, p. 13.

dit qu'il est entendu « que, dans l'application du présent article, les tribunaux des divers pays de l'Union *tiendront compte, s'il y a lieu, des réserves de leurs lois respectives* ». La Conférence de 1896 n'a pas changé cette disposition ; il est à noter seulement qu'aux termes de la Déclaration interprétative, « la transformation d'un roman en pièce de théâtre ou d'une pièce de théâtre en roman rentre dans les stipulations de l'article 10 ».

Secondement, il résulte du Protocole de clôture modifié par l'Acte additionnel que les œuvres photographiques et les œuvres obtenues par un procédé analogue sont admises au bénéfice de la Convention, en tant que la législation intérieure permet de le faire, et dans la mesure de la protection qu'elle accorde aux œuvres nationales similaires. La Convention, dans sa forme première, obligeait seulement les pays où le caractère d'œuvres artistiques n'est pas refusé aux photographies, à les protéger conformément à la loi interne. La Conférence de 1896 a émis un vœu, aux termes duquel il est à souhaiter « que, dans tous les pays de l'Union, la loi protège les œuvres photographiques ou les œuvres obtenues par des procédés analogues, et que la durée de la protection soit de quinze ans au moins » (1). Rappelons ici que la Convention, au lieu de renvoyer à la *lex fori*, règle d'une façon spéciale le régime applicable aux photographies d'œuvres d'art.

Troisièmement, l'article 8 réserve l'effet de la législation interne « en ce qui concerne la faculté de faire licitement des emprunts à des œuvres littéraires ou artistiques pour des publications destinées à l'enseignement ou ayant un caractère scientifique, ou pour des chrestomathies ».

Quatrièmement, c'est encore la *lex fori* qui décidera, suivant le Protocole de clôture, si les œuvres chorégraphiques doivent être rangées parmi les œuvres dramatico-musicales et soumises au même traitement (2).

(1) Voir le Droit d'auteur, 1899, p. 62 et suiv. ; 1901, p. 138 et suiv.
(2) Voir le Droit d'auteur, 1899, p. 13 et suiv.

3° *De la preuve.*

L'article 11 de la Convention institue certaines présomptions qui serviront aux auteurs et éditeurs à prouver leur propriété dans les procès en contrefaçon.

En premier lieu, « pour que les auteurs des ouvrages protégés... soient, jusqu'à preuve contraire, considérés comme tels et admis, en conséquence, devant les tribunaux des divers pays de l'Union à exercer des poursuites contre les contrefaçons, il suffit que leur nom soit indiqué sur l'ouvrage en la manière usitée ». La présomption dont il s'agit ici dispense les auteurs d'apporter d'autres preuves de leur droit de propriété; mais il est permis d'établir que le droit allégué ne leur appartient pas ou n'existe pas

En second lieu, « pour les œuvres anonymes ou pseudonymes, l'éditeur dont le nom est indiqué sur l'ouvrage est fondé à sauvegarder les droits appartenant à l'auteur. Il est, sans autres preuves, réputé ayant cause de l'auteur anonyme ou pseudonyme »

D'après cela lorsque l'auteur ne s'est pas nommé, il y a deux cas à distinguer. Si la contrefaçon porte atteinte aux droits de l'auteur lui-même, l'éditeur peut réclamer ce qui est dû à ce dernier, sans révéler sa personnalité. c'est ce qui arrivera toutes les fois que le contrat en vertu duquel a lieu la publication n'entraîne aucune aliénation de propriété. Si l'éditeur déclare agir comme ayant cause de l'auteur, il n'a pas à prouver la cession dont il se prévaut; son droit doit être présumé aux termes de la Convention. Ajoutons qu'il paraît juste, bien que le texte n'en dise rien, que cette présomption puisse être combattue par la preuve contraire.

On a prétendu qu'il résultait de l'ensemble de ces dispositions que la propriété d'un ouvrage mis au jour sans nom d'auteur ni d'éditeur ne pouvait être revendiquée en justice. Le texte de la Convention contredit cette opinion de la façon la plus nette. D'ailleurs, il ressort des travaux préparatoires, qu'on a simplement voulu faciliter aux auteurs et à leurs ayants cause la défense de leurs droits (1).

4° *Saisie*.

D'après l'Acte additionnel, « toute œuvre contrefaite peut être saisie par les autorités compétentes des pays de l'Union où l'œuvre originale a droit à la protection légale ». Le texte primitif disait : « Toute œuvre contrefaite peut être saisie *à l'importation...* » On se demandait si la saisie pouvait avoir lieu autrement qu'à l'importation; de là la modification sur laquelle on est tombé d'accord. Pour les conditions de la saisie, la Convention renvoie à la loi interne.

184. La Convention, dit l'article 14, « sous les réserves et conditions à déterminer d'un commun accord, s'applique à toutes les œuvres qui, au moment de son entrée en vigueur ne sont pas encore tombées dans le domaine public de leur pays d'origine ». Puis, le Protocole de clôture précise en ces termes l'effet de cette disposition : « L'application de la Convention aux œuvres non tombées dans le domaine public au moment de sa mise en vigueur aura lieu suivant les stipulations y relatives contenues dans les conventions spéciales existantes ou à conclure à cet effet. A défaut de semblables stipulations entre pays de l'Union, les pays respectifs régleront, chacun pour ce qui le concerne, par la législation intérieure, les modalités relatives à l'application du principe contenu à l'article 14 (2). »

185. Les États unionistes se sont réservé le droit de prendre entre eux des arrangements particuliers, « en tant que ces arrangements conféreraient aux auteurs ou à leurs ayants cause des droits plus étendus que ceux accordés par l'Union, ou qu'ils renfermeraient d'autres stipulations non contraires à la présente Convention ». Dans la même mesure, il a été déclaré que les traités antérieurs subsistaient. Il suit de là que, pour savoir quels sont les droits d'un Français dans un des pays de l'Union, il faut examiner la législation de ce pays, la Convention d'Union

---

(1) Voir le Droit d'auteur, 1899, p. 50 et suiv.

(2) Voir le Droit d'auteur, 1888, p. 61, 73, 88, 105, 117; 1889, p. 9.

et, le cas échéant, les traités que ce pays a pu conclure avec la France (1).

CONVENTION DE MONTEVIDEO

SOMMAIRE

186. Historique. — **187**. A quelles personnes et à quelles œuvres profite la Convention. — **188**. Solution des conflits; application de la loi du pays d'origine de l'œuvre. — **189**. Application de la *lex fori*. — **190**. Règles spéciales.

186. Plusieurs États de l'Amérique du Sud ont, par une Convention conclue à Montevideo le 11 janvier 1889, formé une union qui offre quelque analogie avec celle que nous avons étudiée dans la précédente section. Les articles 13 et 16 de cette convention permettent l'adhésion ultérieure de tout État; mais il a été déclaré dans le Protocole additionnel que l'adhésion des États non représentés à Montevideo ne produirait d'effet qu'à l'égard des États hispano-américains qui consentiraient à l'agréer. Le Gouvernement français, en exécution d'une loi du 30 juillet 1897, a manifesté la volonté d'entrer dans la nouvelle union; son adhésion ayant été acceptée par la République argentine et par le Paraguay, la Convention de Montevideo règle actuellement les rapports entre la France et ces deux États.

187. Il résulte de l'article 2 de la Convention que toute personne, quelle que soit sa nationalité, est admise à bénéficier de la protection qu'elle organise; il suffit que l'œuvre revendiquée ait été publiée ou produite d'abord sur le territoire d'un des États signataires.

188. Les conflits sont réglés par l'application de la loi du

(1) Cf. Rouen, 5 août 1896; Pat. 1898. 306.

pays d'origine ou de la *lex fori* ou de règles spéciales; il en est
de même dans l'Union créée en 1886. Mais, tandis que la Convention de Berne déclare la *lex fori* applicable en principe, la Convention de Montevideo donne la préférence à la loi
du pays d'origine. Par pays d'origine, il faut entendre celui
où a lieu la première publication ou production.

189 La *lex fori* ne doit être consultée qu'au point de vue
de la durée. Si la *lex fori* protège plus longtemps les œuvres
littéraires et artistiques que la loi du pays d'origine, c'est
celle-ci qui prévaut, conformément au principe général; mais,
dans le cas contraire, l'avantage reste, d'après l'article 4, à la
lex fori.

190. Les règles spéciales tracées par la Convention de Montevideo constituent un régime moins restrictif que celui qu'a
institué la Convention de Berne.

1° Tout mode d'exploitation, sans aucune réserve, est compris dans la protection.

2° L'article 5 range parmi les œuvres protégées « toute production du domaine littéraire ou artistique qui pourrait être
publiée par n'importe quel mode d'impression ou de reproduction » Cette formule générale est précédée d'une énumération
où la Convention mentionne expressément les œuvres chorégraphiques et photographiques; c'est une différence avec la
Convention de Berne. Il faut noter aussi que le droit de traduction est pleinement garanti.

Une disposition moins libérale concerne les articles de
journaux. Il est permis de les reproduire, pourvu que la
source soit citée; sont exceptés les articles traitant de
science et d'art, dont la reproduction aura été expressément
interdite par l'auteur. Il n'est rien dit des romans-feuilletons

3° L'article 10, a l'imitation de la Convention de Berne
décide qu'on doit, sous réserve de la preuve contraire, tenir
pour l'auteur d'une œuvre littéraire ou artistique, celui sous
le nom ou le pseudonyme duquel cette œuvre est publiée Si

l'auteur veut garder son nom secret, l'éditeur fera connaître
que c'est à lui qu'appartient le droit d'auteur.

SECTION IV

CONVENTIONS ENTRE LES PAYS-BAS, LE PORTUGAL, L'AUTRICHE-HONGRIE ET LA FRANCE

SOMMAIRE

191. Caractère des conventions analysées. — **192** Convention franco-
hollandaise — **193** Conventions franco-portugaise et franco-autrichienne.

191. Ces conventions, conclues sous le Second Empire, ont
gardé toute leur importance, parce que les États qui les ont
signées avec la France sont restés étrangers à l'Union qu'a
constituée la Convention de Berne. Elles sont, d'ailleurs, fort
imparfaites, et la protection qu'elles organisent est moins libérale que celle qui résulte des traités postérieurs.

192. En particulier, la Convention franco-hollandaise n'assure à la France que des avantages médiocres. Elle concerne
seulement les œuvres scientifiques et littéraires. Elle ne garantit pas le droit de traduction. La *lex fori* est déclarée applicable, en principe, mais les droits à exercer dans le pays
où la protection est réclamée ne peuvent être plus étendus
que ceux qu'accorde la législation du pays auquel l'auteur
ou ses ayants cause appartiennent.

Sur deux points, l'établissement de règles spéciales est également défavorable aux sujets français. 1° Il est permis à tous
de reproduire les articles de journaux et de recueils périodiques, pourvu que la source soit indiquée. Toutefois, le
droit de reproduction reste à l'auteur, s'il se l'est réservé
par une mention expresse. Cette dernière disposition n'est
pas applicable aux articles de discussion politique. 2° La publication dans le royaume des Pays-Bas de chrestomathies com-

posées d'extraits d'auteurs français est licite, lorsque ces recueils sont destinés à l'enseignement et contiennent des notes
en langue hollandaise

193. Les traités signés avec le Portugal et l'Autriche-Hongrie sont mieux rédigés que la Convention franco-hollandaise.
Ils ont été conclus l'un et l'autre en 1866 et contiennent un
certain nombre de dispositions identiques.

Il est à regretter surtout que ces traités astreignent les intéressés à remplir des formalités non seulement dans le pays d'origine, mais encore dans le pays d'importation. Les livres, cartes,
estampes, gravures ou œuvres musicales, qui ont été publiés
d'abord en France, doivent être enregistrés dans la capitale de
l'autre État, sur une déclaration faite au plus tard trois mois
après la publication. Il est délivré à celui qui fait opérer l'enregistrement un certificat d'où résulte en sa faveur une présomption de propriété. À l'égard des ouvrages paraissant par
livraisons, le délai de trois mois court de la date à laquelle la
dernière livraison est mise au jour ; toutefois, si l'auteur s'est
réservé le droit de traduction, chaque livraison est considérée
comme un ouvrage séparé.

La loi applicable, en règle générale, est la *lex fori*; mais la
protection dans le pays d'importation n'est due aux intéressés,
d'après l'article 1er des deux traités, « que pendant l'existence
de leurs droits dans le pays où la publication originale a été
faite, et la durée de la jouissance .. ne pourra excéder celle
fixée par la loi pour les auteurs nationaux ». Ainsi, la loi du
pays d'origine, lorsqu'elle est moins libérale, fait échec à la
lex fori. Cette dérogation concerne-t-elle seulement la durée
de la propriété littéraire et artistique? Ou faut-il admettre
qu'une œuvre non protégée dans le pays d'origine ne serait
pas mieux traitée dans le pays d'importation? Nous verrons
ci-dessous que la Convention franco-allemande, où l'on trouve
la même formule, a été interprétée dans ce dernier sens (1).

(1) Voir n° 196.

L'application de la *lex fori* dispense-t-elle l'étranger de fournir *caution judicatum solvi* ? La négative a été jugée à propos de la Convention franco-autrichienne (1). Nous avons examiné la même question en parlant de la Convention de Berne.

Le droit de traduction est garanti par la Convention franco-portugaise, mais dans des limites très étroites. Il dure cinq ans seulement depuis le jour où paraît la traduction. Il faut que l'auteur, en tête de l'ouvrage original, se réserve le droit de traduction par une mention expresse; que la traduction paraisse au moins en partie dans le délai d'un an à compter de la déclaration qui précède l'enregistrement de l'œuvre originale, et soit entièrement publiée trois ans après cette déclaration; qu'elle soit publiée dans l'un des deux pays et enregistrée. Pour les ouvrages dramatiques, la traduction doit être éditée ou représentée dans les trois mois qui suivent la déclaration. La Convention franco-autrichienne, moins restrictive, applique au droit de traduction le régime qui résulte de la *lex fori* pour les nationaux, en exigeant toutefois une mention de réserve.

Les deux conventions reproduisent, à l'égard des articles de journaux et de recueils périodiques, les dispositions du traité franco-hollandais. D'après la Convention franco-portugaise, il est permis, dans chacun des deux pays, de publier des extraits ou morceaux entiers d'ouvrages ayant paru pour la première fois dans l'autre pays, pourvu que ces publications soient spécialement adaptées à l'enseignement ou à l'étude et soient accompagnées de notes explicatives ou de traductions interlinéaires et marginales dans la langue du pays où elles sont publiées. On a vu que le traité franco-hollandais contenait une stipulation analogue; il n'y a rien de tel, au contraire, dans la Convention franco-autrichienne.

(1) Rouen, 3 août 1891 ; Pat. 1893. 94. *Contra* : Trib. Sens, 7 mars 1888, Sir. 1888. 2. 199.

SECTION V

CONVENTIONS ENTRE LE SALVADOR, L'ESPAGNE, L'ALLEMAGNE, L'ITALIE ET LA FRANCE

SOMMAIRE

194. Caractère des conventions analysées — **195** Conventions franco-espagnole et franco-salvadorienne. — **196** Conventions franco-allemande et franco-italienne.

194. Tandis que les traités franco-portugais et franco-autrichien astreignaient les intéressés à des formalités spéciales, les quatre conventions que nous allons analyser ont supprimé cette entrave à la protection; c'est là un progrès notable. L'Espagne, l'Allemagne et l'Italie ont adhéré à la Convention de Berne, cependant, il est utile d'examiner les traités particuliers qu'elles ont signés, ces traités différant à certains égards de la Convention de Berne, notamment quant aux personnes et aux œuvres protégées.

195. D'après la Convention franco-espagnole, tous les auteurs protégés dans l'un des deux pays peuvent réclamer dans l'autre la protection légale. La Convention franco-salvadorienne ne profite qu'aux nationaux des États contractants Les deux conventions, comme d'ailleurs presque tous les traités conclus par la France, sont fondées sur l'application de la *lex fori*; mais, suivant un principe que nous avons déjà rencontré, la loi de l'autre État fait échec à la *lex fori*, quand celle-ci est plus libérale. La durée du droit est fixée à la vie de l'auteur, plus cinquante ans après sa mort. Le droit de traduction est garanti sans réserve, il en est de même de la propriété des articles de journaux et de recueils périodiques, exception faite des articles de discussion politique. Est licite, au contraire, la reproduction d'extraits ou de morceaux entiers en langue originale et en traduction, dans l'intérêt de l'enseignement ou de l'étude, pourvu qu'ils soient accompagnés de notes explicatives dans une langue autre que celle dans laquelle a été publiée l'œuvre originale.

La Convention franco-espagnole contient la clause dite *de la nation la plus favorisée.* Si l'un des États contractants accorde aux auteurs étrangers des avantages plus considérables par un traité postérieur, l'autre État en profitera.

196. Les Conventions franco-allemande et franco-italienne ont peut-être été étudiées avec plus de soin qu'aucune autre. Elles ont été signées à un an d'intervalle et offrent beaucoup de traits communs.

Les personnes admises au bénéfice de ces Conventions sont non seulement les auteurs nationaux et leurs ayants cause, mais encore les éditeurs d'ouvrages publiés dans un des deux États contractants, alors même que l'auteur appartiendrait à une nationalité tierce. On a vu plus haut que la Convention de Berne, dans sa dernière forme, n'accorde pas la même faveur aux éditeurs, et, d'autre part, qu'une œuvre n'est protégée qu'autant qu'elle est publiée sur le territoire de l'Union. Le domaine de la Convention de Berne n'est donc pas exactement celui des Conventions franco-allemande et franco-italienne.

La *lex fori* est applicable, en règle générale, aux termes des deux conventions; toutefois, d'après une stipulation qui leur est également commune, les avantages qu'elle procure aux intéressés ne leur seront assurés « que pendant l'existence de leurs droits dans le pays d'origine, et la durée de leur jouissance dans l'autre pays ne pourra excéder celle fixée par la loi pour les auteurs nationaux ». Il faut donc écarter la *lex fori* et s'attacher à la loi du pays d'origine, quand la durée du droit est moindre suivant la seconde que suivant la première; mais le texte précité doit-il être appliqué à l'étendue du droit en général, de telle sorte qu'une œuvre non protégée, une faculté non garantie dans le pays d'origine ne bénéficient pas de la protection legale dans le pays d'importation? L'affirma-

tive a été défendue pour la Convention franco-allemande (1);
elle a été consacrée pour la Convention franco-italienne de 1862,
ou l'on trouvait la même formule, par un arrêt de la Cour de
cassation (2). Cette solution ne ressort pas nettement du texte,
dont la rédaction est ambigue; mais elle est logique et conforme à la législation française et à d'autres traités antérieurs.

Les deux conventions créent au profit des auteurs et éditeurs un système de présomptions qu'a reproduit la Convention de Berne; il est inutile d'y revenir (3). Elles autorisent la
reproduction des articles de journaux ou recueils périodiques,
à moins que l'auteur ou l'éditeur n'aient expressément réservé
leur droit; il est fait exception pour les articles de discussion
politique, qui peuvent toujours être reproduits, et pour les
romans-feuilletons et les articles de science et d'art, à l'égard
desquels une mention de réserve n est pas nécessaire. Enfin,
la clause de la nation la plus favorisée règle les rapports de la
France tant avec l'Italie qu'avec l'Allemagne; mais chacun des
États contractants ne peut réclamer le traitement accordé à
une nation tierce que sous condition de réciprocité. Nous
n'avons pas rencontré la même réserve dans le traité franco-
espagnol.

Pour le reste, les Conventions franco-allemande et franco-
italienne ne sont pas identiques. 1° Tandis que la Convention
franco-italienne comprend les œuvres photographiques et
chorégraphiques parmi les œuvres protégées, il n'en est pas de
même de la Convention franco-allemande. 2° La Convention
franco-allemande enferme le droit de traduction dans un délai
de dix ans à compter de la publication de la traduction et
exige que la traduction paraisse en totalité trois ans au plus
apres la publication de l'ouvrage original et soit publiée dans

(1) Lyon-Caen, *La Convention littéraire et artistique du 19 avril 1883
conclue entre la France et l'Allemagne*, p. 9.

(2) Cass. 25 juillet 1887; Sir. 1888. 1. 17; D. P. 1888. 1. 5, Pat.
1888. 325.

(3) Voir n° 183.

un des deux pays; la Convention franco-italienne, sans imposer toutefois la publication dans un des deux pays, reproduit ces stipulations. 3° La Convention franco-allemande diffère de la Convention franco-italienne en ce qu'elle permet la reproduction d'extraits ou de morceaux entiers, exception faite des compositions musicales, quand il s'agit d'une publication destinée à l'enseignement ou offrant un caractère scientifique; elle déclare même licite « l'insertion dans une chrestomathie ou dans un ouvrage original publié dans un des deux pays d'un écrit de peu d'étendue publié dans l'autre »; le nom de l'auteur ou la source, d'ailleurs, doivent être indiqués. 4° Il a été introduit dans la Convention franco-italienne une disposition toute spéciale en faveur des auteurs d'œuvres susceptibles d'être représentées ou exécutées ; quand l'auteur a adressé au Gouvernement italien ou a l'autorité diplomatique ou consulaire en France une déclaration d'après laquelle il exige la production d'une autorisation écrite et légalisée, toute exécution ou représentation, à défaut de cette autorisation, doit être interdite d'office par l'autorité locale.

SECTION VI

CONVENTIONS ENTRE LES RÉPUBLIQUES DE GUATÉMALA, DE COSTA RICA, DE L'ÉQUATEUR ET LA FRANCE.

SOMMAIRE

197. Caractère des conventions analysées. — **198.** Dépôt imposé par la Convention franco-guatémaltèque. — **199.** Application de la *lex fori*. — **200.** Application de la loi du pays d'origine de l'œuvre. — **201.** Règles spéciales.

197. Ces traités sont les plus récents parmi ceux qu'a signés la France. Les deux derniers sont identiques; le premier a servi de modèle aux autres et reproduit, sur certains points, la Convention franco-salvadorienne.

198. La Convention franco-guatémaltèque n'a pas été acceptée en France sans protestation. C'est qu'à l'exemple des Conventions franco-portugaise et franco-autrichienne elle subordonne la protection des Français au Guatémala à l'accomplissement de certaines formalités. D'après l'article 2, les intéressés sont astreints au dépôt de trois exemplaires; pour les œuvres d'art, il suffit de déposer une reproduction sous forme de dessin, de gravure ou de photographie. Il a été entendu depuis que ce dépôt pourrait être opéré dans les bureaux de la légation du Guatémala à Paris (1).

Les traités conclus avec la République de Costa Rica et l'Équateur n'imposent aux auteurs et éditeurs que les formalités prescrites par la loi du pays auquel ils appartiennent.

199. La *lex fori* sert de règle suivant les trois conventions. Les auteurs ont « la même protection et le même recours légal qui sont ou seront accordés aux auteurs nationaux, dans chacun des deux pays, tant par les lois spéciales sur la protection littéraire et artistique que par la législation générale en matière civile et pénale ». Cette disposition entraîne la suppression de la *caution judicatum solvi*.

200. La Convention franco-guatémaltèque applique la loi du pays d'origine à la durée du droit, lorsque la propriété littéraire et artistique est protégée moins longtemps dans le pays d'origine que dans le pays d'importation. D'après les deux autres conventions, pour que les auteurs d'un des États contractants obtiennent dans l'autre État les mêmes droits que les nationaux, il faut qu'ils soient protégés dans leur propre pays. Elles limitent la durée de la protection à la vie de l'auteur et cinquante ans après sa mort.

201. Parmi les règles spéciales communes aux trois traités, il faut signaler les suivantes 1° le droit de traduction est

(1) Voir le Droit d'auteur, 1899, p 62.

garanti dans la même mesure que la propriété littéraire elle-même, 2° les articles de journaux ou de publications périodiques, pour lesquels le droit de reproduction n'a pas été expressément réservé, peuvent être reproduits par toutes autres publications du même genre, pourvu que la source soit indiquée · 3° il est permis, dans chacun des États contractants, de publier des extraits ou fragments entiers accompagnés de notes explicatives, soit en langue originale, soit en traduction, pourvu qu'on en fasse connaître la provenance et que cette publication soit destinée à l'enseignement ou à l'étude.

PREMIER APPENDICE

DROITS MORAUX DES ÉCRIVAINS ET DES ARTISTES (1)

SOMMAIRE

202. Des droits moraux des écrivains et des artistes en général. — **203.** A. Droit de produire une œuvre, de la manifester et de la communiquer à autrui. — **204.** B Droit de détruire l'œuvre produite. — **205.** C Droit de retirer l'œuvre produite de la circulation. — **206** D. Droit de tenir l'œuvre secrète. — **207.** E Du principe suivant lequel il ne faut attribuer la paternité d'une œuvre qu'à celui qui en est l'auteur; conséquences. — **208.** Durée des droits moraux des écrivains et des artistes

202. On a dit que le droit d'auteur était un droit à double face : droit moral, droit pécuniaire. Mais on n'est pas d'accord sur les prérogatives attachées à ce qu'on appelle le droit moral (2). La vérité est que l'auteur d'une œuvre littéraire ou artistique est investi de divers droits qui naissent en sa personne à l'occasion de cette œuvre et qu'il ne faut pas confondre avec la propriété dont elle est l'objet. Ces droits méritent d'être étudiés avec soin, d'abord à cause de l'importance qu'ils présentent considérés isolément, puis parce que pour résoudre certaines questions qui se posent en matière de propriété littéraire et artistique il est indispensable de les bien connaître. Mais il

(1) Comme nous avons parlé plus d'une fois de ces droits à l'occasion de la propriété littéraire et artistique, il nous a paru urgent de les définir à la fin de ce volume. Au surplus, les mêmes droits appartiennent aux inventeurs, et, en traitant des inventions, il nous arrivera de rappeler les principes posés dans cet appendice.

(2) Voir Morillot *De la protection accordée aux œuvres d'art dans l'Empire d'Allemagne*, p. 109 et suiv. ; Darras, nᵒˢ 1 et suiv.

y a lieu, selon nous, de rejeter la prétendue dualité du droit d'auteur ; les facultés que l'on considère comme inhérentes au droit moral diffèrent trop les unes des autres pour qu'il soit possible de les grouper sous une dénomination commune, comme on fait pour les attributs de la propriété. Si l'on garde l'expression de droit moral, il faut dire qu'il existe, au profit des écrivains et des artistes, non un droit moral, mais des droits moraux.

Ces droits n'ont pas tous été consacrés par le législateur. Ce n'est pas une raison suffisante pour leur refuser la protection légale; en l'absence de loi, il faut consulter l'équité. Nous allons donc définir ces droits, soit en nous inspirant des textes, soit en ayant recours aux seules lumières de la raison.

203. A. *Tout homme a le droit de produire une œuvre de littérature ou d'art et de la manifester par un signe sensible, puis de la communiquer à autrui et de la publier, c'est-à-dire de l'offrir à quiconque désire en prendre connaissance.*

Ces diverses facultés dérivent de la liberté du travail, de la liberté de penser et de manifester sa pensée.

Tout homme, ayant le droit de produire une œuvre de littérature ou d'art, a le droit de modifier une œuvre antérieure ; car, modifier, c'est encore produire. Si celui qui fait la modification est l'auteur de l'œuvre antérieure, il reprend et poursuit son travail primitif; si c'est un autre que l'auteur de l'œuvre antérieure, il joint son travail au travail d'autrui, et l'œuvre renouvelée devient une œuvre collective. En principe, le droit de modifier une œuvre de littérature ou d'art est une faculté qui ne saurait être refusée à personne ; supprimer des scènes dans un chef-d'œuvre de l'art dramatique peut être une faute de goût, ce n'est pas une lésion de droit. Mais, sans l'assentiment du propriétaire de l'œuvre antérieure, tant que cette œuvre n'est pas tombée dans le domaine public, l'auteur de la modification n'a pas le droit d'exploiter le fruit de son travail, et, lorsqu'il publie l'œuvre transformée, il doit par un avertissement adressé au public faire en

sorte que nul ne puisse attribuer à l auteur de l'œuvre antérieure la paternité de ce que celui-ci n'a pas fait.

204. B. *L'auteur d'une œuvre littéraire ou artistique a le
droit d'empêcher que d'autres personnes détruisent son œuvre
en faisant disparaître les exemplaires qui en sont l'expression
matérielle et celui d'opérer lui-même cette destruction.*

Ce double droit repose sur des considérations diverses Tout
d'abord, il est évidemment nécessaire que l'auteur, lorsqu'il
enfante son œuvre, puisse effectuer des retouches, c'est-à-dire
des destructions successives; et, si d'autres que lui etaient investis du même droit, l'exercice du droit qu'il a de produire
une œuvre intellectuelle risquerait d'être entravé. Puis, sa réputation dépend de son œuvre; il faut donc qu'il dispose de
son œuvre pour être maître de sa réputation. Enfin, s'il n'avait
pas le droit de détruire son œuvre, le principe du respect dû
au secret de la vie privée serait violé.

205. C. *L'auteur d'une œuvre littéraire ou artistique a le
droit exclusif, sans la détruire, de la retirer de la circulation*

Il faut qu'il ait ce droit et qu'il l'ait seul, parce que sa réputation est intéressée par la publicité que reçoit son œuvre. En
outre, si d'autres que lui avaient ce droit, il n'exercerait pas
librement le droit de publication qui lui appartient.

206. D. *L'auteur d'une œuvre de littéraire ou d'art a le droit
de la tenir secrète; ou, en d'autres termes, il a seul le droit de
la communiquer à autrui*

Ce droit a pour fondement le principe suivant lequel il faut respecter le secret de la vie privée La production d'un ouvrage littéé-
raire ou artistique est un de ces faits d'ordre intime, dont le mys-
tère doit rester à l'abri des regards indiscrets. L'existence de ce
droit a été reconnue maintes fois à propos de lettres missives(1)

(1) Riom, 8 janvier 1849, Sir. 1849. 2. 460 ; D. P 1849. 2. 143. D -
jon, 18 février 1870 ; Sir. 1870. 2. 212; D. P. 1871 2. 221 ; Pat. 1870.
107. Cass. 9 juin 1883; Sir. 1885. 1. 137; D P. 1884. 1. 89. Le plus
souvent on s'appuie, pour interdire au destinataire la publication des
lettres reçues, sur une stipulation tacite. Paris, 10 décembre 1850;

Il a été jugé, dans le même ordre d'idées, qu'il n'était pas permis à un journal de rendre compte d'une pièce de théâtre avant la première représentation (1).

Sitôt que l'œuvre est publiée par l'auteur ou avec son assentiment, le droit qu'il avait de la tenir secrète s'éteint. Chacun peut alors en prendre connaissance et la faire connaître à autrui, par exemple en la reproduisant par un procédé mécanique. En effet la publication d'un ouvrage littéraire ou artistique est un acte public; et, tandis qu'il est interdit de révéler les faits de la vie privée, il est toujours permis de remettre en lumière les faits qui se sont accomplis publiquement, pourvu que la publicité n'en ait pas été illicite. Or, reproduire une œuvre précédemment publiée par l'auteur ou avec son assentiment, est-ce autre chose que rappeler un fait public et dont la publicité était licite? D'ailleurs, il se peut que le droit du propriétaire de l'œuvre s'oppose à cette reproduction.

207. C. *Il ne faut attribuer la paternité d'une œuvre qu'à celui qui en est l'auteur.*

Ce principe se fonde sur le respect dû à la vérité, il protège, en outre, notre réputation.

Deux droits en découlent   1° droit exclusif pour celui qui a fait une œuvre de s'en dire ou d'en être dit l'auteur (2); 2° droit pour tout homme d'empêcher qu'une œuvre qu'il n'a pas faite lui soit attribuée.

Le principe ci-dessus énoncé est consacré par la loi du

Sir. 1850. 2. 625, D. P. 1851. 2. 1. Pouillet, n° 387. Couh n, t. II. p. 511. Cf. Rousseau, *Correspondance par lettres missives et télégrammes,* n° 15 et suiv. Legris, *Du secret des lettres missives,* n° 83 et suiv. Hanssens, *Du secret des lettres,* n° 186 et suiv. On peut admettre au profit de l'auteur tout à la fois le droit résultant de cette stipulation et celui que nous signalons.

(1) Trib. Seine, 20 novembre 1889, Sir 1890. 2. 199 ; Pat. 1889. 208. Trib. Seine, 9 mai 1890; Sir. 1890. 2. 199.

(2) La jurisprudence a reconnu le même droit aux inventeurs. Rennes, 12 mars 1855; Pat 1855 183. Cass. 15 mars 1892; Sir. 1893. 1. 137, Pa , 1892. 150.

9 février 1895 sur les fraudes en matière artistique. Cette loi frappe d'une peine : 1° ceux qui auront apposé ou fait apparaître frauduleusement un nom usurpé sur une œuvre de peinture, de sculpture, de dessin, de gravure ou de musique (1); 2° ceux qui, sur les mêmes œuvres, auront frauduleusement et dans le but de tromper l'acheteur sur la personnalité de l'auteur imité sa signature ou un signe adopté par lui. Elle punit également tout marchand ou commissionnaire qui aura sciemment recelé, mis en vente ou en circulation les objets revêtus de ces noms, signatures ou signes. Il est regrettable que les écrivains et les architectes soient exclus du bénéfice de ces dispositions. De plus, aux termes de l'article 4, l'application en est limitée « aux œuvres non tombées dans le domaine public ». Cette restriction est injustifiable; si l'œuvre tombe dans le domaine public, il n'en est pas de même du nom (2).

On a prétendu que la loi du 28 juillet 1824, relative aux altérations ou suppositions de noms sur les produits fabriqués pouvait être également invoquée lorsqu'une œuvre artistique (3) ou même une œuvre littéraire (4) est publiée sous le nom d'une personne qui n'en est pas l'auteur. Mais cette loi ne concerne que les noms de fabricants apposés ou qu'on fait apparaître sur des objets fabriqués; or, un écrivain, un artiste ne sont pas des fabricants et leur œuvre n'est pas un objet fabriqué.

La jurisprudence n'a jamais mis en doute le droit qu'a tout auteur d'empêcher que son œuvre soit attribuée à autrui. Il

(1) C'est apposer *un nom usurpé* que d'effacer sur une œuvre la signature de l'auteur pour la signer de son propre nom. Paris, 4 juin 1902; France judiciaire, 1902, 2° partie, p. 240.

(2) Voir sur cette loi : Constant, *Les fraudes en matière artistique*; France judiciaire, 1902, 1re partie, p. 109 et suiv.

(3) Paris, 12 mai 1855 ; Pat. 1855. 19. Cass. 29 novembre 1879 ; Sir. 1880. 1. 185; D. P. 1880. 1. 400; Pat 1880. 375. Pouillet, n° 321. *Contra* : Gastambide, n° 449. Lyon-Caen, note; Sir. 1880. 1. 185, Couhin, t. III, p. 353.

(4) Pouillet, *loc. cit.*

est arrivé souvent qu'une œuvre d'art fût mise en vente revêtue d'une fausse signature ; les tribunaux ont toujours, même avant la loi du 9 février 1895, ordonné que la fausse signature fût effacée (1) Le même droit a été respecté en ce qui concerne les compositeurs (2) et les écrivains (3), notamment au cas où, s'agissant d'une œuvre collective, le nom d'un des co-auteurs avait été omis (4).

Pareillement, les tribunaux n'ont pas manqué de proclamer le droit qu'a quiconque d'empêcher qu'une œuvre qu'il n'a pas faite lui soit attribuée. Souvent ils ont eu l'occasion de faire droit aux justes réclamations des écrivains et des artistes, lorsque sous leur nom paraissait un de leurs ouvrages modifié, sans leur assentiment, par addition, retranchement ou autrement (5).

Enfin, il a été jugé qu'un écrivain commet un acte illicite quand il s'attribue la paternité d'une œuvre qu'il n'a pas faite ou dont il n'a fait qu'une partie (6) Ce fait constitue le *plagiat* (7).

Le droit de se dire l'auteur d'une œuvre littéraire ou artistique peut, d'ailleurs, s'éteindre par renonciation. C'est ce qui a

---

(1) Trib. Seine, 21 juin 1871 ; Pat. 1871-72 112. Tr b. Seine, 15 ju n 1883 ; Pat. 1890. 29. Paris, 14 janvier 1885 ; D P. 1886 2 21, Pat. 1885. 205. Paris, 30 novembre 1888 ; Pat. 1890. 31 Trib. Seine, 11 octobre 1893, Pat. 1896, 14. Trib Seine, 24 fév ier 1894, Pat. 1895. 279.

(2) Paris, 16 févr er 1836 , Sir. 1836. 2. 242 ; D. P. 1836. 2. 45.

(3) Lyon, 6 août 1858 ; Pat. 1858 389. Trib. Seine, 24 févr ei 1888 ; Pat. 1889. 185. Trib. Sei ie, 9 décembre 1892 ; Pat. 1893. 23 Tr b. Seine, 24 février 1894 ; Pat. 895. 279.

(4) Trib Seine, 18 novembre 1868 ; Pat. 1869. 43 Trib. Se ne, 12 février 1897 ; Pat. 1897. 77.

(5) Paris, 14 août 1860, Pat 186). 429. Paris, 27 février 1866 , Pat. 1866. 361. Par s, 22 janv er 1868 ; Pat 1868. 22. Trib. Seine, 19 décembre 1894 ; Pat. 1898. 84. Voir aussi les décisions citées au n° 78.

(6) Voir notamment Trib. Seine, 10 mai 1899 ; Pat 1900. 36.

(7) Par plagiat on entend parfois des emprunts d'une importance trop médiocre pour qu'on puisse y voir des faits de contrefaçon. Mieux vaut, à notre avis, laisser au mot le sens que nous indiquons dans le texte ; il est conforme à la tradition.

lieu, par exemple, quand un écrivain s'engage envers une personne avec laquelle il a collaboré à ne point mettre son nom sur l'œuvre commune (1).

Faut-il aller plus loin et admettre que l'auteur a le droit d'exiger que son nom reste apposé sur son œuvre ? Nous avons dit plus haut (2) que l'éditeur qui s'engage à publier une œuvre de littérature ou d'art est tenu de l'offrir au public sous le nom de l'auteur; cela résulte d'une clause tacite du contrat. Mais que dire au cas où une personne acquiert un tableau, une statue, un édifice ? Est-elle libre d'effacer à son gré la signature de l'auteur ? A notre avis, il faut répondre affirmativement (3) L'acquéreur d'une œuvre d'art a certainement le droit de la détruire, puisqu'il en a la propriété (4) ; dès lors, il serait illogique de décider qu'ayant le droit de la détruire, il n'a pas celui d'effacer la signature dont elle est revêtue.

Certaines décisions imposent à celui qui fait une citation, l'obligation d'indiquer la source où il a puisé le passage cité (5) Il nous paraît suffisant qu'il n'en attribue ni à lui-même, ni à un autre que l'auteur la paternité. Dans l'usage, on rapporte souvent un mot, un vers d'un écrivain sans le nommer ; cela n'a évidemment rien de répréhensible.

On a soutenu que le droit exclusif de se dire l'auteur de l'œuvre qu'on a faite pouvait être aliéné (6). Un écrivain besogneux, par exemple, vend un livre qu'il a composé à un homme riche, mais dépourvu de talent littéraire, avec le droit de s'en attribuer la paternité. Un tel contrat est-il licite ? Non,

(1) Paris, 14 novembre 1859, Pat. 1859. 390 Trb Seine, 2 ju l et 1886 ; Dro t, 3 juillet 1886

(2) Voir n° 82.

(3) Acollas p. 69. Cf Pai s, 14 janv er 1885, précité. *Contra* : Pouil et n 362.

(4) Trib. Lyon, 24 décembre 1857; Pat 1858. 88. A x, 10 ju n 1868 ; D. P. 1870. 2. 101.

(5) Paris, 22 d cembre 1881 ; Pat. 1882. 295. Paris, 3 décembre 1894; D. P. 1895. 2. 401 ; Pat. 1895. 282.

(6) Pouillet, n° 121.

selon nous. Soutenir le contraire, c'est admettre qu'il est permis de tromper le public.

208. Tous les droits que nous avons définis, excepté le droit de produire une œuvre de littérature ou d'art et de la manifester par un signe sensible, survivent à celui en la personne de qui ils sont nés ; tandis que la propriété littéraire et artistique est temporaire, ils sont susceptibles de durer à perpétuité.

Après la mort de l'auteur, s'il a désigné pour defendre ses intérêts moraux un mandataire, sa volonté doit être respectée, la personne dont il a fait choix dira, par exemple, quels sont parmi ses manuscrits ceux qu'il convient de mettre au jour (1). A défaut d'un mandataire, la même mission sera dévolue aux héritiers, à la famille, à tous ceux qui, en prenant la défense du défunt, peuvent invoquer en même temps un intérêt personnel (2).

(1) Cass. 5 février 1867; Pat. 1870. 104. Dijon, 18 février 1870, précité. Trib. Seine, 12 janvier 1875, Pat. 1875. 187. Bordeaux, 29 mars 1887 ; D. P. 1888. 2. 261.

(2) Paris, 10 décembre 1850; Sir. 1850. 2. 625, D. P 1851. 2. 1. Paris, 27 février 1866; Pat. 1866. 361. Paris, 30 novembre 1888; Pat. 1890. 31 Cf. Trib. Seine, 11 mars 1897; Pat. 1898. 3.1. Renouard, t. II, n° 193. Pouillet, n° 157. Rendu et Delorme, n° 796.

SECOND APPENDICE

DES ŒUVRES POSTHUMES

SOMMAIRE

209. Les textes. — **210.** Fondement du droit qui appartient au publicateur d'une œuve posthume. — **211.** OEuvres auxquelles s'applique la législation des œuvres posthumes — **212** Droits reconnus au publicateur. — **213.** A quelles conditions le publicateur peut revendiquer un droit exclusif. — **214** Durée. — **215.** Obligation imposée au publicateur. — **216** De la distinction à faire entre le droit du publicateur et la propriété littéraire et artistique. — **217.** Conflit entre la propriété littéraire et artistique et le droit du publicateur. — **218.** Conflit entre le droit du publicateur et le droit qui appartient à tout auteur de s'opposer à la publication de son œuvre. — **219.** Législations étrangères.

209. Aux termes de l'article 1er du décret du 1er germinal an XIII, « les propriétaires par succession ou à autre titre d'un ouvrage posthume ont les mêmes droits que l'auteur, et les dispositions des lois sur la propriété exclusive des auteurs et sur sa durée leur sont applicables, toutefois à la charge d'imprimer séparément les œuvres posthumes, et sans les joindre à une nouvelle édition des ouvrages déjà publiés et devenus propriété publique ». Il faut placer à côté de ce texte l'article 3 du décret du 8 juin 1806, ainsi conçu : « Les propriétaires d'ouvrages dramatiques posthumes ont les mêmes droits que l'auteur, et les dispositions sur la propriété des auteurs et sur sa durée leur sont applicables, ainsi qu'il est dit au décret du 1er germinal an XIII »

Ces deux textes concernent un droit relatif à certaines œuvres publiées dans des conditions spéciales,

210. Il est dit dans le préambule du décret du 1er germinal an XIII « que les dépositaires, acquéreurs, héritiers ou propriétaires des ouvrages posthumes d'auteurs morts depuis plus de dix ans hésitent à publier ces ouvrages, dans la crainte de s'en voir contester la propriété exclusive et dans l'incertitude de la durée de cette propriété » On avait constaté que les œuvres non publiées par l'auteur de son vivant et tombées dans le domaine public en vertu de la loi du 19 juillet 1793 au bout de dix ans risquaient de rester à jamais inédites ; quel intérêt avaient, en effet, les propriétaires des manuscrits à les éditer ? Par suite de leur inaction, la société pouvait être privée d'ouvrages dont la perte eût été regrettable. Pour combattre ce danger il parut nécessaire de consacrer au profit du publicateur d'une œuvre posthume un droit exclusif. Ce droit a donc pour fondement l'intérêt social (1).

211. La législation applicable aux œuvres posthumes ne concerne que les œuvres littéraires. Il n'est pas douteux qu'elle soit étrangère aux produits des arts du dessin (2) Le préambule du décret du 1er germinal an XIII commence, en effet, par ces mots : « Vu les lois sur les propriétés littéraires . » Si le législateur avait entendu s'occuper des produits des arts du dessin, il aurait dit : « Vu les lois sur les propriétés littéraires et artistiques .. » Il est généralement admis, au contraire, que le texte précité n'exclut pas les compositions musicales (3).

Par œuvres posthumes, on doit entendre celles qui n'ont pas été imprimées et publiées pendant la vie de l'auteur. Peu importe qu'un discours ait été prononcé, qu'une pièce ait été représentée ; ce discours, cette pièce n'en sont pas moins posthumes au sens de la loi. Les textes, il est vrai, ne le disent

(1) Voir une consultation de Locré, citée par Worms, t. Ier, p. 18.

(2) Gastambide, no 325. Blanc, p. 261. Calmels, no 123. Pouillet, no 415. Couhin, t. II, p. 506.

(3) Paris, 14 août 1841 ; Blanc, p 115. Paris, 22 novembre 1888 ; Pat. 1893. 210 Renouard, t II, no 70. Rendu et Delorme, no 751. Calmels, no 123. Pouillet, no 414. Couhin, t II, p. 506.

pas expressément. Mais cette interprétation est la seule qui paraisse juste, si l'on s'attache à la pensée du législateur et aux conséquences qui en découlent. Le législateur s'est inspiré de l'intérêt social; que réclame l'intérêt social? Un mode de publication oral ne procure à la société qu'une jouissance éphémère et restreinte, seule, l'impression peut lui donner pleine et entière satisfaction. Par conséquent, il y a lieu d'admettre que le législateur n'a tenu aucun compte d'une publication accomplie du vivant de l'auteur par une autre voie que celle de l'impression. Tant qu'une œuvre n'a pas été imprimée, elle est une œuvre posthume, parce qu'elle n'a reçu aucune publicité ou n'a reçu qu'une publicité insuffisante (1).

Lorsqu'un ouvrage est seulement imprimé ou n'est publié qu'en partie au moment où l'auteur vient à mourir, tout ce qui n'a pas été imprimé et publié à cette date, encore qu'on l'ait contesté, est posthume et soumis à la législation relative aux œuvres posthumes (2).

On a soutenu qu'il ne fallait considérer comme posthumes que les œuvres publiées après l'extinction de la propriété littéraire. En effet, dit-on, le préambule du décret du 1er germinal an XIII rappelle que les lois sur les propriétés littéraires « déclarent propriétés publiques les ouvrages des auteurs morts depuis plus de dix ans. » Ces mots : *morts depuis plus de dix ans*, n'auraient pas de sens, si le législateur n'avait voulu par là retarder la naissance du droit du publicateur d'un ouvrage posthume jusqu'à l'expiration du délai de protection établi par les lois sur les propriétés littéraires. Ce système doit être écarté; car il se fonde sur une interprétation inexacte du texte qu'on invoque. Pourquoi les mots *morts depuis plus de dix ans* sont-ils dans le préambule? Parce que le préambule explique

(1) Gastambide, n° 33. Blanc, p 79. Renouard, t. II, n° 70. Rendu et Delorme, n° 751. Calmels, n° 123. Worms, t. I°, p. 24. Collet et Le Senne, p. 73. Pou et n° 397. Couhin, t. II, p 507. *Contra* : Lacan et Paulmier, t. II, n° 660.

(2) *Contra* : Pouillet, n° 408 Acollas, p. 39.

ensuite « que les dépositaires, acquéreurs, héritiers ou propriétaires des ouvrages posthumes d'auteurs morts depuis plus de dix ans hésitent à publier ces ouvrages dans la crainte de s'en voir contester la propriété et dans l'incertitude de cette propriété ». Si le législateur avait eu l'intention qu'on lui prête, il n'eût pas manqué de l'exprimer dans le décret même, or, on n'y trouve rien de semblable (1).

212. Le publicateur d'un ouvrage posthume a, d'après le décret du 1er germinal an XIII, les droits dont l'auteur, en vertu des lois « sur les propriétés littéraires », est investi, et le décret du 8 juin 1806 consacre à son profit le droit de représentation.

213. Pour avoir droit au bénéfice des décrets du 1er germinal an XIII et du 8 juin 1806, deux conditions sont requises. 1° Il faut publier une œuvre posthume par la voie de l'impression; tout autre mode de publication serait inefficace. En effet, ainsi qu'il a été exposé plus haut, le législateur s'est inspiré de l'intérêt social, et la publication par la voie de l'impression donne seule satisfaction à la société. 2° Il faut que le publicateur soit propriétaire d'un exemplaire de l'œuvre, qui, d'ordinaire, sera le manuscrit original; mais il n'est pas nécessaire que la propriété littéraire lui appartienne (2). Le décret du 1er germinal an XIII parle des « propriétaires par succession ou à autre titre d'un ouvrage posthume »; et, le mot « propriétaires » est également dans le décret du 8 juin 1806. De quelle propriété s'agit-il? Celle de l'exemplaire ou celle de l'œuvre? Nul doute que le législateur ait eu en vue la

---

(1) Collet et Le Senne, p. 78. Pouillet, n° 398. *Contra* : Worms, t. Ier, p. 25.

(2) Cf. Paris, 3 février 1857; Sir. 1857. 2. 84, D. P. 1858. 1. 145; Pat. 1857. 115. Trib. Seine, 10 novembre 1862; Pat. 1863. 283. Trib. Seine, 23 août 1883; Gaz. Trib. 24 août 1883. Paris, 4 juillet 1890, Sir. 1894. 2. 17; D. P. 1895. 2. 421; Pat. 1892. 169. Renouard, t. II, n° 168. Collet et Le Senne, p. 65. Pouillet, n°s 399, 400 et 405. Couhin, t. II, p. 507.

propriété de l'exemplaire, car le préambule du décret du 1er germinal an XIII est ainsi conçu : « Vu les lois sur les propriétés littéraires ; considérant qu'elles déclarent propriétés publiques les ouvrages des auteurs morts depuis plus de dix ans ; que les dépositaires, acquéreurs, héritiers ou propriétaires des ouvrages posthumes d'auteurs morts depuis plus de dix ans hésitent à publier ces ouvrages... » Ce passage montre que le législateur s'est préoccupé surtout des œuvres tombées dans le domaine public ; or, le seul droit de propriété dont il puisse être question au sujet de ces œuvres, c'est la propriété de l'exemplaire.

214. Aux termes des deux décrets qui régissent la matière, la durée du droit attribué aux publicateurs d'ouvrages posthumes est celle de la propriété littéraire. Le délai de protection commence à courir aussitôt que l'œuvre est imprimée et publiée. A quelle date vient-il à expiration? Suivant un système qui a pour lui l'autorité de la Cour de cassation, à la date fixée par la législation qui était alors en vigueur, c'est-à-dire dix ans ou cinq ans après la mort du publicateur, selon qu'il s'agit du droit d'édition ou du droit de représentation ; car, si l'on rapproche le décret du 1er germinal an XIII des considérants qui le précèdent, on constate que le législateur s'est référé expressément à la législation existante, et les lois qui plus tard ont étendu la durée de la propriété littéraire ne s'appliquent ni par leur texte ni par leur esprit aux publicateurs d'ouvrages posthumes (1). Nous croyons, au contraire, que les publicateurs d'ouvrages posthumes ont bénéficié des extensions successives qu'a reçues la durée de la propriété littéraire et que leur droit subsiste aujourd'hui pendant leur vie et cinquante ans après leur mort. Sans doute, il est dit dans le préambule du décret du 1er germinal an XIII que les propriétés littéraires s'éteignent lorsqu'il s'est écoulé dix ans depuis le décès

---

(1) Cass. 28 décembre 1880 ; Sir. 1881. 1. 113, D. P. 1881. 1. 202 ; Pat. 1881, 129. Lacan et Paulmier, t. II, nº 695. Rendu et Delorme, nº 859. Worms, t. Ier, p. 27 et suiv.

de l'auteur ; mais cette énonciation n'a pas pour objet de préciser la durée du droit des publicateurs d'ouvrages posthumes ; pour qui lit avec soin le décret et le préambule, il est manifeste que le législateur s'est proposé seulement de motiver le décret en faisant ressortir l'incertitude qui régnait touchant les œuvres inédites tombées dans le domaine public et qu'à cette occasion il a dû rappeler la durée assignée à la propriété littéraire par la législation existante. Quant aux lois qui ont modifié cette législation, qu'importe qu'elles n'aient pas été faites en faveur des publicateurs d'ouvrages posthumes ? D'après les décrets du 1er germinal an XIII et du 8 juin 1806, les publicateurs d'ouvrages posthumes profitent des dispositions relatives à la propriété des auteurs, ce qui comprend aussi bien les dispositions des lois futures que celles des lois antérieures. Dès lors, pour que les lois qui ont réformé la législation en matière de propriété littéraire s'appliquent aux publicateurs d'ouvrages posthumes, il n'est pas nécessaire qu'elles aient été faites en leur faveur ; il suffit que le législateur n'ait pas manifesté, à propos de ces lois, la volonté de déroger au principe général consacré par les décrets du 1er germinal an XIII et du 8 juin 1806 (1).

Lorsque le propriétaire du manuscrit traite avec un éditeur qui le publie, la durée du droit, doit-elle être calculée sur la vie de l'éditeur ou sur celle du propriétaire ? Pour résoudre la question, on recherchera quel est le véritable publicateur. Le propriétaire du manuscrit stipule-t-il de l'éditeur qu'il fera paraître l'œuvre inédite, c'est à lui qu'est due la publication. Le manuscrit, au contraire, est-il vendu sans conditions, c'est à l'éditeur qu'appartient la qualité de publicateur (2).

215. Le décret du 1er germinal an XIII impose au publicateur l'obligation « d'imprimer séparément les œuvres posthu-

(1) Gastambide, nos 33 et 143. Blanc, p. 128. Calmels, no 452. Collet et Le Senne, p. 81 et suiv. Pouillet, no 413 ; Lyon-Caen, Note ; Sir. 1881. 1. 113. Acolas, p. 39. Couhin, t. II, p. 507.

(2) Cf. Paris, 22 novembre 1888, Pat. 1893, 210.

mes, et sans les joindre à une nouvelle édition des ouvrages
déjà publiés et devenus propriété publique »; faute de quoi, le
droit consacré par le décret ne naît pas à son profit, ou, s'il
était né antérieurement par l'effet d'une publication régulière,
il s'évanouit (1). Quelle est la raison de cette disposition? C'est
que, dit le préambule, si le publicateur « réimprimait en
même temps et dans une seule édition, avec les œuvres posthumes, les ouvrages déjà publiés du même auteur, il en
résulterait en sa faveur une espèce de privilège pour la vente
d'ouvrages devenus propriété publique. »

Si l'œuvre posthume est imprimée avec les œuvres éditées
avant la mort de l'auteur, mais n'est pas mise en circulation,
on ne peut dire que le publicateur ait manqué à l'obligation
que la loi lui impose. Le décret, il est vrai, parle « d'imprimer
séparément les œuvres posthumes »; mais ce serait trahir la
pensée du législateur que de prendre ce texte à la lettre, et il
est manifeste qu'au lieu du mot *imprimer*, il faut lire *publier*.
En effet, le danger, que, d'après le préambule, le législateur
redoute, n'existe pas avant la publication (2).

Quand un ouvrage a été publié en partie du vivant de l'auteur, il n'est pas nécessaire d'imprimer séparément ce qui était
resté inédit. Les termes du décret montrent que la publication
ne doit être ainsi faite qu'au cas où il s'agit d'œuvres distinctes. .
Une telle exigence eût, d'ailleurs, été déraisonnable, l'ouvrage
étant morcelé, la lecture en serait difficile, et le public souf-
frirait d'une règle établie dans son intérêt (3).

Il n'est pas interdit de joindre les œuvres posthumes aux

----

(1) Trib. Seine, 6 juillet 1854; Blanc, p. 80.

(2) Pouillet, n° 402 *Contra* : Paris, 11 octobre 1827; Renouard, t. II,
n° 71.

(3) Cass. 31 mars 1858; Sir. 1858. 1 .514; D. P. 1858. 1. 145; Pat. 1858.
231. Collet et Le Senne, p. 140 et suiv. Pouillet, n° 403. Delalande, p. 40.
Acollas, p. 39. *Contra* : Renouard, t. II, n° 71. Worms, t. ', p. 48 et
suiv. Couhin, t. II, p 511.

œuvres qui sont encore dans le domaine privé (1). Mais, dès que celles-ci tombent dans le domaine public, les œuvres posthumes doivent être publiées séparément.

Le décret du 8 juin 1806 ne subordonne pas à la même condition le droit de représentation qu'il confère au publicateur d'un ouvrage dramatique. Par conséquent, lorsqu'un ouvrage dramatique posthume est imprimé et publié, le publicateur acquiert et garde le droit de représentation, quand bien même il ne se soumettrait pas au décret du 1er germinal an XIII, et serait, pour ce motif, privé du droit d'édition (2).

216. Le droit qui appartient au publicateur d'une œuvre posthume offre les mêmes caractères que la propriété littéraire. Mais il s'en distingue par le fondement sur lequel il repose. La propriété littéraire et le droit qui appartient au publicateur d'une œuvre posthume sont donc des droits d'une nature différente.

217. Les décrets du 1er germinal an XIII et du 8 juin 1806, n'ont point abrogé les lois relatives à la propriété des auteurs. Il est possible qu'un conflit s'élève entre cette propriété et le droit du publicateur d'une œuvre posthume; c'est ce qui arrivera, par exemple, si l'auteur a transmis la propriété littéraire de son œuvre à ses héritiers naturels et en a légué un exemplaire manuscrit à un ami qui se propose de le publier. En pareil cas, lequel des deux droits doit l'emporter ? Il convient de donner la préférence à la propriété littéraire (3). Le propriétaire de l'œuvre, tant qu'elle n'est pas tombée dans le domaine public, en a seul la jouissance; si le propriétaire de l'exemplaire le publie, il porte atteinte à la propriété littéraire

---

(1) Gastambide, n° 33. Renouard, t. II, n° 71. Rendu et Delorme, n° 753. Calmels, n° 124. Collet et Le Senne, p. 137. Pouillet, n° 407, Couhin, t. II, p. 511. *Contra*, Blanc, p. 81.

(2) Vivien et Blanc, n° 448. Gastambide, n° 221. Renouard, t. II, n° 72. Lacan et Paulmier, n° 665. Rendu et Delorme, n° 860. Pouillet, n° 749. Delalande, p. 41.

(3) *Contra* : Acollas, p 39. Cf. Delalande, p. 40.

de l'œuvre et le droit du publicateur d'une œuvre posthume ne naît pas à son profit. En effet, ce qu'a voulu le législateur lorsqu'il a consacré le droit du publicateur d'une œuvre posthume, c'est encourager la publication des ouvrages inédits. Or, jusqu'à ce que la propriété littéraire prenne fin, la publication de ces ouvrages aura lieu, le plus souvent, sans qu'il soit nécessaire de recourir à des mesures spéciales. Les héritiers ou autres ayants cause de l'auteur étant investis pendant un certain délai d'un droit exclusif, il est à présumer qu'ils mettront au jour l'œuvre qui leur appartient, pour peu qu'ils en puissent attendre quelque bénéfice.

218. Le droit du publicateur d'une œuvre posthume peut entrer également en conflit avec le droit, distinct de la propriété littéraire, que l'auteur a de s'opposer à la publication et qu'après sa mort le mandataire qu'il a désigné ou ses héritiers exercent à sa place (1). Une telle hypothèse, à vrai dire, est tout à fait exceptionnelle. D'ordinaire, les deux droits sont réunis sur la même tête; le manuscrit est légué à une personne chargée en même temps de statuer sur l'opportunité de la publication, ou bien les successibles, qui sont, en ce qui regarde la publication, les mandataires présumés du défunt, héritent de la propriété du manuscrit. Si le conflit se produit, c'est le droit du publicateur d'une œuvre posthume, ici encore, qu'il faut sacrifier. Ce droit, fondé sur l'intérêt qui s'attache à la jouissance des œuvres littéraires, offre moins d'importance que le droit de s'opposer à la publication, qui sert à défendre la réputation de l'écrivain; car une bonne réputation est un bien plus précieux que la jouissance des œuvres littéraires (2).

219. Les lois de l'Espagne, de la Colombie, de Haïti et du Guatémala, à l'exemple de la législation française, assimilent le publicateur d'une œuvre posthume à l'auteur. D'autres États reconnaissent au publicateur un droit exclusif pendant un

---

(1) Voir n° 208.

(2) Cf. Trib. Seine, 23 août 1883; Gaz. Trib. 24 août 1883. Paris, 4 juillet 1890; Sir. 1894. 2. 17; D. P. 1895. 2.421; Pat. 1892. 169.

délai qui court de la publication ; ce délai est de dix ans au Chili, de trente ans en Suisse, au Pérou et au Japon, de cinquante ans en Belgique, en Suède, en Russie, en Finlande, en Portugal, en Bolivie, au Brésil, dans la Principauté de Monaco et dans le Grand-Duché de Luxembourg. Au Mexique, les héritiers ou cessionnaires ont les mêmes droits que l'auteur ; le publicateur, s'il n'est pas lui-même héritier ou cessionnaire, reste investi du droit d'édition pendant trente ans et du droit de représentation pendant vingt ans. En Hongrie, la protection accordée aux œuvres posthumes dure cinquante ans à compter de la mort de l'auteur ; quand l'œuvre est publiée pour la première fois plus de quarante-cinq ans après la mort de l'auteur, mais dans les cinquante années qui la suivent, elle jouit d'une protection de cinquante ans à partir de cette publication. L'Autriche et l'Allemagne ont adopté un système analogue. Les œuvres posthumes, suivant la loi autrichienne, sont protégées trente ans après la mort de l'auteur, et, lorsqu'elles paraissent pendant les cinq dernières années du délai de protection, la propriété prend fin cinq ans après la publication ; suivant la loi allemande, le délai est de trente ans après la mort de l'auteur, et, en tous cas, de dix ans au moins après la première publication de l'œuvre.

Nous approuvons les législations qui consacrent au profit du publicateur un droit exclusif ; mais ce droit doit être d'une durée moindre que celle de la propriété littéraire et artistique. Il est bon d'encourager la publication des ouvrages inédits ; il n'est pas nécessaire, pour déterminer le propriétaire d'un manuscrit à le publier, de lui conférer des avantages aussi étendus que s'il était l'auteur lui-même.

LÉGISLATION

LOI relative aux théâtres et au droit de représentation ,et d exécution
des œuvres dramatiques et musicales
(13-19 janvier 1791.)

Art. 2. Les ouvrages des auteurs morts depuis cinq ans et plus
sont une propriété publique, et peuvent, nonobstant tous anciens privilèges qui sont abolis, être représentés sur tous les théâtres
indistinctement.

Art. 3. Les ouvrages des auteurs vivants ne pourront être représentés sur aucun théâtre public, dans toute l'étendue de la France,
sans le consentement formel et par écrit des auteurs, sous peine
de confiscation du produit total des représentations au profit des
auteurs.

Art 4. La disposition de l article 3 s'applique aux ouvrages déjà
représentés, quels que soient les anciens règlements ; néanmoins
les actes qui auraient été passés entre des comédiens et les auteurs
vivants, ou des auteurs morts depuis moins de cinq ans, seront
exécutés.

Art. 5. Les héritiers ou les cessionnaires des auteurs seront les
propriétaires de leurs ouvrages durant l'espace de cinq années après
la mort de l'auteur.

LOI relative aux théâtres et au droit de représentation et d exécution
des œuvres dramatiques et musicales
(19 juillet — 6 août 1791.)

Article 1er. Conformément aux dispositions des articles 3 et 4 du
du décret du 13 janvier dernier, concernant les spectacles, les ouvrages
des auteurs vivants, même ceux qui étaient représentés avant
cette époque, soit qu'ils fussent ou non gravés ou imprimés, ne
pourront être représentés sur aucun théâtre public, dans toute l étendue du royaume sans le consentement formel et par écrit des auteurs,

ou sans celui de leurs héritiers ou cessionnaires, pour les ouvrages des auteurs morts depuis moins de cinq ans, sous peine de confiscation du produit total des représentations au profit de l'auteur ou de ses héritiers ou cessionnaires.

Art. 2. La convention entre les auteurs et les entrepreneurs de spectacles sera parfaitement libre, et les officiers municipaux, ni aucuns autres fonctionnaires publics, ne pourront taxer lesdits ouvrages ni modérer ou augmenter le prix convenu ; et la rétribution des auteurs, convenue entre eux ou leurs ayants cause et les entrepreneurs de spectacles, ne pourra être ni saisie ni arrêtée par les créanciers des entrepreneurs de spectacles.

LOI relative aux droits de propriété des auteurs d'écrits en tout genre compositeurs de musique, peintres et dessinateurs
(19 juillet 1793.)

La Convention nationale,

Après avoir entendu son Comité d'Instruction publique,

Décrète ce qui suit

Article 1er. Les auteurs d'écrits en tout genre, les compositeurs de musique, les peintres et dessinateurs qui feront graver des tableaux ou dessins, jouiront durant leur vie entière du droit exclusif de vendre, faire vendre, distribuer leurs ouvrages dans le territoire de la République, et d'en céder la propriété en tout ou en partie.

Art. 2. Leurs héritiers ou cessionnaires jouiront du même droit durant l'espace de dix ans après la mort des auteurs.

Art. 3. Les officiers de paix seront tenus de faire confisquer, à la réquisition et au profit des auteurs, compositeurs, peintres ou dessinateurs et autres, leurs héritiers ou cessionnaires, tous les exemplaires des éditions imprimées ou gravées sans la permission formelle et par écrit des auteurs.

Art. 4. Tout contrefacteur sera tenu de payer au véritable propriétaire une somme équivalente au prix de trois mille exemplaires de l'édition originale.

Art. 5. Tout débitant d'édition contrefaite, s'il n'est pas reconnu contrefacteur, sera tenu de payer au véritable propriétaire une somme équivalente au prix de cinq cents exemplaires de l'édition originale.

Art. 6. Tout citoyen qui mettra au jour un ouvrage, soit de littérature ou de gravure, dans quelque genre que ce soit, sera obligé d'en déposer deux exemplaires à la Bibliothèque nationale ou au Cabinet des estampes de la République, dont il recevra un reçu signé par le bibliothécaire, faute de quoi il ne pourra être admis en justice pour la poursuite des contrefacteurs.

Art. 7. Les héritiers de l'auteur d'un ouvrage de littérature ou de gravure, ou de toute autre production de l'esprit ou du génie qui appartient aux beaux-arts, en auront la propriété exclusive pendant dix années.

LOI relative aux théâtres et au droit de représentation et d'éxécution des œuvres dramatiques et musicales

(1er septembre 1793.)]

La Convention nationale voulant assurer aux auteurs dramatiques la propriété de leurs ouvrages, leur garantir les moyens d'en disposer avec une égale liberté par la voie de l'impression et par celle de la représentation, et faire cesser à cet égard entre les théâtres de Paris et ceux des départements une différence aussi abusive que contraire aux principes de l'égalité,

Décrète ce qui suit :

Article 1er. La Convention nationale rapporte la loi du 30 août 1792 relative aux ouvrages dramatiques.

Art 2. Les lois des 13 janvier 1791 et 19 juillet 1793 leur sont appliquées dans toutes leurs dispositions.

Art. 3. La police des spectacles continuera d'appartenir exclusivement aux municipalités. Les entrepreneurs ou associés seront tenus d'avoir un registre sur lequel ils inscriront et feront viser par l'officier de police de service, à chaque représentation, les pièces qui seront jouées, pour constater le nombre des représentations de chacune.

LOI relative aux autorités chargées de constater les délits de contrefaçon.

(25 prairial an III — 13 juin 1795.)

La Convention nationale,

Après avoir entendu le rapport de ses Comités de Législation et d'Instruction publique sur plusieurs demandes en explication de l'article 3 de la loi du 19 juillet 1793, dont l'objet est d'assurer aux auteurs et artistes la propriété de leurs ouvrages par des mesures répressives contre les contrefacteurs,

Décrète ce qui suit :

Article 1er. Les fonctions attribuées aux officiers de paix par l'article 3 de la loi du 19 juillet 1793 seront à l'avenir exercées par les commissaires de police, et par les juges de paix dans les lieux où il n'y a pas de commissaire de police.

Art. 2. Le présent décret sera inséré au Bulletin de correspondance.

DÉCRET concernant les droits des propriétaires d'ouvrages posthumes, (1er germinal an XIII — 22 mars 1805.)

Napoléon, empereur des Français,

Vu les lois sur les propriétés littéraires,

Considérant qu'elles déclarent propriétés publiques les ouvrages des auteurs morts depuis plus de dix ans;

Que les dépositaires, acquéreurs, héritiers ou propriétaires des ouvrages posthumes d'auteurs morts depuis plus de dix ans hésitent à publier ces ouvrages, dans la crainte de s'en voir contester la propriété exclusive et dans l'incertitude de la durée de cette propriété;

Que l'ouvrage inédit est comme l'ouvrage qui n'existe pas, et que celui qui le publie a les droits de l'auteur décédé et doit en jouir pendant sa vie,

Que cependant, s'il réimprimait en même temps et dans une seule édition, avec les œuvres posthumes, les ouvrages déjà publiés du même auteur, il en résulterait en sa faveur une espèce de privilège pour la vente d'ouvrages devenus propriété publique,

Le Conseil d'État entendu,

Décrète

Article 1°. Les propriétaires par succession ou à autre titre d'un ouvrage posthume ont les mêmes droits que l'auteur, et les dispositions des lois sur la propriété exclusive des auteurs et sur sa durée leur sont applicables, toutefois à la charge d'imprimer séparément les œuvres posthumes, et sans les joindre à une nouvelle édition des ouvrages déjà publiés et devenus propriété publique.

Art 2. Le Grand-Juge Ministre de la Justice et les Ministres de l'Intérieur et de la Police générale sont chargés, chacun en ce qui le concerne, de l'exécution du présent décret

---

DÉCRET relatif aux théâtres et aux droits de représentation et d'exécution des œuvres dramatiques et musicales posthumes
(8 juin 1806)

TITRE III. — Des auteurs

Art 10. Les auteurs et les entrepreneurs seront libres de déterminer entre eux, par des conventions mutuelles, les rétributions dues aux premiers par somme fixe ou autrement.

Art. 11. Les autorités locales veilleront strictement à l'exécution de ces conventions.

Art. 12. Les propriétaires d'ouvrages dramatiques posthumes ont les mêmes droits que l'auteur, et les dispositions sur la propriété des auteurs et sur sa durée leur sont applicables, ainsi qu'il est dit au décret du 1er germinal an XIII.

DÉCRET contenant règlement sur l'imprimerie et la librairie
(5 février 1810.)

Titre VI. — *De la propriété et de sa garantie.*

Art. 39. Le droit de propriété est garanti à l'auteur et à sa veuve pendant leur vie si les conventions matrimonia es de celle-ci lui en donnent le droit, et à leurs enfants pendant vingt ans.

Art. 40. Les auteurs, soit nationaux, soit étrangers, de tout ouvrage imprimé ou gravé peuvent céder leur droit à un imprimeur ou libraire, ou à toute autre personne qui est alors substituée en leurs lieu et place, pour eux et leurs ayants cause, comme il est dit à l'article précédent.

Titre VII. — Section I. *Des délits en matière de librairie et du mode de les punir et de les constater.*

Art. 41. Il y aura lieu à confiscation et amende au profit de l'État, dans les cas suivants, sans préjudice des dispositions du Code pénal :

1o . . . .

7o Si c'est une contrefaçon, c'est-à-dire si c'est un ouvrage imprimé sans le consentement et au préjudice de l'auteur ou éditeur, ou de leurs ayants cause.

Art. 42. Dans ce dernier cas, il y aura lieu, en outre, à des dommages-intérêts envers l'auteur ou éditeur, ou leurs ayants cause ; et l'édition ou les exemplaires contrefaits seront confisqués à leur profit.

Art. 43 Les peines seront prononcées et les dommages-intérêts seront arbitrés par le tribunal correctionnel ou criminel, selon les cas et d'après les lois.

. . . .

Section II. *Du mode de constater les délits et contraventions.*

Art. 43. Les délits et contravention seront constatés par les inspecteurs de l'imprimerie et de la librairie, les officiers de police, et, en outre, par les préposés des douanes pour les livres venant de l'étranger.

. . . .

CODE PÉNAL de 1810

Art. 425. Toute édition d'écrits, de composition musicale, de dessin, de peinture ou de toute autre production imprimée ou gravée en entier ou en partie, au mépris des lois et règlements relatifs à la propriété des auteurs, est une contrefaçon; et toute contrefaçon est un délit.

Art. 426 Le débit d'ouvrages contrefaits, l'introduction sur le territoire français d'ouvrages qui, après avoir été imprimés en France, ont été contrefaits chez l'étranger sont un délit de la même espèce.

Art. 427. La peine contre le contrefacteur ou contre l'introducteur sera une amende le cent francs au moins et de deux mille francs au plus; et contre le débitant, une amende de vingt-cinq francs au moins et de cinq cent francs au plus.

La confiscation de l'édition contrefaite sera prononcée tant contre le contrefacteur que contre l'introducteur et le débitant.

Les planches, moules ou matrices des objets contrefaits seront aussi confisqués.

Art 428. Tout directeur, tout entrepreneur de spectacle toute association d'artistes qui aura fait représenter sur son théâtre des ouvrages dramatiques, au mépris des lois et règlements relatifs à la propriété des auteurs, sera puni d'une amende de cinquante francs au moins, de cinq cents francs au plus, et de la confiscation des recettes.

Art 429. Dans les cas prévus par les quatre articles précédents, le produit des confiscations ou les recettes confisquées seront remis au propriétaire pour l'indemniser d'autant du préjudice qu'il aura souffert; le surplus de son indemnité, ou l'entière indemnité, s'il n'y a eu ni vente d'objets confisqués ni saisie de recettes, sera réglé par les voies ordinaires.

LOI relative aux douanes
(6 mai 1841)

TITRE IV. — *Dispositions réglementaires.*

Art. 8. Les contrefaçons en librairie seront exclues du transit accordé aux marchandises prohibées par l article 3 de la loi du 9 février 1832.

Tous les livres en langue française dont la propriété est établie à l'étranger, ou qui sont une édition étrangère d'ouvrages français tombés dans le domaine public, continueront de jouir du transit, et seront reçus à l'importation en acquittant les droits établis, et sous la condition de produire un certificat d origine relatant le titre de l'ouvrage, le lieu et la date de l'impression, le nombre des volumes, lesquels devront être brochés ou reliés, et ne pourront être présentés en feuilles.

Les livres venant de l'étranger, en quelque langue qu'ils soient, ne pourront être présentés à l'importation ou au transit que dans les bureaux de douanes qui seront désignés par une ordonnance du roi.

Dans le cas où des présomptions, soit de contrefaçon, soit de condamnations judiciaires, seront élevées sur les livres présentés, admission sera suspendue, les livres seront retenus à la douane, et il en sera référé au Ministre de l'Intérieur, qui devra prononcer dans un délai de quarante jours.

Les dispositions contenues en cet article sont applicables à tous les ouvrages dont la reproduction a lieu par les procédés de la typographie, de la lithographie ou de la gravure.

Nulle édition ou partie d'édition, impr'mée en France, ne pourra être r'importée qu'en vertu d'une autorisation expresse du Ministre de l'Intérieur, accordée sur la demande de l éditeur, qui, pour l'obtenir, devra justifier du consentement donné à a réimportation par les ayants droit.

ORDONNANCE relative à l importation et au transit de la librairie
(13 décembre 1842)

Art. 8. Les contrefaçons en librairie, exclues du transit par la loi du 6 mai 1841, ne pourront être reçues dans les entrepôts.

LOI relative au droit de représentation
et d exécution des œuvres dramatiques et musicales
(3 août 1844.)

Article unique. — Les veuves et les enfants des auteurs d'ouvrages dramatiques auront, à l'avenir, le droit d en autoriser la représentation et d'en conférer la jouissance pendant vingt ans, conformément aux dispositions des articles 39 et 40 du décret du 5 février 1810.

DÉCRET-LOI relatif aux droits de propriété littéraire et artistique des ouvrages publiés à l'étranger.

(28 mars 1852.)

Louis-Napoléon, Président de la République française,

Sur le rapport du Garde des Sceaux, Ministre secrétaire d'État au département de la justice,

Vu la loi du 19 juillet 1793, les décrets du 1er germinal an XIII et du 5 février 1810, la loi du 25 prairial an III, et les articles 425, 426, 427 et 429 du Code pénal,

Décrète :

Art. 1er. La contrefaçon, sur le territoire français, d'ouvrages publiés à l'étranger, et mentionnés en l'article 425 du Code pénal, constitue un délit.

Art. 2 Il en est de même du débit, de l'exportation et de l'expédition de ces ouvrages contrefaits. L'exportation et l'expédition de ces ouvrages sont un délit de la même espèce que l'introduction sur le territo re français d'ouvrages qui, après avoir été imprimés en France, ont été contrefaits chez l'étranger.

Art. 3. Les délits prévus par les articles précédents seront réprimés conformément aux articles 427 et 429 du Code pénal.

L'article 463 du même code pourra être appliqué.

Art. 4. Néanmoins, la poursuite ne sera admise que sous l'accomplissement des conditions exigées re ativement aux ouvrages publiés en France, notamment par l'article 6 de la loi du 19 jui let 1793.

LOI sur le droit de propriété garanti aux veuves et aux enfants des auteurs, des compositeurs et des artistes

(8-18 avril 1854.)

Article unique. — Les veuves des auteurs, des compositeurs et des artistes jouiront, pendant toute leur vie, des droits garantis par les lois des 13 janvier 1791 et 19 juil et 1793, le décret du 5 février 1810, la loi du 3 août 1844, et les autres ois ou décrets sur la matière.

La durée de la jouissance accordée aux enfants par les mêmes lois et décrets est portée à trente ans, à partir, soit du décès de l'auteur, compositeur ou artiste, soit de l'extinction des droits de la veuve.

DÉCRET portant que les lois et autres actes y désignés qui régissent la propriété littéraire et artistique dans la métropole sont déclarés exécutoires dans les colonies françaises.

(9 décembre 1857)

Napoléon, etc.,

Vu les articles 6 et 18 du sénatus-consulte du 3 mai 1854, qui règle la constitution des colonies,

Vu l'avis du Comité consultatif des Colonies, en date du 30 novembre 1857,

Avons décrété et décrétons ce qui suit :

Art. 1er. Sont déclarées exécutoires dans les colonies de la Martinique, de la Guadeloupe, de la Guyane française, de la Réunion, du Sénégal, de Gorée, des établissements français dans l'Inde et dans l'Océanie les lois qui régissent la propriété littéraire et artistique dans la métropole, savoir :

1° Les articles 2, 3, 4 et 5 de la loi du 13 janvier 1791, relative à la propriété des œuvres dramatiques ;

2° Les articles 1er et 2 de la loi du 19 juillet 1791, sur les droits des auteurs de productions dramatiques ;

3° Le décret du 19 juillet 1793, relatif à la propriété littéraire et artistique ;

4° Les articles 2 et 3 du décret du 1er septembre 1793, relatif à la propriété des ouvrages dramatiques ;

5° Le décret du 25 prairial an III (13 juin 1795), relatif aux autorités chargées de constater les délits de contrefaçon ;

6° Le décret du 1er germinal an XIII (22 mars 1805), relatif à la propriété des œuvres posthumes ;

7° Les articles 10, 11 et 12 du décret du 8 juin 1806, relatif à la représentation des œuvres dramatiques posthumes ;

8° Le décret du 20 février 1809, relatif à l'impression des manuscrits des bibliothèques et des établissements publics ;

9° Les articles 39, 41 (1er alinéa et n° 7), 42, 43, 45, 47 du décret du 5 février 1810, relatif à la propriété littéraire ;

10° Les articles 72 et 73 du décret du 15 octobre 1812, relatif à la représentation des œuvres dramatiques ;

11° La loi du 3 août 1844, relative à la propriété des œuvres dramatiques ;

12° Le décret du 28 mars 1852, relatif à la propriété littéraire et artistique des ouvrages publiés à l'étranger ;

13° La loi du 8 avril 1854, portant extension de la durée des droits de propriété littéraire et artistique.

Art. 2. Notre Ministre secrétaire d'État de la Marine et des Colonies est chargé de l'exécution du présent décret.

LOI relative aux instruments de musique mécaniques.
(16 mai 1866.)

Article unique. — La fabrication et la vente des instruments servant à reproduire mécaniquement des airs de musique qui sont du domaine privé, ne constituent pas le fait de contrefaçon musicale prévu et puni par la loi du 19 juillet 1793, combinée avec les articles 425 et suivants du Code pénal.

LOI relative à la durée des droits des héritiers et ayants cause des auteurs compositeurs ou artistes.
(14 juillet 1866)

Art. 1er. La durée des droits accordés par les lois antérieures aux héritiers, successeurs irréguliers, donataires ou légataires des auteurs compositeurs ou artistes, est portée à cinquante ans à partir du décès de l'auteur

Pendant cette période de cinquante ans, le conjoint survivant, quel que soit le régime matrimonial, et indépendamment des droits qui peuvent résulter en faveur de ce conjoint du régime de la communauté, a la simple jouissance des droits dont l'auteur prédécédé n'a pas disposé par acte entre vifs ou par testament.

Toutefois, si l'auteur laisse des héritiers à réserve, cette jouissance est réduite, au profit de ces héritiers, suivant les proportions et distinctions établies par les articles 913 et 915 du Code civil.

Cette jouissance n'a pas lieu lorsqu'il existe, au moment du décès, une séparation de corps prononcée contre ce conjoint; elle cesse au cas où le conjoint contracte un nouveau mariage.

Les droits des héritiers à réserve et des autres héritiers ou successeurs, pendant cette période de cinquante ans, restent d'ailleurs réglés conformément aux prescriptions du Code civil.

Lorsque la succession est dévolue à l'État, le droit exclusif s'éteint sans préjudice des droits des créanciers et de l'exécution des traités de cession qui ont pu être consentis par l'auteur ou par ses représentants.

Art. 2. Toutes les dispositions des lois antérieures contraires à celles de la loi nouvelle sont et demeurent abrogées

---

LOI sur la liberté de la presse.
(29 juillet 1881.)

CHAPITRE Ier. — *De l'imprimerie et de la librairie.*

Art. 3. Au moment de la publication de tout imprimé, il en sera fait par l'imprimeur, sous peine d'une amende de seize à trois cents francs, un dépôt de deux exemplaires, destinés aux collections nationales. Ce dépôt sera fait au Ministère de l Intérieur pour Paris ; à la préfecture, pour les chefs-lieux de département, à la sous-préfecture, pour les chefs-lieux d'arrondissement, et pour les autres villes à la mairie. L'acte de dépôt mentionnera le titre de l imprimé et le chiffre du tirage. Sont exceptés de cette disposition les bulletins de vote, les circulaires commerciales ou industrielles et les ouvrages dits de ville ou bilboquets.

Art. 4. Les dispositions qui précèdent sont applicables à tous les genres d'imprimés ou de reproductions destinés à être publiés. Toutefois le dépôt prescrit par l'article précédent sera de trois exemplaires pour les estampes, la musique et en général les reproductions autres que les imprimés.

DÉCRET déclarant applicables aux colonies les dispositions législatives qui règlent en France la propriété littéraire et artistique
(29 octobre 1887.)

Le Président de la République française,

Sur le rapport du Ministre de la Marine et des Colonies et du Garde des Sceaux, Ministre de la Justice,

Vu les articles 7, 8 et 18 du sénatus-consulte du 3 mai 1854,

Vu le décret du 9 décembre 1857, relatif à la propriété littéraire et artistique aux colonies,

Décrète :

Art. 1er. Les dispositions législatives qui règlent en France la propriété littéraire et artistique sont rendues applicables aux colonies.

Art. 2. Le Ministre de la Marine et des Colonies et le Garde des Sceaux, Ministre de la Justice, sont chargés, chacun en ce qui le regarde, de l'exécution du présent décret, qui sera inséré au *Journal officiel* de la République française et au *Bulletin officiel* de l'administration des Colonies.

LOI relative à l'établissement du tarif général des douanes
(11 janvier 1892)

Art. 1er. Le tarif général des douanes et le tarif minimum relatif à l'importation et à l'exportation sont établis conformément aux tableaux A et B annexés à la présente loi.

Tableau B. — Tarifs de sortie.

NUMÉROS d'ordre	DÉSIGNATION DES PRODUITS	RÉGIME
656	Contrefaçons en librairie . . .	Prohibées

LOI sur les fraudes en matière artistique
(9 février 1895.)

Art. 1er Seront punis d'un emprisonnement d'un an au moins et de cinq ans au plus, et d'une amende de seize francs au moins et de trois mille francs au plus, sans préjudice des dommages-intérêts, s'il y a lieu :

1° Ceux qui auront apposé ou fait apparaître frauduleusement un nom usurpé sur une œuvre de peinture, de sculpture, de dessin, de gravure ou de musique;

2° Ceux qui, sur les mêmes œuvres, auront frauduleusement, et dans le but de tromper l'acheteur sur la personnalité de l'auteur imité sa signature ou un signe adopté par lui.

Art. 2. Les mêmes peines seront applicables à tout marchand ou commissionnaire qui aura sciemment recelé, mis en vente ou en circulation les objets revêtus de ces noms, signatures ou signes.

Art. 3. Les objets délictueux seront confisqués et remis au plaignant ou détruits, sur son refus de les recevoir.

Art. 4. La présente loi est applicable aux œuvres non tombées dans le domaine public, sans préjudice pour les autres de l'application de l'article 423 du Code pénal.

Art. 5. L'article 463 du Code pénal s'appliquera aux cas prévus par les articles 1 et 2.

La présente loi, délibérée et adoptée par le Sénat et la Chambre des députés, sera exécutée comme loi de l'État

LOI étendant aux œuvres de soulpture et d'arohiteotuie l'application de la loi des 19-24 juillet 1793 sur la propriété littéraire et artistique

(11 mars 1902).

Art. 1ᵉʳ. Il est ajouté à l'article premier de la loi des 19-24 juillet 1793, après les mots : « Les auteurs d'écrits en tous genres, les compositeurs de musique... » les mots : « Les architectes, les statuaires... »

Art. 2. Il est ajouté à l'article premier de la loi des 19-24 juillet 1793 un paragraphe ainsi conçu : « Le même droit appartiendra aux sculpteurs et dessinateurs d'ornement, quels que soient le mérite et la destination de l'œuvre. »

La présente loi, délibérée et adoptée par le Sénat et la Chambre des députés, sera exécutée comme loi de l'État.

CONVENTIONS INTERNATIONALES

ENTRE LA FRANCE

ET LES PAYS ÉTRANGERS

Convention de Berne (1)
(9 septembre 1886.)

Art. 1er. Les pays contractants sont constitués à l'état d'Union pour la protection des droits des auteurs sur leurs œuvres littéraires et artistiques.

Art 2. *Les auteurs ressortissant a l'un des pays de l'Union, ou leurs ayants cause, jouissent, dans les autres pays pour leurs œuvres, soit non publiées, soit publiées pour la première fois dans un de ces pays, des droits que les lois respectives accordent actuellement ou accorderont par la suite aux nationaux* (2).

La jouissance de ces droits est subordonnée à l accomplissement des conditions et formalités prescrites par la législation du pays d'origine de l'œuvre ; elle ne peut excéder, dans les autres pays, la durée de la protection accordée dans ledit pays d'origine.

Est considéré comme pays d origine de l'œuvre, celui de la première publication, ou, si cette publication a lieu simultanément dans plusieurs pays de l Union, celui d'entre eux dont la législation accorde la durée de protection la plus courte.

Pour les œuvres non publiées, le pays auquel appartient l auteur est considéré comme pays d'origine de l'œuvre.

Les œuvres posthumes sont comprises parmi les œuvres protegées (3).

---

(1) Les dispositions contenues dans l'Acte additionnel du 4 mai 1896 ont été intercalées dans le texte en lettres italiques.

(2) *Convention du 9 septembre 1886, article 2 1er alinéa, ancien texte* Les auteurs ressortissant à l'un des pays de l Union, ou leurs ayants cause, jouissent, dans les autres pays, pour leurs œuvres, soit publiées dans un de ces pays, soit non publiées, des droits que les lois respectives accordent actuellement ou accorderont par la suite aux nationaux.

(3) *Texte nouveau*, ajouté à la Convention de 1886.

Art. 3. *Les auteurs ne ressortissant pas à l un des pays de l Union mais qui auront publié ou fait publier, pour la première fois, leurs œuvres littéraires ou artistiques dans l'un de ces pays, jouiront, pour ces œuvres, de la protection accordée par la Convention de Berne et par le présent Acte additionnel* (1).

Art. 4. L'expression « œuvres littéraires et artistiques » comprend les livres, brochures ou tous autres écrits, les œuvres dramatiques ou dramatico-musicales, les compositions musicales avec ou sans paroles, les œuvres de dessin, de peinture, de sculpture, de gravure, les lithographies, les illustrations, les cartes géographiques; les plans, croquis et ouvrages plastiques, relatifs à la géographie, à la topographie, à l'architecture ou aux sciences en général; enfin toute production quelconque du domaine littéraire, scientifique ou artistique, qui pourrait être publiée par n'importe quel mode d'impression ou de reproduction.

Art. 5. *Les auteurs ressortissant à l'un des pays de l Union, ou leurs ayants cause, jouissent, dans les autres pays, du droit exclusif de faire ou d'autoriser la traduction de leurs œuvres pendant toute la durée du droit sur l œuvre originale. Toutefois, le droit exclusif de traduction cessera d'exister lorsque l auteur n'en aura pas fait usage dans un délai de dix ans à partir de la première publication de l'œuvre originale, en publiant ou en faisant publier, dans un des pays de l Union, une traduction dans la langue pour laquelle la protection sera réclamée* (2).

Pour les ouvrages publiés par livraisons, le délai de dix années ne compte qu à dater de la publication de la dernière livraison de l'œuvre originale.

Pour les œuvres composées de plusieurs volumes publiés par intervalles, ainsi que pour les bulletins ou cahiers publiés par des sociétés littéraires ou savantes ou par des particuliers, chaque volume bulletin ou cahier est, en ce qui concerne le délai de dix années, considéré comme ouvrage séparé.

Dans les cas prévus au présent article, est admis comme date de

---

(1) *Convention de 1886, article 3, ancien texte* . Les stipulations de la présente Convention s appliquent également aux éditeurs d'œuvres littéraires ou artistiques publiées dans un des pays de l Union et dont l'auteur appartient à un pays qui n en fait pas partie.

(2) *Convention de 1886, article 5, premier alinéa ancien texte* . Les auteurs ressortissant à l'un des pays de l'Union, ou leurs ayants cause, jouissent, dans les autres pays, du droit exclusif de faire ou d autoriser la traduction de leurs ouvrages jusqu'à l expiration de dix années à partir de la publication de l'œuvre originale dans l un des pays de l'Union.

publication, pour les calculs des délais de protection, le 31 décembre de l'année dans laquelle l'ouvrage a été publié.

Art. 6. Les traductions licites sont protégées comme des ouvrages originaux. Elles jouissent, en conséquence, de la protection stipulée aux articles 2 et 3 en ce qui concerne leur reproduction non autorisée dans les pays de l'Union.

Il est entendu que, s'il s'agit d'une œuvre pour laquelle le droit de traduction est dans le domaine public, le traducteur ne peut pas s'opposer à ce que la même œuvre soit traduite par d'autres écrivains.

Art. 7. *Les romans-feuilletons, y compris les nouvelles, publiés dans les journaux ou recueils périodiques d'un des pays de l'Union, ne pourront être reproduits, en original ou en traduction, dans les autres pays, sans l'autorisation des auteurs ou de leurs ayants cause.*

Il en sera de même pour les autres articles de journaux ou de recueils périodiques, lorsque les auteurs ou éditeurs auront expressément déclaré, dans le journal ou le recueil même où ils les auront fait paraître, qu'ils en interdisent la reproduction. Pour les recueils, il suffit que l'interdiction soit faite d'une manière générale en tête de chaque numéro.

A défaut d'interdiction, la reproduction sera permise à la condition d'indiquer la source.

En aucun cas, l'interdiction ne pourra s'appliquer aux articles de discussion politique, aux nouvelles du jour et aux faits divers (1).

Art. 8. En ce qui concerne la faculté de faire licitement des emprunts à des œuvres littéraires ou artistiques pour des publications destinées à l'enseignement ou ayant un caractère scientifique, ou pour des chrestomathies, est réservé l'effet de la législation des pays de l'Union et des arrangements particuliers existants ou à conclure entre eux.

Art. 9. Les stipulations de l'article 2 s'appliquent à la représentation publique des œuvres dramatiques ou dramatico-musicales, que ces œuvres soient publiées ou non.

Les auteurs d'œuvres dramatiques ou dramatico-musicales, ou leurs ayants cause, sont, pendant la durée de leur droit exclusif de traduc-

(1) *Convention de 1886, article 7, ancien texte :* Les articles de journaux ou de recueils périodiques publiés dans l'un des pays de l'Union peuvent être reproduits, en original ou en traduction, dans les autres pays de l'Union, à moins que les auteurs ou éditeurs ne l'aient expressément interdit. Pour les recueils, il peut suffire que l'interdiction soit faite d'une manière générale en tête de chaque numéro du recueil.

En aucun cas, cette interdiction ne peut s'appliquer aux articles de discussion politique ou à la reproduction des nouvelles du jour et des *faits divers.*

tion, réciproquement protégés contre la représentation publique non autorisée de la traduction de leurs ouvrages.

Les stipulations de l'article 2 s'appliquent également à l'exécution publique des œuvres musicales non publiées, ou de celles qui ont été publiées, mais dont l'auteur a expressément déclaré sur le titre ou en tête de l'ouvrage qu'il en interdit l'exécution publique.

Art. 10. Sont spécialement comprises parmi les reproductions illicites auxquelles s'applique la présente Convention, les appropriations indirectes non autorisées d'un ouvrage littéraire ou artistique, désignées sous des noms divers, tels que : *adaptations, arrangements de musique*, etc , lorsqu'elles ne sont que la reproduction d'un tel ouvrage, dans la même forme ou sous une autre forme, avec des changements, additions ou retranchements, non essentiels, sans présenter d'ailleurs le caractère d'une nouvelle œuvre originale.

Il est entendu que, dans l'application du présent article, les tribunaux des divers pays de l'Union tiendront compte, s'il y a lieu, des réserves de leurs lois respectives.

Art. 11. Pour que les auteurs des ouvrages protégés par la présente Convention soient, jusqu'à preuve contraire, considérés comme tels et admis, en conséquence, devant les tribunaux des divers pays de l'Union à exercer des poursuites contre les contrefaçons, il suffit que leur nom soit indiqué sur l'ouvrage en la manière usitée.

Pour les œuvres anonymes ou pseudonymes, l'éditeur dont le nom est indiqué sur l'ouvrage est fondé à sauvegarder les droits appartenant à l'auteur. Il est, sans autres preuves, réputé ayant cause de l'auteur anonyme ou pseudonyme.

Il est entendu, toutefois, que les tribunaux peuvent exiger, le cas échéant, la production d'un certificat délivré par l'autorité compétente, constatant que les formalités prescrites, dans le sens de l'article 2 par la législation du pays d'origine ont été remplies.

Art. 12. *Toute œuvre contrefaite peut être saisie par les autorités compétentes des pays de l'Union ou l'œuvre originale a droit à la protection légale* (1).

La saisie a lieu conformément à la législation intérieure de chaque pays.

Art. 13. Il est entendu que les dispositions de la présente Convention ne peuvent porter préjudice, en quoi que ce soit, au droit qui appartient au Gouvernement de chacun des pays de l'Union de per-

(1) *Convention de 1886, article 12, premier alinda, ancien texte* Toute œuvre contrefaite peut être saisie à l'importation dans ceux des pays de l'Union où l'œuvre originale a droit à la protection légale.

mettre, de surveiller, d'interdire, par des mesures de législation ou de police intérieure, la circulation, la représentation, l'exposition de tout ouvrage ou production à l'égard desquels l'autorité compétente aurait à exercer ce droit.

Art. 14. La présente Convention, sous les réserves et conditions à déterminer d'un commun accord, s'applique à toutes les œuvres qui, au moment de son entrée en vigueur, ne sont pas encore tombées dans le domaine public dans leur pays d'origine.

Art. 15. Il est entendu que les Gouvernements des pays de l'Union se réservent respectivement le droit de prendre séparément, entre eux des arrangements particuliers, en tant que ces arrangements conféreraient aux auteurs ou à leurs ayants cause des droits plus étendus que ceux accordés par l'Union, ou qu'ils renfermeraient d'autres stipulations non contraires à la présente Convention.

Art. 16. Un office international est institué sous le nom de *Bureau de l'Union internationale pour la protection des œuvres littéraires et artistiques.*

Ce Bureau, dont les frais sont supportés par les Administrations de tous les pays de l'Union, est placé sous la haute autorité de l'Administration supérieure de la Confédération suisse, et fonctionne sous sa surveillance. Les attributions en sont déterminées d'un commun accord entre les pays de l'Union.

Art. 17. La présente Convention peut être soumise à des révisions en vue d'y introduire les améliorations de nature à perfectionner le système de l'Union.

Les questions de cette nature, ainsi que celles qui intéressent à d'autres points de vue le développement de l'Union, seront traitées dans les Conférences qui auront lieu successivement dans les pays de l'Union entre les délégués desdits pays.

Il est entendu qu'aucun changement à la présente Convention ne sera valable pour l'Union que moyennant l'assentiment unanime des pays qui la composent.

Art. 18. Les pays qui n'ont point pris part à la présente Convention et qui assurent chez eux la protection légale de droits faisant l'objet de cette Convention seront admis à y accéder sur leur demande.

Cette accession sera notifiée par écrit au Gouvernement de la Confédération Suisse, et par celui-ci à tous les autres.

Elle emportera, de plein droit, adhésion à toutes les clauses et admission à tous les avantages stipulés dans la présente Convention,

Art. 19. Les pays accédant à la présente Convention ont aussi le droit d'y accéder en tout temps pour leurs colonies ou possessions étrangères.

Il peuvent, à cet effet, soit faire une déclaration générale par laquelle toutes leurs colonies ou possessions sont comprises dans l'accession, soit nommer expressément celles qui y sont comprises, soit se borner à indiquer celles qui en sont exclues

Art. 20. La présente Convention sera mise à exécution trois mois après l'échange des ratifications, et demeurera en vigueur pendant un temps indéterminé, jusqu'à l'expiration d'une année à partir du jour où la dénonciation en aura été faite.

Cette dénonciation sera adressée au Gouvernement de la Confédération suisse. Elle ne produira son effet qu'à l'égard du pays qui l'aura faite, la Convention restant exécutoire pour les autres pays de l'Union (1).

Art. 21. La présente Convention sera ratifiée, et les ratifications en seront échangées à Berne, dans le délai d'un an au plus tard.

En foi de quoi, les Plénipotentiaires respectifs l'ont signée et y ont apposé le cachet de leurs armes.

Fait à Berne, le neuvième jour du mois de septembre de l'an mil huit cent quatre-vingt-six.

Article additionnel

Les Plénipotentiaires réunis pour signer la Convention concernant la création d'une Union internationale pour la protection des œuvres littéraires et artistiques, sont convenus de l'article additionnel suivant, qui sera ratifié en même temps que l acte auquel il se rapporte :

La Convention conclue à la date de ce jour n affecte en rien le maintien des Conventions actuellement existantes entre les pays contractants, en tant que ces Conventions confèrent aux auteurs ou à leurs ayants cause des droits plus étendus que ceux accordés par l'Union ou qu'elles renferment d autres stipulations qui ne sont pas contraires à cette Convention.

En foi de quoi, les Plénipotentiaires respectifs ont signé le présent article additionnel.

Fait à Berne, le neuvième jour du mois de septembre de l'an mil huit cent quatre-vingt-six.

Protocole de clôture.

Au moment de procéder à la signature de la Convention conclue à

(1) *Convention de 1886, article 20, deuxième alinéa, ancien texte* : Cette dénonciation sera adressée au Gouvernement chargé de recevoir les accessions. Elle ne produira son effet qu à l égard du pays qui l aura faite, la Convention restant exécutoire pour les autres pays de l Union.

la date de ce jour, les **Plénipotentiaires** soussignés ont déclaré et stipulé ce qui suit :

1. *Au sujet de l article 4 il est convenu ce qui suit :*

A. — *Dans les pays de l'Union ou la protection est accordée non seulement aux plans d'architecture, mais encore aux œuvres d'architecture elles-mêmes, ces œuvres sont admises au bénéfice des dispositions de la Convention de Berne et du présent Acte additionnel.*

B — *Les œuvres photographiques et les œuvres obtenues par un procédé analogue sont admises au bénéfice des dispositions de ces actes, en tant que la législation intérieure permet de le faire, et dans la mesure de la protection qu elle accorde aux œuvres nationales similaires.*

Il est entendu que la photographie autorisée d'une œuvre d art protégée jouit, dans tous les pays de l Union, de la protection légale, au sens de la Convention de Berne et du présent Acte additionnel, aussi longtemps que dure le droit principal de reproduction de cette œuvre même, et dans les limites des conventions privées entre les ayants droit (1).

2 Au sujet de l'article 9, il est convenu que ceux des pays de l'Union dont la législation comprend implicitement, parmi les œuvres dramatico-musicales, les œuvres chorégraphiques, admettent expressément lesdites œuvres au bénéfice des dispositions de la Convention conclue en date de ce jour.

Il est d'ailleurs entendu que les contestations qui s'élèveraient sur l'application de cette clause demeurent réservées à l'appréciation des tribunaux respectifs.

3. Il est entendu que la fabrication et la vente des instruments servant à reproduire mécaniquement des airs de musique empruntés au domaine privé ne sont pas considérées comme constituant le fait de contrefaçon musicale.

(1) *Convention de 1886, Protocole de clôture, n° 1, ancien texte* 1 Au sujet de l article 4, il est convenu que ceux des pays de l Union où le caractère d œuvres artistiques n'est pas refusé aux œuvres photographiques s engagent à les admettre, à partir de la mise en vigueur de la Convention conclue en date de ce jour, au bénéfice de ses dispositions. Ils ne sont, d ailleurs, tenus de protéger les auteurs desdites œuvres, sauf les arrangements internationaux existants ou à conclure, que dans la mesure où leur législation permet de le faire.

Il est entendu que la photographie autorisée d une œuvre d art protégée jouit, dans tous les pays de l Union, de la protection légale, au sens de ladite Convention, aussi longtemps que dure le droit principal de reproduction de cette œuvre même, et dans les limites des conventions privées entre les ayants droits.

4. L'accord commun prévu à l'article 14 de la Convention est déterminé ainsi qu'il suit

L'application de la Convention de Berne et du présent Acte additionnel aux œuvres non tombées dans le domaine public dans leur pays d'origine au moment de la mise en vigueur de ces actes, aura lieu suivant les stipulations y relatives contenues dans les Conventions spéciales existantes ou à conclure à cet effet.

A défaut de semblables stipulations entre pays de l'Union les pays respectifs régleront, chacun pour ce qui le concerne, par la législation intérieure, les modalités relatives à l'application du principe contenu dans l'article 14.

Les stipulations de l'article 14 de la Convention de Berne et du présent numéro du Protocole de clôture s'appliquent également au droit exclusif de traduction, tel qu'il est assuré par le présent Acte additionnel.

Les dispositions transitoires mentionnées ci-dessus sont applicables en cas de nouvelles accessions à l'Union (1)

5. L'organisation du Bureau international prévu à l'article 16 de la Convention sera fixée par un règlement que le Gouvernement de la Confédération Suisse est chargé d'élaborer

La langue officielle du Bureau international sera la langue française.

Le Bureau international centralisera les renseignements de toute nature relatifs à la protection des droits des auteurs sur leurs œuvres littéraires et artistiques. Il les coordonnera et les publiera. Il procédera aux études d'utilité commune intéressant l'Union et rédigera, à l'aide des documents qui seront mis à sa disposition par les diverses Administrations, une feuille périodique, en langue française sur les questions concernant l'objet de l'Union Les Gouvernements des pays de l'Union se réservent d'autoriser, d'un commun accord, le Bureau à publier une édition dans une ou plusieurs autres langues, pour le cas où l'expérience en aurait démontré le besoin.

Le Bureau international devra se tenir en tout temps à la disposition des membres de l'Union pour leur fournir, sur les questions re-

(1) *Convention de 1886, Protocole de clôture, n° 4, ancien texte* L'application de la Convention aux œuvres non tombées dans le domaine public au moment de sa mise en vigueur aura lieu suivant les stipulations y relatives contenues dans les conventions spéciales existantes ou à conclure à cet effet.

A défaut de semblables stipulations entre pays de l'Union, les pays respectifs régleront, chacun pour ce qui le concerne, par la législation intérieure, les modalités relatives à l'application du principe contenu à l'article 14.

latives à la protection des œuvres littéraires et artistiques, les renseignements spéciaux dont ils pourraient avoir besoin.

L'Administration du pays où doit siéger une Conférence préparera, avec le concours du Bureau international, les travaux de cette Conférence.

Le Directeur du Bureau international assistera aux séances des Conférences et prendra part aux discussions sans voix délibérative. Il fera sur sa gestion un rapport annuel qui sera communiqué à tous les membres de l'Union.

Les dépenses du Bureau de l'Union internationale seront supportées en commun par les pays contractants Jusqu'à nouvelle décision, elles ne pourront pas dépasser la somme de soixante mille francs par année. Cette somme pourra être augmentée au besoin par simple décision d'une des Conférences prévues à l'article 17.

Pour déterminer la part contributive de chacun des pays dans cette somme totale des frais, les pays contractants et ceux qui adhéreraient ultérieurement à l'Union seront divisés en six classes contribuant chacune dans la proportion d'un certain nombre d unités, savoir :

1re	classe	. . . .	25 unités.
2o	—	. . . .	20 —
3o	—	. . .	15 —
4o	—	. . . .	10 —
5o	—	. . . .	5 —
6o	—	. . . .	3 —

Ces coefficients seront multipliés par le nombre des pays de chaque classe et la somme des produits ainsi obtenus fournira le nombre d'unités par lequel la dépense totale doit être divisée Le quotient donnera le montant de l'unité de [dépense.

Chaque pays déclarera, au moment de son accession, dans laquelle des susdites classes il demande à être rangé

L'Administration suisse préparera le budget du Bureau et en surveillera les dépenses, fera les avances nécessaires et établira le compte annuel q il sera communiqué à toutes les autres Administrations

6. La prochaine Conférence aura lieu à Paris, dans le délai de quatre à six ans à partir de l'entrée en vigueur de la Convention

Le Gouvernement français en fixera la date dans ces limites, après avoir pris l'avis du Bureau international.

7. Il est convenu que, pour l échange des ratifications prévues à l article 21, chaque Partie contractante remettra un seul instrument, q il sera déposé, avec ceux des autres pays, aux archives du Gouvernement de la Confédération suisse. Chaque Partie recevra en retour

un exemplaire du procès-verbal d'échange des ratifications, signé par les Plénipotentiaires qui y auront pris part.

Le présent Protocole de clôture, qui sera ratifié en même temps que la Convention conclue à la date de ce jour, sera considéré comme faisant partie intégrante de cette Convention, et aura même force, valeur et durée.

En foi de quoi, les Plénipotentiaires respectifs l'ont revêtu de leur signature.

Fait à Berne le neuvième jour du mois de septembre de l'an mil huit cent quatre-vingt-six.

Acte additionnel du 4 mai 1896 modifiant les articles 2, 3, 5, 7, 12 et 20 de la Convention du 9 septembre 1886 et les numéros 1 et 4 du Protocole de clôture y annexé.

(L'article premier et l'article 2 contiennent les modifications apportées à la Convention de 1886 et au Protocole de clôture annexé à cette Convention, modifications dont les textes, imprimés en lettres italiques, sont intercalés ci-dessus à leur place respective dans le texte de la Convention).

Art. 3. Les Pays de l'Union qui n'ont point participé au présent Acte additionnel seront admis à y accéder en tout temps sur leur demande. Il en sera de même pour les pays qui accéderont ultérieurement à la Convention du 9 septembre 1886. Il suffira à cet effet, d'une notification adressée par écrit au Conseil fédéral suisse, qui notifiera à son tour cette accession aux autres Gouvernements.

Art. 4 Le présent Acte additionnel aura même valeur et durée que la Convention du 9 septembre 1886.

Il sera ratifié et les ratifications en seront échangées à Paris dans la forme adoptée pour cette Convention, aussitôt que faire se pourra, et au plus tard dans le délai d'une année.

Il entrera en vigueur, trois mois après cet échange, entre les Pays qui l'auront ratifié.

En foi de quoi, les Plénipotentiaires respectifs l'ont signé et y ont apposé le cachet de leurs armes.

Fait en seul exemplaire à Paris, le 4 mai 1896.

Déclaration du 4 mai 1896 interprétant certaines dispositions de la Convention de Berne du 9 septembre 1886 et de l'Acte additionnel signé à Paris, le 4 mai 1896.

1° Aux termes de l'article 2, alinéa 2, de la Convention, la protection assurée par les actes précités dépend uniquement de l'accomplissement, dans le pays d'origine de l'œuvre, des conditions et formalités qui peuvent être prescrites par la législation de ce pays. Il en sera de même pour la protection des œuvres photographiques mentionnées dans le n° 1, lettre B, du Protocole de clôture modifié.

2° Par œuvres *publiées*, il faut entendre les œuvres *éditées* dans un des pays de l'Union En conséquence, la représentation d'une œuvre dramatique ou dramatico-musicale, l'exécution d une œuvre musicale, l'exposition d'une œuvre d'art, ne constituent pas une *publication* dans le sens des actes précités.

3° La transformation d un roman en pièce de théâtre, ou d'une pièce de théâtre en roman, rentre dans les stipulations de l'article 10.

Les pays de l'Union qui n ont point participé à la présente Déclaration seront admis à y accéder en tout temps, sur leur demande Il en sera de même pour les pays qui accéderont, soit à la Convention du 9 septembre 1886, soit à cette Convention et à l'Acte additionnel du 4 mai 1896. Il suffira, à cet effet, d'une notification adressée par écrit au Conseil fédéral suisse, qui notifiera à son tour cette accession aux autres Gouvernements.

La présente Déclaration aura même valeur et durée que les actes auxquels elle se rapporte.

Elle sera ratifiée et les ratifications en seront échangées à Paris dans la forme adoptée pour ces actes, aussitôt que faire se pourra, et au plus tard dans le délai d une année.

En foi de quoi, les Plénipotentiaires respectifs l ont signée et y ont apposé le cachet de leur armes

Fait en un seul exemplaire, à Paris, le 4 mai 1896.

CONVENTION de Montevideo
(11 janvier 1889.)

Art 1er. Les États signataires s'engagent à reconnaître et à protéger les droits de propriété littéraire et artistique conformément aux stipulations du présent traité

Art. 2. L auteur de toute œuvre littéraire ou artistique et ses successeurs jouiront, dans les États signataires, des droits que leur accordera la loi de l État où aura lieu la première publication ou production de cette œuvre.

Art. 3. Le droit de propriété d'une œuvre littéraire ou artistique comprend, pour l auteur, la faculté d'en disposer, de la publier et de l'aliéner, de la traduire ou d'en autoriser la traduction, et de la reproduire sous n'importe quelle forme.

Art. 4. Aucun État ne sera obligé à reconnaître le droit de propriété littéraire ou artistique pour une durée plus longue que celle fixée pour les auteurs qui y obtiennent directement ce droit.

Cette durée pourra être limitée à celle accordée dans le pays d'origine, si elle était moindre.

Art. 5. L'expression « Œuvres littéraires ou artistiques » comprend les livres, les brochures et n'importe quels autres écrits, les œuvres dramatiques ou dramatico-musicales et les œuvres chorégraphiques, les lithographies, les cartes géographiques, plans, croquis et travaux plastiques, relatifs à la géographie, à la topographie, à l'architecture, ou aux sciences en général, et enfin toute production du domaine littéraire et artistique qui puisse être publiée par n'importe quel mode d'impression ou de reproduction.

Art. 6. Les traducteurs des ouvrages sur lesquels le droit de propriété garanti n'existerait pas ou serait éteint, jouiront, à l'égard de leurs traductions, du droit déclaré dans l'article 3, mais ils ne pourront s'opposer à la publication d autres traductions du même ouvrage

Art 7. Les articles de journaux pourront être reproduits, pourvu que la publication d'où ils sont tirés soit citée. Sont exceptés les articles traitant d art et de science et dont la reproduction aurait été défendue expressément par leuis auteurs.

Art 8. Peuvent être publiés dans la presse périodique, sans nécessité d'aucune autorisation, les discours prononcés ou lus dans les assemblées délibérantes, devant les tribunaux de justice, ou dans les réunions publiques

Ait. 9. Sont considérées comme reproductions illicites les appropriations indirectes non autorisées d'une œuvre littéraire ou artistique et désignées sous des noms divers tels que . adaptations, arrangements, etc , lorsqu'elles ne sont que des reproductions de cette œuvre, sans présenter le caractère d'œuvres originales.

Art. 10. Les droits d'auteur seront reconnus, sauf preuve du contraire, en faveur des personnes dont les noms ou pseudonymes seront indiqués dans l'œuvre littéraire ou aitistique.

Si les auteuis veulent réserver le secret de leur nom, les éditeurs doivent faire connaître que c'est à eux qu'appartiennent les droits d auteur.

Art. 11. Les responsabilités qu'encourront ceux qui usurperont le droit de propriété littéraire et artistique seront établies et jugées devant les tribunaux, et régies par les lois du pays où la fraude aura été commise

Art 12 La reconnaissance du droit de propriété des œuvres littéraires ou artistiques ne prive pas les États signataiies de la faculté de prohiber, d'accord avec leurs lois, la reproduction, publication, circulation, représentation et exposition de celles des œuvres qui seraient considérées comme contraires à la morale ou aux bonnes mœurs.

Art. 13. Il n'est pas indispensable pour la mise en vigueur de ce traité que la ratification de la part des nations signataires en soit simultanée. Celle qui l'approuvera le notifiera aux gouvernement des Républiques Argentine et de l'Uruguay, pour qu'elles le portent à la connaissance des autres nations contractantes.

Ce procédé tiendra lieu d'échange de ratifications

Art. 14. L'échange effectué dans la forme indiquée à l'article précédent, le présent traité restera en vigueur pour un temps indéfini.

Art. 15 Si une des nations signataires croit utile de se délier du traité, ou d'y introduire des modifications, elle en avisera les autres; mais elle ne sera déliée que deux ans après la dénonciation, terme dans lequel on tâchera d'arriver à un nouvel accord.

Art 16. L'article 13 peut être étendu aux nations qui, n'ayant pas pris part au congrès, voudraient adhérer au présent traité.

En foi de quoi, les plénipotentiaires des nations mentionnées le signent et scellent en sept exemplaires, à Montevideo le onze janvier 1889.

FRANCE ET ALLEMAGNE

CONVENTION pour la garantie de la propriété des œuvres de littérature et d'art
(19 avril 1883.)

Art 1er Les auteurs d'œuvres littéraires ou artistiques, que ces œuvres soient publiées ou non, jouiront, dans chacun des deux pays réciproquement des avantages qui y sont ou y seront accordés par la loi pour la protection des ouvrages de littérature ou d'art, et ils y auront à même protection et le même recours légal contre toute atteinte portée à leurs droits que si cette atteinte avait été commise à l'égard d'auteurs nationaux.

Toutefois, ces avantages ne leur seront réciproquement assurés que pendant l'existence de leurs droits dans leur pays d'origine, et la durée de leur jouissance dans l'autre pays ne pourra excéder celle fixée par la loi pour les auteurs nationaux

L'expression « œuvres littéraires ou artistiques » comprend les livres, brochures ou autres écrits; les œuvres dramatiques, les compositions musicales, les œuvres dramatico-musicales; les œuvres de

dessin, de peinture, de sculpture, de gravure; les lithographies, les
illustrations, les cartes géographiques; les plans, croquis et œuvres
plastiques relatifs à la géographie, à la topographie, à l'architecture
ou aux sciences naturelles, et, en général, toute production quelconque
du domaine littéraire, scientifique ou artistique.

Art. 2. Les stipulations de l'article 1er s'appliqueront également
aux éditeurs d'œuvres publiées dans l'un des deux pays dont l'auteur
appartiendrait à une nationalité tierce

Art 3 Les mandataires légaux ou ayants cause des auteurs, éditeurs, traducteurs, compositeurs, dessinateurs, peintres, sculpteurs,
graveurs, architectes, lithographes, etc., jouiront réciproquement, à
tous les égards, des mêmes droits que ceux que la présente convention
accorde aux auteurs, éditeurs, traducteurs, compositeurs, dessinateurs, peintres, sculpteurs, graveurs, architectes et lithographes eux-
mêmes.

Art. 4. Sera réciproquement licite la publication, dans l'un des deux
pays, d'extraits ou de morceaux entiers d'un ouvrage ayant paru pour
la première fois dans l'autre, pourvu que cette publication soit spé-
spécialement appropriée et adaptée pour l'enseignement, ou qu'elle
ait un caractère scientifique.

Sera également licite la publication réciproque de chrestomathies
composées de fragments d'ouvrages de divers auteurs, ainsi que l'insertion dans une chrestomathie ou dans un ouvrage original publié
dans l'un des deux pays, d'un écrit entier de peu d'étendue publié
dans l'autre.

Il est entendu qu'il devra toujours être fait mention du nom de l'auteur ou de la source à laquelle seront empruntés les extraits, morceaux, fragments ou écrits dont il s'agit dans les deux paragraphes
précédents.

Les dispositions du présent article ne sont pas applicables aux
compositions musicales insérées dans les recueils destinés à des écoles
de musique, une insertion de cette nature sans le consentement du
compositeur étant considérée comme une reproduction illicite.

Art. 5. Les articles extraits de journaux ou recueils périodiques
publiés dans l'un des deux pays pourront être reproduits en original
ou en traduction dans l'autre pays.

Mais cette faculté ne s'étendra pas à la reproduction, en original
ou en traduction, des romans-feuilletons ou des articles de science
ou d'art.

Il en sera de même pour les autres articles de quelque étendue,
extraits de journaux ou de recueils périodiques, lorsque les auteurs
ou éditeurs auront expressément déclaré, dans le journal ou recueil

même où ils les auront fait paraître, qu'ils en interdisent la reproduction.

En aucun cas, l'interdiction stipulée au paragraphe précédent ne s'appliquera aux articles de discussion politique.

Art 6. Le droit de protection des œuvres musicales entraîne l'interdiction des morceaux dits *arrangements de musique*, composés sans le consentement de l'auteur, sur des motifs extraits de ses œuvres.

Les contestations qui s'élèveraient sur l'application de cette clause demeureront réservées à l'appréciation des tribunaux respectifs, conformément à la législation de chacun des deux pays.

Art. 7. Pour assurer à tous les ouvrages de littérature ou d'art la protection stipulée à l'article 1er, et pour que les auteurs desdits ouvrages soient, jusqu'à preuve contraire, considérés comme tels et admis, en conséquence, devant les tribunaux des deux pays à exercer des poursuites contre les contrefaçons, il suffira que leur nom soit indiqué sur le titre de l'ouvrage, au bas de la dédicace ou de la préface, ou à la fin de l'ouvrage

Pour les œuvres anonymes ou pseudonymes, l'éditeur dont le nom est indiqué sur l'ouvrage est fondé à sauvegarder les droits appartenant à l'auteur. Il est, sans autres preuves, réputé ayant droit de l'auteur anonyme ou pseudonyme.

Art 8 Les stipulations de l'article 1er s'appliqueront également à l'exécution publique des œuvres musicales, ainsi qu'à la représentation publique des œuvres dramatiques ou dramatico-musicales

Art. 9. Sont expressément assimilées aux ouvrages originaux les traductions faites, dans l'un des deux pays, d'ouvrages nationaux ou étrangers.

Ces traductions jouiront, à ce titre, de la protection stipulée à l'article 1er, en ce qui concerne leur reproduction non autorisée dans l'autre pays.

Il est bien entendu, toutefois, que l'objet du présent article est simplement de protéger le traducteur par rapport à la version qu'il a donnée de l'ouvrage original, et non pas de conférer le droit exclusif de traduction au premier traducteur d'un ouvrage quelconque, écrit en langue morte ou vivante, hormis le cas et les limites prévus par l'article ci-après.

Art 10. Les auteurs de chacun des deux pays jouiront, dans l'autre pays, du droit exclusif de traduction sur leurs ouvrages pendant dix années après la publication de la traduction de leur ouvrage autorisée par eux.

La traduction devra être publiée dans l'un des deux pays.

Pour jouir du bénéfice de cette disposition, ladite traduction autorisée devra paraître en totalité dans le délai de trois années à compter de la publication de l'ouvrage original.

Pour les ouvrages publiés par livraisons, le terme de trois années stipulé au paragraphe précédent ne commencera à courir qu'à dater de la publication de la dernière livraison de l'ouvrage original.

Dans le cas où la traduction d'un ouvrage paraîtrait par livraisons, le terme de dix années stipulé au paragraphe 1er ne commencera également à courir qu'à dater de la publication de la dernière livraison de la traduction.

Il est entendu que, pour les œuvres composées de plusieurs volumes publiés par intervalles, ainsi que pour les bulletins ou cahiers publiés par des sociétés littéraires ou savantes ou par des particuliers, chaque volume, bulletin ou cahier sera, en ce qui concerne les termes de dix années et de trois années, considéré comme un ouvrage séparé.

Les auteurs d'œuvres dramatiques ou dramatico-musicales seront, pendant la durée de leur droit exclusif de traduction, réciproquement protégés contre la représentation publique non autorisée de la traduction de leurs ouvrages.

Art. 11. Lorsque l'auteur d'une œuvre musicale ou dramatico-musicale aura cédé son droit de publication à un éditeur, pour le territoire de l'un des deux pays à l'exclusion de l'autre, les exemplaires ou éditions de cette œuvre ainsi publiés ne pourront être vendus dans ce dernier pays, et l'introduction de ces exemplaires ou éditions y sera considérée et traitée comme mise en circulation d'une contrefaçon

Les ouvrages auxquels s'applique cette disposition devront porter, sur leur titre et couverture, les mots : « Édition interdite en Allemagne (en France) ».

Toutefois, ces ouvrages seront librement admis dans les deux pays pour le transit à destination d'un pays tiers

Les dispositions du présent article ne seront pas applicables à des ouvrages autres que les œuvres musicales ou dramatico-musicales.

Art. 12. L'introduction, l'exportation, la circulation, la vente et l'exposition, dans chacun des deux pays, d'ouvrages contrefaits ou d'objets de reproduction non autorisée, sont prohibées, soit que lesdites contrefaçons ou reproductions non autorisées proviennent de l'un des deux pays, soit qu'elles proviennent d'un pays tiers quelconque.

Art. 13. Toute contravention aux dispositions de la présente convention entraînera les saisies, confiscations, condamnations aux peines correctionnelles et aux dommages-intérêts déterminées par les législations respectives, de la même manière que si l'infraction avait été commise au préjudice d'un ouvrage ou d'une production d'origine nationale.

Les caractères constituant la contrefaçon ou la reproduction illicite seront déterminés par les tribunaux respectifs, d'après la législation en vigueur dans chacun des deux pays

Art. 14. Les dispositions de la présente convention ne pourront porter préjudice, en quoi que ce soit, au droit qui appartient à chacune des deux Hautes Parties contractantes de permettre, de surveiller ou d'interdire, par des mesures de législation ou de police intérieure, la circulation, la représentation ou l'exposition de tout ouvrage ou reproduction à l'égard desquels l'autorité compétente aurait à exercer ce droit.

La présente convention ne porte également aucune atteinte au droit de l'une ou de l'autre des deux Hautes Parties contractantes de prohiber l'importation sur son propre territoire des livres qui d'après ses lois intérieures ou des stipulations souscrites avec d'autres puissances, sont ou seraient déclarées être des contrefaçons.

Art. 15. Les dispositions contenues dans la présente convention seront applicables aux œuvres antérieures à sa mise en vigueur, sous les réserves et conditions énoncées au protocole qui s'y trouve annexé

Art. 16 Les Hautes Parties contractantes conviennent que tout avantage ou privilège plus étendu qui serait ultérieurement accordé par l'une d'elles à une tierce puissance, en ce qui concerne les dispositions de la présente convention, sera, sous condition de réciprocité, acquis de plein droit aux auteurs de l'autre pays ou à leurs ayants cause.

Elles se réservent, d'ailleurs, la faculté d'apporter d'un commun accord à la présente convention toute amélioration ou modification dont l'expérience aura démontré l'opportunité.

Art. 17. La présente convention est destinée à remplacer les conventions littéraires qui ont été antérieurement conclues entre la France et les États allemands.

Elle restera en vigueur pendant six années à partir du jour où elle aura été mise à exécution, et continuera ses effets jusqu'à ce qu'elle ait été dénoncée par l'une ou l'autre des Hautes Parties contractantes, et pendant une année encore après sa dénonciation.

Art. 18. La présente convention sera ratifiée, et les ratifications en seront échangées à Berlin, le plus tôt possible.

Elle sera exécutoire dans les deux pays trois mois après l'échange des ratifications.

En foi de quoi, les plénipotentiaires respectifs ont signé la présente convention et l'ont revêtue du cachet de leurs armes.

Protocole.

Les plénipotentiaires soussignés, ayant jugé nécessaire de préciser et réglementer les droits accordés par l'article 15 de la convention littéraire, conclue en date de ce jour entre la France et l'Allemagne, aux auteurs d'ouvrages antérieurs à la mise en vigueur de cette convention sont convenus de ce qui suit :

1° Le bénéfice des dispositions de la convention conclue en date de ce jour est acquis aux œuvres littéraires et artistiques antérieures à la mise en vigueur de la convention qui ne jouiraient pas de la protection légale contre la réimpression, la reproduction, l'exécution ou la représentation publique non autorisée, ou la traduction illicite, ou qui auraient perdu cette protection par suite de non accomplissement des formalités exigées

L'impression des exemplaires en cours de fabrication licite au moment de la mise en vigueur de la présente convention pourra être achevée, ces exemplaires, ainsi que ceux qui seraient déjà licitement imprimés à ce même moment, pourront, nonobstant les dispositions de la convention, être mis en circulation et en vente, sous la condition que, dans un délai de trois mois, un timbre spécial sera apposé, par les soins des Gouvernements respectifs, sur les exemplaires commencés ou achevés lors de la mise en vigueur

De même les appareils, tels que clichés, bois et planches gravés de toute sorte, ainsi que les pierres lithographiques existant lors de la mise en vigueur de la présente convention, pourront être utilisés pendant un délai de quatre ans à dater de cette mise en vigueur, après a voir été revêtus d'un timbre spécial.

Il sera dressé, par les soins des Gouvernements respectifs, un inventaire des exemplaires d'ouvrages et des appareils autorisés aux termes du présent article.

2° Quant aux œuvres dramatiques ou dramatico-musicales publiées dans l'un des deux pays, et représentées publiquement, en original ou en traduction, dans l'autre pays antérieurement à la mise en vigueur de la présente convention, elles ne jouiront de la protection légale contre la représentation illicite qu'autant qu'elles auraient été protégées aux termes des conventions précédemment conclues par la France avec les divers États allemands

3° Le bénéfice des dispositions de la présente convention est également acquis aux ouvrages qui, publiés depuis moins de trois mois au moment de sa mise en vigueur seraient encore dans le délai légal pour l'enregistrement prescrit par quelques-unes des conventions précédemment conclues entre la France et les divers Etats allemands; et ce, sans que les auteurs soient astreints à l'accomplissement de cette formalité.

4° Pour le droit de traduction, ainsi que pour la représentation publique en traduction des ouvrages dont la protection sera, au moment de la mise en vigueur de la présente convention, garantie encore par les conventions antérieures, la durée de ce droit, que ces dernières conventions limitaient à cinq années, sera prorogée à dix années dans le cas où le délai de cinq années ne sera pas encore expiré au moment de la mise en vigueur de la présente convention ou bien si, ce délai étant expiré, aucune traduction n'a paru depuis lors, ou aucune représentation n'a eu lieu

Les auteurs jouiront également, pour le droit de traduction de leurs ouvrages ou pour la représentation publique en traduction des œuvres dramatiques ou dramatico-musicales, des avantages accordés par la présente convention en ce qui concerne les délais stipulés par les conventions antérieures, pour le commencement ou l'achèvement des traductions, sous les réserves fixées au paragraphe précédent.

Le présent protocole, qui sera considéré comme faisant partie intégrante de la convention en date de ce jour et ratifié avec elle, aura même force valeur et durée que cette convention.

En foi de quoi, les plénipotentiaires soussignés ont dressé le présent protocole et y ont apposé leurs signatures.

Protocole de clôture.

Au moment de procéder à la signature de la convention pour la garantie réciproque de la protection des œuvres de littérature ou d'art, conclue, à la date de ce jour, entre la France et l'Allemagne, les plénipotentiaires soussignés ont énoncé les déclarations et réserves suivantes :

1° Aux termes de la législation de l'Empire allemand, la durée de la protection légale contre la contrefaçon ou la reproduction illicite étant, pour les ouvrages anonymes ou pseudonymes, limitée en Allemagne à trente années à partir de la publication, à moins que lesdits ouvrages ne soient dans les trente ans enregistrés sous le vrai nom de l'auteur, il est entendu que les auteurs d'œuvres anonymes ou pseudonymes publiées dans l'un des deux pays, ou leurs ayants cause légalement autorisés, auront la faculté de s'assurer dans l'autre pays le bénéfice de la durée normale du droit de protection, en faisant, dans le délai de trente ans ci-dessus mentionné, enregistrer ou déposer leurs œuvres sous leur véritable nom dans le pays d'origine, suivant les lois ou règlements en vigueur dans ce pays.

2° Les livres d'importation licite, venant de l'un des deux pays, continueront à être admis dans l'autre, tant à l'entrée qu'au transit direct ou par entrepôt, par tous les bureaux qui leur sont actuellement ouverts ou qui pourraient l'être par la suite.

3° La législation de l'Empire allemand ne permettant pas de comprendre les œuvres photographiques au nombre des ouvrages auxquels s'applique ladite convention, les deux Gouvernements se réservent de s'entendre ultérieurement sur les dispositions spéciales à prendre, d un commun accord, à l effet d'assurer réciproquement dans les deux pays la protection desdites œuvres photographiques.

En foi de quoi les plénipotentiaires soussignés ont dressé le présent protocole, qui sera considéré comme approuvé et sanctionné par les Gouvernements respectifs, sans autre ratification spéciale, par le seul fait de l'échange des ratifications sur la convention à laquelle il se rapporte, et y ont apposé leurs signatures.

FRANCE ET AUTRICHE-HONGRIE

CONVENTION pour la garantie réciproque de la propriété des œuvres d'esprit et d art

(11 décembre 1866)

Article 1er. Les auteurs de livres, brochures ou autres écrits, de compositions musicales ou d arrangements de musique, d'œuvres de dessin, de peinture, de sculpture, de gravure, de lithographie et de toutes autres productions analogues du domaine littéraire ou artistique, jouiront, dans chacun des deux États réciproquement, des avantages qui y sont ou y seront attribués par la loi à la propriété des ouvrages de littérature ou d'art, et ils auront la même protection et le même recours légal contre toute atteinte portée à leurs droits que si cette atteinte avait été commise à l'égard d'auteurs d'ouvrages publiés pour la première fois dans le pays même.

Toutefois, ces avantages ne leur seront réciproquement assurés que pendant l'existence de leurs droits dans le pays où la publication originale a été faite, et la durée de la jouissance dans l'autre pays ne pourra excéder celle fixée par la loi pour les auteurs nationaux.

Art. 2. La jouissance des bénéfices de l'article 1er est subordonnée à l'accomplissement, dans le pays d'origine, des formalités qui sont prescrites par la loi pour assurer la propriété des ouvrages de littérature ou d'art.

Pour les livres, cartes, estampes, gravures, lithographies ou œuvres musicales publiés pour la première fois dans l'un des deux États, l'exercice du droit de propriété dans l'autre État sera en outre, subordonné à l'accomplissement préalable, dans ce dernier, de la formalité de l'enregistrement, effectuée de la manière suivante :

Si l'ouvrage a paru pour la première fois en Autriche, il devra être enregistré à Paris, au Ministère de l'Intérieur.

Si l'ouvrage a paru pour la première fois en France, il devra être enregistré à Vienne, au Ministère des Affaires étrangères.

L'enregistrement se fera, de part et d'autre, sur la déclaration écrite des intéressés, laquelle pourra être respectivement adressée soit auxdits Ministères, soit aux missions diplomatiques des deux pays.

Dans tous les cas, la déclaration devra être présentée dans les trois mois qui suivront la publication de l'ouvrage dans l'autre pays, pour les ouvrages publiés postérieurement à la mise en vigueur de la présente convention, et dans les trois mois qui suivront cette mise en vigueur, pour les ouvrages publiés antérieurement.

A l'égard des ouvrages qui paraissent par livraisons, le délai de trois mois ne commencera à courir qu'à dater de la publication de la dernière livraison, à moins que l'auteur n'ait indiqué, conformément aux dispositions de l'article 5, son intention de se réserver le droit de traduction, auquel cas chaque livraison sera considérée comme un ouvrage séparé.

La formalité de l'enregistrement, qui en sera fait sur des registres principaux tenus à cet effet, ne donnera, de part et d'autre, ouverture à la perception d'aucune taxe.

Les intéressés recevront un certificat authentique de l'enregistrement; ce certificat sera délivré gratis, sauf, s'il y a lieu, les frais de timbre.

Le certificat relatera la date précise à laquelle la déclaration aura eu lieu. Il contiendra le titre de l'ouvrage, le nom de l'auteur et de l'éditeur, et toutes indications requises pour constater l'identité de l'ouvrage. Il fera foi dans toute l'étendue des territoires respectifs et constatera le droit exclusif de propriété et de reproduction aussi longtemps que quelque autre personne n'aura pas fait admettre en justice un droit mieux établi.

Art. 3. Les stipulations de l'article 1er s'appliqueront également à l'exécution ou représentation des œuvres dramatiques ou musicales publiées, exécutées ou représentées pour la première fois dans l'un des deux pays, après la mise en vigueur de la présente convention.

Art. 4 Sont expressément assimilées aux ouvrages originaux les traductions faites, dans l un des deux États, d'ouvrages nationaux ou étrangers. Ces traductions jouiront, à ce titre, de la protection stipulée par l'article 1er, en ce qui concerne leur reproduction non autorisée dans l'autre État. Il est bien entendu, toutefois, que l'objet du présent article est simplement de protéger le traducteur par rapport à la version qu'il a donnée de l'ouvrage original et non pas de conférer le droit exclusif de traduction au premier traducteur d'un ouvrage quelconque écrit en langue morte ou vivante, hormis le cas et les limites prévus par l'article ci-après.

Art. 5. L'auteur de tout ouvrage publié dans l'un des deux pays jouira de la même protection que les auteurs nationaux contre la publication, dans l'autre pays, de toute traduction du même ouvrage non autorisée par lui, sous la condit on, toutefois, d'avoir indiqué en tête de son ouvrage son intention de se réserver le droit de traduction.

Pour les ouvrages publiés par livraisons, il suffira que la déclaration de l'auteur, qu'il entend se réserver le droit de traduction, soit exprimée sur la première livraison de chaque volume.

Les auteurs d ouvrages dramatiques jouiront réciproquement des mêmes droits relativement à la traduction ou à la représentation des traductions de leurs ouvrages.

Art. 6. Lorsque l'auteur d'une œuvre spécifiée dans l'article 1er aura cédé son droit de publication ou de reproduction à un éditeur dans le territoire de l'une ou de l'autre des Hautes Parties contractantes, sous la réserve que les exemplaires ou éditions de cette œuvre ainsi publiés ou reproduits ne pourront être vendus dans l'autre pays, ces exemplaires ou éditions seront respectivement considérés comme reproduction illicite.

Les ouvrages auxquels s'applique l article 6 seront librement admis dans les deux pays pour le transit à destination d un pays tiers.

Art. 7. Les mandataires légaux ou ayants cause des auteurs, traducteurs, compositeurs, dessinateurs, peintres, sculpteurs, graveurs, lithographes, etc., jouiront réciproquement, et à tous égards, des mêmes droits que ceux que la présente convention accorde aux auteurs, traducteurs, compositeurs, dessinateurs, peintres sculpteurs, graveurs et lithographes eux-mêmes.

Art 8. Nonobstant les stipulations des articles 1er et 4 de la présente convention, les articles extraits des journaux ou recueils périodiques publiés dans l'un des deux pays pourront être reproduits ou traduits dans les journaux ou recueils périodiques de l autre pays, pourvu qu'on y indique la source à laquelle on les aura puisés. Toutefois, cette faculté ne s étendra pas à la reproduction ou traduction,

dans l'un des deux pays, des articles de journaux ou de recueils périodiques publiés dans l'autre, lorsque les auteurs auront formellement déclaré, dans le journal ou le recueil même où ils les auront
fait paraître, qu'ils en interdisent la reproduction ou la traduction.
En aucun cas, cette interdiction ne pourra atteindre les articles de
discussion politique.

Art. 9. La vente et l'exposition, dans chacun des deux États, d'ouvrages ou d'objets de reproduction non autorisée, définis par les articles 1er, 3, 4 et 5, sont prohibées, sauf ce qui est dit à l'article 11,
soit que lesdites reproductions non autorisées proviennent de l'un
des deux pays, soit qu'elles proviennent d'un pays étranger quelconque.

Art. 10. En cas de contravention aux dispositions des articles précédents, la saisie des objets de contrefaçon sera opérée, et les tribunaux appliqueront les peines déterminées par les législations respectives, de la même manière que si l'infraction avait été commise au
préjudice d'un ouvrage ou d'une production d'origine nationale.

Les caractères constituant la contrefaçon seront déterminés par les
tribunaux de l'un ou de l'autre pays, d'après la législation en vigueur
dans chacun des deux Etats.

Art. 11. Les deux gouvernements prendront, par voie de règlement
d'administration publique, les mesures nécessaires pour prévenir
toute difficulté ou complication à raison de la possession et de la
vente par les éditeurs, imprimeurs ou libraires de l'un ou de l'autre
des deux pays, de réimpressions d'ouvrages de propriété des sujets
respectifs et non tombés dans le domaine public, fabriqués ou impor-
tés par eux antérieurement à la mise en vigueur de la présente convention, ou en cours de fabrication et de réimpression non autorisées
au moment de la mise en vigueur de la présente convention.

Ces règlements s'appliqueront également aux clichés, bois et planches gravés de toute sorte, ainsi qu'aux pierres lithographiques existant en magasin chez les éditeurs ou imprimeurs français ou autrichiens, et constituant une reproduction non autorisée de modèles
français ou autrichiens. Toutefois, ces clichés, bois et planches gravés
de toute sorte, ainsi que les pierres lithographiques, ne pourront être
utilisés que pendant quatre ans, à dater de la mise en vigueur de la
présente convention.

Art. 12. Pendant la durée de la présente convention, les objets
suivants, savoir livres en toutes langues, estampes, gravures, lithographies et photographies, cartes géographiques ou marines, musique, planches gravées en acier, cuivre ou bois, et pierres lithographiques couvertes de dessins, gravures ou écritures, destinées à

l'impression sur papier, tableaux et dessins, seront réciproquement admis en franchise de droits, sans certificats d'origine.

Art. 13. Les livres d'importation licite venant d'Autriche seront admis en France, tant à l'entrée qu'au transit direct ou pour entrepôt, savoir :

1° Les livres en langue française, par les bureaux de Forbach, Wissembourg, Strasbourg, Pontarlier, Bellegarde, le Pont-de-la-Caille, Saint-Jean-de-Maurienne, Chambéry, Nice, Marseille, Bayonne, Saint-Nazaire, le Havre, Lille, Valenciennes, Thionville et Bastia ;

2° Les livres en toute autre langue que française, par les mêmes bureaux, et en outre par les bureaux de Sarreguemines, Saint-Louis, les Verrières-de-Joux, Perpignan (par le Perthus), le Perthus, Béhobie, Bordeaux, Nantes, Saint-Malo, Caen, Rouen, Dieppe, Boulogne, Calais, Dunkerque, Apach et Ajaccio.

Sans préjudice, toutefois, des autres bureaux qui pourraient être ultérieurement désignés pour le même effet

En Autriche, les livres d'importation licite venant de France seront admis par tous les bureaux principaux de douane et par les bureaux secondaires de première classe.

Art. 14. Les dispositions de la présente convention ne pourront porter préjudice, en quoi que ce soit, au droit qui appartient à chacune des deux Hautes Parties contractantes de permettre, de surveiller ou d'interdire, par des mesures de législation ou de police intérieure, la circulation, la représentation ou l'exposition de tout ouvrage ou production à l'égard desquels l'autorité compétente aurait à exercer ce droit.

La présente convention ne portera aucune atteinte au droit de l'une ou de l'autre des deux Hautes Parties contractantes de prohiber l'importation dans ses propres États des livres qui, d'après ses lois intérieures ou des stipulations souscrites avec d'autres puissances, sont ou seraient déclarés être des contrefaçons.

Art. 15. La présente convention entrera en vigueur en même temps que le traité de commerce conclu, sous la date de ce jour, par les Hautes Parties contractantes et aura la même durée.

Art. 16. La présente convention sera ratifiée, et les ratifications en seront échangées à Vienne, en même temps que celles du traité de commerce précité.

En foi de quoi, les plénipotentiaires respectifs ont signé la présente convention et l'ont revêtue du cachet de leurs armes.

ARTICLE ADDITIONNEL à la Convention de commerce signée le 18 février 1884 entre l Autriche-Hongrie et la France

(18 février 1884)

Le traité de navigation, la convention consulaire, la convention relative au règlement des successions et *la convention destinée à garantir la propriété des œuvres d'esprit et d'art*, signées, le 11 décembre 1866, entre la France et l Autriche-Hongrie, continueront de rester en vigueur jusqu'à la conclusion de nouveaux arrangements sur les mêmes matières. Chacun desdits traité et conventions pourra, d'ailleurs, être dénoncé séparément un an à l'avance.

FRANCE ET COSTA RICA

CONVENTION concernant la garantie réciproque de la propriété littéraire et artistique.

(28 août 1896.)

Art. 1er. Les auteurs d'œuvres littéraires, scientifiques ou artistiques, que ces œuvres soient publiées ou non, jouissent dans chacun des deux pays réciproquement des avantages qui sont stipulés dans la présente convention ainsi que de tous ceux qui sont ou seront accordés par la loi dans l'un ou l'autre État pour la protection des œuvres de littérature, de science ou d'art.

Ils auront, pour la garantie de ces avantages, pour l'obtention de dommages-intérêts et pour les poursuites des contrefacteurs, la même protection et le même recours légal qui sont ou seront accordés dans chacun des deux autres pays, tant par les lois spéciales sur la propriété littéraire et artistique que par la législation générale en matière civile ou pénale.

L'expression « œuvres littéraires, scientifiques ou artistiques » comprend les livres, brochures et tous autres écrits, les œuvres dramatiques ou dramatico-musicales, avec ou sans paroles ; les compositions musicales et les arrangements de musique, les œuvres chorégraphiques, les œuvres de dessin, de peinture, de sculpture, de gravure, les lithographies, les illustrations ; les cartes géographiques, les photographies et notamment les phototypies ; les plans, croquis et ouvrages plastiques relatifs à la géographie, à la topographie, à l'architecture ou aux autres sciences en général ; enfin toute production quelconque du domaine littéraire, scientifique ou artistique qui pourrait être publiée par n'importe quel mode d impression ou de reproduction.

Art 2 Pour assurer à tous os ouvrages de littérature, de science ou d art la protection stipulée dans l'article 1er, et pour que les auteurs ou éditeurs de ces ouvrages soient admis en conséquence devant les tribunaux des deux pays à exercer des poursuites contre les contrefaçons, il suffira que les auteurs ou éditeurs justifient de leurs droits de propriété en établissait, par un certificat émanant de l'autorité publique compétente, qu ils jouissent dans leur propre pays, pour l'ouvrage en question, de l protection légale contre les contrefaçons ou la reproduction illicite.

Art. 3. Les stipulations de l rt 1er s'appliquent également à la représentation ou à l'exécution, d ns l'un des deux États, des œuvres dramatiques ou musicales d auteurs ou de compositeurs de l'autre pays.

Art. 4. Sont expressément assimilées aux œuvres originales les traductions des œuvres nationales ou étrangères faites par un auteur appartenant à l'un des deux États. Ces traductions jouiront à ce titre de la protection stipulée par la présente convention pour les œuvres originales en ce qui concerne leur reproduction non autorisée dans l'autre Etat. Il demeure bien entendu, toutefois, que le présent article a uniquement pour but de protéger le traducteur en ce qui concerne la version qu il a faite de l'œuvre originale et non de conférer un droit exclusif de traduction au premier traducteur d'une œuvre quelconque écrite en langue morte ou vivante.

Art. 5. Les nationaux de l'un deux pays, auteurs d œuvres originales, auront le droit de s'opposer à la publication dans l'autre pays de toute traduction de ces œuvres non autorisée par eux-mêmes, et cela pendant toute la durée de la période de temps qui leur est concédée pour la jouissance du droit de propriété littéraire ou scientifique, sur l œuvre originale, c'est-à-dire que la publication d'une traduction non autorisée est assimilée sous tous les rapports à la réimpression illicite de l'œuvre.

Les auteurs d'œuvres dramatiques jouiront réciproquement des mêmes droits en ce qui concerne les traductions ou les représentations de leurs œuvres.

Art. 6. Sont également interdites les appropriations indirectes non autorisées telles que les adaptations, les imitations dites de bonne foi, les emprunts, les transcriptions d'œuvres musicales et en général tout usage d'œuvres qui se fait par la voie de l'impression ou sur la scène, sans le consentement de l'auteur.

Art. 7. Sera néanmoins licite réciproquement la publication dans chacun des deux pays d extraits ou de fragments entiers accompagnés de notes explicatives des œuvres d un auteur de l'autre pays, soit en langue originale, soit en traduction, pourvu que l'on en indique la provenance et qu'ils soient destinés à l'enseignement et à l'étude

Art. 8. Les articles insérés dans les publications périodiques, dont les droits n'auront pas été expressément réservés, pourront être reproduits par toutes autres publications du même genre, mais à condition que l'on indique l'original sur lequel ils sont copiés.

Art. 9. Les mandataires légaux ou représentants des auteurs, compositeurs et artistes jouiront réciproquement et sous tous les rapports des mêmes droits que ceux que la présente convention concède aux auteurs, traducteurs, compositeurs et artistes.

Art. 10. Les droits de propriété littéraire, artistique et scientifique reconnus par la présente convention sont garantis aux auteurs, traducteurs, compositeurs et artistes pendant toute leur vie, et, après leur décès, pendant cinquante ans au profit de leur conjoint survivant, de leurs héritiers, successeurs irréguliers, donataires, légataires, cessionnaires ou tous autres ayants droit, conformément à la législation de leur pays.

Art. 11. Après l'accomplissement des formalités nécessaires pour assurer dans les deux États le droit de propriété sur une œuvre littéraire, scientifique ou artistique déterminée, il sera interdit de l'introduire, de la vendre ou de l'exposer dans chaque pays respectivement, sans la permission des auteurs, éditeurs ou propriétaires

Art. 12 Toute édition ou reproduction d'une œuvre scientifique, littéraire ou artistique faite au mépris des dispositions de la présente Convention sera considérée comme une contrefaçon.

Quiconque aura édité, vendu, mis en vente ou introduit sur le territoire de l'un des deux pays une œuvre ou un objet contrefait sera puni, suivant les cas, conformément aux lois en vigueur dans l'un ou l'autre des deux pays.

Art 13 Les dispositions de la présente convention ne pourront porter préjudice en quoi que ce soit au droit qui appartient à chacun des deux États de permettre, de surveiller ou d'interdire, par des mesures de législation ou de police intérieure, la circulation, la représentation ou l exposition de toute œuvre ou production à l'égard de laquelle l autorité compétente aurait à exercer ce droit.

La présente convention ne portera non plus aucune atteinte au droit de l'un ou de l'autre des deux Etats de prohiber l'importation sur son propre territoire des livres qui, d'après des lois intérieures ou des stipulations souscrites avec d'autres puissances, sont ou seraient déclarées être des contrefaçons.

Art. 14. Il est entendu que les ventes, exécutions, représentations ou exhibitions des œuvres scientifiques, littéraires ou artistiques qui sont interdites par cette convention sont celles qui s'effectueront en public ou par spéculation et non pas celles qui seront faites par des particuliers, sans but de gain, telles que les ventes conclues privément entre des personnes qui ne font pas le commerce des ouvrages dont il est question ou les exécutions, représentations et exhibitions d'œuvres littéraires et artistiques faites privément dans des maisons particulières.

Art. 15 La défense de réimprimer, publier, introduire, vendre, représenter exhiber ou exécuter dans l'un ou l'autre des deux pays les œuvres qui n'ont pas été publiées par leurs auteurs ou avec leur autorisation n'oblige pas les deux États de veiller officieusement à ce que ces réimpressions, publications, introductions, ventes, exécutions, exhibitions ou représentations ne s'effectuent pas, mais il est du devoir des intéressés ou de leurs représentants de dénoncer aux autorités respectives les réimpressions, introductions, ventes, etc , qui vont se faire ou sont déjà faites pour que par la voie et la forme légales on empêche ou punisse ces sortes d'opérations. En conséquence, lesdits auteurs devront avoir respectivement dans les deux pays leurs mandataires munis de pouvoirs suffisants.

Art. 16 La défense de vendre les œuvres auxquelles se réfère cette Convention ne concerne pas celles qui, à la date de sa publication dans les deux pays, y seraient exposées en vente publique. Pour déterminer ces dernières elles seront marquées sur la demande de l'intéressé par l'autorité désignée à cet effet.

Art. 17 La présente Convention entrera en vigueur deux mois après l'échange des ratifications et continuera ses effets jusqu'à ce qu'elle ait été dénoncée par l'une ou l'autre des parties contractantes et pendant une année encore après sa dénonciation.

Art. 18 Les ratifications de cette Convention s'échangeront à Paris ou à San José, aussitôt que possible.

En foi de quoi, les soussignés ont dressé la présente Convention et y ont apposé leurs cachets.

Fait à Paris, en double exemplaire, le 28 août 1896

FRANCE ET ÉQUATEUR

CONVENTION pour la garantie réciproque de la propriété littéraire et artistique

(9 mai 1898.)

Cette Convention reproduit celle qu'a conclue la France avec Costa Rica ; toutefois, l'article 10 est ainsi conçu :

Art. 10. Les droits de propriété littéraire, artistique et scientifique reconnus par la présente Convention sont garantis aux auteurs, traducteurs, compositeurs et artistes dans chacun des deux pays pendant toute la durée de la protection que leur accorde la législation de leur pays d'origine.

FRANCE ET ESPAGNE

CONVENTION pour la garantie réciproque des œuvres d'esprit et d'art

(16 juin 1880.)

Article 1er A partir du jour de la mise en vigueur de la présente Convention, les auteurs d'œuvres littéraires ou leurs ayants cause, qui justifieront de leur droit de propriété ou de cession totale ou partielle, dans l'un des deux États contractants, conformément à la législation de cet État, jouiront sous cette seule condition et sans autres formalités, des droits correspondants dans l'autre État, et seront admis à les y exercer de la même manière et dans les mêmes conditions légales que les nationaux. Ces droits seront garantis aux auteurs des deux pays pendant toute leur vie et, après leur décès, pendant cinquante ans aux héritiers, donataires, légataires, cessionnaires ou à tous autres ayants droit, conformément à la législation du pays du défunt

L'expression : « Œuvres littéraires ou artistiques, » comprend les livres, brochures ou autres écrits ; les œuvres dramatiques, les compositions musicales et arrangements de musique ; les œuvres de dessin, de peinture, de sculpture, de gravure, les lithographies et illustrations, les cartes géographiques, les plans, croquis scientifiques et, en général, toute production quelconque du domaine littéraire, scientifique ou artistique, qui pourrait être publiée par n'importe quel système d'impression ou de reproduction connu ou à connaître.

Les mandataires légaux ou ayants cause des auteurs, traducteurs, compositeurs et artistes, jouiront réciproquement, et à tous égards, des mêmes droits que ceux que la présente Convention accorde aux auteurs, traducteurs, compositeurs et artistes eux-mêmes.

Art. 2. Sont absolument prohibées, dans chacun des deux États contractants, l'impression, la publication, la vente, l'exposition, l'importation ou l'exportation d'ouvrages littéraires, scientifiques ou artistiques, effectuées sans le consentement de l'auteur, soit que les reproductions non autorisées proviennent de l'un des deux pays contractants, soit qu'elles proviennent d'un pays étranger quelconque.

La même prohibition s'applique également à la représentation ou à l'exécution, dans l'un des deux pays, des œuvres dramatiques ou musicales des auteurs et compositeurs de l'autre pays

Art 3. Les auteurs de chacun des deux pays jouiront, dans l'autre pays, du droit exclusif de traduction sur leurs ouvrages, pendant toute la durée qui leur est accordée par la présente convention pour le droit de propriété sur l'œuvre en langue originale, la publication d'une traduction non autorisée étant de tous points assimilée à la réimpression illicite de l'ouvrage.

Les traducteurs d'œuvres anciennes ou d'œuvres modernes tombées dans le domaine public jouiront, en ce qui concerne leurs traductions, du droit de propriété, ainsi que des garanties qui y sont attachées ; mais ils ne pourront pas s'opposer à ce que ces mêmes œuvres soient traduites par d'autres écrivains

Les auteurs d'ouvrages dramatiques jouiront réciproquement des mêmes droits relativement à la traduction ou à la représentation des traductions de leurs ouvrages.

Art. 4. Les ouvrages paraissant par livraisons, ainsi que les articles littéraires, scientifiques ou critiques, les chroniques, romans ou feuilletons, et, en général, tous écrits, autres que ceux de discussion politique, publiés dans les journaux et recueils périodiques par des auteurs de l'un des deux pays, ne pourront être reproduits ni traduits, dans l'autre pays, sans l'autorisation des auteurs ou de leurs ayants cause

Sont également interdites les appropriations indirectes non autorisées, telles que adaptations, imitations dites de bonne foi, transcriptions ou arrangements d'œuvres musicales, et, généralement, tout emprunt quelconque aux œuvres littéraires, dramatiques ou artistiques, fait sans le consentement de l'auteur

Toutefois, sera réciproquement licite la publication, dans chacun des deux pays, d'extraits ou de morceaux entiers d'ouvrages d'un auteur de l'autre pays, en langue originale ou en traduction, pourvu que ces publications soient spécialement appropriées et adaptées pour l'enseignement ou pour l'étude, et soient accompagnées de notes explicatives dans une autre langue que celle dans laquelle a été publiée l'œuvre originale.

Art 5 En cas de contravention aux dispositions de la présente convention, les tribunaux appliqueront les peines déterminées par les législations respectives, de la même manière que si l'infraction avait été commise au préjudice d'un ouvrage ou d'une production d'un auteur national

Art. 6. Il est entendu que, si l'une des Hautes Parties contractantes accordait à un Etat quelconque, pour la garantie de la propriété intellectuelle, d'autres avantages que ceux qui sont stipulés dans la présente convention, ces avantages seraient également concédés, dans les mêmes conditions, à l'autre Partie contractante.

Art. 7 Pour faciliter l'exécution de la présente convention, les deux Hautes Parties contractantes s'engagent à se communiquer réciproquement les lois, décrets ou règlements que chacune d'elles aurait promulgués ou pourrait promulguer à l'avenir, en ce qui concerne la garantie et l'exercice des droits de la propriété intellectuelle.

Art 8. Les dispositions de la présente convention ne pourront, en quoi que ce soit, porter préjudice au droit que chacune des deux Hautes Parties contractantes se réserve expressément de permettre, de surveiller ou d'interdire, par des mesures législatives ou administratives, la circulation, la représentation ou l'exposition de tout ouvrage ou objet à l'égard duquel l'un ou l'autre État jugera convenable d'exercer ce droit.

Art. 9 La présente convention sera exécutoire en France et en Espagne, ainsi que dans les colonies françaises et dans les provinces espagnoles d'outre-mer; elle entrera en vigueur après l'échange des ratifications, à l'époque qui sera fixée d'un commun accord entre les deux Gouvernements contractants.

Cette convention est destinée à remplacer celle du 15 novembre 1853. Les dispositions en seront applicables aux ouvrages publiés, représentés ou exécutés depuis sa mise en vigueur.

Toutefois, les ouvrages dont la propriété serait encore garantie, à l'époque de cette mise en vigueur, par les dispositions de la convention de 1853, seront également appelés à bénéficier des avantages de la nouvelle convention pendant la vie de l'auteur et cinquante ans après son décès, ou, si l'auteur est déjà décédé, pendant tout le temps qui resterait à courir pour compléter la période de cinquante ans après son décès.

Le bénéfice des dispositions insérées au paragraphe précédent, pour les ouvrages publiés sous le régime de la convention de 1853, profitera exclusivement aux auteurs de ces ouvrages ou à leurs héritiers, et non pas aux cessionnaires dont la cession serait antérieure à la mise en vigueur de la présente convention.

Art. 10. La présente convention est conclue pour une durée de six ans à partir du jour où elle aura été mise en vigueur, et continuera ses effets jusqu'à ce qu'elle ait été dénoncée par l'une ou l'autre des Hautes Parties contractantes, et pendant une année encore après sa dénonciation.

Les Hautes Parties contractantes se réservent la faculté d'apporter, d un commun accord, à la présente convention, toute amélioration ou modification dont l'expérience aurait démontré l'opportunité.

Art. 11. La présente convention sera ratifiée, et les ratifications en seront échangées, à Paris, le plus tôt que faire se pourra.

En foi de quoi les plénipotentiaires respectifs ont signé ladite convention et y ont apposé le sceau de leurs armes.

Protocole de clôture.

Au moment de procéder à la signature de la convention pour la garantie réciproque de la propriété des œuvres d esprit et d'art entre la France et l Espagne, les plénipotentiaires soussignés, jugeant nécessaire de préciser les avantages accordés par le troisième alinéa de l'article 9 aux auteurs d'ouvrages publiés sous le régime de la convention antérieure du 15 novembre 1853, tout en réservant les droits qui pourraient être précédemment acquis par des tiers sur ces mêmes ouvrages, sont convenus de ce qui suit

1o Le bénéfice des dispositions de la convention conclue en date de ce jour est acquis aux ouvrages qui, publiés depuis moins de trois mois au moment de sa mise en vigueur, seraient encore dans le délai légal pour le dépôt et l'enregistrement prescrits par l article 7 de la convention de 1853, et ce, sans que les auteurs soient astreints à l'accomplissement de ces formalités;

2o En ce qui concerne le droit de traduction des ouvrages dont la propriété sera, au moment de la mise en vigueur de la présente convention, garantie encore par la convention de 1853, la durée de ce droit, que cette dernière convention limitait à cinq années, sera prorogée de la même manière que po ır les ouvrages en langue originale, et comme il est dit au troisième alinéa de l'article 9, dans le cas où le délai de cinq années ne serait pas encore expiré au moment de la mise en vigueur de la nouvelle convention, ou bien si, ce délai étant expiré, il n'a paru, depuis, aucune traduction non autorisée.

Dans le cas où une traduction non autorisée aurait paru depuis l'expiration dudit délai de cinq années et avant la mise en vigueur de la nouvelle convention, la publication des éditions successives de cette traduction ne constituera pas une contrefaçon, mais il ne pourra être publié d'autres traductions sans le consentement de l'auteur ou de ses ayants droit, pendant la durée fixée pour la jouissance de la propriété en langue originale.

Le présent protocole de clôture, qui sera ratifié en même temps que la convention conclue en date de ce jour, sera considéré comme faisant partie intégrante de cette convention et aura même force, valeur et durée.

En foi de quoi, les plénipotentiaires soussignés ont dressé le présent protocole et y ont apposé leurs signatures.

Procès-verbal d'échange des ratifications.

Les soussignés s'étant réunis pour procéder à l'échange des ratifications du Président de la République française et de Sa Majesté le roi d'Espagne, sur la convention conclue, le 16 juin 1880, entre la France et l'Espagne, pour la garantie réciproque de la propriété des œuvres de littérature, de science et d'art, les instruments de ces ratifications ont été produits, et ayant été, après examen, trouvés en bonne et due forme, l'échange en a été opéré.

Les soussignés ont, en même temps, déclaré pour éviter toute fausse interprétation, qu'au nombre des œuvres énumérées au deuxième alinéa de l'article 1er de la convention sont comprises les œuvres d'architecture.

Les deux Gouvernements sont convenus que ladite convention entrerait en vigueur le 23 juillet 1880, date de l'expiration de la convention du 15 novembre 1853.

En foi de quoi, les soussignés ont dressé le présent procès-verbal, qu'ils ont revêtu de leurs cachets.

FRANCE ET GUATÉMALA

CONVENTION concernant la garantie réciproque de la propriété littéraire et artistique
(21 août 1885)

Article 1er Les auteurs d'œuvres littéraires, scientifiques ou artistiques, que les œuvres soient publiées ou non, jouiront dans chacun des deux pays, réciproquement, des avantages qui y sont ou seront accordés par la loi pour la protection des ouvrages de littérature, de science ou d'art. Ils y auront, pour la garantie de ces avantages, pour l'obtention de dommages et intérêts et pour la poursuite des contrefaçons, la même protection et le même recours légal qui sont ou seront accordés aux auteurs nationaux dans chacun des deux pays, tant par les lois spéciales sur la protection littéraire et artistique que par la législation générale en matière civile et pénale.

L'expression « Œuvres littéraires, scientifiques ou artistiques » comprend les livres, brochures ou tous autres écrits, les œuvres dramatiques ou dramatico-musicales avec ou sans paroles; les compositions musicales et les arrangements de musique; les œuvres chorégraphiques; les œuvres de dessin, de peinture, de sculpture, de gravure; les lithographies, les illustrations; les cartes géographiques; les photographies et notamment les phototypies; les plans, croquis et ouvrages plastiques relatifs à la géographie, à la topographie, à l'architecture ou aux sciences en général, enfin toute production quelconque du domaine littéraire, scientifique ou artistique qui pourrait être publiée par n'importe quel mode d'impression et de reproduction.

Art. 2. Pour assurer à tous les ouvrages de littérature, de science ou d'art la protection stipulée dans l'article 1er, lesdits auteurs ou éditeurs devront déposer préalablement au Ministère de l'Instruction publique trois exemplaires de l'œuvre dont ils veulent garantir dans les deux pays la propriété contre toute contrefaçon ou reproduction illicite; le Ministre de l'Instruction publique devra leur délivrer un certificat constatant le dépôt des œuvres y indiquées, lequel permettra à l'intéressé de se présenter devant l'autorité publique compétente pour revendiquer ses droits.

Néanmoins, en ce qui concerne les œuvres d'art, telles que statues, vitraux, médailles, tableaux, œuvres d'architecture, etc., il suffira que l'auteur ou le propriétaire effectue le dépôt d'une reproduction sous forme de dessin, de gravure ou de photographie.

Art. 3. Les stipulations de l'article 1er s'appliquent également à la représentation ou à l'exécution, dans l'un des deux États, des œuvres dramatiques ou musicales d'auteurs ou de compositeurs de l'autre pays

Art. 4. Sont expressément assimilées aux œuvres originales les traductions des œuvres nationales ou étrangères faites par un auteur appartenant à l'un des deux États. Ces traductions jouiront à ce titre de la protection stipulée par la présente convention pour les œuvres originales, en ce qui concerne leur reproduction non autorisée dans l'autre État. Il demeure bien entendu, toutefois que le présent article a uniquement pour but de protéger le traducteur en ce qui concerne la version qu'il a faite de l œuvre originale et non de conférer un droit exclusif de traduction au premier traducteur d'une œuvre quelconque écrite en langue morte ou vivante.

Art. 5. Les nationaux de l'un des deux pays, auteurs d'œuvres originales, auront le droit de s'opposer à la publication dans l'autre pays de toute traduction de ces œuvres non autorisée par eux-mêmes ; et cela, pendant toute la durée de la période de temps qui leur est concédée pour la jouissance du droit de propriété littéraire ou scientifique sur l'œuvre originale, c'est-à-dire que la publication d'une traduction non autorisée est assimilée, sous tous les rapports, à la réimpression illicite de l'œuvre

Les auteurs d'œuvres dramatiques jouiront réciproquement des mêmes droits en ce qui concerne la traduction ou la représentation des traductions de leurs œuvres.

Art. 6 Sont également interdites les appropriations indirectes non autorisées telles que les adaptations, les imitations dites de bonne foi, les emprunts, les transcriptions d'œuvres musicales et en général tout usage d'œuvres qui se fait par la voie de l'impression ou sur la scène, sans le consentement de l'auteur.

Art. 7 Sera, néanmoins, licite réciproquement la publication, dans chacun des deux pays, d'extraits ou de fragments entiers accompagnés de notes explicatives des œuvres d'un auteur de l'autre pays, soit en langue originale, soit en traduction, pourvu que l on indique la provenance et qu'ils soient destinés à l'enseignement ou à l'étude.

Art. 8 Les écrits insérés dans les publications périodiques, dont les droits n'auront pas été expressément réservés, pourront être reproduits par toutes autres publications du même genre, mais à condition que l'on indique l original sur lequel ils sont copiés.

Art 9. Les mandataires légaux ou représentants des auteurs, compositeurs et artistes jouiront réciproquement et sous tous les rapports des mêmes droits que ceux que la présente convention concède aux auteurs, traducteurs, compositeurs et artistes.

Art. 10. Les droits de propriété littéraire, artistique et scientifique reconnus par la présente convention sont garantis aux auteurs, traducteurs, compositeurs et artistes dans chacun des deux pays pendant toute la durée de la protection que leur accorde la législation de leur pays d'origine.

Art. 11. Après l'accomplissement des formalités nécessaires pour assurer dans les deux États le droit de propriété sur une œuvre littéraire, scientifique ou artistique déterminée, il sera interdit de l'introduire, de la vendre ou de l'exposer dans chaque pays respectivement, sans la permission des auteurs, éditeurs ou propriétaires.

Art. 12. Toute édition ou reproduction d'une œuvre scientifique, littéraire ou artistique faite sans qu'on se soit conformé aux dispositions de cette convention sera considérée comme une contrefaçon

Toute personne qui aura édité, vendu, mis en vente ou introduit sur le territoire de l'un des deux pays une œuvre ou un objet contrefait sera puni, suivant les cas, conformément aux lois en vigueur dans l'un ou l'autre des deux pays.

Art. 13. Les dispositions de la présente convention ne pourront porter atteinte, en aucune façon, au droit qui appartient à chacune des hautes parties contractantes de permettre, de surveiller ou d'empêcher, au moyen de mesures de législation ou de police intérieure, la circulation, la représentation ou l'exposition de toute œuvre ou production au sujet de laquelle l'autorité compétente fera exercer ce droit.

Art. 14. Les hautes parties contractantes s'engagent à se communiquer réciproquement toutes les lois, décrets et règlements qui auront été ou pourront être promulgués à l'avenir, relativement à la garantie et à l'exercice de la propriété intellectuelle

La présente convention ne pourra, pour aucun motif, restreindre le droit de l'une ou de l'autre des hautes parties contractantes de prohiber l'importation dans ses propres États des livres qui, en vertu de ses lois intérieures ou de stipulations arrêtées avec d'autres puissances, sont ou devront être considérés comme une contrefaçon.

Art. 15. Cette convention demeurera en vigueur à partir de la date de l'échange des ratifications jusqu'à l'expiration d'une année à partir du jour où l'une des hautes parties contractantes aura jugé opportun de la dénoncer

Fait en double, à Guatémala, le vingt et un août mil huit cent quatre-vingt-quinze.

FRANCE ET ITALIE

CONVENTION pour la garantie réciproque
de la propriété des œuvres de littérature et d'art
(9 juillet 1880)

Art. 1er. Les auteurs d'œuvres littéraires, scientifiques ou artistiques, que ces œuvres soient publiées ou non, jouiront dans chacun des deux pays réciproquement, des avantages qui y sont ou seront accordés par la loi pour la protection des ouvrages de littérature, de science ou d art, et ils y auront la même protection et le même recours légal contre toute atteinte portée à leurs droits que si cette atteinte avait été commise à l égard d'auteurs nationaux.

Toutefois, ces avantages ne leur seront réciproquement assurés que pendant l'existence de leurs droits dans le pays d'origine, et la durée de leur jouissance dans l'autre pays ne pourra excéder celle fixée par la loi pour les auteurs nationaux.

L'expression « OEuvres littéra res, scientifiques ou artistiques » comprend les livres, brochures ou autres écrits, les œuvres dramatiques ou dramatico-musicales, les compositions musicales, les œuvres chorégraphiques, les œuvres de dessin, de peinture, de sculpture, de gravure, les lithographies, les illustrations, les photographies, les cartes géographiques, plans, croquis et œuvres plastiques, concernant la géographie, la topographie, l'architecture, les sciences naturelles ; et, en général, toute production quelconque du domaine littéraire, scientifique ou artistique.

Art. 2. Sont absolument prohibées, dans chacun des deux États contractants, l'impression, la publication, la circulation, la vente, l'exposition, l'importation ou l'exportation d'ouvrages littéraires, scientifiques ou artistiques contrefaits ou d'objets de reproduction non autorisée, soit que lesdites contrefaçons ou reproductions non autorisées proviennent de l'un des deux pays contractants, soit qu'elles proviennent d'un pays tiers quelconque.

La même prohibition s'applique également à toute représentation ou exécution publique et non autorisée des œuvres dramatiques, musicales, dramatico-musicales ou chorégraphiques des auteurs et compositeurs de l'autre pays, que cette représentation ou exécution soit totale ou partielle, et qu'elle soit effectuée d'une manière quelconque, même avec des additions, des retranchements ou des variantes.

La représentation ou l'exécution publique en Italie d'une œuvre dramatique, musicale dramatico-musicale ou chorégraphique française sera en outre, interdite d'office par l'autorité locale, lorsque l auteur ou compositeur aura adressé soit au Ministère de l Agriculture, de l'Industrie et du Commerce de l'Italie, soit à l'autorité diplomatique ou consulaire italienne en France, la déclaration qu'il entend faire défendre la représentation ou l'exécution de son œuvre à quiconque ne fournirait pas la preuve écrite et légalisée de son autorisation. La réception de cette déclaration donnera ouverture à la perception, au profit du Trésor italien, d une taxe de 10 francs par œuvre déclarée, pourvu que la publication de cette œuvre soit postérieure à la mise en vigueur de la présente convention. Si ladite taxe venait à être réduite ou supprimée vis-à-vis des auteurs italiens, les auteurs français en seraient, de plein droit, exonérés dans la même proportion.

Il est d'ailleurs bien entendu que l'accomplissement de la formalité dont il est fait mention au paragraphe précédent est purement facultatif, et que son omission ne préjudicierait en rien aux droits résultant, pour l'auteur français, de la présente convention, notamment des articles 1er et 9.

Art. 3. Les stipulations des articles 1er et 2 de la présente convention s'appliqueront également aux éditeurs d'œuvres publiées dans l un des deux pays et dont l'auteur appartiendrait à une nationalité tierce.

Art 4. Les mandataires légaux ou ayants cause des auteurs, éditeurs, traducteurs, compositeurs, dessinateurs, peintres, sculpteurs, graveurs, architectes, lithographes, photographes, etc , jouiront réciproquement, et à tous égards, des mêmes droits que ceux que la présente convention accorde aux auteurs, éditeurs, traducteurs, compositeurs, dessinateurs, peintres, sculpteurs, graveurs, architectes, lithographes, photographes, etc , eux-mêmes.

Art. 5 Les articles extraits de journaux ou recueils périodiques publiés dans l'un des deux pays pourront être reproduits, en original ou en traduction, dans l'autre pays.

Mais cette faculté ne s'étendra pas à la reproduction, en original ou en traduction, des romans-feuilletons ou des articles de science ou d'art.

Il en sera de même pour les autres articles de quelque étendue, extraits de journaux ou de recueil s périodiques, lorsque les auteurs ou éditeurs auront expressément déclaré, dans le journal ou le recueil même où ils les auront fait paraître, qu'i s en interdisent la reproduction.

En aucun cas, l'interdiction stipulée au paragraphe précédent ne s'appliquera aux articles de discussion politique.

Sont interdites les appropriations indirectes non autorisées, telles que adaptations, imitations dites de bonne foi, transcriptions ou arrangements d œuvres musicales, dramatico-musicales ou chorégraphiques, et généralement tout emprunt quelconque aux œuvres littéraires, dramatiques, scientifiques ou artistiques, fait sans le consentement de l auteur.

Art 6. Pour assurer à tous les ouvrages de littérature, de science ou d art la protection stipulée par la présente convention, et pour que les auteurs desdits ouvrages soient, jusqu'à la preuve contraire, considérés comme tels et admis en conséquence devant les tribunaux des deux pays à exercer des poursuites contre les contrefaçons, il suffira que leur nom soit indiqué sur le titre de l'ouvrage, au bas de la dédicace ou de la préface, ou à la fin de l'ouvrage

Pour les œuvres anonymes ou pseudonymes, l'éditeur dont le nom est indiqué sur les ouvrages est fondé à sauvegarder les droits appartenant à l'auteur. Il est, sans autres preuves, réputé ayant droit de l'auteur anonyme ou pseudonyme.

Art. 7. Sont expressément assimilés aux ouvrages originaux les traductions faites, dans l'un des deux pays, d'ouvrages nationaux ou étrangers

Ces traductions jouiront, à ce titre, de la protection stipulée aux articles précédents, en ce qui concerne leur reproduction non autorisée dans l'autre pays.

Il est bien entendu, toutefois, que l'objet du présent article est simplement de protéger le traducteur par rapport à la version qu'il a donnée de l'ouvrage original, et non pas de conférer le droit exclusif de traduction au premier traducteur d'un ouvrage quelconque, écrit en langue morte ou vivante hormis le cas prévu par l'article ci-après.

Art. 8. Les auteurs de chacun des deux pays, jouiront, dans l'autre pays, du droit exclusif de faire ou de permettre la traduction de leur ouvrage pendant dix années après la publication de la traduction de leur ouvrage autorisée par eux.

Pour jouir du bénéfice de cette disposition, ladite traduction autorisée devra paraître en totalité dans le délai de trois années à compter de la publication de l'ouvrage original.

Pour les ouvrages publiés par livraisons, le terme de trois années stipulé au paragraphe précédent ne commencera à courir qu'à dater de la publication de la dernière livraison de l'ouvrage original.

Dans le cas où la traduction d'un ouvrage paraîtrait par livraisons, le terme de dix années stipulé au paragraphe 1er ne commencera également à courir qu'à dater de la publication de la dernière livraison de la traduction.

Il est entendu que, pour les œuvres composées de plusieurs volumes publiés par intervalles, ainsi que pour les bulletins ou cahiers publiés par des sociétés littéraires ou savantes ou par des particuliers, chaque volume, bulletin ou cahier sera, en ce qui concerne les termes de dix années et de trois années, considéré comme un ouvrage séparé.

Les auteurs d'œuvres dramatiques ou dramatico-musicales seront, pendant la durée de leur droit exclusif de traduction, réciproquement protégés contre la représentation publique non autorisée de la traduction de leurs ouvrages.

Art. 9. Toute contravention aux dispositions de la présente convention entraînera les saisies, confiscations, condamnations aux peines correctionnelles et aux dommages-intérêts déterminées par les législations respectives, de la même manière que si l'infraction avait été commise au préjudice d'un ouvrage ou d'une production d'origine nationale.

Les caractères constituant la contrefaçon, la reproduction ou l'exécution illicite seront déterminés par les tribunaux respectifs d'après la législation en vigueur dans chacun des deux pays.

Art. 10. Il est entendu que, si l'une des Hautes Parties contractantes accordait à un État quelconque, pour la garantie de la propriété intellectuelle, d'autres avantages que ceux qui sont stipulés dans la présente convention, ces avantages seraient également concédés, dans les mêmes conditions, à l'autre Partie contractante.

Art. 11. Pour faciliter l'exécution de la présente convention, les deux Hautes Parties contractantes s'engagent à se communiquer réciproquement les lois, décrets ou règlements que chacune d'elles aurait promulgués ou pourrait promulguer à l'avenir, en ce qui concerne la garantie ou l'exercice des droits de la propriété intellectuelle. Elles s'engagent à se communiquer également les listes imprimées des déclarations faites par les auteurs, à l'effet de sauvegarder leurs droits devant les autorités compétentes respectives.

Art. 12. Les dispositions de la présente convention ne pourront, en quoi que ce soit, porter préjudice au droit que chacune des deux Hautes Parties contractantes se réserve expressément de permettre, de surveiller ou d'interdire, par des mesures législatives ou administratives, la circulation, la représentation ou l'exécution de tout ouvrage ou objet à l'égard duquel l'un ou l'autre État jugera convenable d'exercer ce droit.

Chacune des deux Hautes Parties contractantes conserve, d'ailleurs, le droit de prohiber l'importation, dans ses propres États, des œuvres qui, d'après ses lois intérieures ou des stipulations souscrites avec d'autres puissances, sont ou seraient déclarées contrefaçons.

Art. 13. Les dispositions de la présente convention seront applicables aux œuvres antérieures à sa mise en vigueur, sous les réserves et conditions énoncées au protocole qui s'y trouve annexé. .

Art. 14 La présente convention restera en vigueur pendant dix années à partir du jour où elle aura été mise à exécution, et continuera ses effets jusqu'à ce qu'elle ait été dénoncée par l'une ou l'autre des

Hautes Parties contractantes, et pendant une année encore après sa dénonciation

Art. 15. La présente convention sera ratifiée, et les ratifications en seront échangées à Paris, le plus tôt possible.

Elle sera exécutoire, dans les deux pays, trois mois après l'échange des ratifications.

En foi de quoi, les plénipotentiaires respectifs ont signé la présente convention et y ont apposé leurs cachets.

Protocole

Les plénipotentiaires soussignés ayant jugé nécessaire de préciser et réglementer les droits accordés par l'article 13 de la convention littéraire et artistique conclue, en date de ce jour, entre la France et l'Italie, aux auteurs d'ouvrages antérieurs à la mise en vigueur de cette convention, sont convenus de ce qui suit :

1° Le bénéfice des dispositions de la convention conclue en date de ce jour est acquis aux œuvres littéraires, scientifiques et artistiques, antérieures à la mise en vigueur de cette convention, qui ne jouiraient pas de la protection légale contre la réimpression, la reproduction ou la représentation publique non autorisée ou la traduction illicite, ou qui auraient perdu cette protection par suite du non-accomplissement des formalités exigées.

L'impression des exemplaires en cours de fabrication licite au moment de la mise en vigueur de la convention conclue en date de ce jour pourra être achevée ; ces exemplaires, ainsi que ceux qui seraient déjà licitement imprimés à ce même moment, pourront, nonobstant les dispositions de la convention, être mis en circulation et en vente, sous la condition que, dans un délai de trois mois, un timbre spécial sera apposé par les soins des Gouvernements respectifs, sur les exemplaires commencés ou achevés lors de la mise en vigueur.

De même, les appareils, tels que clichés, bois ou planches gravées de toute sorte ainsi que les pierres lithographiques existant lors de la mise en vigueur de la convention, pourront être utilisés pendant un délai de quatre ans à dater de cette mise en vigueur, après avoir été revêtus d'un timbre spécial

Il sera dressé, par les soins des Gouvernements respectifs, un inventaire des exemplaires d'ouvrages et des appareils autorisés aux termes du présent article ;

2° Les œuvres dramatiques ou dramatico-musicales publiées dans l'un des deux pays et représentées publiquement, en original ou en traduction, dans l'autre pays, antérieurement à la mise en vigueur de la convention conclue en date de ce jour, jouiront également de la protection légale contre la représentation illicite ;

3° La représentation ou l'exécution publique, en Italie, de ces œuvres dramatiques ou dramatico-musicales, ainsi que des œuvres musicales ou chorégraphiques françaises, sera interdite d'office par l'autorité locale, pourvu que l'auteur ou compositeur ou ses ayants droit aient adressé, soit au Ministre de l'Agriculture, de l'Industrie et du Commerce d'Italie, soit à l'autorité diplomatique ou consulaire italienne en France, la déclaration qu'ils entendent faire défendre la représentation ou l'exécution desdites œuvres à quiconque ne fournirait pas la preuve écrite et légalisée de leur autorisation. Toutes les œuvres appartenant à un même auteur ou éditeur pourront être comprises dans une seule déclaration, dont la réception donnera ouverture à la perception, au profit du Trésor italien, d'une taxe de 30 francs, quel que soit le nombre des œuvres comprises dans la déc a ration. Il est bien entendu que l'accomplissement de cette formalité est purement facultatif, et que son omission ne préjudicierait en rien aux droits résultant pour les auteurs français du présent protocole ;

4° Pour le droit de traduction, ainsi que pour la représentation publique en traduction des œuvres antérieures à la mise en vigueur de la convention conclue en date de ce jour, les auteurs jouiront des avantages résultants de l'article 8 de cette convention, en ce qui concerne l'extension des délais stipulés par la convention du 29 juin 1862 pour la publication des traductions, pourvu toutefois que lesdits délais ne soient pas expirés au moment de la mise en vigueur de la convention conclue en date de ce jour, ou que ce délai étant expiré, aucune traduction n'ait paru, ou aucune représentation n'ait eu lieu depuis lors.

Le présent protocole, qui sera considéré comme faisant partie intégrante de la convention en date de ce jour, et ratifié avec elle, aura même force, valeur et durée que cette convention.

En foi de quoi, les soussignés ont dressé le présent protocole et l'ont revêtu de leurs cachets.

FRANCE ET PAYS-BAS

CONVENTION pour la garantie réciproque de la propriété des œuvres d esprit et d art.

(29 mars 1855)

Article 1er. Les auteurs d'œuvres scientifiques et littéraires, auxquels les lois de l'un des deux pays garantissent actuellement ou garantiront à l'avenir le droit de propriété ou d'auteur, et leurs ayants cause auront la faculté d'exercer ce droit sur le territoire de l'autre pays, pendant le même espace de temps et dans les mêmes limites que s'exercerait, dans cet autre pays, le droit attribué aux auteurs d'ouvrages de même nature qui y seraient publiés ; de telle sorte que la reproduction ou la contrefaçon, dans l'un des deux États, des œuvres scientifiques ou littéraires publiées dans l'autre, sera, pour autant qu'il n'est pas dérogé auxdites lois par la présente convention, traitée de la même manière que le serait la reproduction ou la contrefaçon d'ouvrages de même nature originairement publiés dans cet autre État. Les auteurs de l'un des deux pays auront devant les tribunaux de l'autre, à même action, et jouiront des mêmes garanties contre la contrefaçon ou la reproduction non autorisée, que ce les que la loi accorde ou pourrait accorder par la suite aux auteurs de ce dernier pays.

Il est bien entendu, toutefois, que les droits à exercer réciproquement dans l'un ou dans l'autre pays, relativement aux ouvrages ci-dessus mentionnés, ne pourront être plus étendus que ceux qu'accorde la législation du pays auquel l'auteur ou ses ayants cause appartiennent.

Art. 2. La protection stipulée par l'article 1er ne sera acquise qu'à celui qui aura fidèlement observé les lois et règlements en vigueur dans le pays de production, par rapport à l'ouvrage pour lequel cette protection sera réclamée.

Un certificat délivré par le bureau de la librairie au Ministère de l'Intérieur de Paris, ou par le secrétariat de la préfecture dans es départements, ou par le Ministre de l'Intérieur à La Haye, servira à constater que les formalités voulues par les lois et règlements ont été remplies.

Art. 3. Sont expressément assimilées aux ouvrages originaux les traductions faites, dans l'un des deux États, d'ouvrages nationaux ou étrangers.

Ces traductions jouiront, à ce titre, de la protection stipulée par l'article 1er, en ce qui concerne leur reproduction ou contrefaçon dans l'autre État.

Il est bien entendu que le présent article n'a pas pour objet d'accorder au premier traducteur d'un ouvrage le droit exclusif de traduction, mais seulement de protéger le traducteur par rapport à sa propre traduction.

Art. 4. Nonobstant les stipulations des articles 1er, 2 et 3 de la présente convention, les articles extraits de journaux ou de recueils périodiques publiés dans l'un des deux pays, pourront être reproduits dans les journaux ou recueils périodiques de l'autre pays, pourvu que l'origine en soit indiquée.

Toutefois, cette faculté ne saurait être comprise comme s'étendant à la reproduction dans l'un des deux pays des feuilletons de journaux ou des articles de recueils périodiques publiés dans l'autre, dont les auteurs auraient déclaré d'une manière évidente, dans les journaux ou le recueil même où ils les auront fait paraître, qu'ils en interdisent la reproduction

Cette dernière disposition ne sera pas applicable aux articles de discussion politique

Art. 5. Sont interdites l'importation, la vente et l'exposition, dans l'un et l'autre des deux pays, de toute contrefaçon d'ouvrages jouissant du privilège de protection contre la contrefaçon en vertu des articles 1er, 2, 3 et 4 de la présente convention; que ces contrefaçons soient originaires du pays où l'ouvrage a été publié, ou bien de toute autre contrée étrangère.

L'importation sera considérée comme contrefaçon. Le produit de l'amende sera, dans le cas prévu par cette dernière stipulation, attribué au fisc de l'Etat dans lequel la peine aura été prononcée.

Art 6 En cas de contravention aux dispositions des articles précédents, les ouvrages contrefaits seront saisis, et les individus qui se seront rendus coupables de ces contraventions seront passibles, dans chaque pays, de la peine et des poursuites qui sont ou seraient proscrites, par les lois de ce pays, contre le même délit commis à l'égard de tout ouvrage ou production d'origine nationale.

Art. 7. La présente convention ne pourra faire obstacle à la libre continuation de la vente, dans les Etats respectifs, des ouvrages qui auraient été publiés en contrefaçon, en tout ou en partie avant la mise en vigueur de ladite convention Par contre, on ne pourra faire aucune nouvelle publication, dans l'un des deux Etats, des mêmes ouvrages, ni introduire de l'étranger des exemplaires autres que ceux destinés à remplir les expéditions ou souscriptions précédemment commencées.

Art. 8. Pour faciliter l'exécution de la présente convention, les deux Hautes Parties contractantes s'engagent à se communiquer les lois et règlements actuellement existants, ainsi que ceux qui pourront être ultérieurement établis dans les Etats respectifs, à l'égard des droits d'auteur pour les ouvrages protégés par les stipulations de la présente convention.

Art 9. Les stipulations de la présente convention ne pourront en aucune manière, porter atteinte au droit que chacune des Hautes Parties contractantes se réserve expressément de surveiller et de défendre, au moyen de mesures législatives ou de police intérieure, la vente, la circulation et l'exposition de tout ouvrage ou de toute production à l'égard desquels l'un ou l'autre pays jugerait convenable d'exercer ce droit

Art. 10. Rien, dans cette convention, ne sera considéré comme portant atteinte au droit de l'une ou de l'autre des deux Hautes Parties contractantes de prohiber l'importation, dans ses propres États, des livres qui, d'après les lois intérieures ou des stipulations souscrites avec d'autres puissances, sont ou seraient déclarés être des contrefaçons ou des violations du droits d'auteur.

Art. 11. La présente convention .. restera en vigueur jusqu'au 25 juillet 1859. Après cette époque, elle suivra le sort du traité de commerce et de navigation signé à Paris, le 25 juillet 1840, de telle sorte qu'elle sera censée être dénoncée, lorsque l'une des parties aura annoncé à l'autre, conformément aux conditions posées par l'article 15 de ce traité, son intention d'en faire cesser les effets

Les Hautes Parties contractantes se réservent cependant la faculté d'apporter à la présente convention, d'un commun accord, toute modification qui ne serait pas incompatible avec l'esprit et les principes qui en sont la base, et dont l'expérience aurait démontré l'opportunité.

. . . .

Arrangement supplémentaire à la Convention littéraire du 29 mars 1855 (27 avril 1860.)

Article 1er. Pendant toute la durée du présent arrangement, les droits actuellement établis à l'importation licite par terre et par mer, dans l'Empire français, des livres, brochures et mémoires scientifiques, en langue française ou étrangère, publiés dans l'étendue du royaume des Pays-Bas, seront réduits et demeureront fixés au taux ci-après.

. . . .

Les traités scientifiques et livres de classe, écrits en langue hollandaise, dans lesquels se trouveraient des citations ou des leçons en français, seront admis, à leur importation en France, au droit de un franc par cent kilogrammes, pourvu que ces citations et ces leçons ne forment qu'une partie accessoire de l'ouvrage.

Art. 2. La publication, dans le royaume des Pays-Bas, de chrestomathies composées de fragments ou d'extraits d'auteurs français sera licite, pourvu que ces recueils soient spécialement destinés à l'enseignement et contiennent des notes explicatives ou traductives en langue hollandaise.

Art. 3. Le présent arrangement supplémentaire suivra, quant à la durée, le sort de la convention précitée du 29 mars 1855.

DÉCLARATION au sujet de la garantie des Œuvres d esprit et d art.
(19 avril 1884.)

Le Gouvernement de la République française et le Gouvernement de S. M. le roi des Pays-Bas, reconnaissant l'utilité de... garantir, à titre provisoire, la propriété des œuvres d'esprit et d'art, en attendant la conclusion d'arrangements définitifs,

Conviennent

1° De remettre en vigueur.. la convention du 29 mars 1855 concernant la propriété des œuvres d'esprit et d'art, et l'article 2 de l'arrangement supplémentaire d 27 avril 1860

2° D'étendre aux œuvres musicales les garanties stipulées par la convention du 29 mars 1855 et par l'arrangement supplémentaire du 27 avril 1860

Il est, en outre, entendu que ces dispositions seront applicables dans les colonies respectives, et, d'autre part, que les deux Gouvernements ouvriront, le plus tôt possible, des négociations en vue de la conclusion . d'une nouvelle convention artistique et littéraire.

La présente déclaration sera mise en vigueur à partir du jour de l'échange des ratifications sur la convention de commerce, signée à la présente date, et, dans le cas où les négociations à engager n'aboutiraient pas à de nouveaux arrangements, elle demeurera exécutoire pendant dix ans et au-delà de ce terme, jusqu'à ce que l une ou l'autre des Puissances contractantes ait fait connaître douze mois à l avance son intention d'en faire cesser les effets.

En foi de quoi, les plénipotentiaires respectifs l'ont signée et y ont apposé leurs cachets.

FRANCE ET PORTUGAL

CONVENTION pour la garantie réciproque de la propriété des œuvres d esprit et d'art
(11 juillet 1866.)

Article 1er. Les auteurs de livres, brochures ou autres écrits, de compositions musicales ou d'arrangements de musique, d œuvres de dessin, de peinture, de sculpture, de gravure, de lithographie et de toutes autres productions analogues du domaine littéraire ou artistique, jouiront dans chacun des deux États réciproquement, des avantages qui y sont ou y seront attribués par la loi à la propriété des ouvrages de littérature ou d'art, et ils auront la même protection et le même recours légal contre toute atteinte portée à leurs droits que si cette atteinte avait été commise à l'égard d'auteurs d'ouvrages publiés pour la première fois dans le pays même.

Toutefois, ces avantages ne leur seront réciproquement assurés que pendant l'existence de leurs droits dans le pays où la publication originale a été faite, et la durée de leur jouissance dans l'autre pays ne pourra excéder celle fixée par la loi pour les auteurs nationaux.

Art. 2. La jouissance du bénéfice de l'article 1er est subordonnée à l'accomplissement, dans le pays d'origine, des formalités qui sont prescrites par la loi pour assurer la propriété des ouvrages de littérature ou d'art.

Pour les livres cartes, estampes, gravures ou œuvres musicales publiés pour la première fois dans l'un des deux États, l'exercice du droit de propriété dans l'autre État sera, en outre, subordonné à l'accomplissement préalable, dans ce dernier, de la formalité de l'enregistrement effectuée de la manière suivante :

Si l'ouvrage a paru pour la première fois en France, il devra être enregistré à Lisbonne, au Ministère de l'Intérieur ;

Si l'ouvrage a paru pour la première fois en Portugal, il devra être enregistré à Paris, au Ministère de l'Intérieur.

L'enregistrement se fera, de part et d'autre, sur la déclaration écrite des intéressés, laquelle pourra être respectivement adressée soit aux susdits Ministères, soit aux légations dans les deux pays.

Dans tous les cas, la déclaration devra être présentée dans les trois mois qui suivront la publication de l'ouvrage dans l'autre pays, pour les ouvrages publiés postérieurement à la mise en vigueur de la présente convention, et dans les trois mois qui suivront cette mise en vigueur, pour les ouvrages publiés antérieurement.

A l'égard des ouvrages qui paraissent par livraisons, le délai de trois mois ne commencera à courir qu'à dater de la publication de la dernière livraison, à moins que l'auteur n'ait indiqué, conformément aux dispositions de l'article 5, son intention de se réserver le droit de traduction ; auquel cas, chaque livraison sera considérée comme un ouvrage séparé

La formalité de l'enregistrement qui sera fait sur des registres spéciaux tenus à cet effet ne donnera, de part et d'autre, ouverture à la perception d'aucune taxe.

Les intéressés pourront se faire délivrer un certificat authentique de l'enregistrement ; ce certificat sera délivré gratis, sauf, s'il y a lieu, les frais de timbre.

Le certificat relatera la date précise à laquelle la déclaration aura eu lieu; il fera foi dans toute l'étendue des territoires respectifs et constatera le droit exclusif de propriété et de reproduction aussi long-temps que quelque autre personne n'aura pas fait admettre en justice un droit mieux établi.

Art. 3. Sont expressément assimilées aux ouvrages originaux les traductions faites, dans l'un des deux États, d'ouvrages nationaux ou étrangers. Ces traductions jouiront, à ce titre, de la protection stipu-lée par l'article 1er, en ce qui concerne leur reproduction non autorisée dans l'autre État Il est bien entendu, toutefois, que l objet du présent article est simplement de protéger le traducteur par rapport à la version qu'il a donnée de l'ouvrage original, et non pas de conférer le droit exclusif de traduction au premier traducteur d'un ouvrage quelconque, écrit en langue morte ou vivante, hormis le cas et les limites prévus par l'article 5.

Art. 4. Les stipu ations de l'article 1er s'appliqueront également à l'exécution ou représentation des œuvres dramatiques ou musicales publiées, exécutées ou représentées pour la première fois dans l'un des deux pays.

Art. 5. L'auteur de tout ouvrage publié dans l'un des deux pays, qui aura entendu se réserver le droit de traduction, jouira pendant cinq années, à partir du jour de la première publication de la traduc-tion de son ouvrage autorisée par lui dans l idiome de l'autre pays, du privilège de protection contre la publication, dans ce même pays, de toute traduction du même ouvrage non autorisée par lui, et ce, sous les conditions suivantes .

1° L'ouvrage original sera enregistré dans l'un des deux pays, sur la déclaration faite dans un délai de trois mois à partir du jour de la première publication dans l'autre pays, conformément aux disposi-tions de l'article 2;

2° Il faudra que l'auteur ait indiqué, en tête de son ouvrage, l'in-tention de se réserver le droit de traduction ,

3° Il faudra que ladite traduction autorisée de l'ouvrage publié dans l un des deux pays, dans l'idiome de l'autre pays, ait paru, au moins en partie, dans le délai d'un an à compter de la date de la déclaration effectuée ainsi qu'il vient d'être prescrit, et, en totalité, dans le délai de trois ans à partir de ladite déclaration;

4° La traduction devra être publiée dans l'un des deux pays et être elle-même enregistrée conformément aux dispositions de l'article 2.

Pour les ouvrages publiés par livraisons, il suffira que la déclara-tion de l'auteur, qu'il entend se réserver le droit de traduction, soit exprimée dans la première livraison.

Toutefois, en ce qui concerne le terme de cinq ans assigné par cet article pour l'exercice du droit privilégié de traduction, chaque livraison sera considérée comme un ouvrage séparé; chacune d'elles sera enregistrée dans l'un des deux pays, sur la déclaration faite dans les trois mois à partir de sa première publication dans l'autre.

Relativement à la traduction des ouvrages dramatiques, l'auteur de l'ouvrage publié dans l'un des deux pays qui voudra se réserver le droit exclusif dont il s'agit au présent article et celui de faire représenter sa traduction sur les théâtres de l'autre pays, pendant la période de cinq années, devra publier sa traduction dans l'idiome de de l'autre pays ou la faire représenter sur un théâtre de ce même pays, dans les trois mois à compter de la déclaration faite aux termes de l'article 2.

Art. 6. Lorsque l'auteur d'une œuvre dont la propriété est garantie par la présente convention aura cédé son droit de publication ou de reproduction à un éditeur dans le territoire de chacune des Hautes Parties contractantes, sous la réserve que les exemplaires ou éditions de cette œuvre ainsi publiés ou reproduits ne pourront être vendus dans l'autre pays, ces exemplaires ou éditions seront respectivement considérés et traités dans ce pays comme reproduction illicite.

Les ouvrages auxquels s'applique l'article 6 seront librement admis dans les deux pays pour le transit à destination d'un pays tiers.

Art. 7. Les mandataires légaux ou ayants cause des auteurs, traducteurs, compositeurs, dessinateurs, peintres, sculpteurs, graveurs, lithographes, etc, jouiront réciproquement, et à tous égards, des mêmes droits que ceux que la présente convention accorde aux auteurs, traducteurs, compositeurs, dessinateurs, peintres, sculpteurs, graveurs et lithographes eux-mêmes.

Art 8. Nonobstant les stipulations de la présente convention, les articles extraits des journaux ou recueils périodiques publiés dans l'un des deux pays pourront être reproduits ou traduits dans les journaux ou recueils périodiques de l'autre pays, pourvu qu'on y indique la source à laquelle on les aura puisés.

Toutefois, cette faculté ne s'étendra pas à la reproduction, dans l'un des deux pays, des articles de journaux ou recueils périodiques publiés dans l'autre, lorsque les auteurs auront formellement déclaré, dans le journal ou le recueil même où ils les auront fait paraître, qu'ils en interdisent la reproduction. En aucun cas, cette interdiction ne pourra atteindre les articles de discussion politique.

Art. 9. Sera réciproquement licite la publication, dans chacun des deux pays, d'extraits ou de morceaux entiers d'ouvrages ayant paru pour la première fois dans l'autre, pourvu que ces publications soient spécialement appropriées et adaptées à l'enseignement ou à l'étude

et soient accompagnées de notes explicatives ou de traductions interlinéaires et marginales dans la langue du pays où elles sont
publiées.

Art. 10. L'introduction, la vente et l'exposition, dans chacun des
deux États, d'ouvrages et d'objets de reproduction non autorisée,
définis par les articles précédents, sont prohibées, sauf ce qui sera
dit à l'article 12, soit que lesdites reproductions non autorisées proviennent de l'un des deux pays, soit qu'elles proviennent d'un pays
étranger quelconque.

Art. 11. En cas de contravention aux dispositions des articles précédents, la saisie des objets de contrefaçon sera opérée, et les tribunaux appliqueront les pénalités déterminées par les législations respectives, de la même manière que si l'infraction avait été commise au
préjudice d'un ouvrage ou d'une production d'origine nationale.

Les caractères constituant la contrefaçon seront déterminés par
les tribunaux de l'un et de l'autre pays, d'après la législation en vigueur dans chacun des deux États.

Art 12. La présente convention ne pourra faire obstacle à la libre
continuation de la vente, publication ou introduction, dans les États
respectifs, des ouvrages qui auraient été déjà publiés en tout ou en
partie dans l'un d'eux avant la mise en vigueur de la présente convention, pourvu qu'on ne puisse postérieurement faire aucune autre
publication des mêmes ouvrages, ni introduire de l'étranger des
exemplaires autres que ceux destinés à compléter les expéditions ou
souscriptions précédemment commencées. Ce principe s'applique aussi
bien aux traductions qu'aux ouvrages originaux

Il est bien entendu qu'il ne sera pas mis obstacle à la continuation
de la représentation des traductions des ouvrages dramatiques déjà
représentés antérieurement à la mise en vigueur de la même convention.

Art. 13. Les dispositions de la présente convention ne pourront
porter préjudice, en quoi que ce soit, au droit que se réserve expressément chacun des deux États de permettre, surveiller et interdire,
par des mesures de législation et de police intérieure, la circulation,
la représentation ou l'exposition de tels ouvrages ou productions sur
lesquels il jugera convenable de l'exercer.

Art. 14. Pendant la durée de la présente convention, les objets
suivants, savoir : livres brochés, en toutes langues, dessins, estampes,
gravures, lithographies et photographies, cartes géographiques ou
marines et atlas brochés ou roulés, musique, seront réciproquement
admis en franchise de droits, sans certificats d'origine.

Art. 15 La présente convention entrera en vigueur à partir du jour dont les Hautes Parties contractantes conviendront pour son exécution simultanée, dès que la promulgation en sera faite d'après les lois particulières à chacun des deux États, lequel jour ne pourra dépasser de trois mois l'échange des ratifications.

Elle aura la durée de douze ans comme le traité de commerce et de navigation conclu entre le Portugal et la France sous la date de ce jour.

Si elle n'est pas dénoncée un an avant l'expiration de ce terme, elle continuera d'être en vigueur jusqu'à ce que l'une des Hautes Parties contractantes ait annoncé à l'autre son intention d'en faire cesser les effets, et pendant une année encore à partir du jour où cette notification aura été faite.

Art. 16. La présente convention sera ratifiée, et les ratifications en seront échangées à Lisbonne en même temps que celles du traité précité

En foi de quoi, les plénipotentiaires respectifs l'ont signée et y ont apposé le cachet de leurs armes.

FRANCE ET SALVADOR

CONVENTION pour la garantie réciproque de la propriété des œuvres
d esprit et d art
(2 juin 1880)

Art. 1er. Les citoyens français dans la république de Salvador et les citoyens de Salvador en France, auteurs de livres, brochures ou autres écrits, ouvrages dramatiques, de compositions musicales ou d'arrangements de musique, d'œuvres de dessin, de peinture, de sculpture, de gravure, de lithographies et d illustrations, de cartes géographiques, et, en général de toute production quelconque du domaine littéraire, scientifique ou artistique, jou'ront, dans chacun des deux États réciproquement, des avantages qui sont stipulés dans la présente convention, ainsi que de tous ceux qui sont ou seront attribués par la oi, dans l'un ou l'autre État, à la propr été des œuvres de littérature, de science ou d art.

I s auront, pour la garantie de ces avantages, pour l'obtention de dommages-intérêts et pour a poursuite des contrefacteurs, la même protection et le même recours légal qui sont ou seront accordés aux auteurs nationaux, dans chacun des deux pays, tant par les lois spé-

ciales sur la propriété littéraire et artistique que la législation générale en matière civile ou pénale.

Art. 2. Pour assurer à tous les ouvrages de littérature, de science
ou d art la protection stipulée dans l'article 1er, et pour que les auteurs ou éditeurs de ces ouvrages soient admis, en conséquence, devant les tribunaux des deux pays à exercer des poursuites contre les
contrefaçons, il suffira que lesdits auteurs ou éditeurs justifient de
leur droit de propriété en établissant, par un certificat émanant de
l'autorité publique compétente, qu'ils jouissent, dans leur propre
pays, pour l'ouvrage en question, de la protection légale contre la
contrefaçon ou la reprod iction illicite.

Art 3 Les stipulations de l'article 1er s'appliquent également à la
représentation ou à l exécution de l'un des deux pays, des œuvres
dramatiques ou musicales des auteurs et compositeurs de l'autre
pays.

Art. 4. Sont expressément assimilées à des ouvrages originaux les
traductions d'ouvrages nationaux ou étrangers, faites par un écrivain appartenant à l'un des deux États. Ces traductions jouiront, à ce
titre, de la protection stipulée pour les œuvres originales par la présente convention en ce qui concerne leur reproduction non autorisée
dans l'autre État. Il est bien entendu, toutefois, que l'objet du présent
article est simplement de protéger le traducteur par rapport à la version qu'il a donnée de l ouvrage original, et non pas de conférer le
droit exclusif de traduction au premier traducteur d'un ouvrage quelconque, écrit en langue morte ou vivante.

Art. 5. Les nationaux de l'un des deux pays, auteurs d'ouvrages
originaux, auront le droit de s opposer à la publication dans l'autre
pays de toute traduction de ces ouvrages qui n'aurait pas été autorisée par eux, et ce, pendant tout le temps accordé à la jouissance du
droit de propriété littéraire sur l'ouvrage original, la publication
d'une traduction autorisée étant de tout point assimilée à la réimpression illicite de l'ouvrage.

Les auteurs d'ouvrages dramatiques jouiront réciproquement des
mêmes droits relativement à la traduction ou à la représentation des
traductions de leurs ouvrages.

Art. 6. Sont également interdites les appropriations indirectes non
autorisées, telles que : adaptations, imitations dites de bonne foi,
utilisations, transcriptions ou arrangements d'œuvres musicales, et,
généralement tout emprunt quelconque aux œuvres littéraires, dramatiques ou artistiques, fait sans le consentement de l'auteur.

Art. 7. Toutefois, sera réciproquement licite la publication, dans
chacun des deux pays, d extraits ou de morceaux entiers d'ouvrages

d'un auteur de l'autre pays, en langue originale ou en traduction, pourvu que ces publications soient spécialement appropriées et adaptées pour l'enseignement ou pour l'étude, et soient accompagnées de notes explicatives dans une langue autre que celle dans laquelle a été publiée l'œuvre originale.

Art. 8. Les ouvrages paraissant par livraisons, ainsi que les articles ou feuilletons insérés dans les journaux ou recueils périodiques par les auteurs de l'un des deux pays, ne pourront être reproduits ou traduits dans les journaux ou recueils périodiques de l'autre pays, ni publiés en volumes ou autrement, sans l'autorisation des auteurs. En aucun cas cette interdiction ne pourra atteindre les articles de discussion politique.

Art. 9. Les mandataires légaux ou ayants cause des auteurs, traducteurs, compositeurs et artistes jouiront réciproquement et à tous égards des mêmes droits que ceux que la présente convention accorde aux auteurs, traducteurs, compositeurs et artistes eux-mêmes.

Art. 10. Les droits de propriété littéraire et artistique reconnus par la présente convention sont garantis aux auteurs, traducteurs, compositeurs et artistes pendant toute leur vie, et après leur décès, pendant cinquante ans, au profit de leur conjoint survivant, de leurs héritiers, successeurs irréguliers, donataires, légataires, cessionnaires ou tous autres ayants droit, conformément à la législation de leur pays.

Art 11. La vente et l'exposition, dans chacun des deux pays d'ouvrages ou d'objets de reproduction non autorisée, définis par la présente convention, sont prohibées, soit que lesdites reproductions non autorisées proviennent de l'un des deux pays, soit qu'elles proviennent d'un pays étranger quelconque.

Art. 12. Toute édition d'une œuvre littéraire ou artistique, imprimée ou gravée, dans l'un des deux pays, au mépris des dispositions de la présente convention, sera traitée comme contrefaçon.

Quiconque aura édité, vendu, mis en vente ou introduit sur le territoire de l'un des deux pays des ouvrages ou objets contrefaits, sera puni des peines indiquées aux articles 13, 14 et 15 ci-après.

Art. 13. Tout contrefacteur ou introducteur d'ouvrages ou objets contrefaits sera puni d'une amende de 100 fr. (20 piastres) au moins, et de 200 fr (40 piastres) au plus, et le débitant, d'une amende, de 25 fr (5 piastres) au moins et 500 fr. (100 piastres) au plus

La peine pourra être élevée au double en cas de récidive. Il y a récidive lorsqu'il a été prononcé contre le prévenu, dans les cinq années antérieures, une condamnation pour un fait de même nature.

La confiscation de l'édition contrefaite sera prononcée tant contre le contrefacteur que contre l'introducteur et le débitant.

Les contrefacteurs, introducteurs et débitants seront condamnés, en outre, à payer au propriétaire de l'ouvrage contrefait des dommages-intérêts pour réparation du préjudice à lui causé.

Art. 14. Tout directeur, tout entrepreneur de spectacles ou de concerts, toute association d'artistes qui aura fait représenter ou exécuter des œuvres dramatiques ou musicales, au mépris des dispositions de la présente convention, sera puni d'une amende de 50 fr. (10 piastres) au moins, de 500 fr. (100 piastres) au plus, et de la confiscation des recettes.

Art 15. Le produit des confiscations sera remis au propriétaire de l'œuvre il licitement reproduite ou représentée pour l'indemniser d'autant du préjudice qu'il aura souffert, le surplus de son indemnité sera réglé par les voies ordinaires.

Les tribunaux pourront, d'ailleurs, sur la demande de la partie civile, ordonner qu'il lui soit fait remise, en nature, des ouvrages ou objets contrefaits, en déduction des dommages-intérêts qui lui auront été alloués.

Art. 16 Les dispositions de la présente convention ne pourront porter préjudice, en quoi que ce soit, au droit qui appartient à chacune des Hautes Parties contractantes de permettre, de surveiller ou d'interdire, par des mesures de législation ou de police intérieure, la circulation, la représentation, ou l'exposition de tout ouvrage ou production à l'égard desquels l'auteur té compétente aurait à exercer ce droit.

La présente convention ne portera aucune atteinte au droit de l'une ou de l'autre des deux Hautes Parties contractantes de prohiber l'importation, dans ses propres États, des livres qui, d'après ses lois intérieures ou des stipulations souscrites avec d'autres puissances, sont ou seraient déclarées être des contrefaçons.

Art. 17. La présente convention sera ratifiée et les ratifications en seront échangées à Paris le plus tôt que faire se pourra

Elle entrera en vigueur deux mois après l'échange des ratifications, et continuera ses effets jusqu'à ce qu'elle ait été dénoncée par l'une ou l'autre des Parties contractantes, et pendant une année encore après sa dénonciation.

En foi de quoi, les plénipotentiaires respectifs ont signé la présente convention et l'ont revêtue de leurs cachets

TABLE ALPHABÉTIQUE

Nota. — *Les chiffres indiquent les numéros des pages.*

A

Abandon de la propriété littéraire et artistique au domaine public. Leçons des professeurs de l'Université, 169. — Écrits des membres du clergé 169 — Œuvres anonymes, 169 — Compositions musicales reproduites dans des vaudevilles et autres productions analogues, 169 — Monuments et œuvres d'art appartenant à l'État 170. — Emprunts mutuels des journaux, 170. — Législations étrangères, 170

Abrégés. Sont-ils protégés? 65. — Abréger un écrit, c'est en usurper la propriété, 176.

Absence Durée de la propriété littéraire et artistique lorsque l'auteur est absent 82

Accroissement de la durée de la propriété littéraire et artistique L'accroissement produit par une loi nouvelle profite-t-il aux œuvres publiées antérieurement? 83. — Profite-t-il à l'auteur et à ses héritiers ou au publicateur? 122

Acte de commerce. L'auteur et le publicateur, lorsqu'ils concluent un contrat de publication, font-ils acte de commerce? 112 — L'auteur, lorsqu'il conclut un contrat de mandat, fait-il acte de commerce? 148. — L'auteur et l'éditeur, lorsqu'ils concluent un contrat de société, font-ils acte de commerce? 151

Adaptations. Législation anglaise, 74 — Est-il permis de tirer une pièce de théâtre d'un roman, un roman ou un livret d'opéra d'une pièce de théâtre? 176 — Convention de Berne, 275.

Agendas Sont-ils protégés? 63

Aliénation forcée De la distinction à faire entre les œuvres inédites et celles qui ont été publiées par l'auteur ou avec son assentiment, 162. — Droits des créanciers de l'auteur, 162.

Allemagne La propriété intellectuelle en Allemagne jusqu'à la fin du dix-huitième siècle, 15. — Architecture 84. — Instruments de musique mécaniques, 84. — Exécution publique d'une œuvre musicale, 84. — Reproduction d'extraits d'œuvres littéraires dans des ouvrages destinés à l'enseignement ou au culte, 73. — Reproduction d'un écrit employé comme texte d'une composition musicale, 74. — Transport d'une œuvre du domaine de l'art plastique dans celui de l'art graphique 75 — Reproduction des œuvres d'art exposées en public, 75 — Reproduction d'œuvres musicales dans l'intérêt de l'enseignement ou du culte 76 — Durée de la propriété littéraire et artistique, 86, 87 88. — Nombre des éditions que peut publier l'éditeur, 120. — Nombre des exemplaires que peut publier l'éditeur, 120. — L'éditeur a-t-il le droit de traduction? 121. — Droit que garde l'auteur d'adapter un récit à la scène, le transformer une pièce de théâtre en roman de publier des arrangements d'une œuvre musicale 121 — Édition sous forme d'œuvres complètes 121 — Articles publiés dans un recueil périodique, 121. — Restitution du manuscrit 124. — Changements, 127 — Prix des exemplaires, 128. — L'éditeur, qui a acquis le droit de faire plusieurs éditions, est-il tenu d'entreprendre une édition nouvelle lorsque l'ouvrage est épuisé? 129 — Somme due à l'auteur par le publicateur, 131. — Comptes dus par l'éditeur à l'auteur, 133. — La volonté unilatérale de l'auteur peut-elle rompre l'accord conclu? 137. — La vente sans réserve d'une œuvre d'art emporte-t-elle aliénation du droit d'édition? 145. — Œuvres composées de paroles et de musique, 153. — Nécessité du consentement de tous les coauteurs pour la représentation d'une œuvre dramatique, 156. — Droits des créanciers de l'auteur sur ses œuvres, 165. — Articles de journaux, 170 — Droits des étrangers, 258. — Convention avec la France, 285 — Œuvres posthumes, 308.

Almanachs Sont-ils protégés? 63.

Aménagement intérieur d'un édifice Est-ce une œuvre protégée? 61

Analyse d'une pièce. La vente dans un théâtre de brochures contenant l'analyse de la pièce représentée est-elle licite? 178.

Analyses. Est-il permis d'analyser l'œuvre d'autrui? 70

Annonces légales. Sont-elles protégées? 63

Annuaires Sont-ils protégés? 63

Applications industrielles des œuvres d'art. Législations étrangères, 75 — Législation française, 178

Architecture Législations étrangères, 54. — Dans quelle mesure les œuvres d'architecture sont-elles protégées? 67. — Convention de Berne 271.

Arrangements de musique. Sont-ils protégés? 68. — Législations étrangères, 75.

Articles de journaux et de revues. Sont-ils protégés? 62. — législations étrangères, 74, 170. — Convention de Berne, 274. — Convention de Montevideo 280. — Convention franco-hollandaise, 281. — Conventions franco-portugaise et franco-autrichienne, 283. — Conventions franco savaldorienne et franco-espagnole, 284. — Conventions franco-allemande et franco-italienne, 286 — Conventions entre le Guatémala, Costa Rica, l'Equateur et la France, 289.

Auteur. A qui appartient la qualité d'auteur? 99 et suiv — Coauteurs, 100 — De la distinction à faire entre le coauteur et le coopérateur, 100.

Autriche Instruments de musique mécaniques, 54. — Reproduction d'extraits d'œuvres littéraires dans des ouvrages destinés à l'enseignement 73. — Articles de journaux, 74, 170 — Droit de traduction 74, 171 - Reproduction d'un écrit employé comme texte d'une composition musicale, 74 — Transport d'une œuvre du domaine de l'art plastique dans celui de l'art graphique 75. — Reproduction des œuvres d'art exposées en public, 75. — Arrangements d'œuvres musicales 75 — Reproduction d'œuvres musicales dans l'intérêt de l'enseignement ou du culte, 75. — Durée de la propriété littéraire et artistique, 85, 87, 88 — La vente sans réserve d'une œuvre d'art emporte-t-elle aliénation du droit d'édition? 145 — Nécessité du consentement de tous les coauteurs pour la publication de l'œuvre commune 156. — Droits des créanciers de l'auteur sur ses œuvres, 165. — Réserve du droit d'exécution, 171. — Droits des étrangers, 258. — Convention avec la France, 282 — Œuvres posthumes, 308.

B

Belgique. Durée de la propriété littéraire et artistique, 85, 87, 88. — La vente sans réserve d'une œuvre d'art emporte-t-elle aliénation du droit d'édition? 145 — Œuvres composées de paroles et de musique, 153. — Droits des coauteurs 157 — Droits des créanciers de l'auteur sur ses œuvres, 165 — Articles de journaux, 170. — Droits des étrangers, 261. — Œuvres posthumes 308

Bolivie. Reproduction d'extraits d'œuvres littéraires dans des ouvrages destinés à l'enseignement 73. — Durée de la propriété littéraire et artistique 85. — Expropriation pour cause d'utilité publique, 91. — L'éditeur peut-il faire des changements? 127. — Imprescriptibilité de la propriété littéraire et artistique, 161. — Droits des étrangers, 259 — Convention avec la France, 262 — Œuvres posthumes, 308.

Bon à tirer, 129.

Bonne foi. En quoi consiste la bonne foi, 194 et suiv.

Brésil. Reproduction d'extraits d'œuvres littéraires dans des ouvrages destinés à l'enseignement, 73. — Articles de journaux, 74. — Reproduction des œuvres d'art exposées en public, 75. — Durée de la propriété littéraire et artistique, 85

C

Capacité et pouvoir. Pour agir il faut avoir la capacité et le pouvoir, 217.

Caractères juridiques de la propriété littéraire et artistique, 97.

Cartes géographiques Sont elles protégées? 64, 67.

Catalogues Sont ils protégés? 63

Caution judicatum solvi. La Convention de Berne a-t-elle ou pour effet de la supprimer? 267 — Convent ons entre le Guatémala, Costa Rica, l'Equateur et la France, 288.

Censure Le contrat de représentation prend-il fin quand la pièce est interdite par la censure? 135.

Changements. Le publicateur ne doit pas modifier l'œuvre qu'il publie, 125. — L'auteur a-t-il le droit de modifier lui-même son œuvre? 125. — Législations étrangères 127 — Droit qu'a chacun de modifier une œuvre à titre émié, 292.

Chansons populaires. Un recueil de chansons populaires est-il une œuvre protégée? 59.

Chef d'école. Un chef d'école a-t-il le droit de rédiger et de distribuer à ses élèves des extraits d'ouvrages concernant les matières qui leur sont enseignées? 51.

Chili. Durée de la propriété littéraire et artistique 85, 88 — Droits des étrangers, 260 — Œuvres posthumes 308.

Chrestomathies Sont-elles protégées? 63. — Convention de Berne 276 — Convention franco-hollanda se, 281. — Convention franco-allemande, 287. — Conventions entre le Guatémala, Costa Rica, l'Equateur et la France, 289.

Circulaires commerciales. Sont-elles protégées? 64.

Citations Sont-elles permises? 70.

— Celui qui fait une citation doit-il indiquer la source où il a puisé le passage cité? 207.

Clause de la nation la plus favorisée Convention franco-espagnole, 285. — Conventions franco-ita ienne et franco-allemande 286

Colombie. Reproduction d'extraits d'œuvres littéraires dans des ouvrages destinés à l'enseignement 74. — Durée de la propriété littéraire et artistique, 85. — La vente sans réserve d'une œuvre d'art emporte-t-elle a iénation du droit d'édition? 144 — Articles de journaux, 170. — Droits des étrangers 269 — Œuvres posthumes, 307.

Communauté. La propriété littéraire et artistique tombe-t-elle dans la communauté? 138

Compétence. Tribunaux compétents, 223. — Appel en garantie au correctionnel 224 — Lorsque le prévenu, devant la juridiction correctionnelle, prétend que l'acte incriminé n'était que l'exercice d'un droit doit il était investi, appartient-il au tribunal saisi de statuer sur le moyen de défense opposé à la demande? 224 — Tribunaux de commerce, 225 — Cour de cassation, 226.

Complicité, 189

Compte rendu d'une pièce de théâtre. Il n'est pas permis à un journal de rendre compte d'une pièce de théâtre avant la première représentation 294.

Comptes Le publicateur doit des comptes à l'auteur, 133

Conditions requises pour agir en justice Droit 211. — Intérêt 216. — Qualité, 216. — Capacité et pouvoir 217. — Dépôt, 218.

Confiscation des exemplaires contrefaits et des instruments de la contrefaçon Est-ce une peine ou une mesure d'ordre public? 196 — Les tribunaux civils ont-ils le droit de la prononcer? 198. — Les tribunaux correctionnels ont-ils le droit de la prononcer même en cas d'acquittement? 198. — Les tribunaux ont-ils le droit de la prononcer contre un simple détenteur et quand bien même le détenteur ne serait pas en cause? 199. — A quelles conditions la confiscation peut être prononcée, 199 —

Sur quoi porte la confiscation, 199. — Les objets confisqués doivent-ils être mis en vente? 200. — Conditions requises pour que les objets confisqués soient remis à la partie lésée, 201. — Le juge peut-il autoriser le demandeur à faire saisir, partout où ils se trouveront, les objets contrefaits? 202 — L'absence de saisie met-elle obstacle à la confiscation? 202. — La confiscation est obligatoire pour le juge, 202.

Confiscation des recettes. Peut-elle être prononcée par les tribunaux civils? 195. — Au cas où la représentation comprend des œuvres de différents auteurs doit-elle s'appliquer à la totalité de la recette? 195 — Doit-elle être prononcée lorsqu'il n'y a pas eu de saisie? 195.

Conjoint survivant. Dérogation à l'ordre successoral établie par la loi du 14 juillet 1866 en faveur du conjoint survivant, 104 et suiv.

Contrat d'édition, 112

Contrat de mariage 138 et suiv

Contrat de publication Ses éléments essentiels, 111 — ses caractères, 112. — Son objet, 114. — Capacité requise pour traiter avec le publicateur, 116 — Droits du publicateur, 118 — Obligations de l'auteur, 123. — Obligations du publicateur, 125. — Fin du contrat, 135.

Contrat de représentation 112

Contrefaçon. Éléments de la contrefaçon, 181 et suiv — Contrefaçon d'ouvrages publiés à l'étranger, 250

Convention de Berne Historique 265 — Objet de la Convention 265 — A quelles personnes et à quelles œuvres profite la Convention, 266. — Solution des conflits 267. — Application de la *lex fori*, 267. — Application de la loi du pays d'origine à l'œuvre 268 — Règles spéciales tracées par la Convention 270 — La Convention s'applique-t-elle aux œuvres antérieures? 278

Convention de Montevideo Historique, 279. A quelles personnes et à quelles œuvres profite la Convention, 279. — Solution des conflits ; application de la loi du pays d'origine à l'œuvre, 279. — Application de la *lex*

fori, 280. — Règles spéciales, 280.

Conventions internationales. Énumération des conventions, 262. — Celles qui ont été conclues sous le Second Empire doivent-elles être considérées comme valables? 263 — Comment se combinent les conventions avec la législation intérieure, 263

Copie des rôles et parties d'orchestre. Quand un directeur de théâtre, un directeur de concerts passent un contrat pour la représentation d'un ouvrage dramatique ou l'exécution d'une composition musicale, peuvent-ils faire copier les rôles ou les parties d'orchestre et utiliser les copies? 119.

Copie d'une œuvre d'art. Est-elle protégée? 66.

Copropriété Si l'un des copropriétaires dispose de l'œuvre sans l'assentiment des autres, il viole leur propriété, 180

Corporations. Influence du régime corporatif sur l'organisation de la propriété intellectuelle, 5, 11, 12.

Correction des épreuves, 128.

Costa Rica Durée de la propriété littéraire et artistique, 85, 88. — L'éditeur peut-il faire des changements? 127 — Articles de journaux, 170. — Droits des étrangers, 259. — Convention avec la France 287.

Coulisses L'auteur, le décorateur ont-ils le droit d'y pénétrer? 130

Créanciers Droits des créanciers de l'auteur sur ses œuvres, 163.

Culte Ouvrages destinés au culte, 74, 75

D

Danemark Architecture, 54 — Reproduction d'extraits d'œuvres littéraires dans des ouvrages destinés à l'enseignement 73. — Articles de journaux, 74 — Droit de traduction 74. — Reproduction d'un écrit employé comme texte d'une composition musicale, 74. — Applications industrielles des œuvres d'art, 75 — Durée de la propriété littéraire et artistique, 85, 87, 88 — Droits des étrangers, 260.

Débit Éléments du délit de débit

183. — Débit d'ouvrages publiés à l'étranger, 250.

Décisions judiciaires. Est-il permis de les reproduire? 72.

Décors et scènes formant tableaux Sont-ce des œuvres protégées? 57.

Délai de la publication, 128.

Dépêches télégraphiques Sont-elles protégées? 63

Dépens. En cas d'acquittement, le prévenu doit-il supporter les dépens lorsque le tribunal prononce la confiscation des objets contrefaits qu'il détient? 240

Dépôt Caractère du dépôt, 94. — Quelles œuvres doivent être déposées 218. — Nombre des exemplaires à déposer, 219. — Qui doit faire le dépôt, 219. — Comment est constaté le dépôt, 220 — Sanction de l'obligation du dépôt, 220 — Le dépôt est une condition de l'action civile, 220 — Il doit être opéré avant la poursuite, 221. — Les ouvrages publiés à l'étranger doivent être déposés, 251.

Destruction. Droit qu'a l'auteur d'empêcher que d'autres personnes détruisent son œuvre et d'opérer lui-même cette destruction, 293.

Destruction des exemplaires contrefaits et des instruments de la contrefaçon, 203.

Dictionnaires Sont-ils protégés? 65.

Différences Faut-il s'attacher aux différences pour savoir si la reproduction est licite? 175.

Directeur de théâtre Ses obligations, 129 et suiv.

Discours prononcés dans les assemblées délibérantes Peuvent-ils être reproduits? 73

Distribution des rôles Qui a le droit de la faire? 129

Domaine public payant Législation italienne 55

Dommages intérêts, 206

Donations, 137 et suiv.

Don manuel. Une œuvre littéraire ou artistique peut-elle faire l'objet d'un don manuel? 137

Droit de poursuite. L'auteur apparent d'une œuvre littéraire ou artistique peut-il exercer des poursuites? 212 — Celui qui aliène une œuvre par un contrat de vente pure et simple a-t-il plus désormais le droit de poursuite, 212 — Si le cessionnaire n'observe pas les conditions du contrat un contrefacteur actionné par lui ne saurait se prévaloir de ce fait pour s'échapper à la poursuite, 213. — A qui appartient le droit de poursuite, lorsqu'une œuvre est l'objet d'un contrat de publication? 213 — A qui appartient le droit de poursuite, quand l'auteur passe avec le publicateur un contrat de louage de choses? 214 — L'éditeur, qui a passé avec l'auteur un contrat de mandat, peut-il poursuivre les contrefacteurs? 214. — Le libraire qui achète des exemplaires pour vendre a-t-il le droit de poursuite? 215. — Chacun ces coauteurs a-t-il le droit de poursuite? 215 — La provocation à commettre le délit interdit toute action, 215

Droits moraux des écrivains et des artistes. Droit de produire une œuvre, de la manifester et de la communiquer à autrui 292 — Droit de détruire l'œuvre produite, 293. — Droit de retirer l'œuvre produite de la circulation 293. — Droit de tenir l'œuvre secrète, 293. — Du principe suivant lequel il ne faut attribuer la paternité d'une œuvre qu'à celui qui en est l'auteur, conséquences, 294 — Durée des droits moraux des écrivains et des artistes, 298.

Durée de la propriété littéraire et artistique Point de départ du délai de protection 77 — Époque à laquelle la propriété littéraire et artistique prend fin, 77. — Œuvres faites en commun par plusieurs personnes 79, 87 — Œuvres publiées sous le nom d'une personne morale 80, 87. — Œuvres anonymes, 80, 88 — Législations étrangères, 85. — Convention de Berne, 269 — Convention de Montevideo 280 — Convention franco-portugaise 282. — Convention franco-autrichienne, 282 — Convention franco-espagnole, 284 — Convention franco-savaldorienne, 284. — Convention franco-allemande 285. — Convention franco-italienne, 285 — Convention franco-guatémaltèque, 288. — Conventions entre Costa Rica, l'Équateur et la France, 288.

Durée de la publication 121.

E

Écrits employés comme texte d'une composition musicale Législations étrangères, 74.

Éditeur Ses obligations, 128

Édition Ce qu'il faut entendre par une édition, 120 — Quand l'éditeur qui a acquis le droit de faire plusieurs éditions doit-il connaître une édition nouvelle ? 129.

Encyclopédies Sont-elles protégées 65

Enseignement Ouvrages destinés à l'enseignement 73, 75 — Convention de Berne 274.

Équateur. Reproduction d'extraits d'œuvres littéraires dans des ouvrages destinés à l'enseignement 74. — Reproduction d'œuvres musicales dans l'intérêt de l'enseignement ou du culte, 75 — Durée de la propriété littéraire et artistique 86, 88 — Articles de journaux 170 — Droits des étrangers, 260. — Convention avec la France, 287

Espagne Exécution publique d'une œuvre musicale, 55 — Durée de la propriété littéraire et artistique, 85, 88. — Obligation d'exploiter, 91 — Vente d'une œuvre d'art à l'État, 144. — Œuvres composées de paroles et de musique 153 — Droits des coauteurs 157. — Articles de journaux, 170. — Droits des étrangers 259. — Convention avec la France, 284 — Œuvres posthumes, 307

État Extinction de la propriété littéraire et artistique lorsque la succession est dévolue à l'État 107. — Œuvres des fonctionnaires de l'État 141 — Acquisition d'une œuvre d'art par l'État, 143

États-Unis Durée de la propriété littéraire et artistique, 86. — Droits des étrangers 260.

Étrangers Leurs droits avant le décret du 28 mars 1852, 247 et suiv. Décret du 28 mars 1852 249 et suiv. — Délits qu'il prévoit 250 — Obligation du dépôt, 251. — Le décret du 28 mars 1852 s'applique-t-il aux droits de représentation et d'exécution ? 252. — S'applique-t-il aux œuvres publiées avant sa promulgation ? 253 — Conflits de lois, 254

Exécution d'une œuvre musicale. Est-ce un délit ? 187.

Exportation et expédition d'ouvrages contrefaisants, 250.

Exposition en vente Est-ce un délit ? 183.

Expropriation pour cause d'utilité publique. Législation française, 90 — Législations étrangères 91

F

Facultés inhérentes à la propriété littéraire et artistique Droit d'user d'une œuvre de littérature ou d'art, 44. — Droit qu'a le propriétaire d'une œuvre de littérature ou d'art de transférer à une autre personne les facultés inhérentes à sa propriété 46. — Droit qu'a le propriétaire d'une œuvre de littérature ou d'art de renoncer à sa propriété, 45. — Droit qu'a le propriétaire d'une œuvre de littérature ou d'art d'empêcher qu'une autre personne la détruise, 46. — Droit exclusif qu'a le propriétaire d'une œuvre littéraire ou d'art d'en fabriquer des exemplaires, 46 — Droit qu'a le propriétaire d'une œuvre de littérature ou d'art de s'opposer à l'introduction en France d'exemplaires contrefaits, 46.

Failli L'auteur failli peut-il agir sans l'assistance du syndic à l'occasion d'un fait de contrefaçon ? 217.

Faillite La faillite du publicateur met-elle fin au contrat ? 136

Faits historiques L'historien qui met certains faits en lumière peut-il revendiquer le droit exclusif d'exposer ses découvertes ? 70

Faits réels Les faits réels contenus dans une œuvre littéraire sont-ils appropriables ? 69

Femme mariée. Lorsque l'œuvre qu'il s'agit de publier appartient à une femme mariée l'autorisation du tribunal peut-elle suppléer celle du mari ? 117.

Finlande Architecture 54. — Reproduction d'extraits d'œuvres littéraires dans des ouvrages destinés à l'enseignement 73 75 — Transport d'une œuvre du domaine de l'art plastique dans celui de l'art graphique, 75. — Applications industrielles des œuvres d'art, 75. — Reproductions d'œuvres musicales dans l'intérêt de l'enseignement ou du culte, 75. — Durée de la propriété littéraire et artistique, 85, 88 — Droits des créanciers de l'auteur sur ses œuvres, 165 — Articles de journaux, 170, — Droit de traduction, 171. — Réserve du droit de représentation 171 — Droits des étrangers, 259. — Œuvres posthumes 308

Fondement de la propriété littéraire et artistique, 41

Formalités, 93 et suiv. — Conventions franco-portugaise et franco-autrichienne, 282.

Format, 128

Forme de la publication 120.

Fraudes en matière artistique. Loi du 9 février 1895, 294 et suiv.

G

Gage Application du contrat de gage aux œuvres de littérature ou d'art 168

Garantie Obligation de garantie que contracte l'auteur envers le publicateur, 124 — Une condamnation au paiement de dommages intérêts peut-elle donner lieu à un recours en garantie? 207. — Incompétence des tribunaux correctionnels lorsque le prévenu forme un recours en garantie, 224.

Grande-Bretagne. La propriété intellectuelle en Grande-Bretagne jusqu'à la fin du dix-huitième siècle 15 — Architecture, 54 — Adaptations, 74 — Durée de la propriété littéraire et artistique 87 — Obligation d'exploiter, 92 — Réserve des droits de représentation et d'exécution, 171. — Droits des étrangers, 260.

Gravure. Une gravure est-elle protégée ? 66.

Grèce. Durée de la propriété littéraire et artistique, 86. — Droits des étrangers, 259.

Guatemala. Durée de la propriété littéraire et artistique, 86, 87, 88. — Droit de traduction, 171. — Convention avec la France, 287. — Œuvres posthumes, 307.

Guides Sont-ils protégés ? 65.

H

Hongrie. Reproduction d'extraits d'œuvres littéraires dans des ouvrages destinés à l'enseignement, 73. — Articles de journaux, 74, 170. — Droit de traduction, 74, 171. — Reproduction d'un écrit employé comme texte d'une composition musicale, 74. — Reproduction des œuvres d'art exposées en public, 75 — Reproduction d'œuvres musicales dans l'intérêt de l'enseignement ou du culte, 75. — Durée de la propriété littéraire et artistique, 85, 87 88. — Nombre des éditions que peut publier l'éditeur, 120 — L'éditeur a-t-il le droit de traduction ? 121. — Changements, 127 — Prix des exemplaires, 128. — Nombre des exemplaires, 128. — L'éditeur, qui a acquis le droit de faire plusieurs éditions, est-il tenu d'entreprendre une édition nouvelle lorsque l'ouvrage est épuisé? 129 — Somme due à l'auteur par le publicateur, 132. — Faillite de l'éditeur, 136. — La vente sans réserve d'une œuvre d'art emporte-t-elle aliénation du droit d'édition ? 145 — Droit qu'a chacun des coauteurs de disposer de l'œuvre commune, 157. — Droits des créanciers de l'auteur sur ses œuvres, 165 — Réserve du droit d'exécution, 171 — Droits des étrangers, 258. — Œuvres posthumes 308.

I

Idées générales. Les idées générales contenues dans une œuvre littéraire sont-elles appropriables? 69.

Indicateurs des chemins de fer. Sont-ils protégés ? 63

Indivision La règle *Nul n'est tenu de demeurer dans l'indivision* s'applique-t-elle aux œuvres de littérature ou d'art? 162.

Informations. Les informations sont-elles objet de propriété ? 70

Injonctions et défenses, 205

Instruments de musique mécaniques Commentaire de la loi du 16 mai 1866, 47. — Bandes de carton perforé 48. — Législations étrangères 54. — Convention de Berne, 271.

Intérêt Application de la règle suivant laquelle l'intérêt est la mesure des actions, 216.

Introduction en France Éléments du dé it, 184 et suiv.

Inventeurs. L inventeur a seul le droit de se dire l auteur de son invention et d en être dit l'auteur, 294.

Italie Domaine public payant 55 — Ai t clos de journaux, 74, 170. — Durée de la propriété littéraire et ai t stique, 86 — Expropi ation pour cause d'utilité pub que, 91 — Œuvres composées de paroles et de musique, 153. — Di oit qu a chacun des coauteurs de disposer de l œuvre commune, 157. — Di oits des créa iciers de l'auteur sur ses œuvres, 165. — Une œuvre d oi igine italienne est-elle en France l objet d un droit exclusif alors qu'en Italie elle peut être reproduite moyennai t une redevance? 256 — Convention avec la France, 285 — Di o ts des étrangers, 260.

J

Japon. Reproduction d extraits d œuvres littéraires dans des ouvrages destinés à l enseignement, 74. — Articles de journaux 74, 170 — Reproduction d'un écrit employé comme texte d une composition musicale 74. — Transport d une œuvre du domaine de l'ai t plastique dans celui de l ai t graphique, 75 — Reproduction des œuvres d'ai t exposées en pub ic, 75. — Durée de la propriété littéraire et artist que, 85, 88 — Di oit a chacun des coauteurs de disposer de l œuvre commune, 157. — Enregistrement des mutations 167. — Di oits des étrangers, 260. — Œuvres posthumes, 308.

Jugement Mission du juge au correctionnel, 239. — Mission du juge au civil, 239 — Dépens, 239. — Motifs 240.

L

Lecture publique Est-ce un délit? 187

Lettres missives Sont-elles protégées? 62 — L auteur d une lettre a seul le droit de la communiquer à autrui, 293

Lieu choisi pour servir de cadre à une œuvre dramatique. Est-ce une œuvre protégée? 60.

Lieu de la publication, 121

Liquidation judiciaire. Un écrivain, qui est en état de liquidation judiciaire, peut-i , sans l assistance de l quidateur, conclure un compromis relatif à u i procès dans lequel il revendique contre un autre écrivain la qualité de collaborateur ? 217.

Livres de prières Sont-ils protégés? 64. — Droit de police qui appartient aux évêques d après le décret du 7 germinal an XIII, 64

Livrets d ouvriers. Sont-ils protégés ? 64

Location d un exemplaire contrefait Est-ce un délit? 184

Loi nouvelle Lorsque la propriété littéraire et ai t stique reçoit une extension nouvelle par l effet d un changement dans la lég slation, le bé néfice e ce changement doit-il être att ibué à l auteur et à ses héritiers ou au publicateur? 122

Lois décrets et arrêtés. Est il permis de les reproduire? 79

Louage de choses Ana ogie e tre le louage de choses et le contrat ce publication, 114 — Du louage de choses appliqué aux œuvres de littérature ou d ai t, 147

Luxembourg Reproduction d œuvres littéraires dans des ouvrages destinés à l enseignement 73. — Ai t cles de journaux 74 170 — Droit de traduction, 74. — Durée de la propriété littéraire et artistique, 85, 87, 88. — L'éditeur peut-il faire des changements? 127. — Œuvres composées de paroles et de musique, 153 — Droits des coauteurs, 157 — Droits des créa iciors de l auteur sur ses œuvres 165 — Réserve du droit d'exécution 171

M

Machine de théâtre Est-ce une œuvre protégée? 60.

Mains de passe 132.

Mandat. Du mandat appliqué aux œuvres de littérature ou d art, 147

Marion Sa t éorie de la propriété intellectuelle, 7.

Mesures douanières, 204

Mexique Exécution publique d'une œuvre musicale, 55. — Reproduction d extraits d'œuvres littéraires dans des ouvrages t destinés à l'enseignement, 73. — Articles de journaux, 74. — Transport d'une œuvre du domaine de l'art plastique dans celui de l'art graphique, 75 — Applications industrielles des œuvres d art 75 — Durée de la propriété littéraire et artistique, 85, 87. — Expropriation pour cause d utilité publique, 91. — Acquisition de la propriété littéraire et artistique par prescription, 161 — Droit de traduction, 171. — Droits des étrangers, 259. — Convention avec la France 262. — Œuvres posthumes, 308

Michel Chevalier. Ses attaques contre la propriété des inventions, 19

Mise en scène Qui la règle? 130

Modes de publication Différents modes de publication 45. — Le droit que le contrat de publication confère au publicateur peut être limité quant au mode de publication, 118.

Monaco Instruments de musique mécaniques, 51 — Exécution publique d une œuvre musicale 55. — Articles de journaux 74. — Durée de la propriété littéraire et artistique, 85, 87, 88 — Œuvres composées de paroles et de musique, 153. — Droits des coauteurs, 157. — Droits des créanciers de l'auteur sur ses œuvres, 165. — Articles de journaux, 170. — Réserve du droit d exécution, 171. — Droits des étrangers, 259. — Convention avec la France, 262 — Œuvres posthumes, 308.

Motifs. Cassation pour défaut de motifs, 240. — Contradiction dans les motifs, 240

Moulage. Est-il protégé? 58

N

Nombre des éditions Combien d éditions peut faire l éditeur, si le contrat est muet? 119.

Nombre des exemplaires Lorsque le contrat est muet, combien d'exemplaires peut comprendre chaque édition? 120.

Nombre des représentations. Jusqu à quand les représentations doivent-elles êtres poursuivies? 131

Nom de l'auteur. L'ouvrage doit paraître sous le nom de l auteur, 129. — Le nom de l auteur doit être livré au public à la fin de la première représentation et figurer sur les affiches ultérieures, 131. — Les coauteurs ont le droit d'exiger que l'œuvre à laquelle ils ont participé soit publiée sous leur nom, 157. — Fraudes relatives au nom de l auteur, 294.

Norvège. Reproduction d extraits d œuvres littéraires dans des ouvrages destinés à l'enseignement ou au culte, 73. — Reproduction d'un écrit employé comme texte d'une composition musicale, 74. — Reproduction des œuvres d art exposées en public, 75. — Durée de la propriété littéraire et artistique, 85, 88. — Nombre des éditions que peut publier l'éditeur, 120. — Nombre des exemplaires, 120 — L éditeur a-t-il le droit de traduction? 121. — Changements, 127 — Œuvres composées de paroles et de musique, 153. — Nécessité du consentement de tous les coauteurs pour la publication de l œuvre commune, 156. — Droits des créanciers de l auteur sur ses œuvres, 165 — Articles de journaux, 170. — Droits des étrangers, 259. — Conventions avec la France, 262.

Notices Sont-elles protégées? 64.

Nouveauté Une œuvre de littérature ou d art n'est appropriable qu'au cas et que dans la mesure où elle est nouvelle, 64.

O

Objet de la propriété littéraire et artistique, 56 et suiv

Obligation d exploiter. Législation française, 90 — Législations étrangères, 91.

Œuvres anonymes Durée de la propriété littéraire et artistique, 80. — L'auteur d'une œuvre anonyme doit-il être réputé en faire abandon au domaine public? 169 — Convention de Berne, 277.

Œuvres artistiques Œuvres protégées, 66 et suiv.

Œuvres chorégraphiques. Œuvres protégées, 68. — Convention franco-italienne, 286.

Œuvres collectives. Durée de la propriété littéraire et artistique, 79, 87. — Coauteurs et coopérateurs, 100. — Œuvres collectives divisibles ou indivisibles, 101. — Œuvres collectives qui ne sont pas faites en commun par les coauteurs, 102 — Vente consentie au directeur d'une publication collective, 141. — Œuvres collectives composées en collaboration, 151 et suiv.

Œuvre future. Le contrat de publication peut-il avoir pour objet une œuvre future? 115. — Le contrat prend-il fin si l'auteur meurt avant d avoir achevé son travail? 135

Œuvres inédites. Sont-elles susceptibles d aliénation forcée? 162. — Elles sont dispensées du dépôt, 218.

Œuvres littéraires. Œuvres protégées, 62 et suiv.

Œuvres musicales. Œuvres protégées, 67.

Œuvres posthumes. La Convention de Berne s'applique aux œuvres posthumes, 267. — Fondement du droit qui appartient au publicateur d'une œuvre posthume, 300 — Œuvres auxquelles s'applique la législation des œuvres posthumes, 300. — Droits reconnus au publicateur, 302. — A quelles conditions le publicateur peut revendiquer un droit exclusif, 302 Durée, 303 — Obligation imposée au publicateur, 304. — De la distinction à faire entre le droit du publicateur et la propriété littéraire et artistique, 306. — Conflit entre la propriété littéraire et artistique et le droit du publicateur, 306. — Conflit entre le droit du publicateur et le droit qui appartient à tout auteur de s'opposer à la publication de son œuvre, 307. — Legislations étrangères, 307.

Œuvres publiées sous un pseudonyme Durée de la propriété littéraire et artistique d après les lois étrangères, 88.

Offres libératoires. Le défendeur, qui se reconnaît débiteur d une certaine somme à titre de dommages intérêts, peut-il faire des offres libératoires? 207.

Ordre dans lequel les pièces doivent être jouées, 130.

Original. La vente sans réserve de l original emporte-t-elle aliénation du droit d'édition? 142.

P

Parodie. Est-elle licite? 71.

Pays-Bas Droit de traduction, 74, 171. — Durée de la propriété littéraire et artistique, 86. — Droits des créanciers de l'auteur sur ses œuvres, 165. — Articles de journaux, 170 — Réserve des droits de représentation et d exécution, 171. — Convention avec la France, 284.

Peine. Quelles sont les pénalités infligées en cas d'atteinte à la propriété littéraire et artistique, 194.

Pérou. Durée de la propriété littéraire et artistique, 85. — Expropriation pour cause d'utilité publique, 91 — Œuvres posthumes, 308.

Personnes morales. Durée de la propriété des œuvres publiées sous le nom d une personne morale, 80, 87. —

Photographie. Les œuvres photographiques sont-elles protégées? 59. — Législations étrangères, 88. — Vente d'un portrait photographique, 145. — Convention de Berne, 272, 276. — Convention franco-italienne, 286.

Picard. Sa théorie de la propriété intellectuelle, 33.

Pièce reçue à correction, 110.

Pierre lithographique. Effets de la vente d une pierre lithographique, 145.

Plagiat. En quoi il consiste, 296

Plaidoyers consultations et mémoires. Peuvent-ils être reproduits? 73.

Planche gravée. Effets de la vente d'une planche gravée, 145.

Plans. Sont-ils protégés? 64, 67.

Plan d un canal. Est-ce une œuvre protégée? 61.

Poinçon. Effets de la vente d'un poinçon 145.

Portrait. Lorsqu'une personne achète son propre portrait, faut-il présumer que le droit d édition lui est cédé? 143 — Commande d un portrait photographique, 145. — Contrat par lequel un peintre s'engage à exécuter un portrait, 146.

Portugal. Articles de journaux, 74. — Durée de la propriété littéraire et artistique, 85. — Expropriation pour cause d'utilité publique, 91. — L'éditeur peut-il faire des changements ? 127. — Imprescriptibilité de la propriété littéraire et artistique, 161. — Droits des étrangers, 259. — Convention avec la France, 282. — Œuvres posthumes, 308.

Préjudice. Pour que le droit de l'auteur soit lésé, est-il nécessaire qu'il éprouve un préjudice ? 174.

Première représentation. Qui en fixe la date ? 130.

Prescription. La propriété littéraire et artistique s'acquiert-elle par prescription ? 160. — Prescription des actions 241 et suiv. — Durée de la prescription, 241. — Point de départ du délai de prescription, 242 et suiv. — Interruption de la prescription, 245.

Preuve. Ce que doit prouver le demandeur dans un procès engagé à l'occasion d'une atteinte portée à la propriété littéraire et artistique, 227 — Moyens de preuves par lesquels le demandeur établit son droit, 228. — Contrats concernant le droit de représentation, 229. — Moyens de preuve par lesquels le demandeur établit l'atteinte portée à son droit 230 — Un procès-verbal de constat, dressé par un huissier, peut-il servir à établir la contrefaçon ? 230. — Le président du tribunal peut-il, sur la demande de la partie lésée commettre l'huissier qui fera le constat ? 231. — Saisie opérée par le ministère public ou le juge d'instruction 231. — Saisie des objets contrefaits, 232 et suiv. — Saisie des recettes, 237. — Convention de Berne, 277.

Privilèges. Privilèges accordés aux écrivains, 6, 11, 13.

Privilège des auteurs sur la recette du théâtre où leur pièce est jouée, 132

Production d'une œuvre littéraire et artistique, 99.

Proudhon Son ouvrage sur *Les majorats littéraires,* 18

Procédé mécanique. La reproduction d'une œuvre de sculpture par un procédé mécanique est-elle une œuvre protégée? 59

Productions orales. Sont-elles protégées ? 57.

Projet d'une œuvre littéraire ou

artistique. Idée de tirer une pantomime d'un roman, 60. — Idée d'étendre à la France entière la rédaction d'une chronique, 60. — Idée de donner dans un journal le résumé de certains renseignements, 60.

Programmes de courses, programmes de théâtres. Sont-ils protégés ? 64.

Pronostics de courses Sont-ce des œuvres protégées ? 63.

Propriété des exemplaires. Conflit entre la propriété des exemplaires et la propriété littéraire et artistique, 54.

Prospectus. Sont-ils protégés? 65.

Publication Obligation de publier que contracte le publicateur, 125.

Publication du jugement, 207.

Publicité. La représentation l'exécution, l'exposition, la lecture et la récitation sont permises à tous, lorsque ce sont des faits d'ordre privé, 29. — Gratuité de la publication, 30. — Cas où la publication a lieu par esprit de bienfaisance, 30.

Publicité des mutations, 167.

Q

Qualité. Application de la règle : *Nul en France ne plaide par procureur,* 216.

R

Rapports Les rapports présentés dans les assemblées délibérantes peuvent-ils être reproduits? 73.

Remaniement d'une méthode de piano Est-ce une œuvre protégée ? 68

Remise à la partie lésée des objets confisqués, 200, 206

Remise de l'œuvre à publier, 123.

Remise d'exemplaires à l'auteur. L'éditeur est-il tenu de remettre gratuitement des exemplaires à l'auteur? 132.

Renouard. Sa théorie de la propriété intellectuelle. 31.

Répétitions. Qui en fixe le nombre et les heures? 130.

Représentation illicite Éléments du délit, 186.

Reproduction des œuvres d'art exposées en public. Législations étrangères 75.

Reproduction d'une œuvre artistique dans le corps d'un écrit. Législations étrangères, 75.

Reproduction d'une œuvre artistique par un art différent. Législations étrangères, 75, 88. — Législation française, 177.

Reproduction partielle Quand constitue-t-elle une atteinte à la propriété littéraire et artistique? 176

République Sud-Africaine. Droit de traduction, 74, 171. — Durée de la propriété littéraire et artistique, 86. — Droits des créanciers de l'auteur sur ses œuvres 165 — Articles de journaux, 170 — Réserve des droits de représentation et d'exécution 171.

Résiliation du contrat de publication La volonté unilatérale de l'auteur peut-elle rompre l'accord conclu? 137

Retrait d'une pièce reçue. Quand l'auteur peut-il retirer sa pièce ? 131

Révision d'un texte. Est-ce une œuvre protégée? 58.

Roumanie. Droits des étrangers, 259. — Convention avec la France, 262.

Russie. Reproduction d'extraits d'œuvres littéraires dans des ouvrages destinés à l'enseignement ou au culte, 73. — Droit de traduction, 74, 171 — Transport d'une œuvre du domaine de l'art plastique dans celui de l'art graphique, 75. — Applications industrielles des œuvres d'art, 75. — Durée de la propriété littéraire et artistique, 85 — Ouvrages faits sur commande ou vendus à l'État, 144. — Droits des créanciers de l'auteur sur ses œuvres, 165. — Réserve du droit d'exécution, 171 — Droits des étrangers, 260. — Œuvres posthumes, 308.

S

Saisie des objets contrefaits Qui est chargé d'opérer la saisie, 232 . — Ce que doit rechercher le magistrat

requis de procéder à la saisie, 232 — Objet de la saisie, 233, 235. — Un titre écrit, constatant une autorisation formelle, met-il obstacle à la saisie? 233. — Où doit être effectuée la saisie, 235. — Procès-verbal de saisie, 236. — Convention de Berne 278.

Saisie des recettes Ce qu'elle prouve, 238 — Qui est chargé d'y procéder, 238.

Salvador. Durée de la propriété littéraire et artistique, 85, 88. — Obligation d'exploiter, 91. — Convention avec la France, 284

Secret de la vie privée Conflit entre la propriété littéraire et artistique et le respect dû au secret de la vie privée, 49. — Droit de représenter une œuvre dramatique, d'exécuter une œuvre musicale d'exposer une œuvre artistique, de lire et de réciter une œuvre littéraire, quand il s'agit d'un fait d'ordre privé, 50. — Droit qu'a chacun de reproduire une œuvre pour son instruction ou son plaisir, ou pour faire un cadeau à un ami, 50. — Droit qu'a l'auteur d'une œuvre de la tenir secrète, 293

Société. Analogie entre la société et le contrat de publication, 114. — Du contrat de société appliqué aux œuvres littéraires ou artistiques, 148 et suiv.

Société des auteurs, compositeurs et éditeurs de musique Son organisation et ses droits, 150. — Application de la règle : *Nul en France ne plaide par procureur*, 216.

Société des auteurs et compositeurs dramatiques Son organisation et ses droits, 149. — Application de la règle : *Nul en France ne plaide par procureur*, 216.

Société des gens de lettres Contrats qu'elle passe avec les directeurs de journaux et de revues, 147 — Son organisation et ses droits, 148.

Sociétés de coauteurs Éléments du contrat, 151 — Répartition des bénéfices et des pertes, 154. — Administration, 154. — Fin du contrat, 158 — Lorsque l'un des coauteurs dispose de la part des autres, commet-il une lésion de propriété? 180. — Le publicateur qui met au jour l'œuvre commune sans obtenir l'assentiment de tous les coauteurs porte-t-il atteinte à leurs droits? 180,

Sociétés entre auteurs et éditeurs, 151.

Solidarité entre les personnes condamnées à raison d'un même fait, 208.

Sommaires d arrêts Sont-ils protégés? 64.

Somme due à l'auteur par le publicateur, 131

Successions Droit du conjoint survivant 104. — Extinction de la propriété littéraire et artistique lorsque la succession est dévolue à l'État 108. — Combinaison de la loi du 14 juillet 1866 avec celle du 9 mars 1891, 119.

Suède. Reproduction d extraits d œuvres littéraires dans des ouvrages destinés à l enseignement ou au culte, 73. — Articles de journaux, 74, 170. — Applications industrielles des œuvres d art, 75. — Durée de la propriété littéraire et artistique, 85, 87, 88. — Nombre des éditions que peut publier l éditeur, 120 — Nombre des exemplaires, 120 — Œuvres d art vendues à l État ou à une corporation, 144 — Œuvres composées de paroles et de musique, 153. — Nécessité du consentement de tous les coauteurs pour la publication de l'œuvre commune, 156 — Droits des créanciers de l auteur sur ses œuvres, 165 Droit de traduction, 171. — Réserve des droits de représentation et d'exécution, 171. — Droits des étrangers, 258 — Conventions avec la France, 262 — Œuvres posthumes 308

Suisse Instruments de musique mécaniques, 54. — Exécution publique d une œuvre musicale 55 — Obligation pour l'auteur d inscrire sur sa pièce ou sa composition musicale les conditions auxquelles il en permettra l exécution ou la représentation 55. — Défense à l auteur de demander pour la représentation ou l'exécution plus de deux pour cent, 55. — Reproduction d œuvres littéraires dans des ouvrages destinés à l enseignement, 73 75. — Articles de journaux, 74, 170 — Reproduction d œuvres musicales dans l intérêt de l enseignement ou du culte, 75. — Durée de la propriété littéraire et artistique, 85, 88. — Nombre des éditions, 120. — L'éditeur a-t-il le droit de traduction? 121. — Articles publiés dans un recueil périodique, 121. — Changements, 127 — Prix des exemplaires,

128. — Nombre des exemplaires, 128. L'éditeur, qui a acquis le droit de faire plusieurs éditions, est-il tenu d'entreprendre une édition nouvelle, lorsque l ouvrage est épuisé? 129. — Somme due à l auteur par le publicateur, 132. — Comptes dus par l od tour à l auteur, 133 — l ai lité de l éditeur, 136. — La vente sans réserve d'une œuvre d art emporte-t-elle aliénation du droit d édition? 145. — Droits des étrangers, 258. — Œuvres posthumes, 308.

Sujet d une œuvre d'imagination. Est-il protégé ? 65

T

Tableaux synoptiques. Sont-ils protégés? 64.

Tables des matières Sont-elles protégées? 64.

Tentative. Est-elle punissable? 190.

Théories de la propriété intellectuelle. Assimilation de la propriété intellectuelle à la propriété des choses matérielles, 29. — Théorie de Renouard, 31. — Théorie suivant laquelle e droit de l'auteur est une forme particulière de sa liberté personnelle, 33. — Théorie suivant laquelle la propriété intellectuelle est un droit d une nature spéciale, 33

Théorie scientifique. Le savant qui développe une théorie scientifique peut-il revendiquer le droit exclusif d exposer sa découverte ? 70.

Titre. Un simple titre est-il objet de propriété littéraire? 69. — Un titre peut être l'objet d un droit exclusif en tant qu il sert à désigner l objet auquel il s applique, 69.

Traductions. Sont-elles protégées ? 65. — Législations étrangères, 74, 88, 171. — Droits de l éditeur, 121. — Le traducteur porte-t-il atteinte au droit de l'auteur? 177. — Le droit de traduction d après la Convention de Berne, 275. — Conventions franco-portugaise et franco-autrichienne, 283. — Conventions franco-salvadorienne et franco-espagnole, 284 — Conventions franco-allemande et franco-italienne, 286. — Conventions entre le Guatémala, Costa Rica, l Équateur et la France, 288.

Traité diplomatique. Lorsque la propriété littéraire et artistique reçoit une extension nouvelle par l'effet d'un traité diplomatique, le bénéfice de cette extension doit-il être attribué à l'auteur et à ses héritiers ou au publicateur ? 123.

Transmissibilité des droits et obligations du publicateur, 133 et suiv

Tunisie. Instruments de musique mécaniques, 54. — Durée de la propriété littéraire et artistique, 85. — — Articles de journaux, 170.

Turquie. Durée des privilèges, 86. — Expropriation pour cause d'utilité publique, 91.

U

Usufruit d une œuvre littéraire ou artistique Comment s'acquiert l'usufruit d une œuvre littéraire ou artistique, 51. — Droit du conjoint survivant, 51 — Droits de l usufruitier 52 — Obligations de l'usufruitier, 53. — L'usufruitier peut-il poursuivre les contrefacteurs ? 216.

V

Valeur. L'œuvre littéraire ou artistique peut constituer une valeur, 42. — Une œuvre n'est appropriable qu'au cas et que dans la mesure où elle constitue une valeur, 68.

Vénézuela. Durée de la propriété littéraire et artistique, 85, 88. — L éditeur peut il faire des changements ? 127 — Droits des étrangers, 259.

Vente. Analogie entre la vente et le contrat de publication, 113. — Vente d une œuvre littéraire ou artistique, 141 et suiv.

Vente au rabais. L'éditeur peut-il vendre au rabais des exemplaires de l œuvre éditée ? 129.

Violation du contrat Il faut distinguer la faute contractuelle de l'atteinte portée à la propriété littéraire et artistique, 179.

Vue d ensemble. Un artiste peut-il reproduire une œuvre d art, quand cette œuvre est comprise dans une vue d'ensemble qu'il prend pour sujet ? 72.

TABLE DES MATIÈRES

INTRODUCTION

De l'évolution du droit en matière de propriété intellectuelle.

CHAPITRE PREMIER
Des origines jusqu'à la fin du dix-huitième siècle.

Pages.

1. Date récente à laquelle est apparue l'idée de la propriété intellectuelle. — **2.** Causes de ce retard. — **3.** Essor des sciences et de l'industrie à la fin du moyen-âge. — **4.** Apparition de l'idée de propriété intellectuelle. — **5.** OEuvres littéraires. — **6** OEuvres dramatiques. — **7.** Compositions musicales. — **8.** OEuvres artistiques. — **9.** Inventions. — **10.** Art industriel. — **11.** Pays étrangers. — **12** Droit international — **13.** Résumé.   1

CHAPITRE II
De la fin du dix-huitième siècle jusqu'à nos jours.

14 Essor de la science depuis le dix-huitième siècle; ses conséquences. — **15** Discussion du principe de la propriété intellectuelle. — **16** Deux périodes dans l'histoire de la législation. — **17.** Lois sur la propriété littéraire et artistique. — **18.** Lois sur les brevets d'invention. — **19.** Lois sur les dessins et modèles industriels. — **20.** OEuvre de la jurisprudence. — **21.** Diverses théories de la propriété intellectuelle. — **22.** Evolution du droit à l'étranger. — **23.** La propriété intellectuelle au point de vue international — **24** Résumé.   17

PROPRIÉTÉ LITTÉRAIRE ET ARTISTIQUE

LIVRE PREMIER
Éléments constitutifs de la propriété littéraire et artistique.

CHAPITRE PREMIER
Fondement de la propriété littéraire et artistique.

Pages

25. Fondement de la propriété littéraire et artistique au point de vue théorique. — **26** Droit positif **41**

CHAPITRE II
Facultés inhérentes à la propriété littéraire et artistique.

27. Les textes. — **28.** Définition des facultés inhérentes à la propriété littéraire et artistique — **29.** Instruments de musique mécaniques. — **30.** Restrictions à la propriété littéraire et artistique qui résultent d'un conflit entre cette propriété et d'autres droits. — **31.** Usufruit d'une œuvre de littérature ou d'art. — **32.** Législations étrangères. **44**

CHAPITRE III
Objet de la propriété littéraire et artistique.

33. Les textes. — **34.** La protection légale s'applique-t-elle aux productions orales et aux photographies? — **35.** Art industriel. — **36.** Principes — **37.** La propriété littéraire et artistique a pour objet les œuvres de littérature ou d'art, caractères qui distinguent ces œuvres. — **38.** De la distinction à faire entre l'œuvre et la chose qui en est l'expression matérielle. — **39.** Une œuvre de littérature ou d'art n'est appropriable qu'au cas et que dans la mesure où elle est nouvelle. — **40** Une œuvre de littérature ou d'art n'est appropriable qu'au cas et que dans la mesure où elle constitue une valeur. — **41.** Restrictions à la propriété littéraire et artistique — **42.** Législations étrangères **55**

CHAPITRE IV
Durée de la propriété littéraire et artistique

43. Les textes — **44.** Quand la propriété littéraire et artistique prend-elle naissance? — **45** Quand la propriété littéraire et artis-

Pages.

tique prend-elle fin? — **46** Appréciation de la législation française. — **47**. Durée de la propriété littéraire et artistique lorsqu'il s agit d'une œuvre faite en commun par plusieurs personnes, d'une œuvre anonyme, d'une œuvre publiée sous le nom d'une personne morale ou d une association, ou lorsque l auteur est absent. — **48**. A quelles œuvres profitent les lois qui étendent la durée de la propriété littéraire et artistique? — **49**. Législations étrangères   76

CHAPITRE V

De l'expropriation pour cause d utilité publique et de l'obligation d exploiter.

50. Législation française. — **51** Législations étrangères. . . .   90

CHAPITRE VI

Formalités.

52. De l'utilité de certaines formalités. — **53**. Du dépôt , les textes. — **54** Caractère du dépôt. — **55**. Législations étrangères   93

CHAPITRE VII

Caractères juridiques de la propriété littéraire et artistique.

56. Différentes classifications des droits, comment se classe la propriété littéraire et artistique   97

LIVRE DEUXIÈME

De l'acquisition et de la perte de la propriété littéraire et artistique.

TITRE PREMIER

DES DIFFÉRENTES MANIÈRES D'ACQUÉRIR LA PROPRIÉTÉ LITTÉRAIRE ET ARTISTIQUE

CHAPITRE PREMIER

De la production d'une œuvre littéraire ou artistique.

57. La propriété littéraire et artistique s acquiert par la production d'une œuvre de littérature ou d'art, œuvres collectives. — **58**. Caractère divisible ou indivisible des œuvres collectives. — **59**. Œuvres collectives qui ne sont pas le fruit d'un travail fait en commun.   99

CHAPITRE II
Des successions.

Pages.

60. Loi du 14 juillet 1866. — **61.** Première dérogation au droit commun : droit du conjoint survivant. — **62.** Deuxième dérogation au droit commun ⋅ l'État n'est pas admis à succéder. — **63.** Appréciation de cette législation   104

CHAPITRE III
De l'acquisition de la propriété littéraire et artistique par l'effet des conventions.

SECTION 1
Du contrat de publication.

Article 1er. Éléments essentiels du contrat — **64.** Définition du contrat — **65.** Éléments essentiels ou naturels du contrat — **66.** Variétés du contrat   111

Article 2. Caractères du contrat. — **67.** Énumération des caractères du contrat   112

Article 3. Objet du contrat. — **68.** Œuvres contraires aux bonnes mœurs ou à l'ordre public. — **69.** Œuvres futures. — **70.** Le publicateur a-t-il le droit de refuser l'œuvre qu'il a commandée ? — **71.** Pièces reçues à correction   114

Article 4. Capacité requise pour traiter avec le publicateur. — **72.** — Le contrat de publication est-il un acte d'administration ou un acte de disposition ? — **73.** Lorsque l'œuvre qu'il s'agit de publier appartient à une femme mariée, l'autorisation du tribunal peut-elle suppléer celle du mari ?   116

Article 5. Droits du publicateur. — **74.** Nature du droit que le contrat confère au publicateur; application de l'article 1162 du Code civil. — **75.** Le droit du publicateur est limité ou illimité; limitations qu'il peut recevoir. — **76.** Lorsque la propriété littéraire et artistique reçoit une extension nouvelle par l'effet d'un changement dans la législation, le bénéfice de ce changement doit-il être attribué à l'auteur et à ses héritiers ou au publicateur ? Même question, quand des traités diplomatiques modifient le régime applicable aux œuvres de littérature ou d'art   118

Article 6. Obligations de l'auteur. — **77.** Double obligation contractée par l'auteur. — **78.** A. Obligation de remettre au publicateur l'œuvre qui fait l'objet du contrat. — **79.** B. Obligation de garantie   123

Article 7. Obligations du publicateur. — **80.** Triple obligation contractée pour le publicateur. — **81.** A. Obligation de publier l'œuvre qui fait l objet du contrat. — **82**. Obligations spéciales à l'éditeur. — **83**. Obligations spéciales au directeur de théâtre. — **84**. B. Obligation de payer à l auteur une somme d'argent. — **85**. C. Obligation de rendre des comptes à l auteur   123

Article 8. Transmissibilité des droits et obligations du publicateur. — **86** Dans quelle mesure les droits du publicateur sont transmissibles. — **87**. Dans quelle mesure ses obligations sont transmissibles   133

Article 9. Fin du contrat. — **88**. Cas de force majeure. — **89**. Mort de l auteur. — **90**. Faillite du publicateur. — **91**. Le contrat peut-il prendre fin par la volonté de l'auteur?   135

SECTION II

Des conventions autres que le contrat de publication, qui ont rapport aux œuvres de littérature ou d art.

Article 1er. Des donations — **92** Une œuvre littéraire ou artistique peut-elle faire l objet d un don manuel?   137

Article 2. Du contrat de mariage. — **93**. La propriété littéraire et artistique tombe-t-elle dans la communauté?   138

Article 3. De la vente — **94**. Exemples. — **95**. Publications collectives. — **96**. Œuvre exécutée par une personne dans l exercice de ses fonctions. — **97**. La vente sans réserve d'une œuvre d'art emporte-t-elle aliénation du droit d édition? — **98**. Vente d une planche gravée. — **99**. Vente d un portrait photographique. — **100**. Du contrat passé entre un portraitiste et son modèle.   141

Article 4. Du louage de choses. — **101**. Contrats conclus par la Société des gens de lettres   147

Article 5. Du mandat — **102**. Exemple. — **103**. L'auteur fait-il acte de commerce?   147

Article 6. De la société. — **104**. A. Société des gens de lettres, Société des auteurs et compositeurs dramatiques; Société des auteurs, compositeurs et éditeurs de musique — **105** B. Sociétés entre auteurs et éditeurs. — **106**. C. Sociétés de coauteurs Éléments essentiels du contrat. — **107**. Répartition des bénéfices et des pertes. — **108**. Administration. — **109**. Fin du contrat.   149

Article 7. Du gage. — **110** Application des articles 2075 et 2076 du Code civil   158

CHAPITRE IV

De la prescription acquisitive.

111. La propriété littéraire et artistique s'acquiert-elle par prescription? — **112** Appréciation de la législation française; lois étrangères   160

CHAPITRE V

De l'aliénation forcée.

Pages

113. Principe. — **114** Application; droits des créanciers de
l'auteur 162

CHAPITRE VI

De la publicité à donner aux mutations.

115. Nécessité de la publicité des mutations. — **116** Législations étrangères 167

TITRE II

DE LA PERTE DE LA PROPRIÉTÉ LITTÉRAIRE ET ARTISTIQUE

117. Comment se perd la propriété littéraire et artistique. —
118. Abandon du droit. — **119.** Législations étrangères 168

LIVRE TROISIÈME

Des atteintes qui peuvent être portées à la propriété littéraire et artistique et des moyens légaux d'y mettre obstacle

CHAPITRE PREMIER

Des atteintes qui peuvent être portées à la propriété littéraire et artistique

SECTION I
Des atteintes qui peuvent être portées à la propriété littéraire et artistique en général

120. Éléments constitutifs de la lésion. — **121.** A. Il faut qu'il s'agisse d'un droit de propriété littéraire et artistique — **122.** B. Il faut que le droit dont il s'agit soit exercé. — **123.** C. Il faut que le droit dont il s'agit soit exercé par une personne autre que celui qui en est le sujet véritable. — **124.** D. Il faut que le droit dont il s'agit soit exercé sans l'assentiment de celui qui en est le sujet véritable 173

SECTION II
Des atteintes à la propriété littéraire et artistique qui constituent des infractions à la loi pénale

Article 1er. Élément matériel de l'infraction. — **125.** Les textes. —
126 A. Contrefaçon. — **127.** B. Débit — **128.** C Introduction. —
129. D. Représentation illicite. — **130.** E Faits de complicité. —
131. De la tentative. 181

Pages

*Article 2 Élément moral de l'infraction —***132** En quoi consiste
l'intention coupable . . . . , ...   491

CHAPITRE II
Des moyens légaux de mettre obstacle aux atteintes qui peuvent être portées à la propriété littéraire et artistique.

SECTION I
Mesures préventives

133 Énumération des mesures préventives —**134.** A. Peine.—**135**
B Confiscation des exemplaires contrefaits et des instruments de la
contrefaçon. — **136.** C. Destruction des exemplaires contrefaits et des
instruments de la contrefaçon. — **137.** Appréciation de la législation
française — **138.** D Saisie. — **139.** E Mesures douanières. — **140**
I' Injonctions et défenses. . . . . '   194

SECTION II
Mesures réparatives

141. Enumération des mesures réparatives. —**142.** A. Remise des
objets confisqués et allocation d'une indemnité pécuniaire. — **143.**
B. Publication du jugement . . . . ʳ   206

SECTION III
De la solidarité entre les personnes condamnées à raison d'un même fait

144. Application de l'article 55 du Code pénal   208

LIVRE QUATRIÈME
Des actions.

CHAPITRE PREMIER
Conditions requises pour agir en justice à l'occasion des atteintes qui peuvent être portées à la propriété littéraire et artistique.

145. Énumération des conditions requises pour agir en justice. —
146. A. Droit — **147.** B. Intérêt. — **148.** C Qualité. — **149.**
D Capacité et pouvoir. — **150.** E. Dépôt   241

CHAPITRE II
Compétence.

151. Application du droit commun. —**152.** Appel en garantie au
correctionnel. — **153.** Moyens de défense opposés par le prévenu —
154. Compétence des tribunaux de commerce. — **155.** Compétence
de la Cour de cassation.   223

CHAPITRE III
De la preuve.

Pages

156 Ce que doit prouver le demandeur. — **157.** Moyens de preuve par lesquels le demandeur établit son droit. — **158.** Moyens de preuve par lesquels le demandeur établit l'atteinte portée à son droit; application du droit commun. — **159.** Moyens de preuve qu'admet le droit spécial. — **160.** A. Saisie des objets contrefaits. — **161.** B. Saisie des recettes   227

CHAPITRE IV
Jugement

162 Différentes parties des jugements. — **163.** A. Solution de la question débattue devant le juge. — **164.** B Attribution des dépens. — **165.** C. Motifs.   239

CHAPITRE V
De la prescription.

166 Durée de la prescription des actions — **167.** Point de départ du délai de prescription. — **168** Interruption de la prescription .   241

LIVRE CINQUIÈME.

De la propriété littéraire et artistique au point de vue international.

CHAPITRE PREMIER
Législation interne.

169 — Législation antérieure au décret du 28 mars 1852. — **170.** Décret du 28 mars 1852. — **171.** Conflits de lois. — **172** Appréciation de la législation française. — **173.** Législations étrangères .   247

CHAPITRE II
Conventions internationales.

SECTION 1
Notions générales

174. Énumération des conventions. — **175.** Conventions conclues sous le Second Empire. — **176** Comment se combinent les conventions avec la législation intérieure   262

SECTION II
Convention de Berne.

Pages.

177. Historique. — **178.** Objet de la Convention — **179.** A quelles personnes et à quelles œuvres profite la Convention. — **180.** Solution des conflits. — **181.** A. Application de la *lex fori.* — **182.** B. Application de la loi du pays d'origine de l'œuvre. — **183** C. Règles spéciales tracées par la Convention. — **184.** La Convention s'applique-t-elle aux œuvres antérieures? — **185.** Arrangements particuliers et traités antérieurs entre pays unionistes . .   265

SECTION III
Convention de Montevideo

186. Historique — **187.** A quelles personnes et à quelles œuvres profite la Convention. — **188.** Solution des conflits; application de la loi du pays d'origine de l'œuvre. — **189.** Application de la *lex fori.* — **190.** Règles spéciales   279

SECTION IV
Conventions entre les Pays-Bas, le Portugal l Autriche-Hongrie et la France.

191 Caractère des conventions analysées. — **192** Convention franco-hollandaise.— **193.** Conventions franco-portugaise et franco-autrichienne.   281

SECTION V
Conventions entre le Salvador, l Espagne l Allemagne, l Italie et la France

194. Caractère des conventions analysées. — **195.** Conventions franco-espagnole et franco-salvadorienne. — **196.** Conventions franco-allemande et franco-italienne   284

SECTION VI
Conventions entre les Républiques de Guatémala de Costa Rica, de l Équateur et la France

197. Caractère des conventions analysées. — **198.** Dépôt imposé par la Convention franco-guatémaltèque. — **199.** Application de la *lex fori.* — **200.** Application de la loi du pays d origine de l œuvre. — **201** Règles spéciales   287

PREMIER APPENDICE
Droits moraux des écrivains et des artistes.

202. Des droits moraux des écrivains et des artistes en général. — **203.** A Droit de produire une œuvre, de la manifester et de la

Pages

communiquer à autrui. — **204**. B. Droit de détruire l'œuvre produite. — **205** C. Droit de retirer l'œuvre produite de la circulation. — **206** D. Droit de tenir l'œuvre secrète — **207**. E. Du principe suivant lequel il ne faut attribuer la paternité d'une œuvre qu'à celui qui en est l'auteur; conséquences — **208**. Durée des droits moraux des écrivains et des artistes 292

DEUXIÈME APPENDICE

Des œuvres posthumes.

209. Les textes. — **210**. Fondement du droit qui appartient publicateur d'une œuvre posthume. — **211**. Œuvres auxquelles s'applique la législation des œuvres posthumes. — **212**. Droits reconnus au publicateur. — **213**. A quelles conditions le publicateur peut revendiquer un droit exclusif — **214**. Durée. — **215** Obligation imposée au publicateur. — **216**. De la distinction a faire entre le droit du publicateur et la propriété littéraire et artistique. — **217**. Conflit entre la propriété littéraire et artistique et le droit du publicateur. — **218** Conflit entre le droit du publicateur et le droit qui appartient à tout auteur de s'opposer à la publication de son œuvre. — **219**. Législations étrangères 299

ANGERS. — IMPRIMERIE A. BURDIN ET Cᵒ, RUE GARNIER, 4.

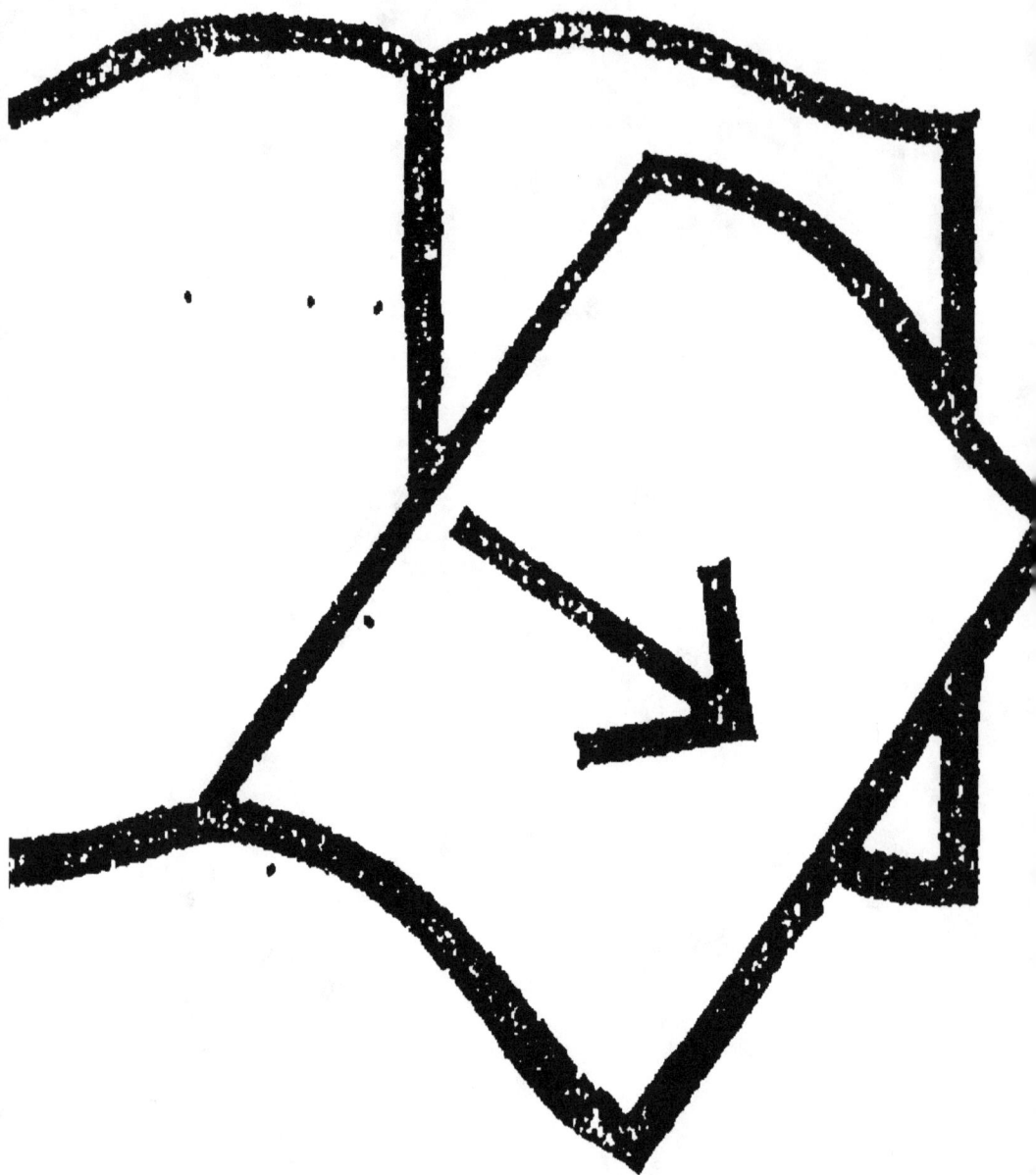

Couverture inférieure manquante

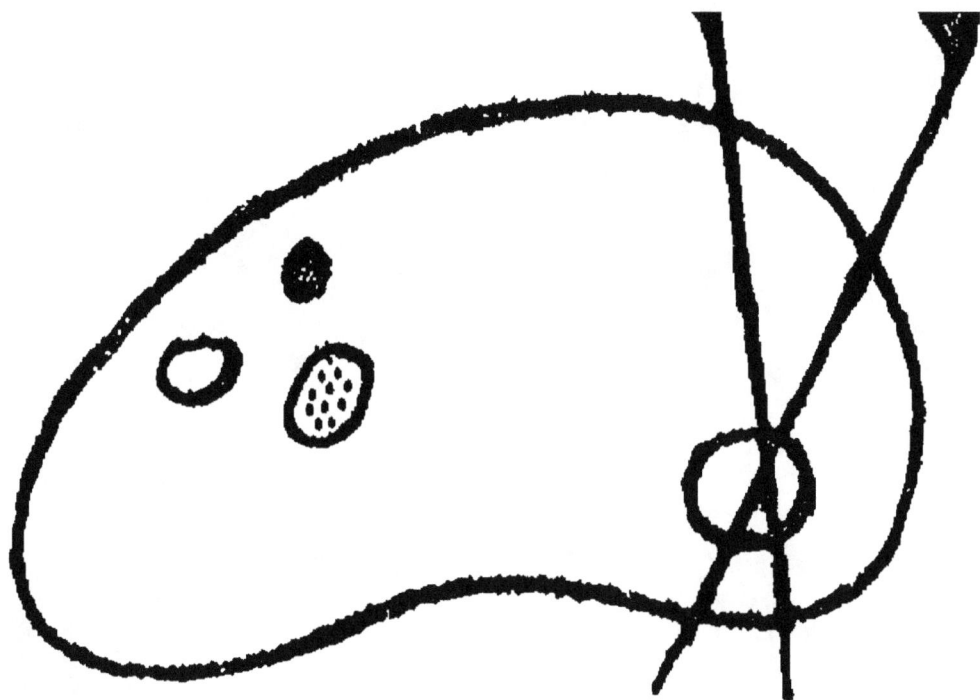

Début d'une série de documents
en couleur

www.ingramcontent.com/pod-product-compliance
Lightning Source LLC
Chambersburg PA
CBHW061000220326
41599CB00023B/3784